**人口与社会学研究丛书**

本书系：
国家社会科学基金一般项目（编号16BRK023）结题成果
国务院第四次全国经济普查资料开发应用重点课题（JJPCZB39）结题成果
中央财经大学"青蓝科研团队"科研成果
国家社科基金重大招标项目（21ZDA034）阶段性成果
国家社科基金重大招标项目（21&ZD085）阶段性成果
国家自然科学基金面上项目（72174220）阶段性成果
教育部人文社科研究一般项目（21YJAZH104）阶段性成果

# 供求协同演化视角的人口变动对中国房地产业的作用机制和效应研究

易成栋　任建宇　樊正德　毕添宇　著

WUHAN UNIVERSITY PRESS
武汉大学出版社

**图书在版编目(CIP)数据**

供求协同演化视角的人口变动对中国房地产业的作用机制和效应
研究/易成栋等著.—武汉：武汉大学出版社,2023.11(2024.12重印)
人口与社会学研究丛书
ISBN 978-7-307-23841-1

Ⅰ.供⋯　Ⅱ.易⋯　Ⅲ.人口自然变动—影响—房地产业—经济发
展—研究—中国　Ⅳ.F299.233

中国国家版本馆 CIP 数据核字(2023)第 116646 号

责任编辑:郭　静　　责任校对:李孟潇　　版式设计:马　佳

出版发行:**武汉大学出版社**　(430072　武昌　珞珈山)
　　　　　(电子邮箱:cbs22@whu.edu.cn　网址:www.wdp.com.cn)
印刷:武汉邮科印务有限公司
开本:720×1000　1/16　印张:33　字数:491 千字　插页:1
版次:2023 年 11 月第 1 版　　2024 年 12 月第 2 次印刷
ISBN 978-7-307-23841-1　　定价:99.00 元

# 作者和具体分工说明

我指导的博士研究生任建宇已经毕业，现在为浙江工商大学讲师。她负责撰写了本书第二章的人口分析部分和第四章人口变动对需求的影响分析部分。我指导的博士研究生樊正德已经毕业，现在为湖北经济学院讲师。他负责撰写了本书第四章人口变动对供给的影响分析和预测部分，以及第七章政策模拟部分。我指导的博士研究生毕添宇负责撰写了第六章国际借鉴部分。我指导的博士研究生夏西为贵州财经大学讲师，他负责撰写了第五章人口变动对房地产业的影响部分。中国人口与发展研究中心研究员黄匡时主任负责撰写了本书第二章的人口预测部分，并且对人口分析技术提供了指导。首都经贸大学副教授杨欣桐博士负责撰写了本书第三章 OLG模型部分，并且对建模和实证分析技术提供了指导。中央财经大学副研究员李晟博士参与撰写了中英文摘要和第七章。我指导的博士研究生李玉瑶已经毕业，现在为首都经贸大学讲师，她和中央财经大学副教授王优容博士负责撰写了本书第四章第一节和第二节的部分内容。我指导的博士研究生陈敬安参与撰写了本书第二章的人口分析的部分内容。我指导的硕士研究生韩丹已经毕业，现在为北京交通大学博士研究生，参与撰写了本书第七章第二节的部分内容。此外我指导的博士研究生曾石安、硕士生刘威(已经毕业，现在中国金茂南昌公司工作)、刘国栋(已经毕业，现在北京城建发展股份有限公司工作)、毛禹宁(已经毕业，现在中交地产股份有限公司工作)、硕士生赵鹏泽、我指导的本科毕业生刘小奇(现在中国人民大学读硕士研究生)、硕士生刘信彤和本科生袁佳丽参与了资料收集和整理工作。(见下表)

1

本书作者和具体分工：

第一章：易成栋

第二章第一节和第四节：易成栋

第二章第二、三节：任建宇、黄匡时、陈敬安

第三章：易成栋、杨欣桐

第四章第一节：李玉瑶、易成栋

第四章第二节：任建宇、李玉瑶、王优容

第四章第三、四节：樊正德、易成栋

第四章第五节：易成栋

第五章第一、二节：夏西、易成栋

第五章第三、四节：易成栋

第六章第一节：易成栋、毕添宇

第六章第二、三节：毕添宇、易成栋

第六章第四节：毕添宇、易成栋

第六章第五节：易成栋

第七章第一节：易成栋

第七章第二节：樊正德、韩丹

第七章第三、四、五节：易成栋、李晟

中央财经大学丁志宏教授、乔志敏教授、高菠阳教授和美国纽约州立大学黄友琴教授、中南财经政法大学向华丽副教授对研究工作提供了支持，提出了建设性的建议，提升了研究成果的质量。

易成栋

# 自　序

中国作为世界人口最多的国家，人口老龄化呈加速趋势。从2013年提出启动实施一方是独生子女的夫妇可生育两个孩子的政策，到2015年提出全面实施一对夫妇可生育两个孩子的政策，再到2021年5月31日中共中央政治局审议《关于优化生育政策促进人口长期均衡发展的决定》，强调依法组织实施三孩生育政策。随之，2021年8月20日，全国人大常委会会议表决通过了《全国人民代表大会常务委员会关于修改〈中华人民共和国人口与计划生育法〉的决定》，修改后的《人口计生法》规定，国家提倡适龄婚育、优生优育，一对夫妻可以生育三个子女，并删除了社会抚养费的规定。这些标志着计划生育政策的重大调整，它将给中国人口的规模和结构带来一些新的变化。

中国的改革开放带来了房地产业的新生和快速发展，并在2003年中华人民共和国国务院18号文件中明确提出"房地产业已经成为国民经济的支柱产业"。它为经济增长、税收和就业做出了重要的贡献。自2014年开始，中国开始出现了房地产投资和销售增速下降、库存上升等问题，并成为宏观经济增速下滑的原因之一。在2021年12月11日召开的"2021—2022中国经济年会"上，中央财经委员会办公室副主任韩文秀、国家发展和改革委员会副主任兼国家统计局局长宁吉喆等就近日召开的中央经济工作会议进行了权威解读。宁吉喆表示，要加强居民基本住房保障，房地产是支柱产业，住房更是居民的消费。房地产业是否支柱产业？房地产业将持续快速发展还是萎缩？房地产市场看好还是看衰？这些问题一直是政府、学术界和社会各界争议的问题。

本研究将这两个热点问题关联起来，中国的人口变动将给房地产的市场和房地产业的发展带来什么影响？现有的研究对人口变动和房地产业的发展关系还有很多的争论。本课题将对这些争论进行系统的梳理和总结，并在此基础上深入分析人口变动对房地产需求、存量房地产供给、增量房地产供给的理论关系，研究人口变动影响房地产市场的机制及路径，这将有助于推动和深化该领域的研究。

本书的研究问题是：（1）在生育政策调整后，中国人口将如何变动？（2）中国人口变动如何影响房地产供求？影响效果有哪些？前景如何？（3）发达国家房地产市场和房地产业发展、房地产政策如何应对人口变动？对我国有何借鉴？（4）如何完善中国的政策促进人口和房地产健康发展？

本书的主要研究结论有：

（1）在生育政策调整后，人口总量将出现先增长然后下降的趋势，峰值将出现在 2021 年左右（中方案）；人口结构变动趋势为少子化和老龄化；人口分布变动趋势为城镇化，峰值将出现在 2040年左右（中方案）；生育政策调整后的出生人口、总人口、城镇人口比政策调整前略有增加，总体趋势不会变化，并且存在明显的地区分化。中国家庭户变动趋势也将出现先增长然后下降的趋势，但峰值滞后，峰值将出现在 2025 年左右（中方案），城镇家庭户峰值将出现在 2047 年左右（中方案），家庭小型化更加突出。

（2）人口变动影响房地产市场的微观机制是：人口变动影响了家庭收入和房地产消费偏好，进而影响了房地产需求；而偏好和家庭规模、结构、家庭生命周期、个体大事件和社会大事件有关，不同世代的住房需求会有所不同；需求通过价格和销售周期来影响增量住房供给；人口变动还会通过影响存量房地产供给并作用于增量房地产供给；需求和供给的互动会形成房地产市场的动态调整，并形成动态的均衡。控制多变量的回归分析发现人口素质（收入、受教育程度、职业）、人口数量（家庭规模和子女数量）、人口结构（年龄）对住房需求有显著的影响，并且还受到地区差异、城乡差异等的影响。其中人口数量会影响住房数量、自有多套住房需求，而人口素质会影响住房面积、质量、自有住房、自有多套住房的需求。

（3）人口变动对住房市场的宏观效应有：住房需求的变动与收入增长、人口总量变动、家庭规模小型化、人口结构老龄化、城镇化有密切的关系。此外，人口变动还会通过劳动力供给、宏观经济变动来间接影响房地产市场，基于 OLG 模型的模拟表明，人口老龄化将带来住房价格、房地产业就业占比先降后升高，建筑业就业占比先升后降；生育率的上升将有利于住房价格的上升，及建筑业和房地产业的就业上升。根据中国的数据模拟，在中期，人口老龄化和生育率下降将带来住房价格、房地产业就业占比先降后升高，建筑业就业占比先升后降；在长期，住房价格、建筑业和房地产业就业占比将从升到降。人口变动对非住宅房屋市场的宏观效应受到了技术进步等方面的影响，通常是正相关，但未必是线性关系。回归模型分析发现，少儿抚养比、老年抚养比、家庭规模对总住房需求有正向的影响。

（4）基于系统动力学模型对人口变动与房地产供求关系的影响模拟和预测发现，2019—2050 年，随着我国的人口总量和年龄结构的变动，住房的供给（包括了新房和二手房）和需求均出现了明显的上升。考虑到供求关系，未来年均住房销售面积（新房）呈波动式下降趋势。

（5）房地产供给会通过误差修正、主动预测来适应和响应需求的变动。城镇常住人口数量对存量和增量住房供给影响显著为正，老龄化分年龄段与存量和增量住房供给有显著影响，并且由负变正。在此过程中，会发生房地产行业的演化和发展，而在消费者与企业间、同行业不同类型企业间、同行业同类企业间、关联行业间存在不同的演化机制。在长期演化过程中，将产生以下效果：房地产行业升级，从第二产业转向第三产业为主；房地产企业运营模式从增量生产转向存量服务为主；房地产企业结构与行为表现为竞争与创新加剧；房地产企业绩效是与风险相关的利润平均化。

（6）基于主要发达国家的史实，将人口与房地产业协同演化阶段分为人口增长阶段和人口稳定及减少阶段。在人口增长阶段又分为城市化起步时期（30% 以下）、城市化快速增长时期（30% ~

50%）、城市化慢速增长时期（50%～70%）、城市化成熟时期（70%以上）。不同阶段的人口、房地产市场和行业特征不同，并采取了不同的政策。与此类似，中国在不同的人口变动阶段，房地产市场和房地产业将发生相应的变化。最后，在理论、实证和政策模拟的基础上，提出了促进人口和房地产协同发展的政策建议，一是促进人口健康发展的房地产政策建议，例如生育友好、健康养老、优选国际移民的房地产政策；二是与人口变动相适应的房地产市场、住房保障和房地产行业的政策建议，例如在规划、产品设计、开发建设、运营和物业管理、政策等方面响应和适应人口的变动。

本书的研究和本人前期的研究积累密切相关。本人在读博士期间参加了导师杨云彦教授主持的国务院全国第五次人口普查领导小组办公室重点课题"人口迁移、劳动力流动、人力资本转移研究"和国家哲学社会科学基金项目"第五次全国人口普查数据分析与应用研究"，负责了子课题项目"五普住房数据的分析与应用研究"，利用人口普查数据研究了人口与住房的关系，在此基础上完成了博士论文。并在中央财经大学工作期间主持了国务院全国第六次人口普查领导小组办公室课题"中国城市家庭住房状况的时空变动和社会分化研究"、北京市全国第六次人口普查领导小组办公室课题"北京市人口分布与住房分布的空间匹配特征研究"、广东省全国第七次人口普查领导小组办公室课题"广东省城乡人口与住房变化征研究"、国务院全国第四次经济普查领导小组办公室课题"经济转型、人口变动与中国房地产供求关系研究"和国家社科基金课题"供求协同演化视角的老龄化、生育政策调整对中国房地产业的作用机制和效应研究"。目前正在开展的研究项目，例如国家自然科学基金面上项目"基于城市网络视角的都市圈住房市场时空演化机理、效应和引导策略"，教育部人文科学基金一般项目"基于新发展理念的国家城市光荣榜时空演化机理、效应和提升策略研究"和中央财经大学标志性科研成果培育项目等都与此密切相关。本书是在这些研究报告的基础上对多年从事人口与房地产的研究工作的系统总结，并出版了一系列著作，如2012年出版了专著《中国城市家庭住房选择的时空变动和社会分化研究》，2019年出版了专著《中国城市家庭多套住宅的形成机制、效应和政策》，计划在 2023 年出版本书《供求协同演化视角的人口变动对中国房地产业的作用机制和效应研究》和 2024 年出版专著《扩大住房内需和增加租赁住房有效供给研究》，实现了对房地产需求、供给和政策的深入研究。此书得以完成，需要感谢这些研究项目的支持。

本书的出版还要感谢住房和城乡建设部房地产市场监管司张雪涛副司长，政策研究中心住宅与房地产处长钟庭军研究员，中国房地产估价师和经纪人学会会长柴强研究员、副会长赵鑫明研究员、副秘书长王霞研究员，北京市住房和城乡建设委员会倪娜副主任和张国伟副主任，北大林肯中心刘志主任的支持，还要感谢国务院发展研究中心市场经济研究所所长邓郁松研究员和刘卫民研究员，国家发展和改革委员会宏观经济研究院刘琳研究员、纽约州立大学黄友琴教授、犹他大学宇宙副教授、格罗宁根大学刘晓龙博士长期以来的合作和支持。以及一些同行，例如中国人民大学黄燕芬教授、上海交通大学陈杰教授、上海师范大学崔光灿教授等提出了宝贵的建议。出版还得到了武汉大学出版社郭静编辑的大力协助。

由于本人学识有限，书中还存在不足之处，还请读者批评指正。

本书可供房地产、城市与区域发展、人口与公共政策等领域的教师、学者、研究生和高年级的本科生阅读。

易成栋

# 目　　录

第一章　导论 …………………………………………………… 1

第一节　研究背景、问题和意义 …………………………… 1

一、研究背景和研究问题 ……………………………… 1

二、研究的理论价值和现实意义 …………………… 12

第二节　研究对象及重要概念界定 ……………………… 12

一、人口与家庭及相关概念 ………………………… 13

二、房地产及相关概念 ……………………………… 13

第三节　国内外研究述评 ………………………………… 17

一、人口与房地产关系的研究维度 ………………… 17

二、人口变动影响房地产市场、产业发展的研究述评 … 18

第四节　研究思路和研究方法 …………………………… 35

一、研究对象和总体框架 …………………………… 35

二、重点难点 ………………………………………… 38

三、研究思路和具体研究方法 ……………………… 40

四、研究的创新之处 ………………………………… 44


第二章　中国人口和家庭变动分析和预测 ………………… 46

第一节　人口和家庭变动的基础理论和研究拓展 ……… 46

一、微观视角的生命周期理论及生命历程理论 …… 46

二、宏观视角的人口转变理论 ……………………… 48

第二节　中国人口变动分析和预测 ……………………… 50

一、中国人口变动分析：1949—2020 年 …………… 50

二、生育政策调整及中国人口预测 ………………… 67

第三节　中国家庭变动分析和预测 ……………………… 78

　　一、中国家庭变动分析 ……………………………………… 78

　　二、生育政策调整及中国家庭预测 ………………………… 84

　第四节　本章小结 …………………………………………… 91

第三章　人口变动影响中国房地产业发展的机制和效应之

　　　　　理论分析 …………………………………………… 93

　第一节　人口变动影响房地产市场的微观机制的理论分析 … 93

　　一、人口变动影响住房需求变动 …………………………… 93

　　二、需求通过价格和销售周期直接影响房地产供给 …… 100

　　三、需求和供给的互动及房地产市场的动态调整 ……… 102

　第二节　人口变动对房地产市场的宏观效应的理论分析 … 107

　　一、宏观视角的人口变动对房地产需求的影响效应 …… 107

　　二、人口变动影响房地产总需求来影响房地产总

　　　　供给 …………………………………………………… 133

　　三、房地产供给对需求变动的适应和响应 ……………… 135

　第三节　房地产行业对人口变动的响应和适应之理论

　　　　　分析 ………………………………………………… 136

　　一、房地产行业的演化与发展 …………………………… 136

　　二、人口变动与房地产行业发展的协同演化机制 ……… 138

　　三、人口变动与房地产行业的协同演化效应 …………… 144

　第四节　本章小结 ………………………………………… 151

第四章　供求协同演化视角的人口变动对中国房地产市场的

　　　　　影响 ………………………………………………… 153

　第一节　中国房地产市场发展历程和现状 ……………… 153

　　一、中国房地产市场的发展历程 ………………………… 153

　　二、中国城镇房地产市场供求关系的现状 ……………… 158

　第二节　人口变动与中国房地产需求的分析和预测 …… 162

　　一、微观视角的人口变动与住房需求的统计分析 ……… 162

　　二、宏观视角的人口变动与住房需求分析和预测 ……… 223

　　三、人口变动与非居住类房地产需求分析和预测 ……… 246

第三节　人口变动对中国房地产供给的影响分析和预测······ 251

　　一、人口变动与中国存量住房供给的分析和预测······· 252

　　二、人口变动与中国增量住房供给的分析和预测······· 260

　　三、人口变动与中国非住宅房地产供给的分析和

　　　　预测···················· 270

第四节　人口变动对中国房地产供求的影响仿真·········· 273

　　一、仿真模型的设定··················· 273

　　二、数据来源与变量参数确定·············· 277

　　三、仿真结果分析与动态模拟·············· 294

第五节　本章小结····················· 303

第五章　供求协同演化视角的人口变动对中国房地产业的

　　　　影响·················· 307

第一节　人口与房地产业供求协同演化的机制·········· 307

　　一、人口与房地产业供求协同演化的机制········ 307

　　二、中国房地产行业内部企业间的协同演化的微观

　　　　机制··················· 311

　　三、中国房地产业与关联产业的协同演化机制······ 317

第二节　中国房地产业与人口变动的协同演化过程与

　　　　阶段················· 331

　　一、中国房地产业与人口变动的协同演化过程······ 331

　　二、中国房地产业与人口变动的协同演化阶段······ 332

第三节　中国房地产业与人口变动的协同演化效应········ 335

　　一、房地产行业升级：从第二产业转向第三产业

　　　　为主················· 335

　　二、房地产企业运营模式：从增量生产转向存量服务

　　　　为主················· 336

　　三、房地产企业结构与行为：竞争与创新俱增······ 336

　　四、房地产企业绩效：与风险相关的利润平均化····· 338

　　五、中国房地产业的地区分化加剧··········· 340

　　六、中国房地产业对人口变动的响应和适应······· 341

第四节　本章小结…………………………………………… 345

第六章　人口变动与房地产业协同发展的国际借鉴………… 347
　第一节　人口变动与房地产业协同发展阶段的划分……… 347
　　一、现有房地产业发展阶段划分方式…………………… 347
　　二、世界主要国家人口总量增长与结构老龄化趋势…… 348
　　三、世界主要国家的人口分布：城市化………………… 355
　　四、世界主要国家人口变动与房地产业协同发展的阶段
　　　　划分………………………………………………… 359
　第二节　人口增长与房地产业协同发展各阶段的国际
　　　　　借鉴…………………………………………… 361
　　一、人口增长、城市化起步阶段与房地产业协同
　　　　发展………………………………………………… 361
　　二、人口增长、城市化快速增长阶段与房地产业协同
　　　　发展………………………………………………… 364
　　三、人口增长、城市化慢速增长阶段与房地产业协同
　　　　发展………………………………………………… 369
　　四、人口增长、城市化成熟阶段与房地产业协同
　　　　发展………………………………………………… 376
　第三节　人口稳定及减少阶段与房地产业协同发展的国际
　　　　　借鉴…………………………………………… 383
　第四节　人口变动与房地产业协同发展的国家案例……… 391
　　一、英国………………………………………………… 391
　　二、美国………………………………………………… 405
　　三、日本………………………………………………… 427
　第五节　本章小结………………………………………… 446

第七章　促进中国人口与房地产业协同发展的政策建议……… 448
　第一节　结论和讨论……………………………………… 448
　　一、结论………………………………………………… 448
　　二、讨论………………………………………………… 453

第二节　政策分析和模拟………………………………………455

一、人口变动与房地产业协同发展的政策分析框架……456

二、人口变动与房地产业协同发展的政策方案……460

三、生育友好型政策对房地产市场的影响分析和

　　模拟………………………………………………………462

四、促进健康老龄化的政策对房地产市场的影响分析和

　　模拟………………………………………………………464

五、优选国际移民政策对房地产市场影响的分析和

　　模拟………………………………………………………467

六、适应人口变动的房地产供给侧政策分析和模拟……470

第三节　促进人口健康发展的房地产政策建议………………473

一、发展生育友好型的房地产政策……………………473

二、发展促进健康老龄化的房地产政策………………474

三、推出优选国际移民的房地产政策…………………475

第四节　促进房地产市场和住房保障健康发展的政策

　　　　建议………………………………………………………475

一、新建商品房市场：警惕投资萎缩和价格大幅

　　波动………………………………………………………475

二、存量房市场：规范发展……………………………477

三、非住宅房屋市场：品质提升和功能转换…………478

四、土地市场：转换用途………………………………479

五、与人口变动相适应的住房保障……………………480

第五节　促进房地产业健康发展的政策建议………………486

一、制定与人口变动趋势相适应的中国房地产行业发展

　　规划………………………………………………………486

二、加强中国房地产行业监管立法……………………487

三、完善中国房地产行业管理…………………………488

第六节　研究存在的不足和研究展望………………………489

参考文献………………………………………………………491

# 第一章 导 论

## 第一节 研究背景、问题和意义

### 一、研究背景和研究问题

**（一）房地产业对经济社会发展有重要影响，曾经快速发展的它将何去何从？**

1. 中国的改革开放带来了房地产业的新生和快速发展

中国的改革开放及相关的土地和住房制度改革催生了房地产市场和房地产业。在新中国成立之前，中国实行土地私有制，房地产业随着资本主义的萌芽不断发展。从 1949 年新中国成立到 1978 年，在经历三大改造之后我国过渡到高度集中的计划经济。在城镇将很多私房收归公有，城镇住房建设由国家统一安排，以国家和国有企业投入为主，无偿或低租金租给职工使用，并实行与职位、工龄等相联系的实物福利分配制度。这一阶段不承认房地产是商品，不存在房地产市场。1980 年 6 月，中共中央、国务院批转的《全国基本建设工作会议汇报提纲》宣布我国将实行住宅商品化政策，"准许私人建房、私人买房、准许私人拥有自己的住宅"。1984 年正式宣布住房商品化政策，在部分试点城镇出售公房。1993 年中国共产党十四届三中全会通过了《关于建立社会主义市场经济体制若干问题的决定》，明确提出规范和发展房地产市场，加快城镇住房制度改革促进住房商品化和发展住房建设的要求。1994 年 7 月，国务院发布了《关于深化城镇住房制度改革的规定》，要求建立与社会主义市场经济体制相适应的新的城镇住房制度，实现住房商品

1

化、社会化；进一步完善了配套改革的内容和政策；明确了房改近期任务以建立住房公积金为主，提租和售房为辅。1996 年底，中央经济工作会议提出加快普通民用住宅建设，带动相关产业发展，形成新的经济增长点的要求，同时提出加快住房制度改革，扩大和加快安居工程建设是培育新的增长点的两大支柱。1997 年全国人大会议再次明确指出，要把住宅产业作为国民经济新的增长点，把住宅消费培育成居民消费新的热点。1998 年 7 月 3 日发布了《关于进一步深化城镇住房制度改革加快住房建设的通知》，要求从下半年开始，国务院统一部署停止住房实物分配，实行住房分配货币化。2003 年国务院 18 号文件《关于促进房地产市场持续健康发展的通知》明确提出房地产业已经成为国民经济的支柱产业。由此可见，随着住房商品化导向的制度改革，中国房地产市场和房地产业获得了新生。

在市场经济制度下，中国房地产业发展较快。这里选取了全国商品房销售面积、新开工面积、施工面积、销售额和房地产投资额数据。从各项指标来看，中国房地产业出现了快速增长，而从增长率来看，则出现了从快速增长到增速下降的过程（见图 1-1）。

2. 快速发展的中国房地产业对宏观经济和社会发展有重要的影响

一是房地产业对宏观经济增长有重要的贡献。按照 GDP 生产法计算，房地产业增加值在 GDP 中所占比重呈上升趋势（见图 1-2）。自 1998 年住房制度改革以来，房地产业增加值在 GDP 中所占比重呈上升趋势，由 1998 年的 4.0% 提高到 2020 年的 7.3%。房地产业对经济增长的贡献保持较高水平。以 2016 年不变价计算，1998—2016 年，房地产业增加值对经济增长的贡献率（房地产业增加值增量/GDP 增量）平均在 6% 以上，拉动经济增长平均为 0.8 个百分点（GDP 增长率×房地产业增加值对经济增长的贡献率）。然而这里的房地产业还是狭义的房地产服务业，如果把第二产业中从事房地产产品生产的建筑业加进去，房地产行业的贡献会更大。按照房屋建筑工程业增加值占建筑业增加值的 60% 计算，则房地产业与房屋建筑工程业增加值之和在 GDP 中所占比重会更高，它对经

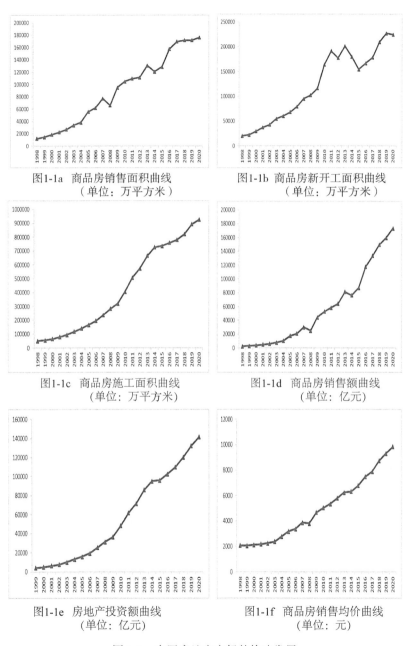

图1-1a 商品房销售面积曲线
（单位：万平方米）

图1-1b 商品房新开工面积曲线
（单位：万平方米）

图1-1c 商品房施工面积曲线
（单位：万平方米）

图1-1d 商品房销售额曲线
（单位：亿元）

图1-1e 房地产投资额曲线
（单位：亿元）

图1-1f 商品房销售均价曲线
（单位：元）

图1-1 中国房地产市场的快速发展

济增长的贡献率平均在 10.2% 以上，拉动经济增长平均为 1.28 个百分点。

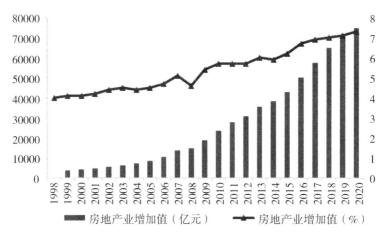

图 1-2　1998—2020 年房地产业增加值在 GDP 中所占比重

二是房地产业对中国就业也有重要的影响。近年房地产业从业人员数量较快增加，2013 年末，全国房地产业从业人员为 877.1 万人，比 2004 年第一次经济普查数量增加 324.9 万人，增长幅度为 59%。2018 年末，全国房地产业从业人员为 1263.5 万人，比 2013 年经济普查数量增加 386.3 万人，增长幅度为 44%。其中，房地产开发业 371.5 万人，物业管理企业 636.9 万人，中介服务业 158.3 万人，分别比 2013 年末增加 36.5 万人、225.3 万人、80.7 万人。2018 年末相比 2013 年末，房地产业从业人员数量年均增加 8.8%，房地产行业的发展依然对增加就业有推动作用。按照房地产行业对其他行业总的带动系数为 1.4 来计算，2018 年年末，房地产业直接就业人数为 1263.5 万人，带动相关行业的就业数量为 1768.9 万人。综合房地产业直接就业和房地产业对相关产业就业的带动作用，2018 年末与房地产业发展有关的就业总量为 3032.4 万人，占第二、第三产业从业人员总数（57328 万人）的 5.3%，其中房地产业直接就业数量占比为 2.2%，带动相关产业的就业数量占比为 3.1%。根据 2018 年经济普查数据，2018 年年末，我国建筑业从业人员 6694 万人，比 2013 年经济普查数量增加 1373.44 万人。考虑建筑业对其他行业的带动系数 2.53，则由房地产投资通过建筑业发展还会带动其他行业的就业人数为 16936 万人。综合来看，2018 年年末，由房地产投资通过建筑业带动各行业总的就业量为 23630 万人，占第二、第三产业从业人员总数的 41.2%。

三是房地产业对财政和税收贡献很大。在中国很多县市政府，土地财政成为第二财政，甚至是第一财政，房地产税收收入成为地方税收的重要组成部分。根据中国财政年鉴，2014 年，全国房地产地方税收占地方税收收入比重为 30%。根据《中国统计年鉴2021》，2020 年国有土地使用权出让金收入决算 82159 亿元，占全国政府性基金收入决算数的 87.9%。

四是房地产业的快速发展带来了资源浪费和环境破坏等问题。环保部督查组指出，浙江省部分县市在饮用水源保护区违法建设，给饮用水源带来安全隐患；海南省沿海市县向海要地、向岸要房等情况严重，对局部生态环境造成明显影响或破坏。海南、浙江等多地的房地产开发破坏了海洋生态环境①。2018 年生态环境部部令 1 号文《关于修改〈建设项目环境影响评价分类管理名录〉的决定》明确提出要强化涉及环境敏感区的项目管理，其中第三十六条即房地产开发项目的管理规定。

五是房地产业还对城市建设和人居环境发挥了重要作用。2012 年我国城镇人均住房建筑面积为 32.9 平方米，农村为 37.1 平方米，接近中等发达国家平均水平②。中国住房自有率高达 90%。国家统计局网站公示指出："2016 年全国居民人均住房建筑面积为

①　环保部伸手房产项目，被指破坏环境，房地产泡沫要破？[EB/OL]. 2017-12-25，https://mp.weixin.qq.com/s? src = 11&timestamp = 1526178854&ver = 873&signature = nua58PJCIGkh4V9KbIuf0NFr41s5qLhEwf3twwgNfVimOtKCWnMkt 3ilBv3SN * dHYXfzk0CIfAwxnae8CVzQsz16XFGywxVdL0O0-XnI1-gzabNxKGy9CEp FdOJkH * 4-&new = 1.

②　西方国家的住房按照使用面积来计算，大致相当于中国的套内建筑面积，相当于建筑面积的 0.7~0.8。

40.8 平方米，城镇居民则为 36.6 平方米，农村居民达到了 45.8 平方米。"国家统计局网站发布《建筑业持续快速发展城乡面貌显著改善——新中国成立 70 周年经济社会发展成就系列报告之十》，指出："2018 年，我国城镇居民人均住房建筑面积 39 平方米，农村居民人均住房建筑面积 47.3 平方米。"这个城镇居民人均住房面积达到了 20 世纪 90 年代中等发达国家的水平，表明我国住房不再短缺。根据人口普查数据测算，2010 年全国城镇家庭户的住房户均套数是 0.98 套，2015 年按照常住人口计算的户均套数（按照套均面积 100 平方米）达到 1.04 套。考虑到早期建设的住房建筑面积较小，套均建筑面积 90 平方米左右，则户均套数约为 1.1 套。

### 3. 房地产业的未来去向争议较大

在经济的新常态下，中国房地产业将何去何从？自 2014 年开始，中国开始出现了房地产投资和销售增速下降、库存上升等问题，并成为宏观经济增速下滑的原因之一。

政府如何认识房地产业的发展大势，关系到公共政策的制定和实施，关系到宏观经济发展和社会的稳定。在 2014 年中国房地产市场出现了高库存的背景下，2015 年 12 月的中央经济工作会议则将房地产去库存作为明年经济的五大任务之一。中央政府推出了放松限购和退出了限贷等多项政策来稳定房地产消费和投资。随后在 2016 年再次出现了房价的暴涨。2017 年 10 月，中共十九大提出："坚持房子是用来住的、不是用来炒的定位，加快建立多主体供给、多渠道保障、租购并举的住房制度，让全体人民住有所居"，并指出今后三年重点抓好防范化解重大风险、精准脱贫、污染防治三大攻坚战，"防范化解重大风险"列为"三大攻坚战"之首。2017 年 12 月 8 日，中共中央政治局召开会议，提出加快住房制度改革和长效机制建设。2019 年 1 月 21 日，习近平总书记在"省部级主要领导干部坚持底线思维着力防范化解重大风险专题研讨班"开班式上发表重要讲话，在分析经济领域风险时首先谈到的便是房地产问题，说明有效管控中国房地产系统性风险在"防范化解重大风险"中具有十分重要的作用。2019 年，习近平总书记主持召开中共中央政治局会议，重申"坚持房子是用来住的、不是用来炒的定位，落实好一城一策、因城施策、城市政府主体责任的长效调控机制"。2020 年以后，中央继续坚持"房住不炒、因城施策"的政策主基调，强化落实城市主体责任，实现稳地价、稳房价、稳预期的长期调控目标，促进房地产市场平稳健康发展。但是自 2020 年 8 月出台并从 2021 年 1 月 1 日开始实施"三道红线"政策之后，房地产市场发生了急剧下滑，中央政府支持各地从实际出发完善房地产政策，支持刚性和改善性住房需求。这些政策是基于中国房地产当前的现状问题和未来的发展趋势判断作出的重大决策。同时，政府政策研究部门还会对一些战略性、重大性、前瞻性问题做预判，提出政策储备方案。

产业界如何认识房地产的发展大势，关系到房地产企业的生存和发展。在产业界，如谢国忠在 2004 年提出了房地产崩盘论，认为中国房地产泡沫破灭，房地产价格在长期呈下滑趋势①。还有人如巴曙松提出了拐点论，认为房地产市场进入了一个从供不应求到供求相对均衡的新的发展阶段，2013 年是新开工和销售的拐点②。一些人认为随着中国的城市化进程和经济发展，房地产业还有很好的时光，但是将从黄金时代走向白银时代③。为此，一些企业进行了发展转型的探索。例如万科，由住宅开发商变成了房地产开发商（涵盖了住宅、商业、物流、写字楼），在 2017 年提出由开发商转变为城市配套服务商、美好生活场景师，有序推进物业服务、商业地产、物流地产、长租公寓等拓展业务。同时，多方位探索冰雪度假、养老、教育、产业办公等衍生业务④。

在学术界出现了房地产业是否应该作为支柱产业（孟星，

---

①　谢国忠最新言论称 2017 楼市出现崩盘［EB/OL］. 2017-12-9，http：// www. 51jia. com/news/rwzf/2017/0509/15829. html.

②　巴曙松：房地产销售拐点到来 降息无法改变调整趋势［EB/OL］. 2015-03-02，http：//money. 163. com/15/0302/09/AJML7U9H00253B0H. html.

③　人民日报刊登万科总裁郁亮文章：楼市进入白银时代［EB/OL］. 2014-06-23，https：//www. guancha. cn/economy/2014_06_23_240026. shtml.

④　郁亮：万科作为发展商的时代已经过去［EB/OL］. 2017-12-11，http：//baijiahao. baidu. com/s? id=1586419080244581117&wfr=spider&for=pc.

2007），以及该产业是发展到了顶峰走向萎缩还是继续发展的激烈辩论。如孙建波（2014）提出房地产长期衰退趋势将来临，预期2018年将迎来住宅建设的大衰退。中国国际经济交流中心课题组（2016）研究报告指出住房开发将进入平稳增长阶段。在经济增速放缓的背景下，住房产业面临重大转型，将从以投资为主向存量消费为主转变，从"发动机"向"稳定器"转变。该报告预测"2015—2020年房地产开发投资平均增速将由2001—2013年的21.8%降至10%左右。住房产业中服务比重将上升。过去十余年，中国住房发展以投资为重点，房地产服务业和建筑业占GDP比重明显比日本和美国的水平要低。随着中国城镇化的进一步推进，可预见未来住房产业服务比重将随之上升，智慧城市、住房中介服务、资产管理、物业管理等方面存在较大的发展空间。住房发展方向由量的扩张逐步转向量质并举。未来，住房发展方向主要在品质提升、功能环境改善和绿色低碳。产品类型也将从大众化、同质化住房转向定制化、差异化、精细化住房，以及对相应配套服务设施的发展升级"。

**（二）老龄化和生育政策调整将给房地产业带来怎样的变化?**

人口是住宅需求的主体，也是存量住房供给的主体，并将影响非住宅房屋的需求。因此，中国人口变动的大趋势将给中国的社会经济带来重大的影响，也将给中国的房地产市场和房地产业带来重大影响。

总结现有的研究分析和预测，发现中国人口变动的大趋势主要有：出生率的下降，死亡率的下降，老年人寿命的延长，老龄化上升；结婚率的下降，离婚率的上升；国内人口迁移和城市化的上升；总人口出现先增后减趋势。基于本课题的研究目的，这里重点研究生育政策调整和老龄化带来的人口发展趋势，也就是人口总量和年龄结构的变化。但是由于其变化的同时，会同时发生城市化、家庭结构小型化的过程，所以也会涉及这些内容。

中国作为世界最大的发展中国家，人口最多，而且老年人口最多，老龄化速度加快，引人注目。世界卫生组织（WHO）界定，当一个国家60岁以上老年人口数量超过总人口的10%，或者65岁以上的老年人口超过 7% 时，该国家就称为"老龄化国家"。第五次人口普查资料表明，2000 年我国 60 岁以上的老年人口占总人口的比重为 10%，65 岁以上的人口占比为 7%，这意味着我国正式进入老龄化社会。而到 2010 年，我国 60 岁以上的老年人口占总人口的比重达到了 12.5%，65 岁以上的人口比例为 8.9%。中国俨然成为世界上老年人口最多的国家，60 岁以上老年人口占全球 60 岁以上老年人口的 1/5。2015 年 1% 人口抽样调查显示，我国大陆 60 岁及以上人口占总人口的 16.15%，其中 65 岁及以上人口占总人口的 10.47%。《2016 年国民经济和社会发展统计公报》显示，我国 60 周岁及以上人口 2.3 亿人，占总人口的 16.7%；65 周岁及以上人口 1.5 亿人，占总人口的 10.8%。《2017 年国民经济和社会发展统计公报》显示，年末全国总人口 139008 万人（未包括台湾省），我国 60 周岁及以上人口 2.4 亿人，占总人口的 17.3%；65 周岁及以上人口 1.6 亿人，占总人口的 11.4%。由于生育率的下降，老年人死亡率的下降和老年人寿命的延长，老龄化呈快速上升趋势。2006 年全国老龄工作委员会办公室发布的《中国人口老龄化发展趋势预测研究报告》指出中国老龄化有加速发展趋势，到 2050 年，老年人口总量将超过 4 亿，老龄化水平推进到 30% 以上。Zeng（2014）基于二孩政策调整的人口预测指出，到 2050 年，老年人口总量将近 3.5 亿人，老龄化水平为 25% 左右，中国老龄化有加速发展趋势。2022 年 10 月，习近平总书记在二十大报告中指出，"中国式现代化是人口规模巨大的现代化"和"建立生育支持政策体系，实施积极应对人口老龄化国家战略"。

实施 30 多年的中国的计划生育政策出现重大调整。20 世纪 60 年代在中国部分地区试点推行的"晚、稀、少"的计划生育政策，在 1973 年在全国展开。为了控制人口的增长，1980 年在全国推行独生子女政策。总和生育率（妇女人均生孩子数，简称生育率）从 1973 年的 4.54% 降至 1990 年的 2.3%。1990 年后，当时的国策非常重视计划生育，推行一票否决制。为了严格推进计划生育政策，在 1997 年"党纪处分条例"加入了"计划生育"方面的条款，在 2001 年出台了《中华人民共和国人口与计划生育法》。中共十八大之后，逐步实施了单独二孩、全面二孩政策，提出了要防止"人口过快下降"，并将上户口、入学等与计划生育脱钩。2013年，党的十八届三中全会提出"启动实施一方是独生子女的夫妇可生育两个孩子的政策，逐步调整完善生育政策"。2015年10月29日，中国共产党第十八届中央委员会第五次全体会议提出"全面实施一对夫妇可生育两个孩子政策"，并从2016年1月1日起实施。自2016年1月1日起，中国所有夫妇，无论城乡、区域、民族，都可以生育两个孩子，这是实施了30多年的计划生育政策的重大调整。更有一些学者提出让生育权回归个人，放开计划生育政策。如张车伟（2015）提出"十三五"时期人口战略对策，第一条就是"全面放开二孩生育，让生育决策回归家庭"。一些人口学家还预测未来将生育权回归到家庭，最终实现完全放开计划生育（任远，2017）。中国社科院人口所（2016）《人口与劳动绿皮书：中国人口与劳动问题报告No.17》指出："全面二孩不是终点，未来或需取消生育限制。"2021年8月，全国人大通过了关于修改人口与计划生育法的决定，正式执行"三孩"生育政策，国家采取财政、税收、保险、教育、住房、就业等支持措施，减轻家庭生育、养育、教育负担。

中国的计划生育政策调整将给人口变动带来新的影响。一是出生人口受到了政策激励有所增加，但效应递减。根据《中国统计年鉴2021》，在2015年提出全面二孩政策之后，2016年比上年增加906万人，2017年比上年增加779万人，2018年比上年增加530万人，2019年比上年增加467万人，2020年比上年增加204万人。国家统计局数据显示，2021年末全国人口141260万人，比上年末增加48万人，其中城镇常住人口91425万人。全年出生人口1062万人，出生率为7.52‰；死亡人口1014万人，死亡率为7.18‰；自然增长率为0.34‰。生育政策调整的效果远低于原来的预期。二是人口结构老龄化。《第七次全国人口普查主要数据情况》指出：2020年全国人口从年龄构成来看，0~14岁人口为25338万人，占17.95%；15~59岁人口为89438万人，占63.35%；60岁及以上人口为26402万人，占18.70%（其中，65岁及以上人口为19064万人，占 13.50%）。与 2010 年相比，0~14 岁、15~59 岁、60 岁及以上人口的比重分别上升 1.35 个百分点、下降 6.79 个百分点、上升 5.44 个百分点。三是城镇化进入中后期，2020 年居住在城镇的人口占 63.89%。《2021 年国民经济和社会发展统计公报》显示，2021 年末全国常住人口城镇化率为 64.72%，比上年末提高 0.83 个百分点。在生育政策继续调整下，中国人口将如何变动和对经济社会产生哪些影响引起了广泛关注。四是家庭小型化。《第七次全国人口普查主要数据情况》指出：2020 年全国人口共 141178 万人（不包括居住在 31 个省、自治区、直辖市的港澳台居民和外籍人员）；平均每个家庭户的人口为 2.62 人；比 2010 年的 3.10 人减少 0.48 人。家庭户规模继续缩小，主要是受我国人口流动日趋频繁和住房条件改善年轻人婚后独立居住等因素的影响。2019 年底发生的新冠肺炎疫情给人口变化带来了新的冲击。中国社会科学院原副院长蔡昉 2022 年 7 月 30 日在青岛·中国财富论坛上表示，根据新的预测，大概在 2022 年或者 2023 年，中国人口将达到峰值，随后进入负增长。为此，生育政策调整后中国人口的规模和年龄结构将出现哪些新的变化？这些是政策制定者和学术界非常关心的问题。

人口的总量和结构变动会影响房地产需求的总量和结构，又将影响房地产的供给。这将给房地产业的发展带来怎样的影响？程度有多大？是否有其他因素化解它的影响？政策如何应对？现有的研究发现，孩子出生的前后会带来住房需求的增加（Clark 和 Dieleman，1996），进入结婚立户阶段会带来住房需求的增加（Mankiw，1989）。老龄化对住房需求的影响分歧较大，有些研究认为老龄化会导致住房需求的减少和房价的下降（Mankiw，1989），然而还有些研究认为，老龄化会导致住房需求的上升，如 Green（2016）认为千禧世代会带来住房需求的温和增长。此外，人口变动对非住宅房屋需求带来什么变化？房地产供给和需求如何互动？这在国内研究不多。因此，需要深入研究，厘定理论纷争，并根据中国国情来分析，更好地为公共政策服务。

## 二、研究的理论价值和现实意义

本研究的理论价值在于：（1）现有的研究对人口变动和房地产业的发展关系还有很多的争论。本课题对这些争论将进行系统梳理和总结，并在此基础上深入分析人口变动对房地产需求、存量房地产供给、增量房地产供给的理论关系，研究人口变动影响房地产市场的机制及路径，这将有助于推动和深化该领域的研究。（2）现有的研究视角有一定的局限性，忽视了房地产业演化过程的互动机制、路径的多变性和模式的复杂性，协同演化理论则提供了一个新的视角来分析供求互动的关系（Alchian，1950；Nelson 和 Winier，1982），对房地产供求协同演化的动力机制、协同演化的路径及模式深入分析，而这方面的研究很少。从协同演化理论的全新视角审视人口变动与中国房地产业的发展，采用系统动力学等模型和方法研究人口变动与房地产业的协同演化机制，分析房地产业的演化路径和模式，确定现在的阶段和演变趋势，推动相关研究的进一步深入。

本研究的现实意义在于：人口转变将导致中国房地产供求关系发生变化，房地产业的风险增加，并可能危及金融稳定和经济发展。这是当前和未来政府决策所关心的重大问题。（1）本研究的分析和测算，将增强对房地产风险的预见能力，为政府调控房地产市场、发展住房保障、加快经济结构调整和促进房地产健康发展制定公共政策提供科学的决策支持；（2）为房地产开发商、投资者理性投资和消费者理性消费决策提出若干决策建议。

# 第二节 研究对象及重要概念界定

本节界定了本研究中的人口和房地产的主要概念，包括人口、家庭、家庭户、老龄化、生育政策、房地产、房地产市场、房地产行业。

### 一、人口与家庭及相关概念

人口方面的概念包括人口、家庭、家庭户等。

人口通常指居住在一定地域内或一个集体内的人的总数。人口按居住地可以划分为城镇人口和农村人口，还可以按年龄、性别、职业、部门等构成划分为不同的群体。

家、家庭和家庭户是密切联系但有区别的概念。王跃生（2016）对他们的相同和不同之处进行了清楚的区分。家（family）是由婚姻、血缘或收养关系组成的社会生活的基本单位（中国大百科全书，1991），由直系和同父旁系成员及其子孙所形成的亲属组织。户是人口登记的基本单位，以共同居住为标志的群体（邓伟志，1999）。分析住房最合适的人群单元是住户。中国第五次人口普查办法规定：人口普查以户为单位登记，户分为家庭户（family household）和集体户（collective household）。以家庭成员关系为主的人口，居住在一处共同生活的作为一个家庭户；单身居住独自生活的人口，也作为一个家庭户。集体居住在单位内集体宿舍及其他住所、共同生活的人口，作为集体户（第五次人口普查办法，2000）。2005年人口抽样调查和2010年人口普查也是如此定义。"家庭"与"住户"是两个有区别的概念，前者主要是婚姻和血缘关系为标志的群体，它是由具有主要抚养、赡养义务和财产继承权利的成员所形成的亲属团体与经济单位，后者是以共同居住为标志的群体。

人口的变动可以体现为人口总量的变动、人口年龄结构的变动、人口城乡结构的变动、人口产业结构的变动、人口教育结构的变动、收入结构的变动、职业结构的变动等不同层面的变动。这些不同的人口变动形式会以不同的方式对房地产业带来不同的影响，从研究的目的出发，人口总量和年龄结构变动（老龄化）即是本研究关注的重点。

### 二、房地产及相关概念

房地产方面的概念包括房地产、房地产市场、房地产行业。

房地产通常指土地及固定于其上的房屋及其附属物，以及与它们相应的各种财产权利。与房屋相关的建筑物如小区设施、建筑附着物等。建筑附着物包括了已经附着在建筑物上的建筑装饰材料、电梯、水、电、燃气、热、暖气等，它们在建筑物的使用过程中经常涉及。此外还有将房地产理解为提供生产、生活、生态空间及其相关的服务，包括投融资、咨询、估价、经纪、物业服务等。按照其使用用途分为居住类房地产、商业类房地产、工业类房地产及其他等。

房地产市场通常被认为是房地产交易活动的总和，也可以指买卖双方通过市场机制达成交易。它按照用途划分可以分为住宅市场、写字楼市场、商业楼房市场、工业厂房市场、仓库市场、特殊用途房地产市场。由于住宅占了房屋的总体建筑面积的 70% 左右，也可以分为住宅市场和非住宅房屋市场。

房地产行业是由房地产及其相关的服务的生产、消费、流通形成的一个产业，具有社会属性，是人们直接参与的一种生产经营活动。在我国的国民经济行业分类中，涉及房地产生产、消费、流通的产业包括了建筑业和房地产业。

房地产业是从事房地产的开发组织、经营管理、买卖和租赁经营，以及中介、咨询、评估等服务的行业，属于第三产业。我国的《国民经济行业分类和代码》（中华人民共和国国家标准 GB/T 4754—2002）将房地产业列为 K 类，包括"房地产开发经营（7210）、物业管理（7220）、房地产中介服务（7230）、其他房地产活动（7290）"。根据国家统计局 2011 年修订完成的《国民经济行业分类》（GB/T 4754—2011），房地产业包括"房地产开发经营、物业管理、房地产中介服务以及自有房地产经营活动"。一是房地产开发经营活动。它指"房地产开发企业进行的房屋、基础设施建设等开发，以及转让房地产开发项目或者销售、出租房屋等活动"。不包括房屋及其他建筑物的工程施工活动、房地产商自营的独立核算（或单独核算）的施工单位（列入建筑业的相关行业类别中），家庭旅社、学校宿舍、露营地的服务（列入住宿服务行业类别中）。二是房地产物业管理活动。它为"物业服务企业按照合同约定，对房屋及配套的设施设备和相关场地进行维修、养护、管理，维护环境卫生和相关秩序的活动"。不包括独立的房屋维修及设备更新活动（列入建筑业相关行业类别），贸易大厦、小商品大厦的市场管理活动（列入市场管理行业类别），社区服务（列入其他居民服务行业类别）。三是房地产中介服务活动。它包括"房地产咨询、房地产价格评估、房地产经纪等活动"，不包括房产测绘（列入测绘服务行业）。四是自有房地产经营活动。它为"除房地产开发商、房地产中介、物业公司以外的单位和居民住户对自有房地产（土地、住房、生产经营用房和办公用房）的买卖和以营利为目的的租赁活动，以及房地产管理部门和企事业、机关提供的非营利租赁服务，还包括居民居住自有住房所形成的住房服务"。五是其他房地产活动。它的内容包括"房地产交易管理；房屋权属登记管理；房屋拆迁管理；住房及房改积（基）金的管理；其他未列明的房地产活动"。可见根据我国国民经济核算对房地产业的界定，这里的房地产业具有服务业特质，是一种狭义上的房地产业，而在国际上，房地产业通常属于第三产业。

2017年《国民经济行业分类与代码》（GB/T 4754—2017），将国民经济行业划分为门类、大类、中类和小类四级。第一产业农业含农林牧渔业一个门类，第二产业工业含采矿业，制造业，电力、热力、燃气及水生产和供应业，以及建筑业四个门类。第三产业服务业含批发和零售业、金融业、房地产业等十五个门类。从该行业分类统计口径来看，房地产业（代码70）包括房地产开发经营、物业管理、房地产中介服务以及自有房地产经营活动。房地产业的活动分类如下。一是房地产开发经营。指房地产开发企业进行的房屋、基础设施建设等开发，以及转让房地产开发项目或者销售房屋等活动。不包括房屋及其他建筑物的工程施工活动、房地产商自营的独立核算（或单独核算）的施工单位（列入建筑业的相关行业类别中），家庭旅社、学校宿舍、露营地的服务（列入住宿服务行业类别中）。和以前分类有所调整的是，将房地产开发企业出租房屋等活动分离出去，单列了房地产租赁经营活动。二是物业管理。指物业服务企业按照合同约定，对房屋及配套的设施设备和相关场地进行维修、养护、管理，维护环境卫生和相关秩序的活动。不包括独立的房屋维修及设备更新活动(列入建筑业相关行业类别)，贸易大厦、小商品大厦的市场管理活动(列入市场管理行业类别)，社区服务(列入其他居民服务行业类别)。三是房地产中介服务。指房地产咨询、房地产价格评估、房地产经纪等活动。不包括房产测绘(列入测绘服务行业)。四是房地产租赁经营。指各类单位和居民住户的营利性房地产租赁活动，以及房地产管理部门和企事业单位、机关提供的非营利性租赁服务，包括体育场地租赁服务。而以前的分类名称是自有房地产经营。它指除房地产开发商、房地产中介、物业公司以外的单位和居民住户对自有房地产(土地、住房、生产经营用房和办公用房)的买卖和以营利为目的的租赁活动，以及房地产管理部门和企事业、机关提供的非营利租赁服务，还包括居民居住自有住房所形成的住房服务。两者的区别是房地产租赁经营将各类单位的营利性经营活动都包括在内，而房地产租赁经营则将房地产开发商、房地产中介、物业公司的租赁经营活动除外。五是其他房地产活动。主要包括房地产交易管理；房屋权属登记管理；房屋拆迁管理；住房及房改积(基)金的管理；其他未列明的房地产活动。中国的国家标准《国民经济行业分类(GB/T 4754—2017)》(这里说本标准使用重新起草法参考联合国统计委员会制定的《所有经济活动的国际标准行业分类》〈2006 年修订第四版〉编制，与其一致性程度为非等效。也就是参考而非完全和联合国标准一致，和其他国家行业分类可能有些差异)在与国际标准比较的时候需要注意二者是否完全可比。

在国民经济行业分类中，建筑业是"专门从事房屋建设以及安装相关工作的物质生产部门，包括勘察、设计、施工、安装、维修等生产过程，生产产品为建筑物和构筑物"。由此可见它属于第二产业。统计局公布的建筑业统计范围"主要包括了房屋建筑工程、土木工程建筑业、建筑安装及装饰业这几大部分"。其中明确指出了"房屋建筑工程中不包括主体工程的前期准备工作，主要指房屋主体工程的施工过程"。因此，工程施工前期的土地开发过程属于房地产业，而不属于建筑业的统计范畴。

在房地产的生产环节，建筑业通过房屋建筑工程、建筑安装、装饰等实现了房地产实物产品的生产,而在房地产的流通消费环节,房地产业通过房屋建设前期的房屋、土地开发以及后期的房地产流通和管理活动实现了价值的循环。因此,建筑业与房地产业共同组成了房地产生产、流通、消费的全过程,两行业之间的活动紧密衔接,甚至在一些环节会出现你中有我、我中有你的情况,例如房地产开发中的土地开发、工程建设和房屋预售紧密联系在一起。而且房地产开发投资(房屋建设的增加值)也属于建筑业的增加值。

由于房地产需要通过建筑业把劳动资料与劳动力结合在一起才能实现房地产实物产品的生产,然后再通过房地产业实现价值循环,二者密不可分,房地产业是否应包括房地产商品的实物产品生产过程也一直是理论界和实务界争论的焦点与核心。目前我国很多学者与业界人士在谈及房地产业时所指的对象仍然包括建筑业及相关产业活动,认为它是一个贯穿房地产生产、分配、交换、消费各个环节全部经济活动过程的所有产业部门。由于狭义分类方法与现实经济的运行状况有一定的差距,现阶段我国的房地产开发活动占据了房地产业的很大一部分,经营活动、物业管理、中介服务等活动还不是很发达,而房地产开发投资在国民经济核算中通常计入建筑业的产值。如果不考虑房地产开发投资对我国的经济增长和就业的贡献,就会低估房地产业对经济增长和社会发展的作用。

因此这里用房地产行业作为广义的房地产业,它包括从事房屋生产的建筑业和从事房地产服务的房地产业,而狭义的房地产业则为房地产服务业,和国民经济行业分类保持一致。在本研究中,以房地产业为主,在部分内容涉及房地产生产、投资、房地产业和其他产业的协同演化的时候会分析建筑业。

# 第三节　国内外研究述评

## 一、人口与房地产关系的研究维度

人口和房地产的关系研究可以从三个维度展开。一是从人口影响房地产的角度,从人口的总量和结构的变化来影响房地产的供求关系；二是从房地产影响人口的角度，例如房地产价格影响了人口迁移和再分布，高房价导致适合结婚的人群年龄推迟，生育孩子数量减少；三是从人口和房地产相互影响的角度来研究二者的关系。本研究侧重从第一个维度来进行供求协同演化研究。

这里简要综述一下第二个维度和第三个维度的研究。在第二个维度的研究中，任远（2016）认为房地产市场的人口学后果主要有："一是生育率下降和不婚率上升"。由于社会文化将购房作为结婚的前置条件，一些收入低、积蓄少的年轻人不得不攒钱买房，推迟结婚和晚生孩子，还有些成了剩男剩女，不婚不育。二是"家庭生活中的'啃老族'现象开始出现"。一些人买不起房，不得不和父母共住。三是"住房还成为中老年人口为老年生活所投资的品种"。一些老年人投资炒房。四是"城市住房市场价格扭曲增加了城市移民的生活压力，进一步阻碍了移民在城市稳定居留和长期居留，限制了移民的融合性"。五是"城市人口因为地价的不同带来了空间的分化，强化了空间的不平等和空间的隔离"。六是"过高的住房市场价格也增加了城市生活的成本以及商务发展的成本，限制了对人才的吸引力，降低了城市经济的竞争力"。实际上，在国内外很多文献探讨了房地产市场发展对婚姻市场、孩子市场、养老市场和养老保障、人口流动、人才迁移、企业创新的影响，这里不再赘述。

第三个维度的研究则认识到人口和房地产市场存在着互动关系。如在城市经济角度的空间竞争均衡模型，提出城市人口的增长会导致房价上升，房价的上升会促进人口的流出和阻碍人口的流入，并形成城市间的空间竞争均衡（Rosen，1974；Roback，1982）。如在家庭经济角度，生孩子和买房子既存在挤出效应，造成了前者和后者的替代（Gobbi，2013）；又存在相互促进效应，买房子为了生孩子，生孩子更要买房子（Mulder，2006）。国内外这方面的文献也很多，这里不再述评。

## 二、人口变动影响房地产市场、产业发展的研究述评

在第一个维度的研究中，国内外对人口变动和房地产业发展研

究集中在人口变动对房地产业的影响机制和效应测度，以及政策应对。即人口的总量和结构会影响房地产市场，进而影响房地产业的发展。这些研究多是单向的，忽略供求互动和协同演化。人口总量和结构的变动会影响房地产需求。房地产需求与房地产供给并不是相互完全独立的，而是二者既相辅相成，也相互制约。需求的增加可以推动供给的增加，供给的创新也可以创造新的需求。从长期看，房地产业的发展是供给与需求两方面因素共同作用的过程，是供给与需求双方彼此适应、均衡提升的过程。因此，人口变动对房地产业的作用机制需要从供给与需求两方面互动来理解。

人口变动对房地产业的影响分为直接作用机制和间接作用机制。人口变动对房地产需求的影响为直接作用机制。

**(一)人口变动对房地产需求的作用机制和效应述评**

直接作用机制一是作为房地产需求方的人口变动对房地产需求的影响。这里的逻辑关系是人口规模和结构的变动会带来家庭规模和结构的变动，以及房地产需求偏好的改变，而它会带来房地产需求的总量和结构变动，并通过供求互动影响房地产业的发展。

(1)现有研究分析了人口总量变动和住房需求的关系。在衡量住房需求方面，采用了数量指标(例如住房面积、间数和住房套数)和价值指标(每单位的房价或租金)。家庭总量，而不是人口总量，是住房需求的主要影响因素。Muth(1960)和Olsen(1969)认为家庭规模、家庭生命周期等家庭特征会影响住房偏好，是除了收入和房价之外影响住宅需求的主要因素。从经济学的供求基本原理来看，人口和家庭的总量增加，即使在收入不变的情况下，会带来住房需求的增加，这就是人口总量的规模效应(size effect)。家庭规模的缩小和分户，导致人口总量变化和家庭总量变化并不同步的情况，甚至会出现人口总量减少而实际上家庭总量增加的情况，带来住房需求上升，即家庭总量的规模效应(Lauf，2012)。实证研究发现家庭总量的增加会带来住房需求的增加(Takats，2012)。如果人口总量下降，家庭总量也下降，但是户均住房需求增长的速度超过了家庭总量下降的速度，也会出现总住房数量需求上升或不变。Lindenthal和Eichholtz(2014)研究表明人口老龄化并不能有效降低住房需求。住房需求一般随年龄增长,仅一部分在退休后会出现住房需求减少。在一些出现人口减少和老龄化的国家,还出现了住房需求的增加。中国的一些人口学者按照户均一套和人均一间的标准,根据家庭总量预测了住房需求(套数、卧室间数)的变化(王海涛等,2004;蒋耒文等,2005;曾毅等,2014)。

(2)现有研究分析了人口年龄结构和住房需求的关系。从理论上看,人口结构变动(老龄化)是否会导致需求的减少并没有一致的结论,经验研究的结论也不一致。

人口年龄结构对住宅服务需求的影响主要是从生命周期视角来研究的,这可以称为年龄效应(age effect)。从个体微观生命周期的视角,家庭对住房服务需求会在成年期进入劳动力市场增加,并逐渐达到高峰,而在退休后住房服务需求下降(Pitkin 和 Myers,1994;Flavin 和 Yamashita,2002)。这在租赁市场表现的比较明显。然而由于搬迁和交易成本,以及老年人对长期居住的住房和社区的情感依赖,也会出现一些老年人退休后依然租赁原来的住房,即家庭的总住房需求没有变化,但是如果出现了家庭人口数的减少,例如子女的搬出、老伴的去世,人均住房需求(数量)上升。如果同时出现了房价上升,则住房需求(价值)也上升。

除了小部分家庭租赁住房,大部分家庭自有住房。自有住房同时是具有投资属性的资产,因此存在投资性需求。在年轻的时候购买住房作为资产和养老准备,退休后会全部(或部分)卖掉该资产去郊区购买小的住房或者重新租赁(Henderson 和 Ioannides,1983;Kraft 和 Munk 2011)。但是由于借贷限制、住房市场的交易成本、老年人对住房和社区的情感,以及老年人的馈赠动机等,自有住房市场的住房需求在退休后依然较高,仅有一部分老年人会出现住房消费降级,大部分老年人通常在生命周期的最后阶段,例如去世和重病,才出现下降(Krainer,2005)。然而,如果房地产税等政策鼓励从自有到租赁转换,他们也许在家庭总人数减少的情况下更愿意转换,从而降低住房消费。假定年轻户主的家庭住房需求不发生变化,供给不发生变化,如果退休阶段的家庭住房服务需求和投资需求下降比较大的话,人口老龄化将导致住房需求下降,房价下降。反之，如果退休阶段的住房服务需求和投资需求没有下降甚至上升的话，人口老龄化将会导致住房需求上升，房价上升。这样衡量老年人对住房需求的影响，就需要看退休阶段的住房需求的变化，包括生命周期最后阶段的住房需求的变化。

另外，住房需求还受到房地产市场参与者的预期、价格和供给的影响。如果房地产市场参与者是前瞻性的，供求都是有价格弹性的，年轻户主会预期到老龄化会导致大量房屋抛售和房价下降，他们会持币等待房价下跌。在住房价格下降的时候他们可能增加住房需求，例如购买面积更大的住房，购买第二住宅。与此相对应，前瞻性的开发商会减少开发，因此供给增加很少或不会增加，房价也许不会剧烈下降。此外，很多研究认为房地产市场的参与者是近视的，他们对房价的变动不敏感，即使老龄化会带来房价的下降，他们也视而不见。因此房价的变动对他们的影响也不是很大。如果开发商也是近视的，那么他们在需求下降阶段，继续开发，这会带来房价的波动。在房价下降的时候，消费者也许会增加消费，而从美国 1982—2002 年的住房自有率随年龄的变化趋势来看，各年龄段住房自有率变动不大（Krainer，2005）。也就是住房需求相对的价格弹性很小。主要原因是，一是住房作为必需品，二是它不可分，必须整体购买。因此即使房价下降，需求也不会增加。另外，人口老龄化和人口减少是两回事，特别是一些国家有大量的迁移，在出现人口老龄化的同时，伴随着人口的增加，因此总住房需求增加。

在实证研究方面，Mankiw（1989）认为老龄化会导致住房需求的减少和房价的下降。然而 Green 和 Hendershott（1996）认为Mankiw（1989）的模型存在问题，认为不同世代的教育和收入存在差异，用新的计量模型发现人口转变并不会必然导致住房抛售和房价下降。Green（2016）的研究依然认为千禧世代会带来住房需求的温和增长。Pitkin 和 Myers（1994）和 Myers（1999）用世代转换分析技术得出同样的结论，而美国后来的房价上涨也否定了 Mankiw（1989）的结论。

在中国的住房需求研究方面，一是研究了特定年龄群体的住房需求。例如婴儿潮，从人口年龄结构来看，史上人口出生高峰期

（1949—1957 年、1962—1970 年、1981—1990 年）的影响，使得婴儿潮时期的人群进入婚嫁期导致了需求增加，供应相对不足，推动了房价上涨（朱喆，2005）；住房需求密集年龄阶段（20～28 岁，39～48 岁）对住房需求的影响，随着该阶段人口的增加，住房需求上升和房价上涨（李恩平，2016）；老年群体的住宅需求（包宗华，2005），独生子女对居住环境的要求（孙蓉蓉，2000），两孩家庭的住宅需求（杨菊华，2014）。二是分析了人口年龄结构变化对住房需求的影响。例如张冲（2014）提出少子抚养比对住房需求有负的影响，而老年抚养比对住房需求有正向的影响，但随着老龄化加深逐步减弱，甚至负面影响也会到来；而顾和军（2017）认为少儿抚养比（老年抚养比）对人均住房销售面积有负（正）的影响，但对房价没有显著的影响。陈彦斌等（2013）认为中国人口老龄化对住房需求会有负向的影响，但是由于伴随城镇化和家庭规模小型化有正向的影响，老龄化的负面影响一时不能显现出来，直到 30 年后才明显。陈斌开等（2012）则认为"婴儿潮"很可能是导致 2004 年以来住房需求增加和价格快速上涨的根源，人口老龄化将导致住房需求增长率在 2012 年大幅下降，此后呈现负增长。李超等（2015），认为城市的常住人口和流动人口数量、居民的收入分配、人力资本状况以及人口抚养比对中国城市的住房需求具有深远影响，预测2015—2030 年中国城市住房需求的总体趋势将会呈现出"上升—平稳—下降"的"倒 U 形"特征 。黄燕芬（2016）认为"在人口老龄化社会中，老年抚养比对住房消费的影响存在拐点。在达到拐点之前，住房消费随老年抚养比增加而增加；在达到拐点之后，住房消费随老年抚养比增加而减少。少儿抚养比上升会使家庭增加住房消费意愿，但少儿抚养比上升也会增加其他刚性消费，因而家庭收入会成为住房消费增加的瓶颈。只有当家庭收入提高到较高水平时，才能突破瓶颈，使住房消费随着少儿抚养比上升而增加"。武力超等（2018）基于美国 1975—2010 年州级样本、日本 1980—2010 年郡县级样本和我国 2002—2013 年省级样本数据，综合运用线性和面板数据方法，从人口总抚养比、老年抚养比、少年抚养比和城市化等多维度考察人口结构对房地产市场的影响，认为"人口结构变化对日本、美国和中国房价的影响存在阶段性差异。城市化阶段不同是人口结构对中、日、美影响程度不同的主要原因；在区分人口因素的具体影响时，少年抚养比与房价呈显著负相关关系，而老年抚养比对房价的影响则出现了分化，美国老年抚养比与房价呈正相关关系，日本和中国方面则是负相关关系"。

这里的问题是，如果用面积来衡量住房需求的话，房地产现实或潜在的需求等于人口总量和人均面积的乘积，或者等于家庭总量和户均面积的乘积。人均面积受到了多种因素的影响，如房价、收入、教育、技术等。这样，人口总量的下降或结构的变化如果能够被人均面积增长所抵消的话，或者在人口总量下降的同时出现了家庭户数增长和户均面积增长，并不必然会出现房地产需求的下降和价格下跌。如果用价格来衡量住房需求的话，房地产现实或潜在的需求等于人口总量和人均住房需求单价的乘积。人均住房需求受到了多种因素的影响，如房价、收入、教育、技术等。这样，人口总量的下降或结构的变化如果能够被人均住房需求单价增长所抵消的话，并不必然会出现房地产需求的下降。

(3)现有研究分析了人口空间结构(人口迁移和城市化)和住房需求的关系。这实际上探讨了相对于农村，城市(都市圈)人口的总量和结构变动对住房需求的影响。城市人口的增加，将带来住房需求的增加，如果住房供给很有弹性，房价将不涨或温和上涨，反之房价快速上涨(迪帕斯奎尔，2002)。Glaeser(2005)也得出了类似的结论，并阐述了住房供给弹性和城市增长的关系。在中国的住房需求研究方面，住房需求与城镇人口数和家庭户数成正相关。陆铭等(2014)发现，城市化带来的住房需求成为推高城市住房价格的重要原因，外来人口(移民)占比更高的城市，其房价也更高。人口迁移和城镇化促进了中国城市住房需求的增加，带来了住房市场的发展(杨华磊等，2016)。然而，也有观点认为人口数量变动在短期并不影响住房市场，而是有长期影响。如任远(2016)认为"人口因素主要是在长期变动趋势上影响住房市场，而短期的住房市场的变动更加受居民收入、货币政策、土地资源供给、政府土地财政、住房政策、资本市场投机等因素的影响，人口因素对于房地产市场的短期影响甚至可以忽略不计"。

（4）现有研究很少分析人口性别结构和住房需求的关系。在中国的住房需求研究方面，性别比越高，催生了男性买房提高婚姻市场的竞争力，导致了房价的上升（Wei，2011）。类似的，城市中流动人口的男性比重越高，房价越高（张悦，2016）。

（5）现有研究很多分析了人口的素质结构（收入、教育等）和住房需求的关系。收入高的地区或家庭对住房需求要明显高于收入低的地区或家庭（赵奉军、邹琳华，2012）。人力资本提升，会催升房价（王先柱，2013）。另一个问题是，即使是处在相同的年龄，不同代际的人群的住房消费也存在差别，即队列效应（cohort effect）。例如美国的婴儿潮群体比他们的父辈更富有，更健康，更长寿，因此更可能增加住房消费。Green（2016）认为千禧世代会带来住房需求的温和增长。美国Y世代（1979—1995年）的出现，将会影响到所有的房地产市场。他们更愿意居住在城市而不是郊区，因而更愿意在市中心租房，而不是在郊区买房，他们愿意有流动性但不愿意开车，更愿意就近购物和网上购物，更愿意共享办公空间。婴儿潮的老年人有些愿意卖掉郊区的住房，搬回到市中心有更多福利（主要是医疗）的地方（ULI，2013）。新出现的Z世代（1995—2001年）成长在高社会压力、互联网时代，使得他们更小心谨慎，注重个人安全，更实用主义，更社会化、互动更强和流动性更强。他们更愿意居住在市区，这里更容易找到第一份工作和互动性更好。他们更愿意在市区拥有住房，但是购买力有限。他们喜欢及时消费，多渠道购物和及时配送成为必需，他们更偏好互联性强、保障个人信息安全的商店。他们更注重个人安全，需要独立的办公室。而Eichholtz（2014）在英国的实证研究中，在控制了人口的异质性和住房属性需求的异质性之后，发现随着年龄的增长，由于教育和健康等人力资本增长的原因，住房需求（价格）出现了上涨，在一些出现人口减少和老龄化的国家，还可能出现了住房需求的增加。

由于中国的人口变动涉及人口总量和结构等多方面的变动，中国学者也在这方面开展了探索性研究。大多数学者认为人口总量增长会带来住房需求增加，老龄化会导致住房需求下降，但可能会被城镇化等因素所抵消。在人口作为房地产需求方面，张昭等（2009）指出人口总量和结构的变动导致房地产需求的变化，城镇化促进住房需求的增长，人口高峰会带来置业高峰，人口老龄化会因为养老费用的挤出效应降低住房需求。龚莹（2010）认为人口年龄结构、家庭结构和地域结构影响房地产业的发展。李雄军和姚树洁（2011）认为中国人口数量与年龄结构的变动会在一定时期增加房地产需求，但长期将减少房地产需求；城市化造成了城镇人口的增加，会较长时期增加房地产需求，但其边际效应也将趋于递减。

除了研究住房消费需求（租房）和唯一自住住房需求以外，还有的研究了第二住宅的需求、投资性住宅的需求。研究发现，除了收入财富等因素外，第二住宅需求还与户主的生命周期有关，通常是中年有孩子的家庭购买休闲度假型第二住宅（Di，2001）。

（6）现有研究分析了人口变动和非住宅房屋需求的关系。在人口变动对住房供求方面的研究较多，然而对非居住类房地产研究较少。工业地产需求和工厂的成本和技术有关；家庭数量和购买能力是零售商品和商场需求的重要影响因素；而劳动力数量，特别是白领数量，是写字楼的主要影响因素（迪帕斯奎尔，2002）。人口变动会影响购买力，购物行为和购物偏好。例如老年人更关注健康养生、房屋维护。现有研究分析了年轻人更热衷于电商，对实体商场需求的下降。老年人的购物类型和消费偏好导致了他们消费需求的下降、消费偏好的改变和对实体商场需求的下降；随着电子商务、居家办公和共享办公空间的出现，对人均写字楼空间需求下降，对绿色建筑的需求上升（Miller，2013）。

（7）存量房交易需求、物业服务需求和人口变动的关系。杨现领（2017）认为"2016 年全国二手房交易额在 6.6 万亿元左右，占住房市场交易总额的 40%"。他估计"中国存量住房共有 2.7 亿套左右，住房自有率超过 65%，人均 GDP 超过了 8000 美元，户均套数超过了 1，按照国际经验，由增量开发主导的新房市场趋于稳定和成熟，基于二手房流通和房屋资产管理的存量时代将逐步来临"。中国二手房流通率（交易房屋套数/存量房屋数量）为 2% 左右，而美国的历史均值为 4.5%，美国的二手房交易额占住宅市场（新房+二手房）交易额之比在 80% 以上。因此，存量房的交易规模将随着人口规模的增加而增加，而存量房的交易需要满足客户的需求，例如房地产经纪人提出的精准服务。物业服务需求也和人口变动有关系。刘寅坤（2017）估计 2015 年底，全国物业管理面积达 175 亿平方米。中金公司估计 2015 年物业管理面积仅占市场的 70% 左右。人口变动对物业服务需求产生影响。小区客户群体的变化会带来物业服务需求的个性化和复杂化，例如老年群体（曹志刚，2006；曹珊珊，2015），两孩群体（吴玲，2016）。

**（二）人口变动对房地产存量供给的作用机制和效应述评**

直接作用机制二是作为房地产供给方的人口变动对房地产存量供给的影响。房地产供给可以分为存量和增量供给，包括新建、存量维修、改造和废弃。除了需求方的角色，人口也是存量房地产的供给方。人口变动可能会影响存量房的维修、改造和利用，导致存量房的空置闲置、废弃和拆除。人口的净减少会带来住房的闲置和废弃。人口的净减少主要是迁出和死亡。目前研究了人口的净迁出导致了住房的废弃，有很多国家（如日本）①和城市、乡村的案例，例如鬼城（龙瀛，2016）、鬼村等（龙花楼，2009）。随着人口老龄化的不断加剧，自住需求的下降，随着老人的去世或者入住养老院，将空置和闲置的存量房地产释放，会增加房地产的供给（Lindh，2012）。然而 Lim 和 Lee（2013）认为韩国人口的减少，可能会导致住房需求下降，但是老年人希望住在更宽敞的空间，则使老龄化的加剧在一定程度上抵消了住房需求下降的趋势。可见老龄化是否增加存量房屋的供给还存争议。存量房地产供给受到了自住需求的标准、存量房供给政策、老年人收入和健康等因素的影响。

**（三）供给对人口变动的响应和适应研究**

按照来源分，房地产的供给可以分为存量供给和增量供给。前者包括存量房的供应、维护、改善和转换用途，后者包括新建房。

---

① 佚名．日本老龄化加速：房屋被弃置[C]．国际货币金融每日综述选编．2015．

在特定的时间内，新房占总体的比重一般较小。住房总供给的调整不仅靠新房得到调整，而且也靠存量的改造、变更用途和存量的降价得到调整。新房的供给要素有土地、资本和劳动力、建材等，由建筑企业、开发企业来完成，因此供给也要联系到土地市场、建筑和房地产行业。但是，由于技术和数据方面的原因，需求研究较多，而供给的研究相对较少（Quigley，1979；Dipasquale，1999）。

按照供给主体来分，房地产的供给可以分为市场部门、社会非营利部门、政府供给。市场部门供给包括了以营利为目的的个体和企业供给。社会非营利部门的供给包括非政府组织以非营利为目的的供给。政府供给包括政府部门以及其直属国有企事业的供给。由于建筑业和房地产业是提供供给的组织，因此通常将房地产供给、房地产投资和建筑房地产企业联系起来。

对于房地产供给研究主要是以下几个方面：

一是供给的总量及其变化研究。现有的研究发现，存量供给占了供给的主要部分，而新增供给占总体的比重很低。新增供给和住房供求发展阶段明显相关，在住房供不应求阶段，新增供给明显增加，而在供大于求阶段，新增供给明显下降。在住房的总供给方面，Burns 和 Grebler（1976）对 39 个国家的数据分析发现了新建住房投资占 GDP（SHTO）的比重，在发展早期是逐步增加的，但是到后期（1970 年不变价格超过 1600 美元）一般要下降；人口增长和城市化会导致配置到新建住房的资源提高。Renaud（1980）、World Bank（1993）的研究也验证了住宅投资占 GDP 的比重和经济发展水平有着显著的二次方程关系。然而 Burns 和 Grebler（1976）的研究主要讨论了发达国家，没有包括非正规部门的新建投资，以及没有包括存量房的投资，所以低估了总投资。Annez 和 Wheaton（1984）讨论了 SHTO 存在的数据问题，例如发展中国家更多的人口在非正式住房居住和非正式就业，这导致了官方统计的住房和收入有偏差。并且指出，人口数量（家庭户数）和住房套数正相关，而住房价格和质量正相关。

二是供给的结构研究。现有的研究发现，存量供给占了主流地位，新增供给占总体的比重较低。但是在中国的改革开放进程中，由于历史的欠账较多，所以现阶段很多城市增量供给超过存量供给，但是一些特大城市开始出现了存量供给超过了增量供给的趋势。在存量房供给和投资方面，分析了利润最大化和效用最大化的目标和投资决策有关，维修支出与建筑物的年龄、业主的年龄、收入和邻近地区的特征、贷款的可得性有关（见 Mayer，1981）和（Mayer，1985）。房主年龄越高，占用时间越短，公寓共用部分的问题越突出，更容易有翻修计划（Özgül，2014）。此外，还有研究涉及住房的废弃和拆除问题（Davis 和 Whinston，1961）。在欧洲，住房的寿命较长，还研究了税收对住房废弃的影响（White，1986）。政府的维修补贴对租赁住房的维修决策有重要的影响（Skaburskis，2007）。

三是供给的价格弹性研究。Whitehead（1998）综述了住房供给的研究进展。Malpezzi（1998）综述了发展中国家住房供给的研究进展。这里区分了供给的短期弹性和中长期弹性，以及新房的供给弹性和存量房的供给弹性。研究发现，供给的短期弹性较低，受到了规划和土地供应及生产周期等因素的影响。供给的长期弹性较高，能够响应价格的变化，适应需求的变化。还有的分析了新房和存量的供给弹性，发现前者的弹性较高。但是新建房供给对价格和空置率的反应很慢（Wheaton，1990）。Saiz（2008）认为建筑企业都是中小企业，进入门槛很低，建筑材料便于运输，因此建筑成本不会影响供给，而土地供应受到了地理和规划的制约，会影响到住房供给弹性，并且发现供给弹性和人口特性有关，例如人口的受教育程度、移民的比例。Mayer（2000）发现，供给对价格变动反应很灵敏。然而 Stevenson（2014）发现，开发商确实会对不均衡的供给做出反应，但是反应速度很慢，不均衡的需求对供给几乎没有影响。在国际、国内地区、企业层面的住房供给弹性都不同。此外，在供给弹性研究方面，国际研究探讨了不同的供给指标（建筑许可、新开工面积、竣工面积、投资）对价格变动的影响。例如 Monnet（2017）探讨了 20~49 岁人群（主要购房群体）的增长率对住房投资的增长有正的影响。Sánchez（2013）发现 OECD 的不同国家对新房投资的价格供给弹性差异很大，短期弹性和长期弹性的国别差异也很大，一些国家的人口结构(25~49岁)对新房投资有明显的影响。Mayer(2000)发现房价上涨10%会导致存量增加0.8%，流量(城市的新房投资开工)在一年后增加60%。而Deng(2018)认为人口变动和收入增长会直接影响需求，而不会直接影响供给，因此她将这两个变量作为需求的工具变量来分析价格变化对供给的影响。

除此之外，人口变动会影响土地供应。人口不会影响建设成本。但是人口的下降和老龄化，可能会带来住房数量需求的下降。为了保持城市房价的相对稳定，城市规划和政策制定者可能会收紧土地供应，或者将毁损废弃的住房拆除(Bernt，2009)。这样住房供应和住房供应弹性会受到人口变动的影响。

对中国的住房供给方面的研究还不是很多。在中国的住房存量和流量研究方面，刘洪玉(2013)基于2010年人口普查资料测算了中国的住房存量。在流量研究方面，大部分的流量研究集中在新房投资，例如住房投资波动趋势和地区差异(张清勇，2008)、周期(高波，2009)、拐点等(吴璟，2017)。仅有少数研究了拆除，例如黄禹(2016)测算了中国住房的拆除率。在住房的供给弹性方面，刘洪玉(2012)测算了中国主要城市的住房供给弹性，并分别测算了存量弹性和流量弹性。Deng(2018)研究了中国的新房投资，发现1999—2008年，中国新房投资(供给)的价格弹性大约是5，在随后的年份随着金融危机和政府的政策刺激发生变化，转为负数。

在人口变动与房地产供给关系方面，一是研究了人口数量、家庭户数和存量供给的关系。根据人口普查数据，中国的人口数量、家庭户数和存量供给同向增长(刘洪玉，2012)。二是研究了人口数量、家庭户数和增量供给、房地产业的关系。例如龙奋杰(2003)认为"暂住人口比例、市区人口数量和消费密度对房地产投资的直接影响最大"。龚莹(2010)分析了美国人口结构因素对房地产业的影响及其对中国的启示。张昭(2009)分析了人口因素对中国房地产业波动的影响。孙晓芳(2012)测算了1998—2009年12年间，我国房地产价格的人口弹性包括总人口弹性、人口密度弹性、家庭户规模弹性，并对我国东、中、西部不同区域的房地产价格的人口弹性进行了对比研究。王胜等(2008)发现了房地产投资增长

率和需求变动、供给变动和政策变动的关系。在城市化率达到
70%以前，住房建设投资和它占 GDP 的比重将快速增长（程选等，
2012）。类似的研究还有郝国彩（2011）。

人口变动带来的需求增加，由于增量供给受到的约束，短期供
给无法增加，会带来房价的上涨。对于高涨的房价，从短期（一
年）来看，增量供给显得很没有弹性，但是可以通过存量的维护、
改造和转换用途来增加供应，例如房租的上涨导致部分家庭出租空
置闲置的住房或者卧室，部分业主将工厂厂房、商场、写字楼转换
为住宅等。从长期来看，则取决于住房的长期供给弹性。住房的长
期供给弹性很高，但是它对价格和空置率的变化比较慢。这意味着
当房价的上升，开发商会加速供应（例如加快工程进度），供给会
增加，但是由于受到的约束（规划、工期），增加很慢。然而当房
价下跌，空置率上升，开发商会减少或停止工程，竣工销售向后
延迟。

住房的长期供给弹性受到了很多因素的影响，除了土地、规划
和政策之外，建筑商和开发商的预期，以及对市场的应对策略也会
有影响。供给存在一定的投资和投机性，这加剧了市场波动的风
险。由于房地产供给和投资是直接对价格、空置率、销售周期的反
应，而不是直接对需求变动的反应，这意味着供给的滞后性。需求
的变动造成了价格上涨，供给却跟不上，这造成供给的不足。随着
供给的增加，需求和价格可能下降，这会造成了供给的过度。

这意味着在老龄化带来市场需求变化的时候，如果开发商是前
瞻性的，会预期市场的变化和调整供给决策，市场将不会出现过度
供给问题；如果开发商是近视的，则会对市场的变化视而不见，继
续原有的供给决策，市场将会出现过度供给问题。而在市场应对策
略方面，如果开发商在房价上涨的时候，不是加快开发，而是按照
原来计划或者推迟开发，以通过房价上涨来获利。这样供应增加的
速度就不会很快。如果开发商在房价下降的时候，迅速停止开发，
就意味着供应的停止。这取决于开发行业的竞争结构。如果竞争激
烈，开发商将会对市场做出更灵敏的反应。过度供给带来的严重过
剩，会促使部分开发商破产，淘汰掉那些对市场不敏感和应对能力

差的开发商。

而在中国，开发商的差异也是很大的。一些大型房地产企业有自己的研究院，例如万科、恒大等。这些企业并不是消极等待市场需求的变化，然后采取对策，而是会预测需求的变化，制定短期和中长期发展计划来提供供给，而且还会通过供给来引导需求。例如建筑商和开发商会预测人口变动和房价变动，如果预期人口老龄化会导致房价下降，他们会减少开发。其他的中小型企业则是跟从大企业的投资和销售策略做出决策。

**（四）人口变动、供求互动与房地产业发展的作用机制和效应述评**

通过上述两机制，人口变动影响房地产需求和存量房地产供给的变化，进而影响房地产价格，而房产价格将引导增量房地产的供给，促进房地产业的发展。迪帕斯奎尔等（2002）通过四象限模型，分析了家庭数量的变化带来了住房需求的变化，在供给不变的情况下，引起了房价的上升，当房价超过了重置成本，开发商的新增供给上升，新增供给将增加了存量供给，带来了房价的下降，最终形成均衡。它作为一种动态均衡视角的供求分析，还存在以下问题，一是房价也将引导存量房地产的供给和需求，即房价上升可能会带来存量供给的增加，例如部分人群减少自住需求，出租部分卧室，因此供求互动的关系很复杂，不是单向的关系。二是房地产市场运行的结果有多种可能（奥沙利文，2015）。它包括完全稳定性，意味着市场价格在任何非均衡点可以回到均衡价格，区间稳定性，指市场价格在均衡点附近的区间可以回到均衡价格，有限稳定性，指市场价格在离开均衡点后会在一定区间内围绕均衡点波动，非稳定性，指市场一旦偏离了均衡点，不会回到均衡点。也可能存在非均衡。因此这里的供求互动机制如何发挥作用还不清楚。

在后来的供求互动机制里面，很多研究分析了价格、空置率、销售周期、参与者预期的作用。现有研究分析了人口变动通过需求变动、供给限制对价格的影响，进而引导供求平衡。对于人口（家庭）增长，需求增加，如果供给受到限制（供给没有弹性），会带来价格的上升；如果供给有弹性，价格相对不变。而供给会对价格、空置率、销售周期做出反应。在价格上涨的时候，如果参与者是短视的，不会增加供给，价格会进一步上涨。如果参与者是前瞻的，会增加供给，价格会随着供给增加而回落。如果市场空置率较高，销售周期较长，会减少供给。

还有些研究分析了人口结构变动（老龄化）通过需求变动、供给限制对价格的影响，进而引导供求平衡，但是这方面得到的结论并不一致。根据生命周期理论，人口老龄化通过购房群体的占比减少，减少了购房需求，通过老人去世或入住养老院增加了存量供给，这会导致房价下降（Mankiw，1989）。与之相对的观点是，人口老龄化，伴随着人力资本的上升（教育程度和健康的改善），会带来需求的增加和房价的上涨。如 Green（2016）认为千禧世代会带来住房需求的温和增长。

中国的研究同样对老龄化和房价的关系有争论。一些研究主张老龄化会导致房价的下降（陈斌开，2012）。从人口作为住房需求方和存量房供给方的视角，杨小金（2015）认为中国人口老龄化会加剧房价的波动。邹瑾（2015）认为中国人口老龄化曾对房价上涨起到推动作用，但从中长期来看，此趋势可能发生逆转。郭娜（2016）认为"现阶段人口数量的增长确实是推动我国房地产价格上升的主要因素，人口增长率与我国房地产价格之间存在显著的门限效应，其影响程度在老龄化三个区间有显著差异，但我国的老龄化对房价表现出正的影响，与其他发达国家负面影响不同"。

在此基础上，一些研究直接分析了人口变动对房地产业的影响，这包括房地产投资、房地产资产价值、房地产业增加值、房地产业就业、结构、行为及其绩效变化。然而在国际上不同国家对房地产业的界定和统计口径并不相同。所以现有的研究，有的研究了建筑业（在这些国家很少有房地产开发业），有的研究了住宅产业（在这些国家统计了包括住宅建设、开发和管理的产业），仅有很少的研究了房地产业，但是房地产业的内涵也不相同，例如有的研究里面的房地产业实际上是研究居住建筑业，包括它们的行业集中及成因（Ball，2013）、居住建筑业的市场结构（Ball，2003），房地产增加值（包括了建筑业、房地产服务业、房地产金融业）占 GDP

比重、房地产在家庭和企业价值占比、房地产在债券市场占比和在股票市场占比等(Hu，2001)，有的则是指房地产经纪业务(Hsieh，2003)。在行业发展分析和预测里面，很多研究都会分析人口变动对需求的影响，很少直接分析对房地产业的影响。Daithankar(2016)认为人口变动会改变房地产需求，并带来房地产格局的改变，带来房地产资产和投资的变动，并影响到企业的利润。但是这仅仅是一个初步的判断，但是缺乏深入的论证。

中国的一些学者也做了类似的研究。为了应对人口老龄化要适度开发老年住宅。龚莹(2010)分析了美国人口年龄结构、婚姻家庭结构及空间结构对房地产需求及对房价的影响。虽然他们的题目都是研究人口变动与房地产业发展的关系，然而他们的研究并不只是直接研究房地产业，例如行业规模、结构和绩效等。而一些从业人员的判断是住房供大于求以后，房地产业的长期利润率呈下降趋势，房地产行业从数量发展到追求质量发展，开发商将向运营商转换，行业的集中度将提高①。

**(五)人口变动间接作用于房地产业发展的机制和效应述评**

间接作用机制是人口变动直接影响劳动力的供给，个体的消费、储蓄和投资，进而影响宏观经济并间接影响到房地产业的发展。在人口变动和宏观经济的关系方面，人口作为生产、消费、储蓄和投资的主体，人口变动会影响劳动力供给、劳动生产率和人力资本、家庭储蓄、消费和投资，进而影响到宏观经济。人口会影响到劳动力的供给，这包括直接影响到建筑和房地产业的劳动力供给，也包括通过影响总体的劳动力供给，从而影响到宏观经济。宏观经济变动会影响房地产供给和需求来影响房地产业的发展。可见，需要厘清人口变动与宏观经济的关系，进而明确它对房地产发展的传导机制和效果。

作为劳动力供给方，老龄化会导致从业人员的老化，劳动力的相对短缺，带来工资的上升(Hamermesh，1993)。随着老龄化带来

---

① 吴建斌．对房地产业和融资方式的预判[EB/OL]．2018-04-21，http://www.sohu.com/a/229018247_313170.

的消费需求的转变，Börsch-Supan（2001）发现，随着老龄化加速，德国更多的就业会转移到住房和养老服务部门。Fougère（2007）利用 CGE 模型模拟发现，随着老龄化的加速，加拿大建筑业占 GDP 的比重逐渐下降，金融保险与房地产业的比重逐渐上升，最后出现了下降；而建筑业、金融保险与房地产业的工资都出现了上升的趋势。

**（六）与人口变动相协调的房地产业的发展政策研究**

一是与人口总量变动相适应的房地产政策。全国和地区层面的房地产发展规划都明确提出，房地产供给要实现的目标之一是总量平衡。

二是与人口结构变动相适应的房地产政策。全国和地区层面的房地产发展规划都明确提出，房地产供给要实现的目标之一是结构合理。针对人口年龄结构的变化，提出了应对老年人增加的老年住宅、老年人公共住房政策，应对多子女家庭的出现的多居室住房发展政策，帮助婚育阶段的年轻人的住房支持政策，减轻高房价城市住房压力的人才住房支持政策，促进农民工进城融合的住房政策等。在此基础上，提出了与人口相适应的房地产政策，未来 10 年控制投资需求和房价上涨，以及 10 年后应对需求减少的住房保障和市场调控政策（李超等，2015），控制房价和改善农民工住房（李健元等，2011），鼓励老年地产发展等（包宗华，2005）相应的政策建议。

另一个角度则是，如何促进房地产市场发展的人口政策，例如鼓励生育的政策、减少老年人死亡和延长预期寿命的政策、增加国际移民的政策等。

为了应对人口生育率的下降，家庭规模的减少和老龄化需要增加公共住房的政策以及自有住房支持政策（Lindh，2012；Doling，2012），专门针对老年人群体的就地养老的相关政策（Lawler，2015）。这些政策需要建立在清楚厘定人口变动的作用机制和效应上，然而如前所述，这方面的研究结论还不一致。

综上所述，虽然学者们关于人口变动与房地产业的发展已取得了很多有价值的成果，但仍存在一些不足，还有很大的改进余地。

(1)在理论研究方面,上述研究多从人口学和新古典经济学视角分析了人口变动和住房供求的关系,从国际研究来看,二者的关系还存在争议。同时缺少对其他房地产的研究,缺少对人(户)均房地产需求数量变化和偏好的研究,缺少供求互动机制和产业演化的研究,缺少人口老龄化影响宏观经济,进而影响房地产业的研究。(2)在实证研究方面,以下方面可以拓展。基于中国最新生育政策调整的测算成果和研究还很鲜见;现有的研究对住房研究较多,对其他房地产研究较少;仅从需求端进行供求平衡测算,缺少从供给端进行分析,而且对房地产存量和流量的底数不清,对它的异质性分析较少,对人均需求和自用需求也不清楚,更多基于假设;缺少供求互动和产业演化的研究。对未来的预测受到了诸多因素的限制,例如政策的变化、市场的调整等。国内的研究在数据、模型方面还存在诸多不足,因此结论还有待商榷。(3)在政策研究方面,准确判断现阶段及发展趋势并采取相应的政策十分重要。然而中国现有研究还存在上述的不足,很难对政策提供足够的支持。现有的研究多为借鉴国际经验,需要转向基于国情和形成机制的房地产业和人口变动相协调。

## 第四节 研究思路和研究方法

### 一、研究对象和总体框架

#### (一)研究对象

本项目的研究对象包括:(1)从人口变动视角分析老龄化、生育政策调整带来的人口(家庭)总量、结构的变化,并分析它对劳动力供给总量和结构,以及房地产供求总量、结构和偏好的影响;(2)从供求协同演化视角分析人口变动和房地产业的协同演化机制、过程和模式,从组织间共生视角分析房地产业及其子产业协同演化机制、过程和模式,并分析对房地产业的结构、行为和绩效的影响;(3)提出与人口变动相适应的房地产业健康发展的政策建议。

**(二)研究目标**

本项目的主要目标是：(1)科学分析和预测老龄化、生育政策调整带来的人口(家庭)总量和结构的变化，并分析它对房地产需求和存量供给的影响。(2)准确把握人口变动带来的房地产需求、存量供给和企业增量供给的互动机制、过程和结果。(3)准确把握房地产业和人口变动的协同演化机制和过程，并划分不同的演化模式，和模拟演化趋势。这里包括微观的协同演化机制和宏观演化逻辑，以及房地产业及其子产业的共生机制和过程。(4)建立房地产政策的评估和决策模型，基于房地产业的演变趋势提出相应的政策建议。

**(三)研究的总体框架**

本研究的总体框架如下。鉴于从理论上看，人口变动对房地产业的影响并不十分明确，而现实生活中，这又是一个非常重要的问题，对中国中长期经济发展目标的实现和社会的和谐发展极为重要，本项目基于供求协同演化视角，构建人口总量和结构变动与房地产业交互作用下的统一分析框架，揭示人口变动影响房地产业的一般机理；检验发达国家相关史实；基于翔实的数据和计量分析，实证分析我国人口变动对房地产业的多重影响。旨在考察人口变动对房地产业发展的影响途径和机制，探讨人口变动与房地产供求之间的内在联系，利用系统动力学模型有效地估计出人口变动对房地产需求和存量供给的影响，并进一步从供求互动角度考察了房地产需求和存量供给和增量供给的互动关系，利用系统动力学模型测算人口变动对房地产业的多重影响，以及他们可能受到的外生因素的影响。并且通过分阶段、分区域和分产业、分企业类别的影响分析，考察影响的阶段性、地域性、行业差异性和企业分化。最后，基于上述的机制和效应分析，提出总体以及分阶段、分区域和分产业、分企业类型的政策建议。

本课题研究的主要内容包括四部分：

1. 老龄化、生育政策调整对中国人口总量和结构变动的分析和预测

一是分析和预测生育政策调整带来的人口冲击，会导致人口总

量略有增加，年龄结构略有改善，人口高峰往后推移，老龄化速度减缓，但老龄化趋势不变。

二是分析人口变动带来的家庭总量和结构的变化。此外，还需要分析和预测家庭消费偏好的变化。

2. 人口变动影响中国房地产业发展的传导机制的理论分析

一是从房地产供求总量和结构平衡的角度分析人口总量和年龄性别结构变动，会带来家庭总量和结构的变动，并带来房地产需求总量和结构的变化，影响房地产存量供给总量和结构，进而与房地产企业的增量供给互动，影响房地产的产量和价格，以及房地产企业的生产经营和盈利模式，导致房地产业的结构、行为和绩效的演变。

二是分析人口总量和结构变动对宏观经济的影响，带来的劳动力供给总量和结构的变化，以及产品和服务需求总量和结构的变化，消费偏好的变化，并间接通过宏观经济影响到房地产业的发展。

并且通过对房地产供求平衡公式的进一步分析，说明可以并且如何通过其他因素化解人口老龄化的影响。例如人口数量红利、人口结构红利（城镇化）、人口素质红利（职业、收入和教育水平的变化）带来户均消费数量和偏好的变化，以及房屋供给端的拆除和维护等。

3. 供求协同演化视角的人口变动对中国房地产业的影响分析和预测

一是房地产需求的分析和预测。总结房地产需求特征和演化规律，利用人口（家庭）总量和结构、偏好分析和预测中国房地产需求总量和结构的变化。研究在我国特定的消费市场环境下影响消费者和投资者获取房地产行为的因素，提炼出房地产作为耐用消费品、奢侈品和服务类产品独特的影响因素，在挖掘共性规律基础上，分析不同收入或世代等群体的消费者对房地产的消费和行为决策和内在的差异性。

二是存量房地产供给的分析和预测。将房地产分为自用和投资目的，分析人口变动带来的自用的房地产数量和结构的变化，并测算释放的投资用途的房地产供给数量和结构。

三是增量房地产供给的分析和预测。根据四象限分析模型,从供求互动和动态平衡的理论视角分析前述两方面的变化会引发房地产企业增量供给总量和结构的改变。而且,在人口变动的不同阶段对增量供给有不同的影响,还存在区域的非对称效应,产品和服务类型的非对称效应。

四是分析房地产行业的协同演化的机制和过程,考察微观层面的房地产企业运营模式和盈利模式的改变会影响到房地产业的结构、行为和绩效。房地产企业的产品和服务的总量、结构、价格,生产经营模式和利润模式发生变化,并且企业间存在协同演化机制,带来行业发展的演变,同时会存在行业发展的阶段性差异、地区性差异、行业分化和企业的分化。还进行国内外比较说明演化机制的同异,判断中国房地产业和子产业互动所处的阶段、模式和趋势。

4. 促进中国房地产业健康发展的政策建议

在测算结果的基础上探讨政策未来可供选择的调整方向。从房地产供求总量基本平衡、结构基本合理、价格基本稳定的目的出发,建立房地产政策的评估和决策模型,评价中国现有房地产政策体系的效果,总结提炼房地产业与人口变动发展协调的政策方案并进行决策模拟分析,为政府调控房地产市场、发展住房保障和促进房地产业健康发展提出相应的政策建议。

## 二、重点难点

本课题研究的各部分的重点难点如下:

### (一)老龄化、生育政策调整与中国人口变动的分析与预测部分

一是比较现有的研究和预测结果,并筛选最可能方案。现有的研究分析了生育政策调整带来的人口冲击,叠加原有的老龄化趋势带来的人口(家庭)总量和结构的变动特征和趋势,但是结果差异很大,这里需要寻找更好的数据、比较分析和预测模型的优劣、重点参数的选取以及最终结果的评判。

二是从总体、不同组成部分(世代)分析消费需求的总量和结

构的变化。难点是把握老年人需求的特征和演变规律，多子女家庭需求的特征和演变规律，以及需求偏好的变化。

**(二)供求协同演化视角的人口变动与房地产业发展的理论分析部分**

一是分析微观层面的供求协同演化机制，这里难点是分析人口总量和结构的变动带来的房地产需求、存量房地产供给和增量房地产供给的互动。

二是宏观层面的协同演化逻辑。人口变动会通过消费、储蓄、投资、劳动力供给来影响宏观经济，并推动房地产业发展，因此它们之间也存在协同演化，这里难点是确定它们之间的协同演化过程、机制和效果。

**(三)供求协同演化视角的人口变动与中国房地产业发展实证部分**

这里的重点和难点是分析房地产供求的协同演化的机制、过程和结果，以及对房地产业的影响。

一是在房地产需求部分，这里重点分析全体人群和结构变动对房地产产品和服务的需求特征和演变规律，老年人对房地产产品和服务的需求特征和演变规律，以及二孩政策带来的四口之家对房地产产品和服务的需求特征和演变规律。

二是在存量房地产供给部分，这里难点是分析自用和投资房地产的使用特征和供应规律，并测算存量释放的供给规模和结构。自用房地产的需求取决于家庭数量、收入和使用成本。投资房地产供求受到了利率、租金上涨率、风险和税收政策的影响。

三是增量房地产供给的分析和预测部分，增量房地产取决于重置成本和房价的比较，投资的风险和收益预期。这里难点在于分析，估算流量中拆迁的变化，以及存量中的自用和合理的空置率。

四是房地产企业的响应和房地产业的演化部分，这里重点分析微观层面的房地产企业的供给匹配机制和协同演化机制(竞争和协同机制)，并深入研究互动机制、学习机制，变异和选择机制等。这里难点在于需要收集企业的供给决策、新企业的设立和竞争案例，并深入分析人口总体和不同类型的人群对房地产产品和服务的需求，以及房地产企业的供给匹配机制，分析供求的总量、结构、价格的动态演化，以及房地产企业在价值链上的竞争合作关系，分析他们在不同时期的关系变化和地区差异，确定他们共生的过程和阶段，划分不同的演化模式。房地产行业演化部分，这里重点分析中国房地产业发展的历史和现状，厘清房地产业的演变规律，并将演化过程划分为不同阶段和不同模式，分析不同阶段和不同模式下中国房地产业的结构、行为和绩效的变化。

**（四）促进中国房地产业健康发展的政策建议部分**

基于公共政策目标，从行业自优化和他优化视角，建立房地产政策的评估和决策模型，评价中国现有房地产政策体系的效果，总结提炼房地产业业协调发展的政策方案并进行决策模拟分析，为中央和地方政府促进房地产业和人口变动协调发展提出相应的政策建议。这里的难点是建立房地产政策的评估和决策模型。

## 三、研究思路和具体研究方法

各部分的研究思路和具体研究方法如下（见图 1-3）：

**（一）生育政策调整后的人口总量和结构分析和预测**

参照人口转变理论，基于第六次人口普查数据，以及生育意愿调查数据，设定相应的参数，采用 PADIS-INT 人口预测软件或中国人口预测系统（CPPS）分析 2015—2050 年人口的总量、年龄和性别结构，然后采用多维家庭人口预测模型（ProFamy）来分析 2015—2050 年家庭的总量和结构。这里主要是参考现有一些研究成果对个体的家庭生育决策、总体的人口出生率、老龄化程度的设定，进而对人口（家庭）总量和结构进行多方案的预测，特别是对城镇家庭总量和结构的趋势进行预测。与联合国及东亚国家比较设定参数，并进行多个的预测结果比较。

**（二）人口变动影响中国房地产业发展的机制的理论分析**

一是依据房地产供求理论（如生命周期理论、房地产消费和投资理论）和协同演化理论，以及文献综述和定性分析方法、系统动力学模型，从房地产供求总量和结构平衡的角度分析人口总量和年龄性别结构变动，会带来家庭总量和结构的变动，并带来房地产需

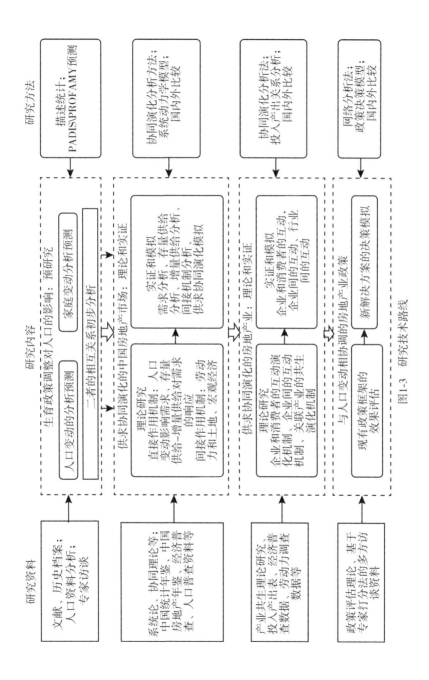

图1-3　研究技术路线

求总量和结构的变化，还影响房地产存量供给总量和结构，进而与房地产企业增量供给互动，影响到房地产的产量和价格，房地产企业的生产经营和盈利模式，导致房地产业的结构、行为和绩效的演变。

二是人口总量和结构变动通过影响宏观经济而间接影响房地产业。这里一是采用迭代的动态 CGE 模型分析人口总量和结构变动带来的劳动力供给总量和结构的变化，影响宏观经济，进而影响到房地产业的发展。二是采用系统动力学模型进行模拟，并且比较二者结果。

并且通过对房地产供求平衡公式的分析和推导，说明可以并且如何通过其他因素化解人口老龄化的影响。例如人口数量红利、人口结构红利(城镇化)、人口素质红利(职业、收入和教育水平的变化)带来需求数量和偏好的变化，供给端的老旧住房的拆除和维修。

**(三)供求协同演化视角的人口变动对中国房地产市场的影响分析和预测**

一是房地产需求的分析和预测。根据理论研究和文献梳理，以及中国的实证研究，总结房地产需求特征和演化规律，利用人口(家庭)总量和结构、偏好分析和预测中国房地产总量和结构的变化。这里利用中国人口和房地产供求数据分析人口总体和结构变动对房地产产品和服务的需求特征和演变规律，利用全国老龄办老年人口调查数据分析老年人对房地产产品和服务的需求特征和演变规律，和历史数据和需求意愿调查来分析多子女家庭对房地产产品和服务的需求特征和演变规律。

二是存量房地产供给的分析和预测。这里借鉴(Henderson 和 Ioannides，1983)的模型将家庭的房地产分为自住和投资目的，分析自住和投资房地产的使用特征和供应规律，并测算人口变动带来的自住用途的房屋数量和结构的变化，以及释放的投资用途的房地产供给数量和结构。

三是增量房地产供给的分析和预测。从供求互动和平衡的理论视角分析前述两方面的变化会引发房地产企业增量供给总量和结构的改变，并分析人口变动带来的这些变化存在阶段性、区域的非对称效应、产品和服务类型的非对称效应。

**（四）供求协同演化视角的人口变动对中国房地产业的影响分析和预测**

首先，分析房地产企业的响应和房地产业的演化。这里利用协同演化理论分析微观层面的房地产企业的供给匹配机制和协同演化机制（竞争和协同机制）和房地产业的演化过程，并深入研究互动机制、学习机制，变异和选择机制等。为了对需求进行响应，房地产企业的产品和服务的数量、结构、价格，供应和运营模式、利润模式会相应发生变化。这进而影响到房地产业的结构、行为和绩效，存在阶段性、区域性差异，行业和企业分化。这里将演化过程划分为不同阶段和不同模式。实证上采用系统动力学模型等分析中国房地产供求关系的演化过程，然后在此基础上划分房地产业发展的不同阶段。这里采用人口总量、结构、房地产供给、需求、行业等层面的指标，来分析演化过程及其复杂性。

其次，房地产行业的子产业之间有着密切的投入产出关系，且在不同的发展阶段会发生变化，这里还分析他们的协同演化的机制和过程，并从国内外比较判断现阶段房地产业和子产业互动所处的阶段、模式和趋势。首先利用协同演化理论分析房地产业及其子产业间的演化机制和过程，然后进行实证研究。这里采用行业间的投入产出数据和投入产出模型及其拓展模型，分析建筑业与房地产业的价值、产量互动关系。

此外，为了测度人口数量和年龄结构变化的影响，这里还建立房地产业发展的影响因素模型，应变量为房地产企业数量、产品和服务产量、价格、利润，行业结构，自变量为经济增长、人口数量、年龄结构、城镇化水平、受教育程度、三次产业结构等。这里对连续应变量采用线性回归模型估计参数，二分类应变量采用PROBIT/LOGIT/TOBIT等模型估计参数。通过这些模型，可以估计人口数量和年龄结构的变化的影响，可能被人口结构的城镇化、人口质量收入和教育水平的提高所抵消。

### (五)促进中国房地产业健康发展的政策建议

主要是在测算结果的基础上探讨政策未来可供选择的调整方向。从房地产供求总量基本平衡、结构基本合理、价格基本稳定的目的出发,建立房地产政策的评估和决策模型,评价中国现有房地产政策体系的效果,总结提炼房地产业与人口变动发展的政策方案并进行决策模拟分析,为政府调控房地产市场、发展住房保障和促进房地产业健康发展提出相应的政策建议。

为了建立房地产政策的评估和决策模型,这里基于房地产政策的网络分析的理论框架,研究该领域的"政府部门—职能"关系,研究政策制定环节中央部门间网络结构和跨部门合作机制,分析政策执行环节中央政府与地方政府间的合作(非合作)博弈;其次,通过专家访谈和打分法对现有政策进行评估;接着,介绍典型国家的经验或地区的政策实践,提供借鉴与比较的视角;最后,基于政策网络分析法总结提炼房地产业和人口协调发展的政策方案并进行决策模拟分析,提出优化的改革策略建议。

### 四、研究的创新之处

一是研究视角的创新。以前的研究多从人口学或新古典经济学的角度,多忽视人口变动与房地产业复杂的互动因果关系,忽视了演化路径的渐变和突变,以及演化模式的复杂性,基于协同演化的视角探讨两者之间关系的研究成果十分缺乏。本项目将用协同演化理论和方法,从外部供求协同演化和内部子行业间协同演化两个角度拓展现有研究,更接近现实。同时这些研究采用系统动力学模型来研究人口总量和年龄性别结构的变化对房地产业的影响,更好地分析二者的互动关系。本文基于更详实的房地产存量数据和更细的家庭分类数据,在此基础上分析人口变动对房地产业的影响,相应可以有一些更深入细致的发现。

二是研究内容的创新。本研究内容的创新点体现在以下几个方面:第一,以往的研究仅仅关注了人口总量、结构对住房需求和价格的影响,并没有注意到其他因素,例如中国人口的世代特征,教育和收入特征会对人口变动的影响产生干预,以及人口变动通过宏观经济间接影响房地产业发展，人口还会对非住宅需求产生影响，本项目将这些因素纳入理论分析和实证研究，可以对未来中国人口老龄化背景下的房地产的供求状况进行初步的判断，同时了解人口老龄化在未来较长时期内对中国房地产业的影响程度，以及这些影响又在多大程度上可以被别的因素所化解，特别是哪些参数调整对化解人口变动的影响有比较显著的作用。第二，基于中国最新生育政策调整的测算成果和研究还很鲜见，这里采用较新的数据和PADIS人口预测软件和PROFAMY多维家庭人口预测模型较好地进行了人口和家庭预测，为测度人口变动对房地产市场和房地产业发展的影响奠定了基础；第三，以前的研究多从人口变动影响房地产需求和存量供给的视角来分析房地产业的发展，忽略房地产供给端的异质性和能动性，而且对存量供给能力多是假设，缺少对房地产供给的存量和流量的深入分析，本项目将深化这方面的研究，更好地分析二者复杂的互动关系。第四，以前的研究多从投入产出视角分析了房地产业和关联的建筑业的价值互动关系，缺少微观视角的企业互动演化研究和宏观层面的供求协同演化逻辑研究，以前的研究对房地产子行业间共生关系研究很少，本项目将深化这方面的研究。第五，以往的研究多对单个国家的人口变动、房地产市场和政策进行了总结，缺少从多个国家、更长的时间跨度和更全面地归纳人口、房地产市场、房地产业、房地产政策的互动关系，本研究在尽可能收集全面的资料和进行归纳后作出了有益的尝试。第六，现有的研究和政策实践很少关注中国房地产业政策与人口变动的互动协调，本研究将弥补这方面的不足，在政策仿真的基础上提出新的政策建议。

三是研究方法的创新。以前的研究多以新古典经济学的角度和单向度的计量经济学模型为基础，本课题将利用协同演化理论和复杂反馈的系统动力学模型，更好地分析与需求变动相适应的房地产业的供给匹配机制、过程和模式。

# 第二章 中国人口和家庭变动 分析和预测

## 第一节 人口和家庭变动的基础理论和研究拓展

### 一、微观视角的生命周期理论及生命历程理论

#### (一)生命周期理论

生命周期理论包括个体生命周期(Individual Life Cycle)和家庭生命周期(Family Life Cycle)理论,从微观视角研究了人口和家庭因素如何影响居民的消费行为、投资行为,并且以年龄作为重要依据。这方面的研究很多,这里简要阐述这些理论的观点。

其中,个体生命周期以个体年龄作为依据,对个体从出生到死亡各个阶段的行为特征进行刻画。如 Modigliani 等(1966)提出了个体生命周期假说(Life Cycle Hypothesis),研究发现个体在中年期收入大于支出,会进行投资和储蓄,而在青年期和老年期收不抵支,通常会进行借贷或者出售资产。

而家庭生命周期理论则以家庭为单位,分析家庭从组建到消失各个阶段的消费和投资行为特征。这方面的研究成果很多。例如社会学家 Rowntree 和 Hunter(1902)在调查研究中发现"家庭在不同的生命周期消费和收入情况不同,当家庭中有子女需要养育或者有家庭成员处于退休状态时,家庭的消费往往大于支出"。Lansing 和 Morgan(1955)通过对家庭中的户主年龄、年龄最小的孩子的年龄进行分类,建立了七阶段的家庭生命周期模型,发现当家庭中开始出现生活独立的孩子时,家庭收入达到峰值,而随着孩子们长大离

开家庭，一直到户主退休，家庭收入都呈现下降趋势，即家庭收入在家庭生命周期中呈现出"倒U形"。此外，家庭资产以及家庭在住房消费、其他耐用品方面的消费也随着家庭生命周期的变化而变化。后来，为了改进七阶段模型和社会变迁现实不符合的问题，Wells 和 Gubar（1966）在 Lansing 和 Morgan 的基础上对家庭生命周期模型进行了扩展，并建立了九阶段的家庭生命周期模型。他们对家庭生命周期和户主年龄在预测食品、耐用品、住房、度假消费上的有效性进行对比，有 200 多种消费行为在比较中存在差异，但是有约为一半的消费行为并没有明显差异，因此，他们将家庭生命周期和家庭户主年龄比喻为对大量商品和服务平均消费的预言家。Wilkes（1995）运用美国的数据研究发现，在控制社会经济和人口因素的前提下，家庭生命周期在分析家庭消费行为时具有很强的解释力，同时，在控制收入等其他因素的前提下，家庭生命周期对于家庭消费的影响力也较大。该研究表明，家庭由生命周期的一个阶段转向另外一个阶段时，家庭情况和需求的改变使家庭资源进行了重新分配。并呈现出三种支出模式：（1）一种是抽象的"倒U型"，家庭中大多数产品的消费由青年单身阶段向青年新婚阶段转变时会急剧上升，中间阶段保持较高的消费，到年长已婚和（或）年长单身阶段转变时会急剧下落；（2）通常经过各个阶段直至最后一个或两个阶段之前，像房子的装修、保险及医疗产品或服务的家庭消费会逐渐上涨；（3）通常经过生命周期各个阶段，像音响器材和酒精饮料的家庭消费会逐渐减少。年幼的子女在家庭中的出现对家庭消费有特殊的影响。

### （二）生命历程理论：微观个体选择和宏观社会结构的联系

生命历程（Life Course）理论认为社会力量和社会结构会影响个体的选择，而且个体的选择具有一定的能动性。这方面的研究很多，这里简要阐述这些理论的观点。比较知名的是 Elder（1974）在《大萧条的孩子们》中对生命历程理论进行了充分的阐述。Elder（1998）认为生命历程理论研究的基本主题就是生命事件发生的先后次序和生命事件之间的过渡关系。个体的生命历程被解析为一个由多个生命事件构成的序列，比如上学、上班、结婚、生孩子、退休、孩子离家、老伴去世等生命事件。不同的个体发生这些生命事件的时间、地点和内容并不完全相同，不同的个体的生命事件的时间序列也会不完全相同，不同的个体在每个生命事件中所扮演的角色也可能不完全相同，而这些都会受到社会结构的影响。在家庭生命历程中，由租房转为买房或者相反是一个很重要的生命事件，通常受到了其他生命事件的影响，例如结婚或离婚、就业稳定和升职、怀孕生小孩（Clark，1993；Mayer，1990；Fielding，1990），一些研究认为家庭稳定（Stability）和为配偶或子女提供固定住所的高度使命感（Commitment）会导致购置住房的概率增大（Henretta，1987；Feijten，2002；Dieleman，1994；Deurloo，1994）。因此，生命历程理论认为在生命历程中的重大事件和住房需求的变化有关。

## 二、宏观视角的人口转变理论

### （一）人口转变理论

#### 1. 人口转变理论

基于 Thompson 和 Landry 的研究，Notestein 等（1945）提出了人口转变这一概念，认为 Thompson 的 A、B、C 三种模式会依次发生，其中，A 模式为初期衰退（incipient decline），B 模式为转变增长（transitional growth），C 模式为高增长潜力（high growth potential）。当一个国家经历人口从高出生率、高死亡率走向低出生率、低死亡率时，就会迎来人口的快速增长期，这一阶段被称为人口的转变增长阶段。为了能够准确地解释西欧在 18、19 世纪人口的变动规律，学者们提出了古典人口转变理论，该理论根据出生率和死亡率的变动特征，将人口转变分为"高死亡—高出生""低死亡—高出生"和"低死亡—低出生"3 个阶段（Kirk，1996）。人口转变理论认为：由于生育率、死亡率都会随着社会发展出现下降的趋势，一个国家或者地区的人口通常会先后经历"高出生、高死亡、低增长"阶段、"高出生、低死亡、高增长"阶段以及"低出生、低死亡、低增长"阶段，而在最终阶段还会出现人口增长停止或者减少，与此同时，老龄化程度不断上升。在人口转变的理论基础上还发展出人口红利理论，在人口转变过程中，会出现整个社会劳动年龄人口数量充足，少儿抚养比和老年抚养比较低，有利于社会和经济发展的人口机会窗口。

此后，发展中国家的人口转变和欧美发达国家的人口演变使得古典人口转变理论得到了进一步的发展。首先，由于不同国家人口转变的初始条件不尽相同，相比于先发生人口转变的国家，后发生人口转变的国家在人口转变过程中出现了生育率的下降比死亡率的下降滞后等现象，造成了人口转变的第二阶段时间变长（李建新，2000），人口转变模式出现了新的类型。其次，在20世纪下半叶之后，欧美国家生育率达到更替水平之后继续下降，人口增长从低增长转变为零增长和负增长，人口转变进入第四阶段，在这一阶段，影响人口增长和人口转变模式的主要因素是人口结构的变动（Van de Kaa，2002；Chesnais，1990）。相比于其他国家，中国的生育水平下降速度较快，因此，在中国特有的人口政策背景下，中国在较短的时间内完成了人口转变（Jones等，2002）。然而，中国的总和生育率在达到更替水平之后继续下降，中国逐渐步入了"后人口转变"阶段（于学军，2000）。

此外，在人口转变过程中，还会出现出生性别比的转变。Guilmoto（2009）的研究发现，在20世纪末，亚洲的部分国家和地区在生育率快速下降的同时，出现了出生人口性别结构失衡现象。在这些具有男孩偏好的国家和地区，出生人口性别比呈现"先攀升，后高位徘徊，最后下降至平衡"的三阶段特征，其中韩国、新加坡和中国台湾地区已经完成了出生人口性别比转变或已经进入出生人口性别比转变的下降阶段，但大部分国家和地区（如印度等）还处于上升或高位徘徊阶段。在中国，人口转变模式以出生性别结构变动为特征，出生人口性别比呈现出了"上升—徘徊—下降"的三阶段特征（李树茁等，2011）。

2. 新人口转变理论

随着新的生育模式、单人家庭、同居家庭、同性恋家庭等新模式出现，欧洲学者基于后现代视角从婚姻、生育、家庭模式导致人口发展的变化提出"第二次人口转变理论"（Second Demographic Transition，SDT）。一是超低生育率：从少生到不生。二是生育与婚姻的断裂：从婚内生育到非婚生育。三是婚姻不再神圣：不婚和离婚时代。四是家庭不再是唯一的生活安排：同居的流行。这些变化使得欧洲人口负增长和老龄化程度不断提高（吴帆，2014）。

**（二）世代交叠模型**

在经济学领域，一些学者提出了人口结构影响宏观经济的理论分析框架。Allais（1947）最早提出了世代交叠的概念。Samuelson（1958）使用了世代交叠的概念，并建立了包含不同时期的消费借贷模型（Consumption-Loan Model），得出在市场出清的情况下，消费贷款经济体（Consumption-Loan Economy）的市场均衡利率应等于人口增长率。Diamond（1965）将 Samuelson 对单一商品的分析拓展至耐用品，同时加入了生产部门，从而分析在人口永续情境下的最优的消费行为和最优的资本存量。Samuelson 和 Diamond 的研究为世代交叠模型（Overlapping Generation Model，简称 OLG）提供了基本的理论框架。国内也有学者将此模型应用到房地产市场研究，例如刘学良等（2016）将经济人的生命周期分为 3 期，分别为：幼年、成年、老年，运用该模型进行研究发现：贷款利率 R 越高，房屋需求 $D_b$ 越小，房价倾向于越低。预期未来房价增长率 $g_{p3}$ 越高，房屋需求 $D_b$ 越大。

# 第二节　中国人口变动分析和预测

## 一、中国人口变动分析：1949—2020 年

### （一）中国人口总量增长，增长速度下降

自 1949 年中华人民共和国成立以来，除 1960 年和 1961 年外，我国总人口数稳步上升。根据国家统计局网站数据，1949 年，我国总人口数为 54167 万，到 1959 年达到第一个高峰，比 1949 年增长了 13040 万人；到 1960 年总人口数开始下降，直到 1961 年降到 65859 万人，1962 年以后，全国总人口呈上升趋势。2020 年，全国总人口达到 141212 万人，比新中国成立初期增长 87045 万人（见图 2-1）。

中国人口增长速度呈下降趋势。从人口变动的原因来看，主要有三个方面：一是出生率下降。2000—2020年，人口出生率从14.03‰先增长后持续下降到8.52‰。二是死亡率相对稳定。最近20年里，人口死亡率浮动于6.5‰~7.0‰，处于相对稳定的状态。三是人口预期寿命延长。数据显示2000年、2005年、2010年、2015年、2020年平均预期寿命分别为71.4岁、72.95岁、74.83岁、76.34岁、77.90岁，平均预期寿命的延长使得人口基数不断变大、人口增速不断下降。

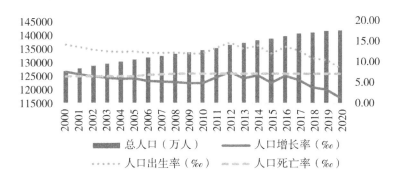

图2-1　中国人口总量变动

国际迁移对中国的人口总量影响较小，因此在本研究不予考虑。联合国人口司官网统计数据显示，从2000年至2010年，居住在中国的外国人数从508034人增加到685775人，从中国迁移到海外的人数则从5854387人增加到8432427人。中国人口的国际迁入量和迁出量占中国总人口比重较小，在中国人口变动中占比较低。

**(二)中国人口结构变动分析**

1.中国人口年龄结构的变动：少子化和老龄化

一是少儿人口数量呈减少态势，少儿人口比重呈持续下降趋势。总体来看，自2000年以来，我国少儿人口数量呈减少态势，少儿人口比例呈下降趋势。2020年，0~14岁少儿人口数量为25277万人，比2000年减少了3747万人；少儿人口比重由2000年的 22.90% 下降至 2020 年的 17.9%，20 年间下降了 5 个百分点；少儿抚养比由 2000 年的 32.6% 下降至 2020 年的 26.2%，20 年间下降了 6.4 个百分点。0~14 岁少儿人口绝对数量、相对比重以及少儿抚养比都呈现出下降趋势，这意味着我国人口自然增长速度放缓，将会对未来人口产生较大影响。

二是劳动年龄人口（15~64 岁）总量先增后减，劳动年龄人口占比也是如此。从总体来看，2000—2013 年，我国劳动年龄人口数量稳步增长，到 2013 年增加到 101041 万人。2013 年后，我国劳动年龄人口呈现下降趋势，到 2020 年下降到 96871 万人。劳动年龄人口比重由 2000 年的 70.1% 上升至 2010 年的 74.5%，又下降到 2020 年的 68.6%；总抚养比由 2000 年的 42.6% 波动上升至 2020 年的 45.9%，20 年间上升了 3.3 个百分点。劳动年龄人口数量逐渐减少和劳动年龄人口比重不断下降是我国劳动力市场面临的新趋势。需要注意的是，我国的退休年龄目前小于 65 岁，这意味着现阶段的一些劳动年龄人口实际上是退休离休状态。我国退休规定在不断发生变化，例如早期的规定，男（干部和工人相同）60 周岁，女干部 55 周岁，女工人 50 周岁。很多政策建议普遍提出要延迟退休年龄。在 2012 年 7 月，人力资源和社会保障部社会保障研究所所长何平提出"我国应逐步延龄退休，建议到 2045 年不论男女，退休年龄均为 65 岁"。2015 年 10 月 14 日，人社部部长尹蔚民介绍了"十二五"以来就业和社会保障工作成就，称"我国是目前世界上退休年龄最早的国家，平均退休年龄不到 55 岁；经中央批准后，人社部将向社会公开延迟退休改革方案，通过小步慢走，每年推迟几个月，逐步推迟到合理的退休年龄"。

三是老年人口数量呈持续增长态势，老年人口比重呈逐渐上升趋势。根据 1956 年联合国《人口老龄化及其社会经济后果》确定的划分标准，"当一个国家或地区 65 岁及以上老年人口数量占总人口比例超过 7% 时，则意味着这个国家或地区进入老龄化"。2000 年第五次人口普查数据显示，我国 65 岁以上人口为 8827 万人，占总人口的 7.1%，表明我国已进入老龄化阶段。2010 年第六次全国人口普查数据显示，我国 65 岁及以上人口为 11934 万人，占总人口的 8.9%。从全国来看，2000 年以来，我国老年人口数量持续增长，人口老龄化进程加快。我国 2000 年 65 岁及以上人口为 8872 万人，2020 年增长到 19064 万人，20 年间增加了 10192 万；65 岁及以上人口比例由 2000 年的 7.0% 上升至 2020 年的 13.5%，20 年间上升了 6.5 个百分点；老年抚养比由 2000 年的 9.9% 上升至 2020 年的 19.7%，20 年间上升了 9.8 个百分点。65 岁以上老人不断增加，人口老龄化趋势更加明显(见图 2-2)。

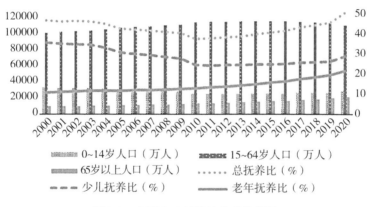

图 2-2 中国人口年龄结构变化情况

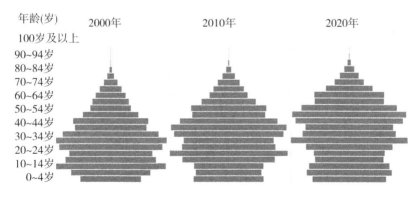

图 2-3 中国 2000 年、2010 年、2020 年百岁图

　　我国老龄化程度不断加深，并且出现了老年人的平均年龄不断上升(高龄化)趋势(见图 2-3)。中国人口普查数据显示，2000 年老年人(65 岁以上)平均年龄为 72 岁，中位数为 71 岁，而 2010 年老年人平均年龄为 73 岁，中位数为 72 岁，到 2020 年老年人平均年龄仍然为 73 岁，中位数为 72 岁。平均年龄，是指在一个人口中，所有个体年龄的总和除以人数得到的年龄，反映的是某一人口的代表性年龄。把全体人口按年龄由小到大排列，居于中间位置的人的年龄即为年龄中位数。

　　老年人的内部年龄结构也在发生变化。按照老年人的年龄可将其分为低龄老年人(60~69 岁)、中龄老年人(70~79 岁)和高龄老年人(80 岁以上)。表 2-1 显示，从 2000 年至 2020 年，低龄老年人占全体老年人的半数以上，但占比减少，高龄老年人占比增加。老年人口的高龄化将对医疗、社会保障、养老机构和家庭结构等都带来影响。

表 2-1　2000 年、2010 年、2020 年低龄、中龄、高龄老年人情况

| | 人数(人) | | | 比例(%) | | |
|---|---|---|---|---|---|---|
| | 2000 年 | 2010 年 | 2020 年 | 2000 年 | 2010 年 | 2020 年 |
| 低龄(60~69 岁) | 76484308 | 99780564 | 147388498 | 58.8 | 56.2 | 55.8 |
| 中龄(70~79 岁) | 41502479 | 56824530 | 80828885 | 31.9 | 32.0 | 30.6 |
| 高龄(80+岁) | 11991083 | 20989346 | 35800835 | 9.2 | 11.8 | 13.6 |

　　资料来源：国家统计局官网 http://data.stats.gov.cn/

### 2. 中国人口性别结构的变动

　　一是总人口性别比较为稳定。总人口性别比即总人口中男性与女性的比值，通常以每 100 位女性所对应的男性数目为计算标准。新中国成立以来，中国的总人口性别比虽然经历了几次跌宕起伏，但是总体较为稳定，处于 105%左右。具体来看，2000—2020 年，总人口性别比呈现波动下降的趋势，到 2020 年达到 105.1%。近年来，总人口性别比较为稳定，但在 2020 年又呈现上升的趋势(见图

2-4)。总体来看，中国的总人口性别比虽然稳定，但是一直较高，而新加坡、斯里兰卡等国家都出现了性别比由高到低转变的趋势。目前，中国的总人口性别比偏高，主要是由于出生人口性别比较高所致。

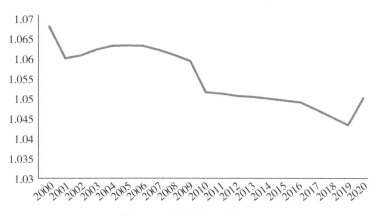

图 2-4　中国总人口性别比

　　二是分年龄人口性别比呈现年龄越大性别比越低的趋势(见图 2-5)。具体来看，2020 年 15~29 岁、75 岁及以上的性别比较 2000 年、2010 年有所升高，这一方面体现了当前 30 岁以下男女比例的不平衡在加剧，另一方面体现了较男性老年人而言，女性老年人寿命更长。30~64 岁的性别比在 2000—2020 年保持稳定。人口普查数据显示，2000 年，20~45 岁适龄婚育人口性别比为 105.4%，2020 年该比例上升为 107.6%，表明我国适龄婚育人口性别比例的不平衡在增加。城市中，20~45 岁适龄婚育人口性别比在这 20 年内从 107.7% 下降到 104.5%；城镇中，该比例从 103.1% 下降为102.6%；而在农村，20~45 岁适龄婚育人口性别比在这 20 年内从104.9% 升高为 117.2%。由此可见，中国农村中"剩男"现象最为明显。

　　3. 中国人口城乡分布的变动

　　我国的城镇化率呈现逐年上升的态势，城镇人口占全市总人口的比重不断增加。1949—2020 年，城镇化率由 10.64% 上升至

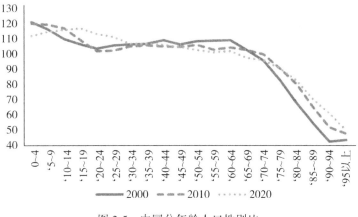

图 2-5　中国分年龄人口性别比

63.84%，上升了 53.2 个百分点（见图 2-6）。整体来看，城镇人口不断增加，在 2020 年达到 89999 万人，比农村人口多 39020 万人。农村人口则经历了先增加后减少的趋势，自 1949 年后逐渐增加，在 20 世纪 90 年代达到峰值，随后呈现下降趋势，到 2020 年下降到 50979 万人。东部地区和东北地区的城镇化率处于较高水平，2010 年以前，东北地区城镇化率高于全国及其他地区，2010 年之后，东部地区城镇化率最高，中部和西部地区城镇化率相近，近年

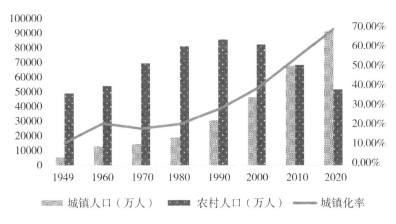

图 2-6　中国人口城乡分布变动

来西部地区保持全国最低水平,全国及各地区城镇化率均呈现上升趋势(见图 2-7)。东部、中部、西部、东北地区的划分参照国家统计局的标准。

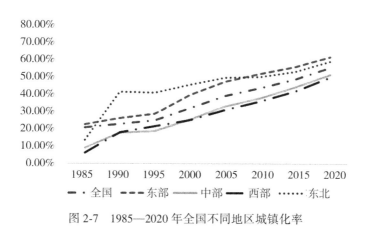

图 2-7 1985—2020 年全国不同地区城镇化率

从 2000 年至 2020 年,我国东部、中部、西部、东北地区的常住户籍人口均呈现下降趋势,常住外来人口均呈现上升的态势。其中,东部地区外来人口①占比最高,在 2020 年,东部和东北地区的常住外来人口占总人口的比例接近 40%,而中部、西部地区的外来人口占总人口的比重在 30% 左右,差异明显(见表 2-2)。这也体现了我国东部地区以其优越的经济、教育、医疗等资源,吸引了越来越多的外来人口流入。

4. 中国人口的社会经济特征的变动

一是受教育水平不断提高。初中、高中、大学专科、大学本科、研究生文化程度的人口比重均呈现上升态势,未上过学和具有小学文化程度的人口比重降低(见图 2-8)。2000 年,小学学历的人口占比最多,2010 年、2015 年,初中学历的人口占比最多,2020 年高中学历的人口占比最多;2020 年,本科及以上学历的人口占比 9.7%,较 2000 年上升了 8.4 个百分点(2015 年数据由抽样调查

---

① 外来人口:指非本地户籍常住人口。

数据除以 1.55% 得到）。

表 2-2　东部、中部、西部、东北地区常住人口及外来人口情况

| 地区 | 2000 年 | | | | 2020 年 | | | |
|---|---|---|---|---|---|---|---|---|
| | 常住户籍人口（千万） | 常住户籍人口占比（%） | 外来人口（千万） | 外来人口占比（%） | 常住户籍人口（千万） | 常住户籍人口占比（%） | 外来人口（千万） | 外来人口占比（%） |
| 东部 | 36.79 | 83.17 | 7.44 | 16.83 | 34.02 | 60.35 | 22.35 | 39.65 |
| 中部 | 31.99 | 92.50 | 2.59 | 7.50 | 25.85 | 70.88 | 10.62 | 29.12 |
| 西部 | 31.87 | 91.19 | 3.08 | 8.81 | 25.74 | 67.23 | 12.55 | 32.77 |
| 东北 | 9.17 | 87.41 | 1.31 | 12.59 | 6.09 | 61.86 | 3.76 | 38.14 |

资料来源：国家统计局官网 http：//data.stats.gov.cn/

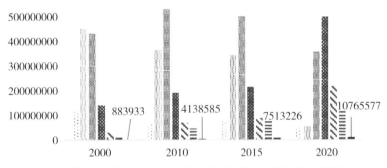

图 2-8　中国 6 岁及以上人口教育结构

人口教育结构队列分析结果显示（a 代表 2000 年，b 代表 2010 年，c 代表 2020 年），不同年代出生的人口的教育结构不同（见图 2-9）。20 世纪 30 年代出生人口中，未上过学的比例最高，初中及以上的比例最低，而 20 世纪 80 年代出生人口中，未上过学的比例

最低，而初中及以上的比例最高。对于出生于相同年代的人口而言，2020 年比 2000 年、2010 年受教育程度为"未上过学""小学"的比例低，而受教育程度为"初中"及以上的比例高。这意味着同样是 65 岁以上的老人，后出生的队列通常受教育程度更高，他们的收入更高和消费偏好有所不同。

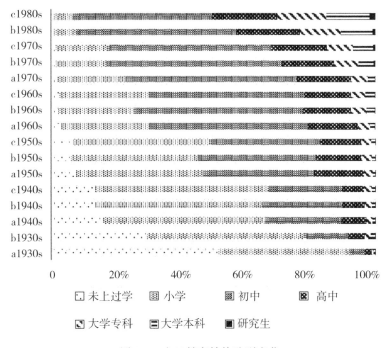

图 2-9　人口教育结构队列变化

二是就业结构中第三产业占比提高。从 2000 年到 2020 年三次产业就业结构变化来看（见图 2-10），第一产业就业人口呈现下降态势，占比由 2000 年的 50.0%下降至 2020 年的 23.6%，且呈现出先稳定后持续下降的特点；第二产业就业人口呈现先降低又增加后又降低的变化态势；第三产业就业人口呈现上升态势，且上升速度逐渐加快。2020 年，三产业就业人口比例为 23.6∶28.7∶47.7。

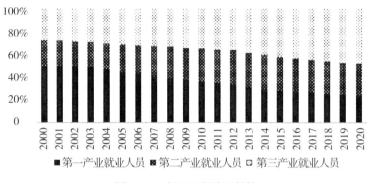

图 2-10 中国三产就业结构

三是居民收入不断提高。2000—2020 年，居民人均可支配收入和居民人均消费支出均呈现上升趋势（见图 2-11），其中，居民人均可支配收入从 3721 元增加到 32189 元，居民人均消费支出从 2914 元增加到 21210 元。整体来看，居民人均可支配收入的增长速度高于居民人均消费支出。

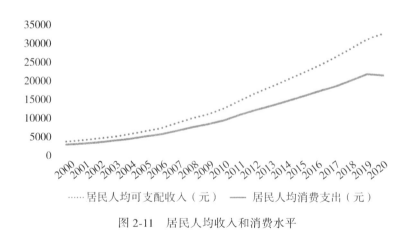

图 2-11 居民人均收入和消费水平

四是居民消费结构较为稳定。2000—2020 年，居民各类消费占比基本稳定（见图 2-12），居民人均食品烟酒消费支出占比稳居第一，大约为 30%，其次是居民人均居住消费支出，大约占总消费的 20%。其余各类消费占比都在 10% 左右，甚至低于 10%。

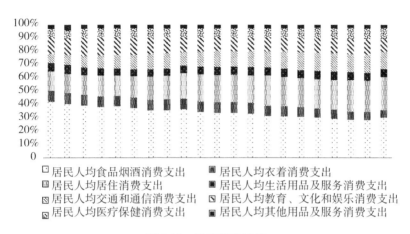

图 2-12　居民消费结构

### (三) 中国人口变动的趋势分析

#### 1. 中国人口政策发展历程

新中国成立以来的生育政策整体呈现出由松到紧，又由紧到松的变化趋势。新中国成立初期，采取了宽松的生育政策。1955 年，中共中央发出《关于控制人口问题的指示》，提出"要适当地节制生育"。但由于政治运动，这一指示没有落实。1962 年，中共中央发出的《关于认真提倡计划生育的指示》提出"在城市和人口稠密的农村提倡节制生育"。20 世纪 70 年代初，毛泽东发出"人口非控制不行"的指示。1973 年，国务院成立了计划生育领导小组。当年提出了"晚、稀、少"的政策，即鼓励晚婚晚育，生育间隔至少 3 年，一对夫妻最多生育两个孩子。1978 年 10 月，中共中央发布 69 号文件，提出一对夫妻生育孩子的数量"最好一个，最多两个"。这是中央文件里首次就公民生育子女的具体数目做出明确指示。1979 年 1 月，全国计划生育工作会议召开，贯彻 69 号文件，在贯彻中把"最多两个"去掉，变成了"最好一个"，独生子女政策至此正式开始。1980 年 9 月，中共中央发出了《关于控制我国人口增长问题致全体共产党员、共青团员的公开信》，提倡一对夫妻只生一个孩子。考虑到农村家庭的切实困难，从 1981 年开始，围绕"女儿户"政策出台，但没有得到落实。1984 年后，一孩半政策在部分农村落实，即第一个是女孩的农村家庭，可以生第二个孩子。2014 年 1 月至 6 月，全国各省陆续实施单独二孩政策。2015 年 10 月 29 日，十八届五中全会公布，一对夫妻可生两个孩子①②。2021 年 5 月 31 日，中共中央政治局召开会议，审议《关于优化生育政策促进人口长期均衡发展的决定》指出，实施一对夫妻可以生育三个子女政策及配套措施。

总体来看，人口政策在向生育权回归和鼓励生育政策方向发展。在二孩政策之后，新生人口数量远低于预期。为此，一些人口学家提出了让生育权回归个体（张车伟，2010），还有一些学者提出发展生育友好型社会，鼓励生育的政策，并且有一些地方政府出台了鼓励生育的政策，例如辽宁等。

我国生育政策的调整将导致人口的高峰期推后，人口总量峰值略有增加，新增二孩数量有所增加（王广州，2012；黄匡时，2016）。

2. 中国人口总量变动趋势：先增后减

中国人口总量将出现先增长然后下降的趋势，峰值将出现在 2030 年左右。如图 2-13 所示，联合国人口司对我国人口增长的中场景预测方案表明，2030 年我国人口峰值将达到 14.6 亿人，之后可能开始缓慢下降。一些人口学家和国内的一些研究机构（例如国家卫生健康委员会）的预测趋势也和这个相似，不同的是峰值的高低和出现的年份。

3. 中国人口结构变动趋势：少子化和老龄化

中国新出生人口数量在生育政策调整后出现短暂的上升，然后

---

① 中国计划生育政策演变小史（图）[EB/OL]. 搜狐财经.（2015 年 11 月 11 日）http：//business. sohu. com/20151111/n426008469. shtml.

② 从人民日报历史数据看我国生育政策演变史[EB/OL].（2015 年 07 月 29 日）http：//www. cssn. cn/dzyx/dzyx_jxyx/201507/t20150729_2099201. shtml.

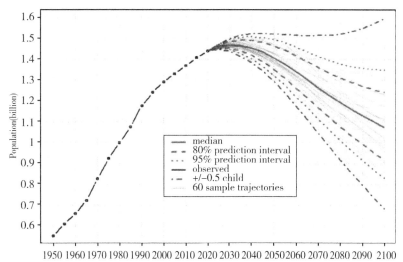

数据来源：联合国人口司官网。

图 2-13　2019 年联合国人口司对中国人口的预测

回落。在 1980 年全国推行独生子女政策之前，很多地方允许家庭生育多个孩子。在独生子女政策实施之初，双独两孩政策就已经开始实施。在一些特定地区和特定人群，计生政策依然允许生两个孩子。即使在执行独生子女政策的时期，不符合上述政策照顾的家庭中依然有一些家庭生育多个子女，但需要缴纳社会抚养费。因此，已经有很多中国家庭生育了两个及以上的孩子。2010 年全国人口普查数据表明，全国有儿童(0~17 岁)家庭占总家庭的 46%，只有一个儿童的家庭占比为 2/3，有两个儿童的家庭占比为 27%，另有 6.6% 的家庭有 3 个或更多的儿童人数；城镇只有 1 个儿童的家庭超过 3/4，而农村该比例不到 60%(陈卫等，2014)。2013 年，中共十八届三中全会提出一方是独生子女的夫妇可生育两个孩子的政策，以及 2016 年全面实施一对夫妇可生育两个孩子政策，这将会使中国多子女家庭数量上升。2016 年 1 月 1 日起，我国正式施行"全面二孩政策"，至今已满三年。在"全面二孩"政策施行的第一年，2016 年全年出生人口 1786 万人，比 2015 年多增 131 万人，人口出生率为 12.95‰。2017 年，我国全年出生人口和人口出生率均下降，全年出生人口 1723 万人，人口出生率为 12.43‰。2018 年，全年出生人口和人口出生率继续下降，全年出生人口 1523 万人，出生率为 10.94‰。二胎政策全面开放后，人口出生率却持续下跌。

中国老年人口数量将不断增加，老龄化率上升。联合国人口司 2019 年预测数据显示（见图 2-14、图 2-15、图 2-16），到 2030 年，老年人口将达到 2.5 亿，老龄化水平将达到 17%，这将是世界上老年人口最多的国家。2020 年到 2055 年是加速老龄化阶段，到 2050 年，老年人口总量将超过 3.5 亿，老龄化水平推进到 26%，到 2055 年，老年人口总量将达到峰值 4 亿，老龄化水平接近 30%，这一情况持续到 2060 年，之后呈现下降趋势。但由于总人口的不断减少，老年人占比持续上升，进入高度老龄化时期。在这过程中，80 岁以上的老年人也在不断增加，到 2050 年达到 1.2 亿，占

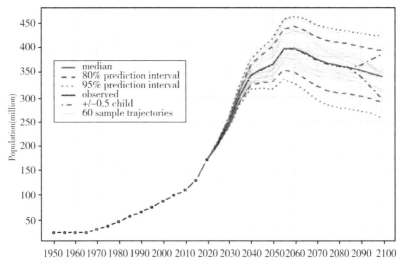

数据来源：联合国人口司官网。

图 2-14 2019 年联合国人口司对中国人口（65 岁以上）的预测

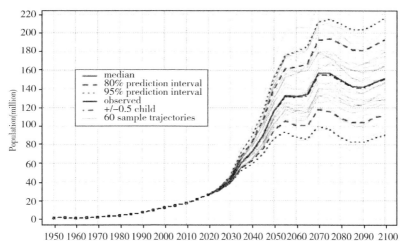

数据来源：联合国人口司官网。

图 2-15　2019 年联合国人口司对中国人口（80 岁以上）的预测

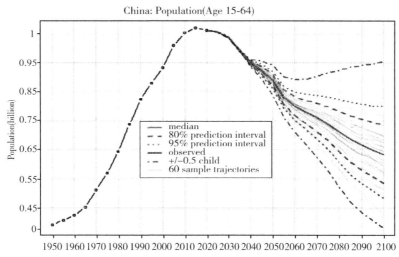

数据来源：联合国人口司官网。

图 2-16　2019 年联合国人口司对中国人口（15~64 岁）的预测

老年人总量的 1/3。其他的预测结果也大致相似，例如全国老龄工作委员会办公室（2006）的预测。

与此同时，劳动年龄人口总量和占比呈现稳步下降的趋势。

4. 中国人口分布变动趋势：城镇化。

联合国对我国城镇化率的预测如图 2-17、图 2-18 所示，可以看出，中国城镇化率经历了快速增长的过程之后，增长速度逐渐放缓。在 2010 年左右，我国城镇化率迈过 50%，随后城镇化率的增长速度就开始放缓，尤其是在 2030 年之后，我国城镇化率将进入慢速增长阶段。

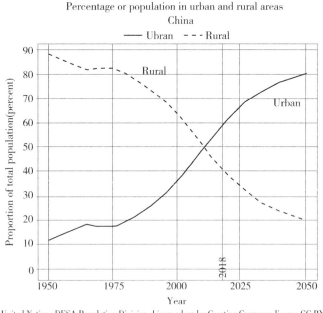

*Note*: Urban and rural population in the current country or area as a percentage of the total population 1950 to 2050.

图 2-17　2019 年联合国人口司对中国人口城镇化率的预测

综合上述分析可以看出，我国人口红利逐渐消失，城镇化发展也进入下半程。

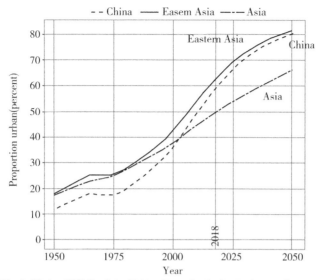

@2018 united Nations DESA Population Division. Licensed under Creative Commons licerse CC BY 3.0 IGO.

*Note*: Proportion of urban population in the current country as compared to its subregion and region. The proportion is expressed as a percentage of the total population 1950 to 2050.

数据来源：联合国人口司官网。

图 2-18　2019 年联合国人口司对中国城市化率的预测

## 二、生育政策调整及中国人口预测

人口预测是指根据某一区域某一期间已知的人口现状和人口变化过程的规律性，提出影响人口发展过程的各种假设条件，结合某种计算方法推算未来人口发展变化的趋势(王桂新，2000)。

针对中国的人口预测的研究成果很多。蒋耒文和任强(2005)运用奥地利国际应用系统分析研究院人口项目开发的多维人口预测模型 PopEd 对我国的人口预测认为，我国的总人口将从 2000 年的 12.658 亿人增长到 2030 年的 15.04 亿人，且人口年龄和性别结构也会发生重大变化，人口老龄化形势严重。王培安(2016)采用分人群要素回推测算方法、宏观孩次递进模型、微观仿真模型、联合国人口预测模型，对我国 2016 年至 2100 年的人口进行预测。人口

67

微观仿真模型依据 Monte Carlo 原理，根据出生、迁移、婚姻、死亡等分布规律，模拟单个人"生长—离家—婚姻—生育—死亡"过程，分为抽样、仿真、统计三个步骤。

本研究采取和中国人口与发展研究中心专家合作的方式，运用人口宏观管理与决策信息系统（PADIS）建立的人口微观仿真模型，以国家统计局 2020 年第七次全国人口普查数据为基础，考虑出生漏报，参考历次人口普查数据和人口变动抽样调查数据等可获得的信息，经过数据整合、校验和比对，将生育政策作为输入变量输入微观仿真模型，经过多次微观模拟测算，结果比较稳定，得到人口总数、出生变动等数据。

**（一）中国人口预测的基础**

PADIS-INT 人口预测软件是在联合国人口司的技术专家的指导下，由中国人口发展与研究中心和神州数码中国有限公司共同研制。在 2011 年联合国人口与发展委员会第 44 届会议、2012 年联合国可持续发展里约大会（RIO+20）、2013 年国际人口学研究联盟釜山会议和 2014 年联合国人口与发展委员会第 47 届会议上四次成功召开国际人口预测软件（PADIS-INT）推介边会。PADIS-INT 人口预测软件得到了国家卫计委领导的高度重视和充分支持，并获得联合国人口司、美国人口普查局、普林斯顿大学等国际权威机构高度认可。联合国前副秘书长沙祖康认为："PADIS-INT 的推广应用将为中国在国际人口预测方法、规则和标准制定方面赢得主动权"。目前 PADIS-INT 人口预测软件已经在土耳其、巴西、肯尼亚、印度等国家得到应用和广泛推广。2015 年 PADIS-INT 通过国际专家评审。

1. 简介

PADIS-INT 使用队列分要素预测法进行人口预测，支持用户输入单岁组或 5 岁组基期人口年龄结构数据，支持高、中、低等多方案、多人群/区域人口预测，并支持超长期人口预测，最远可预测未来 400 年。系统集成了联合国人口司的《世界人口展望》（WPP2022 版）中全球所有国家 1950—2020 年的人口实际数据，以及 2021—2100 年的人口预测数据。

2. PADIS-INT 预测原理

PADIS-INT 软件运算原理为队列要素预测法。队列要素预测法是最常用的人口预测方法，这一方法是在给定基年分性别和年龄人口的基础上，在队列生育、死亡和迁移风险的作用下，估计出未来的分性别和年龄人口，人口中经历人口事件的风险都因年龄和性别而异。用户通过输入人口参数和数据(包括起始人口、预期寿命、死亡模式、总和生育率、年龄别生育率、出生性别比、迁移水平、年龄别迁移模式等)，可分别按队列估计出生、死亡和迁移随时间变化的递进结果，从而进行未来人口的预测。

3. 数据来源与参数设置

(1)数据来源

本研究采用的人口预测的数据来源包括国家统计局七普分省数据、公安户籍数据、教育部学籍数据，在参数选择上主要以国家统计局公布的数据为基础，在出生和死亡漏报上进行修正，由此形成人口预测的基础数据。

(2)参数设置

①基年人口

全国层面的人口预测以国家统计局 2020 年公布的七普数据为基础，考虑出生、死亡漏报后调整分性别、分年龄的人口数，在区域层面(东、中、西)的人口预测采用分省人口预测的汇总数据。省级层面的人口预测数据以国家统计局公布的七普数据为基础。进行分省人口预测后再汇总区域层面上的人口数据。

②生育参数

结合粗生育率、出生人口数、生育模式以及其他数据来源(如教育部门等)的估计，参考联合国对中国总和生育率的最新估计，可以认为 2015 年中国的总和生育率基本处于 1.5 左右，2016 年全面两孩政策实施后总和生育率有所上升，达到 1.7 以上的水平，2020 年总和生育率下降到 1.3 左右，2021 年持续下降到 1.1 左右。

考虑到未来育龄妇女规模和出生人口规模的变动规律，可以认为，未来中国的总和生育率将稳中有升，但是上升的空间或幅度有限，基本稳定在 1.0~1.5。为此，我们采用联合国对总和生育率的预测方法，结合微观仿真模型测算结果，对未来中国的总和生育率进行测算。

PADIS 微观仿真模型。使用 Monte Carlo 方法，通过对概率统计规律随机性的模拟，建立微观仿真模型，从微观上模拟和仿真一个人群样本，或一个家庭群体样本在预测年内发展变化过程，从而来预测未来人口或者家庭的发展变化趋势。PADIS 微观仿真方法基本原理，是从总体中抽取一定比例（如 1%）的代表样本，根据事件按一定概率分布随即发生的原理，利用计算机仿真技术对抽取样本中的每个人的生育、死亡、婚姻、迁移、家庭状态变化等的复杂过程一一进行模拟，然后予以汇总得出家庭人口的整体特征和分布。其优点是可以精细地模拟研究个体整个生命周期中较为复杂的行为，可以得到许多对规划者、研究者很有价值的预测值。

仿真基础数据。使用统计局 2000 年"五普"10% 人口普查个案数据，共 11803940 条。评估"五普"低龄组人口漏报数据，在 0~9 岁年龄组补填人口个案，补填的数量根据 10% 数据汇总出的分城乡分性别的年龄别分布与"五普"公布的 100% 人口数据该分布比较得出的差异计算得出；填补的人口个案按随机方式找出年龄差在 15~49 岁的妇女标记为母亲。填补调整之后为 12081485 条，对全国人口年龄结构具有代表性。根据统计局 2005 年小普查抽样结果数据做校验，调整了独生子女比例等数据，再仿真到 2010 年，对比"六普"年龄结构和婚姻状态数据，基本一致后，进行仿真测算。2010 年仿真实际样本量约为全国人口的 0.923%。2015 年 5 月，根据获得的 2014 年统计局人口变动抽样的年龄结构、已婚育龄妇女孩次结构等数据，对个案数据又做了相应调整，尽量与统计局数据相吻合。调整之后的个案数据达到 13028399 条，作为仿真的起点数据。

微观仿真过程主要使用如下参数：（1）年龄别生育模式根据"七普"数据计算得到；（2）婚姻状态转移等参数采用 PADIS 决策支持平台数据；（3）预期寿命在 2020 年使用"七普"的 77.93 岁，男性 75.37 岁、女性 80.88 岁，然后至 2050 年逐步上升，使用联合国世界人口预测 2022 年版设定的男性 82.0 岁、女性 85.6 岁；生命表使用联合国最新发布的西区模式模型生命表；(4)出生性别比 2020 年为"七普"数据 107.8，假定 2030 年逐步下降到 105；(5)进入超生事件的比例分别设定为 5%，3%。具体含义是：2016 年以前，已生育一孩的已婚育龄妇女且不符合二孩生育政策的有 5%的人进入和发生生育事件。已生育二孩的已婚育龄妇女中有 5%发生三孩的生育事件，2016 年以后该比例降低为 3%；(6)不孕不育率按照 10%估计；(7)独生子女的婚配模式使用 2009 年"独生子女婚姻状况和生育情况抽样调查"(原国家人口计生委发规司组织，样本量为 108000 个家庭户)数据，进行数据评估和校验。计算的农业户口、非农业户口单独、双独、双非等育龄妇女家庭分年龄段所占比例，对 2010 年仿真个案数据做相应回填与修正。(8)考虑生育政策的实际情况测算普遍两孩政策实际影响的目标人群。

微观仿真与随机预测相结合。微观仿真模型测算的 1.0 方案、1.3 方案、1.5 方案、1.8 方案和 2.1 方案中 2017 年到 2030 年的平均值为 1.4，而联合国方案中从 2017 年到 2099 年的平均值是 1.4。考虑到不同估计方案的合理区间，我们将未来总和生育率的变动范围扩大到 1.0~2.1，然后采用随机概率预测方法，对每年的预测值进行 100 次随机仿真，然后取其平均值为该年的总和生育率水平，并设定为中方案。

参照联合国模式，低方案设定为中方案减去 0.5，而高方案为中方案加上 0.5。由此形成了中方案、低方案和高方案，假设中方案与低方案(或高方案)的差距在 2017—2025 年从 0.25 逐渐增大至 0.5，此后始终保持在 0.5。考虑到现有文献关于中国生育水平判断的误差不大，大约在 0.2 到 0.25 之间，因此，在中方案的基础上分别加减 0.25，形成中高方案(+0.25)和中低方案(−0.25)，假设中方案与中低方案(或中高方案)的差距在 2017—2025 年逐渐从 0.125 增加至 0.25，此后始终保持在 0.25。

③死亡参数

本研究采用联合国对平均预期寿命的测算方法，先预测女性的平均预期寿命，然后预测男性和女性的平均预期寿命的差距。在预测女性的平均预期寿命时，基于国家统计局2015年的估计值为基础，采用联合国中高收入国家的平均增速预测到2099年为90.42岁。在估计男性和女性的差异时，设定21世纪末男性和女性的差异与亚洲主要发达国家(日本、新加坡、韩国)的男性和女性的差异的平均水平一致，即0.8岁。也就是说，男性和女性的平均预期寿命差异由2016年的4.85岁下降到0.8岁。

④迁移参数

各省迁移基于2000年和2010年两次人口普查数据的基本规律，采用贝叶斯分层模型进行人口迁移矩阵随机预测。

⑤家庭户参数

家庭立户率数据来自国家统计局普查微观数据汇总结果，采用贝叶斯分层模型进行随机预测。

⑥城镇化参数

城镇化参数设置主要基于国家统计局公布的历年城镇化率，考虑政府规划目标，假定政府规划目标如期实现的情况下设置城镇化率。

**(二)中国人口预测的结果**

1. 生育政策调整前后的出生人口的变化

实施全面两孩政策之后，2016年的出生人数将会比政策调整前有所增加，但是从整体趋势来看，从2016年至2035年，政策调整前与政策调整后的各个方案下的出生人口数量较2015年将明显减少(如图2-19所示)。在生育政策调整后的中方案下，整体而言，出生人口呈现下降趋势，尽管受到队列的影响，出生人口会出现一些小的波动，但是出生人口下降趋势预计还会持续。从图2-19中，我们可以看到，生育政策调整后的中方案与政策调整前的出生人口的整体趋势相近，但是生育政策调整后的中方案的出生人口总数明显高于政策调整前的出生人口总数，不过随着时间的推移，全面两孩政策堆积效应持续减弱。

2. 生育政策调整前后的总人口变化

中国人口总量在未来的变动趋势基本上是确定的，除高方案

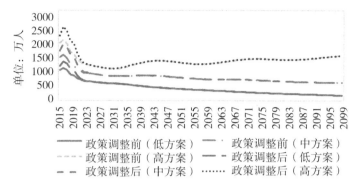

图 2-19　2015—2099 年生育政策调整前后的出生人口变动情况

外，中国的总人口规模都将在很快达到峰值后开始下降。在生育政策调整后的中方案下，中国人口将实现攀升，预计将在 2021 年到达总人口峰值（如图 2-20），与政策调整前的高峰出现时间相近，人口总量峰值大约是 14.12 亿人，比政策调整前的人口总量峰值增加 0.12 亿人。也就是生育政策调整实际上增加的人口对总量的影响很小。因此，从人口趋势来看，人口总量先增后减和老龄化是最重要的趋势。

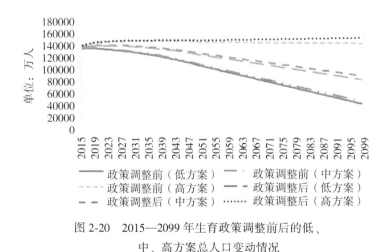

图 2-20　2015—2099 年生育政策调整前后的低、

中、高方案总人口变动情况

### 3. 生育政策调整前后的总城镇人口变化

中国城镇人口总量在未来的变动趋势基本上是确定的，不同的测算方案下，中国城镇总人口规模都将在继续经历十几年的上升之后到达峰值，之后下降。在生育政策调整后的中方案下，中国城镇人口将实现攀升，预计将在2040年左右到达总城镇人口峰值（如图2-21），与政策调整前的高峰出现时间相近，城镇人口总量峰值大约是10.30亿人，比政策不调整的城镇人口总量峰值增加0.11亿人。生育政策调整使得城镇人口数量增加，从人口趋势来看，城镇人口总量先增后减是最重要的趋势。相对应的是，在2050年城镇化率达到峰值，为78.65%，2030年达到71.66%，2035达到74.05%，2040达到75.73%。也就是在2040年城镇人口达到峰值之后，到2050年城镇化率还会缓慢地上升。

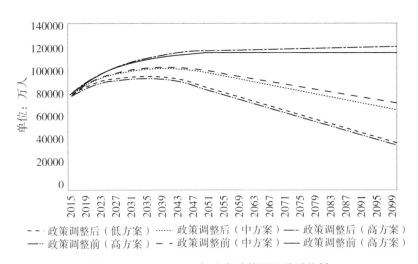

图2-21 2015—2099年生育政策调整前后的低、
中、高方案城镇人口变动情况

### 4. 生育政策调整后的总城镇人口的地区分布变化

从政策调整后的分地区低、中、高方案城镇人口变动情况可以看出，东部地区较中部、西部、东北地区而言，城镇人口总量更多，而东北地区城镇人口总量最少，中部和西部地区相近。在政策

调整后的中方案下，东部地区城镇人口先上升后下降，在 2040 年
左右达到峰值，为 3.95 亿人。中部和西部地区也呈现类似趋势，
分别于 2040 年前后达到峰值，为 2.74 亿人、2.79 亿人。东北地
区城镇人口变动趋势不明显，在 2040 年前后达到峰值，为 0.82 亿
人。总体而言，生育政策调整后，我国各地区城镇人口呈现先上升
后下降的趋势，在 2050 年前后达到峰值。

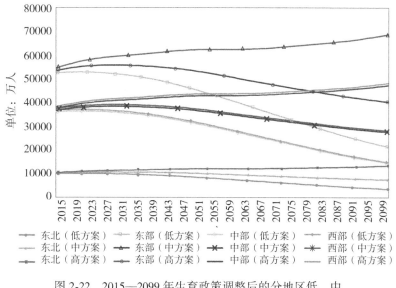

图 2-22　2015—2099 年生育政策调整后的分地区低、中、
高方案城镇人口变动情况

值得注意的是，我国城市化中后期，人口将进一步向大城市、
都市圈和城市群集聚。

35 个大中城市是我国主要城市，包含首都在内的四大直辖市
和其他省会和副省级城市。作为各个省份的中心城市，由于经济
发展领先、产业体系完善等原因，对于人口的虹吸效应相比于其
他地级市更具优势。从表 2-3 可以看出，35 个大中城市从 2000
年到 2010 年再到 2020 年，都处于人口规模增长的趋势，其总人
口占全国人口的比例也依次从 2000 年的 19.43% 上升到 2020 年

的 22% 和 2020 年的 26.38%。而且从总数上看，全国总人数也逐年上涨，但是 35 个大中城市的占比却依然在提高，说明了人口更加趋向聚集于 35 个大中城市。这是基于经济和社会发展的人口迁移的规律。

表 2-3　35 个大中城市常住人口规模(万)及占全国总人数比例(%)

| 城市 | 2000 年 | 2010 年 | 2020 年 |
|------|---------|---------|---------|
| 北京 | 1357 | 1961.24 | 2189.31 |
| 天津 | 1000.91 | 1293.82 | 1386.6 |
| 石家庄 | 889.8 | 954.94 | 1064.04 |
| 太原 | 334.43 | 420.15 | 530.4 |
| 呼和浩特 | 243.79 | 286.66 | 344.61 |
| 沈阳 | 685.1 | 810.61 | 902.77 |
| 大连 | 551.47 | 669.04 | 745.05 |
| 长春 | 699.64 | 877.15 | 906.69 |
| 哈尔滨 | 934.64 | 1063.60 | 1000.99 |
| 上海 | 1641 | 2301.91 | 2487.09 |
| 南京 | 544.89 | 800.47 | 931.47 |
| 杭州 | 687.9 | 870.04 | 1193.60 |
| 宁波 | 596.3 | 760.57 | 940.43 |
| 合肥 | 447 | 745.55 | 936.99 |
| 福州 | 589.23 | 711.53 | 829.12 |
| 厦门 | 205 | 353.13 | 516.39 |
| 南昌 | 433.2 | 504.25 | 625.50 |
| 济南 | 592.2 | 811.37 | 920.34 |
| 青岛 | 749.4 | 871.51 | 1007.17 |
| 郑州 | 666 | 862.70 | 1260.10 |
| 武汉 | 804.8 | 978.54 | 1232.65 |

续表

| 城市 | 2000 年 | 2010 年 | 2020 年 |
|---|---|---|---|
| 长沙 | 613.9 | 704.41 | 1000.79 |
| 广州 | 994.8 | 1270.08 | 1867.66 |
| 深圳 | 701.2 | 1035.79 | 1756.01 |
| 南宁 | 625.24 | 666.16 | 874.16 |
| 海口 | 150.8 | 204.61 | 287.33 |
| 重庆 | 2848.8 | 2884.62 | 3205.42 |
| 成都 | 1110.85 | 1404.76 | 2093.78 |
| 贵阳 | 337.45 | 432.93 | 598.70 |
| 昆明 | 480.94 | 643.9 | 846.00 |
| 拉萨 | 47.4 | 55.9 | 86.8 |
| 西安 | 741.1 | 847.4 | 1295.29 |
| 兰州 | 293.4 | 361.61 | 435.94 |
| 兰州 | 293.4 | 361.61 | 435.94 |
| 西宁 | 197.9 | 220.9 | 246.8 |
| 银川 | 126.5 | 199.30 | 285.90 |
| 乌鲁木齐 | 208.2 | 311.30 | 405.4 |
| 总计 | 24132.18 | 30152.45 | 37237.29 |
| 全国人口 | 124200 | 137053 | 141178 |
| 占全国人口比例 | 19.43 | 22.00 | 26.38 |

数据来源：万得（wind）数据库及各城市统计年鉴

　　都市圈和城市群成为城市化的高级形态，我国人口将继续向都市圈和城市群集聚。2019 年国家发改委发布的《关于培育发展现代化都市圈的指导意见》（国家发改委〔2019〕328 号）指出，都市圈是城市群内部以超大特大城市或辐射带动功能强的大城市为中心、以1小时通勤圈为基本范围的城镇化空间形态，以促进中心城市与周边城市(镇)同城化发展为方向，以创新体制机制为抓手，以推动统一市场建设、基础设施一体高效、公共服务共建共享、产业专业化分工协作、生态环境共保共治、城乡融合发展为重点，培育发展一批现代化都市圈，形成区域竞争新优势，为城市群高质量发展、经济转型升级提供重要支撑。当几个空间临近的都市圈进一步发展和实现了空间融合的时候，就形成了都市连绵区(城市群)。有学者初步估算，2003—2018年新增人口中有92%是在都市圈地区(金浩然，2020)。中国宏观经济研究院课题组(2020)根据2017年的相关数据，发现我国19个城市群含地级城市235个，约占国土面积的29%，共承载人口11.14亿人，占全国的80.16%，相较于2010年，城市群地区人口增加5183.25万人，占全国比重提升了0.26个百分点，形成长三角、京津冀、成渝、长江中游、粤港澳大湾区5个人口亿级城市群。任泽平(2021)估计：未来中国将比2020年新增加1.3亿新增城镇人口，其中约80%将分布在19个城市群，其中约60%将分布在长三角、珠三角、京津冀、长江中游、成渝、中原、山东半岛等七大城市群。

# 第三节　中国家庭变动分析和预测

由于中国家庭户中非亲属成员比较少，因此家庭和家庭户基本一致，本文在研究时没有明确区分家庭和家庭户，将二者混用。这里采用人口学中的家庭户概念及数据分析了我国家庭户变动的趋势。

## 一、中国家庭变动分析

### (一)中国家庭户总量的变动历程

在人口数量增长的同时，中国家庭户数量增长迅速。根据中国人口普查数据，截至2020年年末，家庭户数量达到494,157,423

户,比"六普"的 401,934,196 户增加 92,223,227 户,增长 22.9 个百分点,家庭户户数增幅明显高于人口增幅。胡湛和彭希哲(2014)根据 1982—2010 年人口普查数据分析了我国家庭户变动的趋势,发现我国家庭户数量增长迅速。曾毅等(2014)预测,家庭数量将会在人口减少后一定时期内呈增加趋势,然后出现减少。

家庭户的数量除了和人口数量有关,还和家庭户规模有关。中国家庭户规模呈减少趋势。"七普"家庭户的平均人口为 2.62 人,"六普"家庭户的平均人口为 3.10 人,"五普"的户均人口为 3.44人。观察历次人口普查数据,"一普"至"四普"的户均人口分别为4.33 人、4.43 人、4.41 人和 3.96 人,可见除 1953 年的"一普"外,全国家庭户平均规模的变化趋势是逐渐缩小。

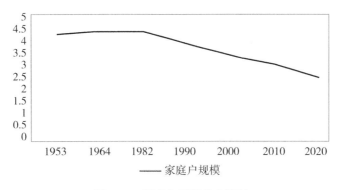

图 2-23  家庭户规模变动情况

家庭规模和家庭结构也受到人口年龄结构的影响。通常而言,人口年龄结构比较年轻,家庭平均规模偏大,会存在一些几代同堂的大家庭;而当人口年龄结构变老,家庭规模变小,出现一些一人户和二人户(毛况生,1988)。郭志刚(2008)发现,相比户平均规模和户均少儿人数的变化幅度,户均青壮年人数和老年人数的相对变化较小,因为后者可以独立成户。

此外,家庭户数还和结婚立户有关。粗户主率出现了不断上升的趋势(见表 2-4)。1982—2020 年,粗户主率从 0.22% 上升到

0.38%，总户主率也从 0.33% 上升到 0.43%。从 1990 年至 2017年，我国育龄妇女平均初婚年龄从 21.4 岁提高到 25.7 岁，并不断提高①。结婚率从 2010 年的 9.3‰ 增加到 2013 年的 9.92‰，随后在 2020 年下降到 5.8‰(见图 2-24)。2013 年，中国结婚人数创下历史新高，达到 1346.9 万对。此后，中国结婚人数持续下滑。2020 年，各级民政部门和婚姻登记机构共依法办理结婚登记 814.3万对，比上年下降 12.2%。与结婚人数走低相反的是，中国离婚人数持续走高，离婚率在这十年间持续上升，从 2.0‰ 增加到3.1‰。2010 年，中国离婚对数仅为 267.8 万对，而到 2019 年，则高达 470.1 万对，在 2020 年为 433.9 万对。结婚人数的持续下降与离婚人数的不断上升形成明显的对比。

表 2-4 户主率②变化情况表

| 年份 | 粗户主率 | 总户主率 |
|------|----------|----------|
| 1982 | 0.2217 | 0.3339 |
| 1987 | 0.2410 | 0.3379 |
| 1990 | 0.2552 | 0.3530 |
| 1995 | 0.2703 | 0.3682 |
| 2000 | 0.2907 | 0.3770 |
| 2005 | 0.3195 | 0.4009 |
| 2010 | 0.3226 | 0.3868 |
| 2015 | 0.3221 | 0.3858 |
| 2020 | 0.3816 | 0.4273 |

---

① 统筹人口发展战略，实现人口均衡发展——改革开放 40 年经济社会发展成就系列报告之二十一 [ EB/OL ]. http://www.stats.gov.cn/ztjc/ztfx/ggkf40n/201809/t20180918_1623598.html.

② 粗户主率(即家庭规模倒数)；总户主率则是户主人数与成年人数之比，将少年儿童(0~14 岁)排除在外。

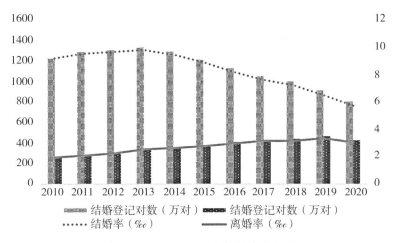

图 2-24 2010—2020 年婚姻情况变动

### (二) 中国家庭户结构的变动历程

家庭户可以按照婚姻关系、代际关系、血缘关系等划分为不同的家庭结构类型。中国家庭户结构变化快。第六次全国人口普查数据显示，2010 年我国家庭户户数为 4.02 亿户，全国、城市、镇、乡村的家庭户规模分别为 3.10 人/户、2.71 人/户、3.08 人/户、3.34 人/户，家庭户人口规模结构主要以二人户和三人户为主，全国家庭户规模比第五次全国人口普查的 3.44 人减少了 0.34 人。到 2020 年，我国家庭户户数为 4.94 亿户，全国、城市、镇、乡村的家庭户规模分别为 2.62 人/户、2.39 人/户、2.58 人/户、2.59 人/户，家庭户人口规模结构主要以一人户和二人户为主，全国家庭户规模比第五次全国人口普查的 3.44 人减少 0.82 人 (见表2-5)。

胡湛和彭希哲 (2014) 认为我国家庭结构正在简化，表现为家庭一代户比重上升，二代户比重急剧下降，三代及以上户比例保持相对稳定，呈现出家庭户代数减少的趋势。在一代户中，夫妇一代户为主，其次是单身户。二代户中，标准核心户占主流。结果见表 2-6。王跃生 (2014) 也指出：2000 年以来中国家庭结构变动主要表现为核心家庭比例明显下降，单人户显著上升，直系家庭没有降低反而略有增加，而且城市家庭结构变动和农村有所不同。

表 2-5　六普、七普中国家庭规模

| 家庭户规模 | 六普（户） | | | | 七普（户） | | | |
|---|---|---|---|---|---|---|---|---|
| | 全国 | 城市 | 镇 | 乡村 | 全国 | 城市 | 镇 | 乡村 |
| 总 计 | 401934196 | 128660933 | 78528240 | 194745023 | 494157423 | 202764700 | 107620004 | 183772719 |
| 一人户 | 58396327 | 23099057 | 11069828 | 24227442 | 125490007 | 55830333 | 25623601 | 44036073 |
| 二人户 | 97947686 | 35794624 | 19169754 | 42983308 | 146690059 | 60297841 | 30591464 | 55800754 |
| 三人户 | 107978654 | 42659780 | 21811805 | 43507069 | 103700982 | 45309073 | 22659664 | 35732245 |
| 四人户 | 70598493 | 15602563 | 14033431 | 40962499 | 65100986 | 24517009 | 15925082 | 24458895 |
| 五人户 | 40332512 | 8039529 | 7560445 | 24732538 | 30513352 | 10492876 | 7163393 | 12857083 |
| 六人户 | 16887554 | 2195953 | 3019889 | 11671712 | 15125667 | 4534910 | 3708192 | 6882565 |
| 七人户 | 5753970 | 718406 | 1045064 | 3990500 | 4589308 | 1066542 | 1161557 | 2361209 |
| 八人户 | 2235271 | 311282 | 432558 | 1491431 | 1557638 | 356962 | 398508 | 802168 |
| 九人户 | 942511 | 121392 | 192916 | 628203 | 655060 | 158159 | 173606 | 323295 |
| 十人及以上户 | 861218 | 118347 | 192550 | 550321 | 734364 | 200995 | 214937 | 318432 |

表 2-6　我国家庭户的代际结构(%)

| 结构类型 | 1982 年 | 1990 年 | 2000 年 | 2010 年 |
|---|---|---|---|---|
| 一代户 | | | | |
| 单身户 | 8.00 | 6.27 | 8.30 | 13.66 |
| 夫妇户(一代核心户) | 4.69 | 6.42 | 12.70 | 18.49 |
| 其他一代户 | 1.23 | 0.80 | 1.28 | 1.20 |
| 一代户小计 | 13.92 | 13.52 | 22.28 | 33.35 |
| 二代户 | | | | |
| 父母与未婚子女(标准核心户) | 48.20 | 54.40 | 46.33 | 33.38 |
| 单亲父母与未婚子女(缺损核心户) | 4.55 | 3.58 | 2.92 | 2.70 |
| 分居父母与未婚子女(缺损核心户) | 6.96 | 4.02 | 3.15 | 3.27 |
| 其他二代核心户(扩大核心户等) | 2.49 | 1.95 | 1.12 | 0.47 |
| 二代核心户小计 | 62.20 | 63.95 | 53.52 | 39.82 |
| 父母与已婚子女(二代直系户) | 3.82 | 3.30 | 2.34 | 3.13 |
| 祖父母与孙子女(隔代户) | 0.70 | 0.67 | 1.89 | 2.26 |
| 其他二代户 | 0.56 | 0.23 | 0.97 | 3.32 |
| 二代户小计 | 66.58 | 67.50 | 58.72 | 48.53 |
| 核心户合计(一代户与二代核心户) | 66.89 | 70.37 | 66.22 | 58.31 |
| 三代及以上扩展户 | | | | |
| 三代户 | 16.43 | 16.48 | 16.62 | 16.50 |
| 其他扩展户 | 2.37 | 1.82 | 2.38 | 1.62 |
| 扩展户小计 | 18.80 | 18.30 | 19.00 | 18.12 |
| 合计 | 100.00 | 100.00 | 100.00 | 100.00 |

**(三)中国家庭户变动的趋势**

随着"全面二孩"政策的实施,我国向实现家庭规模适度、结构合理、关系和谐、功能完善和能力增强的家庭政策又迈进一步,未来的家庭政策将朝着更有利于促进家庭和谐幸福与社会良性发展的方向进行。

国家卫生计生委公布的《中国家庭发展报告 2015》认为我国家庭结构变动趋势是"家庭规模小型化，家庭类型多样化，二人家庭、三人家庭成为家庭类型主体，单人家庭、空巢家庭等家庭形态不断涌现"。① 可以预见，随着人口总量的增加，人口城市化还将处在加速阶段，将在 2040—2050 年达到 80% 左右的峰值；随着生育政策的调整，子女数量会略有增加，但总体的少子化趋势不变；老龄化还将继续；婚姻的多元化和住房供给的增加会使家庭数量增加。

## 二、生育政策调整及中国家庭预测

我国从计划生育政策到全面二孩政策的转变将会对人口数量、人口结构等各方面产生影响。我国的生育政策调整，包括"单独二孩""全面二孩"政策、加强生育支持等，促使出生人口数量有所增加。但由于较高的生育成本，和较低的生育意愿，很难得到理想的效果。政策调整后，人口出生率有小幅回升、人口自然增长率有微弱回升，虽带来人口数量的增加，但尚不显著。与此同时，国家发展健康养老产业、养老服务业，推进医养结合，很大程度上保障了老年人老有所养，也使得老年人健康状况有所改善、寿命有所延长。因此，在生育政策调整后，我国的人口总量会呈有所上升，但是由于生育意愿低、适龄生育人口减少等原因，人口总量会在达到峰值后持续下降。而家庭规模小型化、城镇化和人口老龄化将影响我国的家庭总量和结构。

### (一)中国家庭预测的基础

目前国际上应用最多的家庭户预测模型主要是户主率预测法、微观模拟模型、宏观模拟模型(曾毅等，2011)。户主率预测法假定未来的分年龄和性别的户主率不变或者按照一定的规律变化，然后在人口预测的基础上获得未来分户主和年龄的家庭户数量(蒋耒

---

① 中国家庭七大变化[EB/OL]. 2015-05-14, http：//news. hexun. com/2015-05-14/175801138. html.

文，任强，2005）。有学者在传统户主率预测的基础上，对其进行
模型扩展，提出分家庭规模户主率的预测模型（jiang，2002）。微
观模拟模型则是根据事件按一定概率分布随机发生的原理，利用计
算机仿真技术对每一个样本个体一生中生育、死亡、婚姻、家庭关
系与状态变化进行模拟，然后汇总得出人口家庭的整体特征和分布
（曾毅等，2011）；宏观模拟模型没有户主率方法本身存在的概念
模糊和无法与人口要素联系的缺点，并且它不受起点年份样本的人
口规模的限制，可以充分利用全部人口信息（曾毅等，2011）。以
Van Imholf 和 Keilman 建立的 LIPRO 模型为代表的宏观模拟家庭户
预测模型大多需要不同家庭户类型之间相互转换的转移概率数据。
因此，只需要常规人口数据的宏观模拟模型也很有理论价值和现实
的应用（曾毅等，2011）；邦戈茨（Bongaarts，1987）建立了核心家
庭状态生命表，该模型假定所有子女在结婚时与父母分居另立新家
庭户。在此基础上，曾毅、王正联、詹姆斯、克兰德和顾大男等建
立了 ProFamy 多维家庭人口预测新方法和软件（曾毅，李岚，
2010）。

在人口预测的基础上，本研究采用分家庭规模的户主率预测模
型对我国未来家庭户规模及其总量的变化进行预测。我们采用简化
的预测方法，提出假设：我们假定 2015 年至 2100 年的户主率保持
2015 年的 29.82%不变。

**(二) 中国家庭预测的结果**

1. 总家庭户

预测结果显示，实施全面二孩政策调整之后，我国未来家庭户
数将比不实施该政策时多。在实施全面二孩政策调整后的中方案
下，预计家庭户总量在 2025 年左右达到峰值，为 3.92 亿户，随后
呈现下降趋势。低方案下，预计家庭户总量于 2019 年左右达到峰
值，家庭户总量峰值达到 3.78 亿户，随后呈现下降趋势。而高方
案下，家庭户总量会持续增加。

2. 城镇总家庭户和家庭结构

预测结果显示，在全面二孩政策调整之后的中方案下，预计城
镇家庭户总量于 2047 年前后达到峰值，家庭户总量峰值为 3.38 亿

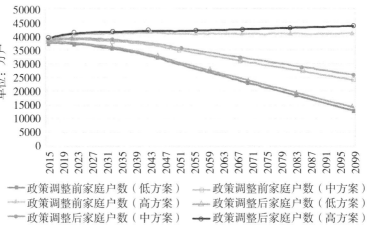

图 2-25　2015—2099 年全面两孩政策调整前后家庭户数对比

户，随后均呈现下降趋势。而高方案下，家庭户总量会持续增加，达到峰值后下降。在低方案下，家庭户总量呈现与中方案相近的趋势，但是峰值出现的年份更早，同样先上升后下降。

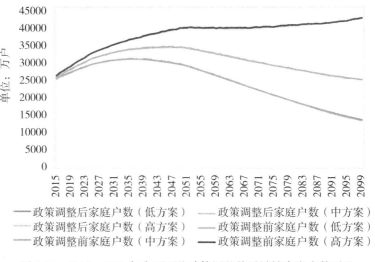

图 2-26　2015—2099 年全面两孩政策调整前后城镇家庭户数对比

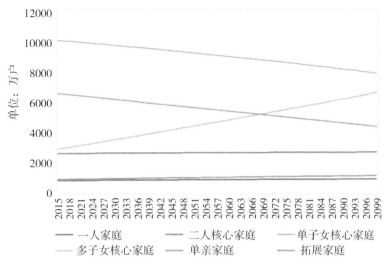

图 2-27　全面两孩政策实施后城镇家庭结构低方案预测结果

　　全面两孩政策实施前后城镇家庭结构的预测结果显示（见图 2-27—图 2-32），实施全面两孩政策之后，在低、中、高三种预测方案下，均呈现出一致的趋势，即一孩家庭、单亲家庭的数量相近，是所有家庭结构类型中数量最少的两类家庭，且数量基本稳定；二人核心家庭数量高于一孩家庭和单亲家庭，且基本稳定；多子女核心家庭的数量呈现上升趋势，拓展家庭的数量呈现下降趋势，二者在 2067 年前后数量达到一致，随后多子女核心家庭的数量将超过拓展家庭的数量；单子女核心家庭的数量一直远高于其他五类家庭的数量，且呈现出持续下降的趋势。实施全面两孩政策之前，在低、中、高三种预测方案下，也呈现出一致的趋势，即一孩家庭、单亲家庭的数量相近，是所有家庭结构类型中数量最少的两类家庭，且数量基本稳定；二人核心家庭数量高于一孩家庭和单亲家庭，且基本稳定；多子女核心家庭的数量呈现上升趋势，拓展家庭的数量呈现下降趋势；单子女核心家庭的数量一直远高于其他五类家庭，且呈现出持续增加的趋势。

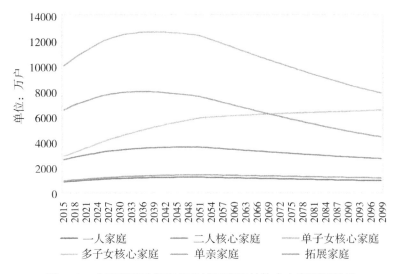

图 2-28 全面两孩政策实施后城镇家庭结构中方案预测结果

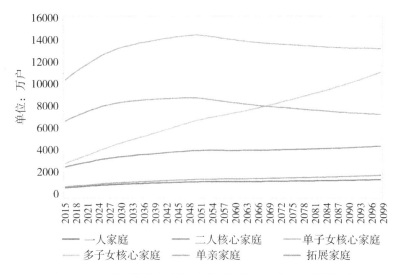

图 2-29 全面两孩政策实施后城镇家庭结构高方案预测结果

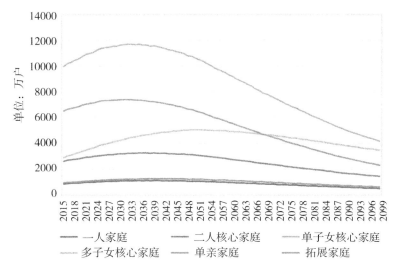

图 2-30　全面两孩政策实施前城镇家庭结构低方案预测结果

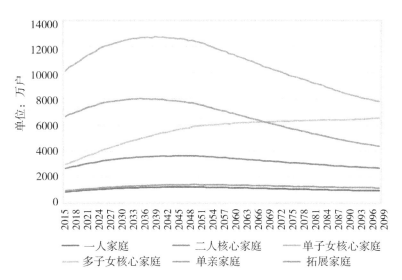

图 2-31　全面两孩政策实施前城镇家庭结构中方案预测结果

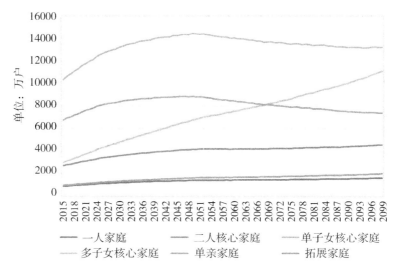

图 2-32　全面两孩政策实施前城镇家庭结构高方案预测结果

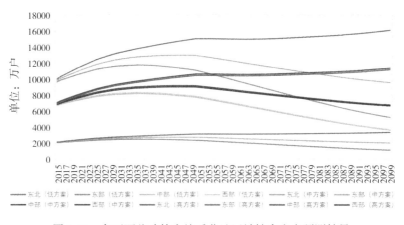

图 2-33　全面两孩政策实施后分地区城镇家庭户预测结果

3. 城镇总家庭户的地区分布

预测结果显示，政策调整后的分地区低、中、高方案城镇家庭户变动情况有所不同。就预测中方案而言，与中部、西部、东北地区相比，东部地区城镇家庭户总量最多，东北地区城镇家庭户总量最少，中部和西部地区相近，与分地区城镇总人口预测趋势呈现相同的结果。在政策调整后的中方案下，东部地区城镇家庭户先上升后下降，在2046年前后达到峰值，为12943万户。中部和西部地区也呈现类似趋势，分别于2046年前后达到峰值，为8983万户、9146万户。东北地区城镇家庭户变动趋势不明显，在2046年前后达到峰值，为2687万户。总体而言，计划生育政策调整后，我国各地区城镇家庭户呈现先上升后下降的趋势，在2046年前后达到峰值。

## 第四节　本章小结

从微观视角来看，生命周期理论研究了个体人口和家庭随着年龄的变化出现了相应的消费、投资等行为的变化；生命历程理论则将个体和家庭的变化和大的生命事件联系起来，并且侧重于社会结构的影响。从宏观视角来看，人口转变理论分析了出生率、死亡率及总人口的变化规律，并且在发展中国家出现了一些新的变化。后来发展出新人口转变理论，用来解释在发达国家出现的新的婚姻、生育模式和总人口的减少。世代交叠模型构建了人口结构变化如何影响宏观经济要素的理论框架。这些理论为本文分析中国人口变动对房地产业的影响提供了理论基础。

从1949年到2020年，中国人口发生了以下变化：人口总量增加，增长速度下降；中国人口年龄结构的变动表现为少子化和老龄化，中国人口性别结构表现为总人口性别比较稳定；中国人口城乡分布的变动表现为城镇化率呈现逐年上升的态势；中国人口的社会经济特征的变动表现为受教育水平不断提高，就业结构中第三产业占比提高，居民收入不断提高，居民消费结构较为稳定。从预测来看，中国人口总量将出现先增长然后下降的趋势；人口结构变动趋势为少子化和老龄化；人口分布变动趋势为城镇化；生育政策调整后的出生人口、总人口、城镇人口比政策调整前略有增加，总体趋势不会变化，总人口峰值将出现在2021年左右（中方案），城镇总人口峰值出现在2040年左右（中方案），城镇化率峰值出现在2050

年左右(中方案),并且存在明显的地区分化。

从 1949 年到 2020 年,中国家庭户发生了以下变化:家庭户规模持续减小,家庭结构趋于简化,已呈现"核心户为主、单身户与扩展户为辅"的格局。预测表明,实施全面二孩政策之后,我国未来家庭户数将比不实施该政策时略多;家庭户总量分别于 2025 年左右达到峰值年份(中方案),城镇家庭户总量于 2047 年前后达到峰值(中方案);以二人核心家庭、多子女核心家庭为主,拓展家庭的数量呈现下降趋势;中国家庭户将出现明显的地区分化。

# 第三章 人口变动影响中国房地产业发展的机制和效应之理论分析

本章从理论上分析人口总量和年龄结构变动,会带来家庭总量和结构的变动,并带来房地产需求总量和结构的改变,作用于房地产存量供给总量和结构,进而与房地产企业的增量供给互动,实现房地产供求总量和结构平衡,并影响到房地产的产量和价格,以及房地产企业的生产经营和盈利模式,导致房地产业的结构、行为和绩效的演变。

## 第一节 人口变动影响房地产市场的微观机制的理论分析

在人口总量和年龄结构发生变动后,通常会带来人口素质(收入)和偏好的改变,这些导致住房需求发生改变,并通过供求互动影响到供给。供给会围绕供求均衡点波动,形成动态均衡。

### 一、人口变动影响住房需求变动

微观经济学的需求理论和生命周期理论说明家庭收入、家庭偏好和家庭生命周期是影响需求的重要因素。生命历程理论则将个体的生命事件、社会事件联系起来研究,重视个体的生命事件、社会大事件影响个体选择这一问题。

#### (一)家庭收入和偏好是影响住房需求的重要因素

根据需求理论,住房是以家庭(包含一人家庭)为单位的消费和(或)投资,家庭收入是影响住房需求的重要因素。由新古典经济学消费者行为理论发展出来新古典经济学的住房消费量选择理论。该理论认为：除了家庭收入和房价外，家庭住房偏好影响了住房需求。Muth（1960）和 Olsen（1969）提出该公式如下：

$$Q = f(Y, P_h, P_o, T)$$

其中 $Q$ 为住房消费量，$Y$ 为家庭收入，$P_h$ 为住房服务的价格，$P_o$ 为其他商品的价格，$T$ 为家庭偏好。该理论开创性地将住房抽象为住房服务，得到住房服务量需求函数形式，指出收入、房价、其他商品价格、家庭偏好等因素影响住房服务需求量。而且，它还分析了家庭偏好的内容以及家庭偏好的影响因素。例如用户主年龄、性别、种族、婚姻、教育、家庭规模和家庭结构等表示家庭偏好。台湾的研究表明家庭结构会影响住房消费（Chi, 1988）。并在此基础上，研究了房地产需求的收入弹性和价格弹性。很多研究都发现，房地产需求的收入弹性很低，价格弹性很高，是一个正常的商品。

在此基础上，住房需求可以分为住房消费需求和投资需求。在住房消费需求研究中，一是对住房服务需求的研究，将不同质量、区位差异的住房抽象为标准化的住房，来研究住房服务数量的差异；二是分别研究住房数量，例如住房套数、面积、间数，和住房质量的需求。在住房投资需求中，通常研究了拥有一套产权住房和拥有多套住房的情况。

在具体的住房数量需求方面，Annez 和 Wheaton（1984）认为住房单元的数量需求由人口数量决定。在住房质量需求方面，Annez 和 Wheaton（1984）认为住房质量需求由收入和房价决定。在住房产权需求方面，Ioannides 和 Rosenthal（1994）发现投资需求的收入和财富弹性比消费需求的收入和财富弹性大，而人口变量，例如户主年龄、受教育程度和家庭规模对消费需求的影响比投资需求大。

这些理论在市场经济里面得到了证明。因为住房的寿命长达几十年，所以在计划经济转型到市场经济的中国，住房的建设、分配和交易还受到过去住房体系的影响。因此，中国的家庭规模对住房需求的影响和西方一样还是有所不同，有待深入研究。由于中国从20世纪90年代采取了市场经济模式，在市场经济里面，收入对住房需求的影响为正，家庭偏好会影响住房需求，在收入一定的情况下，住房的数量、质量会存在替代作用。在收入一定的情况下，住房支出和家庭其他支出也有替代作用。因此提出以下预测：中国城镇家庭收入对住房需求的影响显著为正，由于收入通常和人力资本（受教育程度）成正比，因此受教育程度对住房需求的影响显著为正；在收入一样的情况下，家庭规模、结构不同的中国城镇家庭会有不同的住房需求偏好。在收入一定的情况下，家庭总人数的增加，导致住房数量需求的增加，住房质量、住房自有率和多套住房自有率的下降。

**（二）家庭生命周期会影响住房需求**

根据个体生命周期理论，在年轻时候，积累财富，购买住房；到年老的时候，会将财富转化为收入（卖房等）来支持养老（Bakshi 和 Chen，1994）。然而，后续的研究却发现住房自有率在美国独身老年人生命周期的后期会显著下降，但并不为 0，依然高达 40%，它受到了老年人的预防性储蓄、遗产赠与动机、非预期死亡等因素的影响（Englehardt，2018）。

家庭生命周期理论也预期随着户主的年龄变化，以及婚姻和子女的变化，会发生住房需求的变化。Rossi（1955）提出家庭生命周期中会发生家庭规模、年龄和性别等多重变化，并产生对现有住房的不满意的情况，得通过迁居来改变住房状况适应家庭新的需要。根据家庭生命周期理论，年轻人（25～34 岁）的二口之家会先买小房作为起步阶段的住房，随着年龄的增长和孩子的出生，他们会卖掉小房（二手市场中小户型住房供给的变化），转而买大房（二手市场或增量市场中大户型住房需求的变化）。接下来，孩子离家，老年人会出手现有的较大的住房（二手市场中大户型住房供给的变化），购买共管公寓或较小的住房（二手市场或新房市场中小户型住房需求的变化）（Clark 和 Dieleman，1996）。Mcleod 和 Ellis（1982）实证发现在不同生命周期阶段的家庭住房消费存在明显的差异。

然而生命周期理论还存在一些不足。一是生命周期理论提出的倒 U 型模式是否成立，是否符合现实。经济学家 Modigliani（1966）

的个体生命周期理论模型从消费、储蓄平滑角度认为青年时期储蓄买房，老年时期卖房养老。然而该模型忽略了以下问题：住房作为消费品和投资品的统一体，不可分离；自有住房可以防范租金波动的风险；老年人将住房作为遗产赠与后代，以及住房交易成本很高。如果在理论模型中考虑到住房特征（Yang，2009）和（Li，2016），结果就会不同，发现非住房消费品在生命周期呈现倒 U型，但是住房则是先上升，然后保持水平。主要原因是购买住房时期的借贷限制，出售住房的交易成本高。

一些研究则深化了对老年人住房需求的研究。随着年龄的增长，老年人的住房选择行为可能发生以下变化。对于自有住房，（1）老年人居住现有的自有住房养老（Aging In Place），而在老年人丧偶以后，大部分老人会保持原有住房不变。在这种情况下，随着子女的离家和配偶的死亡，老人的人均住房数量需求是上升的。如果子女搬入合住来陪伴照料，则人均住房数量需求比空巢期要低，也可能比满巢期低，这取决于总人数。（2）老年人出售现居住的自有住房，购买面积更小的自有住房，或者搬入退休住房（Retirement House）和搬入养老公寓，或搬入子女的住房同住，老年人的人均住房需求可能会下降。（3）老年人死亡，该自有居住的住房由子女继承或返回到住房市场，增加市场的供应。对于租赁住房市场，则有：（1）老年人居住现有的租赁住房养老。在这种情况下，随着子女的离家和配偶的死亡，老人的人均住房需求是上升的。如果子女搬入合住来陪伴照料，则人均住房需求比空巢期要低，也可能比满巢期低，这取决于总人数。（2）老年人搬出现居住的租赁住房，购买或租赁面积更小的自有住房，或者搬入面积更小的退休住房或养老公寓，或搬入子女的住房同住，老年人的人均住房需求可能会下降。（3）老年人死亡，该租赁的住房返回到住房市场，增加市场的供应。对于退休住房和养老住房市场。（4）老年人搬出退休住房和养老公寓，回到自有住房或租赁住房，人均住房需求上升。（5）老年人死亡，退出退休住房和养老公寓，住房供应增加。很显然，老年人的住房需求会出现上行、下行和平移等情况，具体的住房需求变化取决于三种选择的综合。而老龄化对住房市场的影响，同样取决于三者的综合。通过微观行为的研究，能够比较准确的分析三种选择的可能性及其影响因素。

二是需要考虑不同国家国情和文化的差异。住房既是消费品，又是投资品，这在各国皆同。在中国，受传统文化的影响，结婚男方买房深入人心，甚至有观点认为丈母娘推高房价，因为丈母娘要求男方有房是女儿谈婚论嫁的必备条件。在中国房价快速上涨的过程中，很多人将住房作为投资品，并用于财富的积累。这就造成了中国第一次购房年龄普遍低于发达国家，青年住房自有率高于发达国家。

中国城市居民的住房自有率高于多数国家，独立居住已经是中国老年人的主流居住方式（曾毅，2004）。不愿意入住养老机构的中国城市老年人为主流，占80%多，在2010年则接近90%，而且愿意入住的比例逐年下降（易成栋等，2017）。很多老年人步入退休阶段后，出现了过度住房消费的现象，即子女离家和家庭人口减少，但是老年人喜欢居家养老，继续住在原来的住房和社区，造成了人均住房面积增大。在他们去世后将房产作为遗产赠与子女。除了自住养老、遗产赠与、非预期死亡的动机外，住房的交易成本很高也是造成很多老年人自有住房的原因之一。在中国，甚至一些老年人将购买住房作为一种养老储蓄的替代方式。在老年人生活能够自理的阶段，通常独立居住。在老年人生活出现不能自理的时候，则会出现与子女同住，雇佣护工同住，或者入住养老院等情况。因此这里预测：从成年期到老年期，中国城镇家庭住房自有率出现先升后平稳，到高龄阶段（生命周期的最后阶段）出现下降的趋势，而家庭住房面积出现先升再平稳然后在生命周期最后阶段下降的趋势。

**（三）个体大事件、社会大事件会影响家庭住房需求**

然而生命周期理论以核心家庭作为原型，该模式不能反映越来越多样化的家庭类型（例如单身、离婚家庭），也不能对个体的多重角色进行研究，而且它对家庭的时空位置不敏感，没有将个体的人生经历和大的社会事件联系起来。而这些恰是生命历程理论的强项。生命周期和生命历程概念既有关联又有差异，生命历程指的是一种由社会界定并按年龄分级的事件和角色模式，该模式受文化和社会结构历史性变迁的影响（埃尔德，2002）。相比生命周期，生命历程比较灵活，它不需要设定一套规划或统一的生命阶段，而是强调个体人生经历的多样性（Mayer 和 Tuma，1990）。在生命历程范式下，社会机制与个体特质交互作用，并且对个体的生命轨迹产生累积性的影响，从而使不同个体的生命轨迹出现差异。

生命历程理论认为在生命历程中的个体重大事件和住房需求的变化有关。结婚和生育将使家庭进入稳定状态，更可能自有住房；离婚则可能使个体从自有住房转向租房；婚姻的解体造成了个人从自有住房向租房的转换，老年人丧偶和重病导致了自有住房向租房的转换（Clark 和 Dieleman，1996）。这意味着老年人的特大个人事件，例如离婚丧偶、子女离家、收入下降、失能也会导致老年人住房需求变化，例如从自有转为租赁，出租部分住房，卖大房换为小房，与子女同住，与护理人员同住或住进养老院等。

住房自有率和年龄、收入、受教育程度密切相关。Li（2006）采用回溯生命历程方法获得了广州 1981—2001 年的历史数据，发现住房自有率和年龄、教育水平相关。Myers（1998）等发现受教育程度和财富水平等因素对移民的住房自有率也有显著的影响。中国的市场转型过程中，户主年龄、收入和学历对家庭获得住房有显著的影响，在房改结束后，高收入和有遗产的产生更容易获得好房。

此外，还有些研究关注到个体的其他特征产生的影响，如种族文化则从不同种族的住房偏好会影响住房需求。例如在美国的移民住房自有率比较中，发现华人移民的住房自有率比拉美移民、黑人的自有率高，即使控制了收入、教育等因素，还可能受到了华人强烈的置业文化影响（Painter 等，2003）。此外，还有些研究分析了家庭因素对住房生涯的影响，例如父母的收入、教育、住房自有情况对子女住房的影响（吴开泽，2017）。

由于年龄的影响和生命周期假说基本相同，因此这里不再重复研究。基于前面的理论分析和文献综述，提出以下假说来检验，从微观视角来看，以家庭作为研究单位，分析家庭的变化和住房需求变化的规律。因此这里预测：随着生命历程的变化，婚姻、生育、就业、健康等个体大事件的变化,中国城镇家庭住房需求呈现相应的变化。结婚和生孩子通常促进了从租房向买房的转换,家庭总面积增大。退休初期通常伴随着家庭人口的减少,住房面积和住房产权不变,带来了人均住房面积的增加。而到生命周期后期随着健康状况的恶化,老年人从独居转向合住,或搬入养老机构。

生命历程理论认为社会重大事件会影响到个体的选择。生命历程理论不仅可以从微观的角度来分析个体和家庭的生命事件对住房需求的影响,还与宏观方面的时期因素(制度变迁)、住房供应联系起来分析对住房选择的影响(吴开泽,2017)。生命历程理论认为世代(Cohort)反映了社会变迁与生命历程的联结(Ryder,1965)。世代与世代之间的相互更替反映出人类社会既有传承又有更新。世代细分标准既需要考虑个体的年龄,又需要考虑社会变迁,例如重大社会事件、价值观等。同一世代不仅仅是年龄相近,而且共享相同的流行文化、重大历史事件等社会标记(social marker)。为了分清楚时期、世代和年龄的贡献,APC(Age-Period-Cohort)理论模型和方法则将三者的贡献进行分解,分析其变化趋势。

不同的世代,尽管年龄、家庭生命周期相同,也可能有不同的住房偏好,并有不同的住房需求。如果后出生的世代,有更高的教育水平,更高的生产率,将促使他们有更高的收入,因而会消费更多和积累更多的财富。例如 Clark(1996)发现美国不同世代的住房自有率存在差异。Forrest 和 Leather(1998)发现英国的婴儿潮世代会带来住房自有率的变化。西方的研究通常会提到不同世代(出生队列、Cohort)的住房偏好会发生改变。一些国外的研究表明,Y世代的人群更可能偏好租房,偏好城市市区。

一些学者对中国的世代划分进行了有益的探索,例如斯屈特(Schütte,1998)根据中国的社会变迁和文化划分出"社会主义信仰者"(1945 年前出生)、"失落"一代(1945—1960 年出生)、关注生活一代(1960 年以后出生)这三个世代。王海忠(2005)根据影响中国消费者世代的重大事件划分出"文革"世代(1946—1960)、婴儿潮世代(1961—1973)和 X 世代(1974—1984)这三个主流世代。考虑到本研究的目的,这里采取了按照出生时间段分的世代,例如

1949 年以前，1959—1959 年，1960—1969 年，1970—1979 年，1980—1989 年，1990 年以后等。因此这里预测：不同世代的收入、教育程度存在明显的差异，他们在住房消费数量、质量和产权方面也存在明显的差异。后出生的世代通常住房消费数量、质量更高。由于流动性的增强，对于住房产权的偏好会有所改变。

## 二、需求通过价格和销售周期直接影响房地产供给

### (一) 人口变动影响需求并影响房地产供给

人口数量的增长，带动了家庭数量的增长，尽管由于家庭小型化的影响，二者并不同步，从而带动了住房需求的增长，在供给等于需求的情况下，则会促进供给的增长。

在不考虑自有多套住房和空置率的情况下，按照户均一套供求平衡的话，家庭户数等于住房套数。因此人口的增长带来的增加的户数就是住房供给需要增加的套数。然而，在考虑到自有多套住房和空置率的情况下，住房供给需要增加的套数大于人口的增长带来的增长户数。总供给＝家庭户数×(1+空置率)。空置的自有多套住房通常会计入空置住房。然而空置率在不同国家、同一国家不同发展阶段、不同的房屋类型(租赁住房、自有住房、商场、写字楼等)都有所不同。

需求的数量增长会通过价格、空置率和销售周期影响到供给。当需求增长较快的时候，价格上涨较快，销售周期较短，空置率下降，会刺激更多的开发商增加供给。反之亦然。

此外，人口变动可能会带来收入的增加和对住房质量和居住环境需求的增加，例如更大的住房面积、质量、功能和环境更好的住房，从而带来住房产品的升级换代。

而在非住宅房地产市场，例如商铺和写字楼，他们通常由机构投资者持有。但是，商场受零售商品销售总额影响，而它显然受到了人口总量、收入和消费偏好的影响。至于写字楼，主要受到了白领群体的数量、收入和偏好的影响。这些和人口总量和就业结构有关，也和年龄结构有关。

### (二)人口变动影响存量供给并作用于增量房地产住房供给

除了需求方的角色，人口也是存量房地产的供给方。作为房地产供给方的人口变动也对房地产存量供给产生影响。人口变动过程中，例如城市化，导致了城市人口的增加，农村人口的减少，因而农村的存量住房供给增加。然而由于农村人口的持续减少，如果这些住房不能够改做他用，可能会成为"鬼村"的一部分，成为无效供给。在老龄化过程中，特别是高龄老龄化阶段，高龄老年人会从独立居住方式转变为和子女同住，或者搬入养老机构，以及死亡等退出住房市场，造成存量住房供给的增加。

在存量住房市场中，供给量不是投入要素价格、开发商数量等生产性变量的函数，而是经济、人口等非生产性变量的函数（卡恩，2005）。卡恩认为影响存量住房供给的因素有：家庭成员的就业变化，例如失业、公司搬迁到异地、到异地就职，从而换掉现有的住房；家庭收入的下降，例如工资津贴的减少，丢掉了兼职工作，无法支付现有的住房改为更便宜的住房；银行贷款利率的上升，无力还贷，房子被银行收走；家庭的生命周期与现有住宅的结构、社区和区域属性不匹配，例如孩子的出生，现有住房周边缺少合适的学校，造成了家庭搬迁；老年人进入空巢阶段，现有住房相对于住房需求有多余，出租一部分，或者换为小房，老年人的去世使得住房回到市场。住户对房屋结构、社区、区域的品位和偏好发生了变化时，例如收入的增长，家庭更偏好新的小区，也会换房并导致存量住房市场的供给增加。此外，还有季节性因素，多数住户倾向于在受孩子上学、天气等条件影响最小的时期搬迁，主要在春秋两季。除此之外，还会受到拆迁火灾等导致住房的毁损和灭失，房屋改造带来的质量和结构的变化。因此人口净迁出的地区，以及老年人死亡率较高的地区存量住房供给较高。

在均衡状态下，住房的总供给在扣除自然空置和毁损废弃的部分后，应该等于总需求。这样就会造成需求一定的情况下，存量住房供给的增加会减少增量住房的供给。

而在非住宅房地产市场，也会发生需求变动影响存量供给进而影响增量供给的情况。

### 三、需求和供给的互动及房地产市场的动态调整

需求和供给的互动会带来房地产市场的动态调整。

#### （一）新古典经济学的人口变动与房地产市场均衡

在完美的市场经济模型下，不存在要素流动和产品交易的摩擦成本，交易各方有完善的市场信息，价格的变动带来商品的迅速出清。需求必须等于供给。在供给不变的情况下，需求增加会导致价格上升，价格上升会引导需求的下降，会引导供给的增加，供给增加导致价格下降。在价格的引导下，供求互动最终达到动态均衡。

迪帕斯奎尔和惠顿（2002）的比较静态均衡分析模型为人口变动、房地产市场和房地产业发展提供了一个分析框架。他们认为房地产作为一种耐用商品，既可以出租使用，又可以买卖，相应地把房地产市场分为物业市场和资产市场。

房地产是提供给家庭（业主或者租户）的生活空间（住宅）和市场机构的生产空间（例如工厂厂房、写字楼等），供求双方形成了房地产使用市场（或物业市场），供求关系决定了租金。对于家庭而言，家庭在收入约束下将支出在衣食住行等方面进行分配，来实现效用最大化。因此，这些支出之间，例如租房和交通等存在着一定的替代关系。因此租房需求会受到收入、其他消费的价格的影响。购房的业主还会受到贷款利率的影响。对于企业而言，企业将房地产作为生产产品投入的生产要素之一，在产量一定的目标下追求成本最小化或者利润最大化。因此房地产、劳动力、资本等生产要素之间也存在一定的替代关系。因此企业对房地产的需求会受到企业的产出、其他要素的价格的影响。在房地产使用市场上，短期内存量供给是不变的，如果其他因素不变，租房的家庭户或企业数量增加或者企业扩大生产规模，这会导致需求的上升，推动租金的上涨。反之，则会导致需求的下降，租金的下跌。

房地产资产或资本市场决定了它的生产数量和交易价格。在该市场均衡的情况下，房地产资产的需求等于供给。住宅价格由住宅资产供求关系决定，市场上希望拥有住房资产的家庭数量决定了需求，市场上可以供应的住房资产存量决定了供给。按照同样的原

理，在该市场均衡的情况下，商业房地产的资产需求等于供给。商业房地产的价格由它的资产供求关系决定，市场上希望拥有商业房地产的投资者数量决定了需求，市场上可以供应的商业房地产存量决定了供给。显而易见的是，假定其他条件不变，人口、家庭数量的增加会导致房地产资产需求的增加，在供应不变的情况下会导致价格上升，在供大于求的情况下会导致价格下降。

房地产资产市场会因为房地产开发发生变化。新项目的建设、竣工和投入使用，会增加房地产资产的增量供给。而新项目的投资决策是根据房地产价格和重置成本的关系来确定。当市场需求上升，供给不变，会显著推升房地产价格。开发商则会根据房地产价格及其走势和目标地块的土地成本、建设成本来测算项目的投资收益率，如果等于或超过了开发商的收益率基准，他就会投资进行开发建设。而新项目的竣工投入使用，会增加房地产的存量。在需求不变的情况下，房地产价格将下降。

房地产使用市场也会因为房地产开发发生变化。新项目的建设、竣工和投入使用，会增加下一期房地产存量的供给，旧项目的毁损、废弃、拆除，会减少下一期房地产存量的供给。

房地产资产的价格实际上是净租金的资本化。因此，租金和房价的关联也把房地产资产市场和使用市场紧密联系在一起（见图3-1）。

在四象限分析模型中，第Ⅰ象限横轴为房地产的存量（空间单位的数量），纵轴为房地产的租金（每单位空间）。曲线表明对使用空间的需求受到了租金的影响。当租金上升，使用空间的需求将下降。如果租金无论如何变化，使用空间需求不变，即它的需求价格弹性为0，则该曲线变为一条完全垂直的直线。如果租金发生变化，使用空间需求对租金的变化十分敏感，即它的需求很有弹性，则该曲线会变得更加水平。当经济状况发生变化，如租房的家庭或者企业数量增加，或者企业的生产规模扩大时，该曲线会向上移动。这表明在租金不变的情况下，使用空间的需求会增加。反之，当租房的家庭或者企业数量减少，或者企业的生产规模减小时，曲线会向下移动，表明使用空间的需求减少。当使用空间需求量 $D$ 和

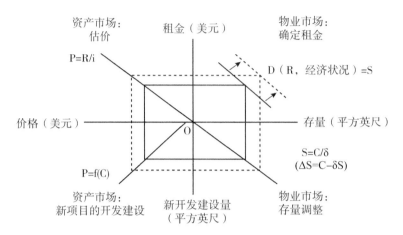

图 3-1 人口变动带来房地产需求及房地产市场动态变化

使用空间存量 S 达到平衡，就确定了使用空间的租金水平 R。使用空间需求是租金和经济状况（如人口变动等）的函数：

$$D(R，经济状况) = S \qquad (1)$$

在四象限分析模型中，第 Ⅱ 象限横轴为房地产资产的价格（每单位空间），纵轴为房地产的租金（每单位空间），从原点出发的射线斜率代表了房地产资产的资本化率，即使用空间租金和房地产资产价格的比值，也就是房地产资产的当前期望收益率。通常假定资本化率是外生的。当射线以顺时针方向转动时，资本化率提高；逆时针方向转动时，资本化率下降。因此，当使用空间的租金水平 R 确定时，根据相应的资本化率 i 可以确定房地产资产的价格 P。如果其他条件不变，人口增长，导致租金增加，资本化率不变，则会导致房价上涨。反之，人口下降，导致租金减少，资本化率不变，则会导致房价下跌。公式如下：

$$P = R/i \qquad (2)$$

在四象限分析模型中，第 Ⅲ 象限为新一期的使用空间市场，横轴为房地产资产的价格（每单位空间），纵轴为新开发建设量（空间单位的数量），这里的曲线 $f(c)$ 代表房地产的重置成本。新项目开发建设的重置成本随着房地产开发建设活动（$c$）的增加而上升。在市场均衡的情况下，新项目的开发建设量 $c$，应该使房地产资产价格 $P$ 等于房地产开发成本 $f(c)$。如果其他条件不变，人口增长，房价上涨，超过了开发建设成本，则会鼓励更多的新项目建设，直至二者相等。反之，人口下降，导致房价下跌，则会导致现有的新项目建设停工，很少有新的项目进入，直至二者相等。公式如下：

$$P = f(c) \tag{3}$$

在四象限分析模型中，第 IV 象限为房地产资产市场中的新项目开发建设市场，横轴为使用空间的存量（空间单位的数量），纵轴为新开发建设量（空间单位的数量），这里的曲线 $f(c)$ 代表上一年度新开发建设量（增量）$C$ 被转换成为本年度使用空间的长期存量。两期之间的存量变化 $\Delta S$，等于新项目建设完工量扣除存量房屋中的拆迁、毁损（折旧）的量。如果其他条件不变，人口增长，导致更多的新项目建设，从而使新的存量不断增加。反之，人口下降，导致现有的新项目建设停工，很少有新的项目进入，甚至现有的部分存量住房被废弃和拆除，导致了存量的减少。如果折旧率以 $\delta$ 表示，则：

$$\Delta S = C - \delta S \tag{4}$$

根据四象限模型，假定在某时间点某一国家或地区使用空间存量值给定，由于人口和家庭的增长，导致了使用空间的租金上升，而资本化率不变，这样导致了房地产资产价格的上涨，进而引起了更多的新项目开发建设，致使下一年度的使用空间存量上升。如果下一年度的需求保持不变，则会导致使用空间的租金下降。这样不断循环，直至使用空间市场和资产市场达到均衡状态。如图 3-1 虚线所示的矩形表示家庭增长造成的新的市场均衡，它在各个象限均位于原市场均衡线（实线所示矩形）的外侧。反之则反是。

四象限模型也可以分析业主自有自用房地产的情况，此时的房地产资产价格和使用空间的租金都是由业主使用者决定。自有自用住宅的需求受到家庭数量、收入和自有住宅的年度使用成本的影响。在不考虑房价变动的情况下，自有住宅的年度使用成本等于租金。如果家庭数量的增加，会使需求增加；如果供给不变，则会导致年度成本上升；进而导致房地产资产价格上升；接着导致自有自用住宅的新项目开发建设量上升；然后自有自用住宅的存量会增加；接着会导致自有住宅的年度成本下降。这样不断循环，直至使用空间市场和资产市场达到均衡状态。如图 3-1 虚线所示的矩形表示家庭增长造成的新的市场均衡，它在各个象限均位于原市场均衡线（实线所示矩形）的外侧。

四象限模型还可以分析企业自有和租赁的工业房地产或商业房地产情况。这种物业需求由拥有它的年度成本（租金）和市场上企业的数量和规模确定。在均衡时，拥有物业的年度成本（租金）使需求等于工业房地产或商业房地产的固定存量。企业的资本化率可以把这种年度成本转化成为企业愿意为物业支付的资产价格。在企业的生产水平提高和扩大规模的时候，会使需求增加；如果供给不变，则会导致年度成本上升；进而导致房地产资产价格上升；接着导致工商业房地产的新项目开发建设量上升；然后工商业房地产的存量会增加；接着会导致工商业房地产的年度成本下降。这样不断循环，直至使用空间市场和资产市场达到均衡状态。如图 3-1 虚线所示的矩形表示企业增长造成的新的市场均衡，它在各个象限均位于原市场均衡线（实线所示矩形）的外侧。

**（二）人口变动与房地产市场均衡和非均衡模型**

该模型比较清晰地反映了人口变动带来的需求、存量供给和增量供给的互动和动态均衡，然而还存在以下不足。一是后来的研究发现房地产市场是完美市场的假设并不成立。由于市场摩擦的存在，并不存在一个立即出清的市场。而且由于交易成本的存在，房地产市场交易时间比较长，因此很难立即出清。此外，房地产的需求并不完全是消费需求。房地产需求按照需求目的分为消费需求和投资需求。在市场购买房屋作为转卖或者出租即为投资需求。一些购买后空置的房屋并没有作为真正的消费需求。按照需求的实现程度分为可以实现的有效需求和目前无法实现但将来可能实现的潜在需求。按照需求的福利性质分为商品住房需求和保障住房需求，前者通过市场实现，后者通常是政府补贴或者公共住房。房地产供给同样可以分为有效供给（需求实现的供给）、无效供给（没有需求的供给)。例如一些即将拆迁的房屋和废弃的房屋通常作为无效的供给。

二是它是比较静态的局部均衡模型,没有考虑到房地产市场与宏观经济的动态均衡。这将在下文宏观模型中说明。住房供求关系互动影响价格的最新模型(Glaeser,2015)则认为房地产市场存在着摩擦,并不总是动态均衡的,而可能是动态非均衡的。

三是人口变量被认为不仅影响了住房需求,还影响了房价,而且会影响住房供给弹性。众多的因素促进了房价上涨,人口因素也被认为是其中之一(Rickman,2016),并且影响到了地区的住房供给弹性(Wang,2017)。住房供给弹性并不是在空间上不变的(Glaeser等,2008)。地方政府可以通过供给管理政策,例如促进供给或者减少供应的政策来影响供给(Glaeser等,2008)。香港的案例研究表明,政府的供给干预政策会影响房价,当供给不足时,房价会上升,当供给过度后,房价会下降(Ho,2017)。因此需要根据人口的趋势,制定长期的供给计划与需求匹配。该文将需求分为交易的需求(达成买卖)和保留的需求(没有交易成功的需求)。而保留的需求将可能转化为供给。

尽管动态均衡模型有这些不足,但是它依然是作为一个重要的基准模型来研究。

# 第二节 人口变动对房地产市场的宏观效应的理论分析

## 一、宏观视角的人口变动对房地产需求的影响效应

### (一)趋势外推法下的中国人口总量变动对住宅需求的影响

从宏观的理论视角来看,人口总量变化会带来家庭总量的变化,家庭总数的增长将带来住房需求总量的增加。根据经济学理论中的消费理论、投资理论以及供需理论,人口增长会带来住房需求的增长和价格的上升(Manning,1988)和(Potepan,2010)。然而,住房需求以家庭为单位,因此,不是人口规模的变化而是家庭数量

的增加才导致房价上涨(Horioka,1988)。人口总量增减和家庭总量增减并不是线性的关系。人口总量减少,但由于家庭户规模的下降,会出现家庭户先增加后减少,对住房需求也出现先增加后减少的趋势。由于人口的总量增加可以来自于出生率的提高,死亡率的下降和老年人寿命的延长,以及人口迁移。因此还可以单独研究出生率、死亡率、人口迁移的变化对住房需求的影响。

前面的人口分析和预测表明,中国的计划生育政策调整对人口变动带来的变化影响很小。人口总量变动的趋势是先增后减,高峰预计会出现在 2021 年左右。计划生育政策调整会导致人口总量略有增加,人口高峰往后推移。由于家庭户均规模不断缩小,随着总人口的变化,中国家庭户数量将出现先增加后减少的趋势,高峰预计会出现在 2025 年左右。

由于住房是异质的商品,所以在分析实物住房的时候,会分析住房数量需求(如人均建筑面积、户均建筑面积)、住房质量需求(如户内设施齐全度)、居住环境需求(如社区配套设施和服务齐全度)等。

从国际上的住房发展历程来看,居民的居住水平呈不断提升,套均住房面积趋于稳定,会出现住房数量需求的 S 型增长和质量、居住环境需求不断提升的发展趋势①。从我国的住房政策目标来看,也包含了住房数量、质量、居住环境等方面的目标。2004 年建设部政策研究中心"全面建设小康社会居住目标研究"课题组提出了全面小康社会居住总体目标:"到 2020 年,居住数量与质量全面提高,彻底解决建筑质量通病,居住区规划布局合理、文化特色突出,配套设施齐全、现代,居住条件舒适、方便、安全,居住区内外环境清洁、优美、安静,住区服务质量优异,社区公共服务便利,实现以人为本、充分满足发展需要的小康居住目标"。它提出到 2020 年,住房从满足生存需要,实现向舒适型的转变,基本做到"户均一套房、人均一间房、功能配套、设备齐全"。邓郁松

---

① 倪虹等. 国外住房发展报告 2013[M]. 北京:中国建筑出版社,2018.

(2019)预测"到 2020 年，我国城镇人均住房建筑面积将达到 38.5 平方米左右，基本达到人均一间房；到 2035 年，我国城镇人均住房建筑面积将达到 42.5 平方米左右，住房成套率将接近 100%，居住质量将显著提高；到 2050 年，城镇人均住房建筑面积将保持在 46 平方米左右"。

房地产现实或潜在的需求等于人口总量和人均面积的乘积，或者等于家庭总量和户均面积的乘积。根据这个公式就可以计算出人口变动带来的住房需求变动。现有的趋势外推法研究多基于一些人口或者家庭预测模型，预测出总人口或家庭的数量，并设定一个人均住房需求面积，从而得出总人口的住房需求。这种方法简单易算，然而这种设定未必合理。一是对于人均或户均住房需求需要从微观视角分析家庭的住房选择行为，现有的假定太粗糙，没有深入分析。二是仅关注总人口数量的变化，却忽视了人口结构的变化，特别是世代更替，而不同世代人口的住房需求存在明显的不同。三是住房需求是住房服务的数量，现有的研究多简单利用人均住房建筑面积，然而它可能不等于住房服务数量，后者需要基于 HPM 模型来得到同质性住房服务的数量。四是不仅需要关注住房数量，还需要关注住房质量的变化。

人均面积受到了多种因素的影响，如房价、收入、教育、技术等。这样，人口总量的下降或结构的变化如果能够被人均面积增长所抵消的话，或者家庭户数增长和户均面积增长，并不必然会出现房地产需求的下降和价格下跌。随着总人口的增加，人均住房面积的不变或者增加，将导致住房面积的总需求增加；随着总人口的增加，人均住房面积不变的同时住房质量的改善，则会带来住房价值的需求增加。反之，随着总人口的不变或者减少，人均住房面积的不变，将会导致住房面积的总需求下降；如果同时伴随着住房质量的下降，则会带来住房价值的需求下降。

需要注意的是：在总人口的不变或者减少阶段，依然会出现家庭户的增长，人均住房面积的增加和住房质量改善的现象，因此用人口计算的住房需求和家庭计算的住房需求通常不同步。而后者往往更可靠。在人口总量开始减少的阶段，由于家庭小型化的影响，依然会出现家庭总量增加的阶段，如果户均住房面积不变或者增大，这时候依然会出现住房面积需求和住房价值需求上升的阶段。只有当人口减少到一定程度，家庭数量也减少，并且户均面积也减少或不变，才会出现住房面积需求和价值需求都下降的阶段。

**（二）趋势外推法下的中国人口结构变动对住宅需求的影响**

从中国人口结构的变化来看，中国人活得更久，结婚更迟，要孩子更晚更少，性别比更加均衡，人口年龄结构和性别结构的变化也会带来住房需求的变化。当总体人口规模发生变化的时候，同时出现了老年人口占比上升的情况。人口老龄化会导致住房需求减少和存量住房供给增加，并导致房价急剧下降吗？这是政府和社会公众关心的热门话题。

然而从理论上看，人口结构变动（老龄化）是否会导致需求的减少并没有一致的结论，经验研究的结论也不一致。Mankiw（1989）认为老龄化会导致住房需求的减少和房价的下降。然而Green 和 Hendershott（1996）认为 Mankiw（1989）的模型存在问题，认为不同世代的教育和收入存在差异，用新的计量模型发现人口转变并不会必然导致住房抛售和房价下降，Green（2015）的研究也认为千禧世代会带来住房需求的温和增长。Pitkin 和 Myers（1994）和 Myers（1999）用世代转换分析技术得出同样的结论。而美国后来的房价上涨也否定了 Mankiw（1989）的结论。中国也有类似的观点，茅于轼（2011）提出别买房，20 年后中国房子会大量剩余。类似的观点还有经济参考报（2015）提出未来 20 年中国住房需求将急剧变动。如果人口老龄化带来住房需求的减少和供给的增加，导致了房价的下降，将会影响到住房的消费和投资，并作用于家庭的消费、储蓄和投资，从而导致了宏观经济的波动。① 然而上述观点是否成立，依然需要深入分析。

人口老龄化是否导致存量住房供给的增加？现有的研究得出的结论并不一致。随着人口老龄化的不断加剧，自住需求的下降，将空置和闲置的存量房地产释放，会增加房产的供给（Lindh，

---

① 未来二十年中国住房需求将剧烈变动［N］. 经济参考报，2015-08-21.

2012）。然而 Lim 和 Lee（2013）认为，韩国的老龄化会一定程度上抵消人口减少造成的住房需求的减少，因为老年人希望的居住空间更大。可见老龄化是否增加存量房屋的释放还存在争议。存量房地产供给受到了自住需求的标准、存量房供给政策的影响。

如果在人口老龄化的同时，总人口不变或者增加，同时出现了人均住房需求的上升，则住房需求依然会上升。老龄化加速的趋势表明老人独居家庭的增加，按照户均一套和人均一间的标准，会带来住房数量需求（套数和间数）的提升。由于老年人的住房设施质量不同于其他群体，因此会增加适老型住房需求和养老机构的需求，相应会减少普通住宅的需求。而将普通住宅改造为适老型住宅，会带来住房质量的提升。这会带来住房价值的提升。如果非老年人普通住宅的需求不变或者增加的话，则老龄化进程中的总体住宅需求依然会增加。

老年人口的住房数量需求等于老年人口数量及其人均住房需求的乘积（或老年家庭户数量或户均住房需求的乘积）。如果老年人口（家庭）数量增加，并且人均（户均）住房需求增加，则老年人住房需求会增加。如果老年人口（家庭）数量增加，并且人均（户均）住房需求减少，则取决于二者的增减速度对比。如果后者减少的速度低于前者，住房需求依然会增加。这样，当老年人口总量减少，并且人均住房需求减少或者不变的情况下，就会出现老年人存量住房需求减少，存量供给增加。

显而易见的是，如果中青年购房群体增加的住房需求大于老年群体减少的住房需求，总体需求依然会增加；当二者相等，总体需求不变；当前者小于后者，总体需求下降。二者不仅取决于二者的家庭户数的对比，还受到了世代差异的影响。通常来说，后出生的世代，收入和受教育程度更高，因此人均住房需求更大。

因此这里预测：考虑到代际交叠的影响，如果老年人退出市场的需求能够被中青年群体需求弥补，则总住房需求会增加，反之总住房需求会减少。新世代的出现会带来住房需求偏好的改变。世代更替会导致住房需求的总量和结构改变。

与人口结构变化相对应的是房型结构也要改变。人口的年龄结构改变会带来住房需求的结构改变。少儿抚养比的下降意味着核心家庭的减少，老年抚养比的上升意味着独居或与配偶同住的二人家庭增加。这意味着小户型的住房需求增加，大户型的住房需求下降。

此外，还需要关注家庭消费偏好的变化。从现有的研究来看，年轻人从以往和父母同住到成年离家独居比例越来越高，而且老年人从与子女同住为主，越来越转变为独居或与配偶同住的模式。这意味着独立居住越来越成为中国人的现实选择。这也意味着家庭规模的缩小和立户率的上升。这意味着在总人口增加的同时，家庭户规模在缩小，出现了家庭户总量增长的趋势；而在总人口减少的同时，家庭户规模缩小，会导致家庭户总量先增后减的趋势。对应着住房需求的套数会出现先增后减的趋势。

除此之外，还有些研究关注到婚姻市场和出生性别比的变化对住房市场的影响。与西方不同的是，在中国，受传统文化的影响，结婚时男方买房的现状深入人心。父母帮助成年即将结婚的儿子购买住房是一种非正式社会规范的要求。Wei 和 Zhang（2011）发现出生性别比偏高导致男性买房提高婚姻市场的竞争力，推高了房价。在房价飞涨的时期，为子女提早买房更是一种投资和对冲未来房价上涨而买不起房的风险的行为。受传统观念的影响，一些家庭儿子结婚后仍然与父母同住，这就意味着需要购买更大面积的唯一住房。另外一些家庭中儿子成年结婚后独立居住，但父母有为儿子购买婚房的无形责任，这意味着有儿子的家庭更可能有多套住房。

而在中国的人口转变过程中，出现了一些新的人口趋势，这包括结婚率的下降，离婚率的上升和性别更加均衡。这将带来更多的小户型住房需求。

### （三）基于 OLG 模型的中国人口变动对住宅需求的影响

除了上述直接渠道外，人口变动通过影响劳动力供给来影响房地产供给。房地产供给主要受到了土地成本、劳动力成本、资金成本和预期价格、政策的影响。人口变动主要是通过直接影响建筑与房地产行业的劳动力供给数量和成本来影响房地产供给。例如人口老龄化，导致了中青年劳动力的供给减少，价格上升，而且劳动力的平均年龄偏高,老年劳动力比例偏高。

此外,人口变动通过宏观经济来间接影响房地产供给。人口变动通过影响宏观经济、消费、储蓄和投资来间接影响房地产供给。值得注意的是,人口变动,特别是人口老龄化对宏观经济的影响,现有研究结论还存在很多分歧。一些早期的研究多认为人口增长带来的人口红利会促进经济增长,人口老龄化会带来经济的下降,然而近期的一些研究则认为人口老龄化也可能带来经济的上升(昌忠泽,2018)。宏观经济会影响房地产的需求和供给(张锋,2008)。

这里基于 OLG 模型同时考虑人口总量变化和老龄化上升对宏观经济均衡模型下住房需求的影响。通常人口增长阶段,伴随着老龄化率的轻微上升,而在人口减少阶段,伴随着老龄化的较快上涨。这意味着中青年购房群体的减少和老年群体的增加。

一些学者用 OLG 模型研究了人口结构变化对住房选择的影响(如 Ortalo,2006)。中国一些学者也用 OLG 模型对人口结构与住房市场之间的关系进行了探讨,但是研究结论也不一致。例如刘学良等(2011)认为 20 世纪 80 年代的生育高峰是造成 2004 年以来中国城市房价快速上涨的原因之一,陈国进等(2013)认为少年抚养比的下降及老年抚养比的上升都推动了中国房价的上涨。同样的研究还有 Li(2013)发现人口老龄化,住房消费会增长,达到一定水平后又开始下降。此外,这些文章存在的问题是住房消费用人均面积来表示,而英文文献的消费通常用住房消费单价来表示。

为此本书也构建了理论模型来分析。本书的模型按照个体的生命周期,将家庭分为少年、中青年和老年三个阶段,将国民经济的产业分为建筑业、房地产服务业和其他产业三类。然后建立 OLG和 CGE 的动态均衡模型来求解。

1. 理论模型

(1)人口结构。

为了考察人口老龄化(各年龄人口结构变化)对宏观经济以及各经济部门的影响,参照汪伟(2016),我们考虑一个三期世代交叠模型。代表性行为人一生将经历未成年期、成年期和老年期,分别用 $\{0,1,2\}$ 代表。经济中的总人口包括 $L_{1t}$ 个成年人,$L_{2t}$ 个老年人，以及 $L_{0t}$ 个未成年人。假设每个代表性成年人生育 $n$ 个子女，并且以概率为 1 存活到成年期。因此，经济中未成年人口与成年人口的关系为 $L_{0t} = nL_{1t}$。假设代表性成年人以概率 $p(p < 1)$ 存活到老年期，那么老年人口和成年人口之间的关系为 $L_{2t} = pL_{1t-1}$。我们将第 $t$ 期的总人口标准化为 1，则时期 $t$ 的人口结构分布为：

$$L_{0t} = \frac{n^2}{p + n + n^2}, \qquad L_{1t} = \frac{n}{p + n + n^2}$$

$$L_{2t} = \frac{p}{p + n + n^2}$$

生育率 $n$ 和老年存活率 $p$ 是影响人口年龄结构的重要变量，随着生育率 $n$ 的下降和老年存活率 $p$ 的上升，未成年人在总人口中的占比减少，而老年人在总人口中的占比增加。

（2）生产部门。

我们假设只有成年人 $L_{1t}$ 才是经济中的有效劳动力。经济中存在一个生产一般消费商品的部门，我们用 $y_{ct}$ 来表示这个部门的人均产出（此处人均指的是有效劳动力，下同），其生产函数为：

$$y_{ct} = A_c k_{ct}^{\alpha_c} l_{ct} \tag{1}$$

同时，经济中存在一个由建筑业和房地产服务业构成的房地产部门，其中建筑业的生产要素为资本和劳动力，产出为房屋。我们用 $y_{ht}$ 表示建筑业的人均产出，它的生产函数为：

$$y_{ht} = A_h k_{ht}^{\alpha_h} l_{ht} \tag{2}$$

房地产服务业的生产要素是建筑业生产的房屋和劳动力。记 $y_{et}$ 为房地产服务业的人均产出，其生产函数满足：

$$y_{et} = A_e h_t^{\alpha_e} l_{et} \tag{3}$$

其中，$\alpha_i$，$i \in \{c, h, e\}$，表示各个部门的资本份额，$h_t$ 表示房地产服务业的房产资本（有效）劳动力比率，$k_i$ 表示各个部门的非房产资本（有效）劳动力比率，$l_i$ 表示各部门的劳动力份额，我们有 $l_c + l_h + l_e = 1$。

（3）代表性代理人行为。

假设成年人作为代表性家庭的户主，拥有一单位的劳动时间，并将其在上述三个生产部门 $\{c, h, e\}$ 中分配，获得工资收入 $w_t$。

这里同时考虑子代与父代之间的相互代际转移,成年子女将其收入的固定比例 $\tau$ 用于赡养父母,当成年人的父代在老年期之前去世时其财产将由其子女继承。因此,时期 $t$ 代表性代理人的预算约束为:

$$c_{1t} + p_{et}e_t + p\tau w_t + s_t = w_t + \frac{1-p}{n}(1 + r_t)s_{t-1} \tag{4}$$

$$c_{2t+1} + p_{et+1}e_{2t+1} = (1 + r_t)s_t + \tau n w_{t+1} \tag{5}$$

其中, $c_{1t}$ 和 $c_{2t+1}$ 分别为代理人在成年期和老年期的消费, $s_{t-1}$ 与 $s_t$ 分别为代理人的父辈以及代理人的储蓄, $r_t$ 是资本净利率。代表性代理人的效用函数为:

$$U = \omega\log c_{1t} + (1 - \omega)\log e_{1t} + p\beta(\omega\log c_{2t+1} + (1 - \omega)\log e_{2t+1}) \tag{6}$$

(4) 市场出清。

总资本(有效)劳动力比率, $k_t$ ,需要满足:

$$k_t = l_{ct}k_{ct} + l_{ht}k_{ht} \tag{7}$$

第 $t + 1$ 期的非房产资本来自第 $t$ 时成年人口的储蓄,因此 $K_{t+1}$ 的动态过程满足:

$$K_{t+1} = s_t L_{1t}$$

即:

$$k_{t+1} = \frac{s_t}{n} \tag{8}$$

其中, $n = \frac{L_{1t+1}}{L_{1t}} = n$ 代表经济中的成年人口增长率。房屋作为经济中的另一种资本,其动态过程满足:

$$h_{t+1}L_{1t+1} = y_{ht}L_{1t} + (1 - \delta_h)h_t L_{1t}$$

进一步,我们有:

$$h_{t+1} = \frac{y_{ht}}{n} + (1 - \delta_h)h_t \tag{9}$$

一般商品部门市场出清条件如下满足:

$$c_{1t}L_{1t} + c_{2t}L_{2t} = y_{ct}L_{1t}$$

进一步,我们有:

$$c_{1t} + \frac{c_{2t}}{n} = y_{ct} \tag{10}$$

房地产服务业市场出清条件如下满足：

$$y_{et}L_{1t} = e_{1t}L_{1t} + e_{2t}L_{2t}$$

进一步，我们有：

$$y_{et} = e_{1t} + \frac{e_{2t}}{n} \tag{11}$$

2. 模型分析

（1）消费与储蓄。

代表性行为人在预算约束式4）与式（5）下，追求一生的效用最大化式（6），求解该问题从而得到各年龄期的最优一般消费和住房消费如下：

对 $c_{1t}$、$e_{1t}$、$c_{2t+1}$ 与 $e_{2t+1}$ 求一阶条件得到：

$$\frac{c_{1t}}{p_{et}e_{1t}} = \frac{c_{2t+1}}{p_{et}e_{2t+1}} = \frac{\omega}{1-\omega}$$

由此，我们得到：

$$c_{1t} = \omega\left((1-p\tau)w_t + \frac{1-p}{n}(1-r_t)s_{t-1} - s_t\right), \quad e_{1t} = \frac{1-\omega}{\omega p_{et}} \cdot c_{et} \tag{12}$$

$$c_{2t+1} = \omega\left((1+r_t)s_t + \tau n w_{t+1}\right), \quad e_{2t+1} = \frac{1-\omega}{\omega p_{et+1}} \cdot c_{2t+1} \tag{13}$$

$$s_t = \frac{(1-p\tau)p\beta}{1+p\beta}w_t + \frac{(1-p)(1+r_t)p\beta}{n(1+p\beta)}s_{t-1} - \frac{\tau n}{(1+r_t)(1+p\beta)}w_{t+1} \tag{14}$$

（2）生产要素分配与价格。

生产要素在各部门的分配应该使各部门的边际产出相等，因此我们有：

$$\frac{1-\alpha_c}{\alpha_c}k_{ct} = \frac{1-\alpha_h}{\alpha_h}k_{ht} = \frac{1-\alpha_e}{\alpha_e}h_t$$

进一步，我们有：

$$k_{ht} = \frac{1 - \alpha_c}{\alpha_c} \cdot \frac{\alpha_h}{1 - \alpha_h} \cdot k_{ct}, \quad h_t = \frac{1 - \alpha_c}{\alpha_c} \cdot \frac{\alpha_e}{1 - \alpha_e} \cdot k_{ct} \quad (15)$$

根据式（7）与式（15），我们可以得到：

$$k_t = \left[ l_{ct} + \frac{1 - \alpha_c}{\alpha_c} \cdot \frac{\alpha_h}{1 - \alpha_h} l_{ht} \right] k_{ct} \quad (16)$$

同时，我们还有：

$$p_{et} = \left( \frac{1 - \alpha_e}{1 - \alpha_c} \right)^{\alpha_e - 1} \left( \frac{\alpha_c}{\alpha_e} \right)^{\alpha_e} k_{ct}^{\alpha_c - \alpha_e} = \frac{1 - \omega}{\omega} \cdot \frac{c_{1t}}{e_{1t}} \quad (17)$$

$$p_{ht} = \left( \frac{1 - \alpha_h}{1 - \alpha_c} \right)^{\alpha_h - 1} \left( \frac{\alpha_c}{\alpha_h} \right)^{\alpha_h} k_{ct}^{\alpha_c - \alpha_h} \quad (18)$$

$$1 + r_t = \alpha_c k_{ct}^{\alpha - 1}, \quad w_t = (1 - \alpha_c) k_{ct}^{\alpha_c} \quad (19)$$

（3）过渡动态与稳态均衡。

根据式（8）与式（14），我们有：

$$k_{t+1} = \frac{(1 - p\tau)p\beta}{n(1 + p\beta)} w_t + \frac{(1 - p)(1 + r_t)p\beta}{n(1 + p\beta)} k_t - \frac{\tau}{(1 + r_t)(1 + p\beta)} w_{t+1}$$

根据式（16）与式（19），我们有：

$$w_t = (1 - \alpha_c) k_{ct}^{\alpha_c} = \alpha_c \left( \frac{k_t}{l_{ct} + \dfrac{1 - \alpha_c}{\alpha_c} \cdot \dfrac{\alpha_h}{1 - \alpha_h} l_{ht}} \right)^{\alpha_c}$$

$$1 + r_t = \alpha_c k_{ct}^{\alpha_c - 1} = \alpha_c \left( \frac{k_t}{l_{ct} + \dfrac{1 - \alpha_c}{\alpha_c} \cdot \dfrac{\alpha_h}{1 - \alpha_h} l_{ht}} \right)^{\alpha_c - 1}$$

记 $m_t = l_{ct} + \dfrac{1 - \alpha_c}{\alpha_c} \cdot \dfrac{\alpha_h}{1 - \alpha_h} l_{ht}$，我们有：

$$k_{t+1} = \frac{p\beta k_t^{\alpha_c}}{n(1 + p\beta) m_t^{\alpha_c}} ((1 - p\tau)(1 - \alpha_c) + (1 - p)\alpha_c m_t)$$

$$- \frac{\tau(1 - \alpha_c)}{\alpha_c(1 + p\beta)} \cdot \frac{k_{t+1}^{\alpha_c}}{k_t^{\alpha_c - 1}} \cdot \frac{m_t^{\alpha_c - 1}}{m_{t+1}^{\alpha_c}} \quad (20)$$

根据式（2）与式（9），我们有：

$$h_{t+1} = \frac{A_h k_{ht}^{\alpha_h} l_{ht}}{n} + (1 - \delta_h) h_t$$

根据式（15）与式（16），我们有：

$$h_{t+1} = \frac{A_h\left(\dfrac{1-\alpha_c}{\alpha_c}\cdot\dfrac{\alpha_h}{1-\alpha_h}\right)^{\alpha_h} k_t^{\alpha_h} l_{ht}}{n m_t^{\alpha_h}} + (1-\delta_h)h_t \qquad (21)$$

在等式（20）中令 $k_{t+1} = k_t = k^*$，在等式（21）中令 $h_{t+1} = h_t = h^*$，并根据等式（1）、（7）、（10）、（12）、（13）、（15）、（16）、（19），我们共有 10 个等式，因此根据经济中的参数决定下列 10 个变量的稳态均衡，$k_{ss}$、$h_{ss}$、$l_{css}$、$l_{hss}$、$l_{ess}$、$c_{1ss}$、$c_{2ss}$、$w_{ss}$、$r_{ss}$、$y_{css}$。

3. 数值模拟

如表 3-1 的参数设置。

表 3-1　参数设置

| 参数 | 取值 | 参数描述 |
|---|---|---|
| $\beta$ | 0.95 | 效用贴现因子 |
| $\tau$ | 0.2 | 向父母转移支付占子女劳动收入比例 |
| $\alpha_c$ | 0.5 | 一般消费品部门资本份额 |
| $\alpha_h$ | 0.4 | 建筑业资本份额 |
| $\alpha_e$ | 0.3 | 房地产服务业资本份额 |
| $\omega$ | 0.6 | 一般消费品的效用权重 |
| $\delta_h$ | 0.06 | 住房资产折旧率 |
| $A_c$ | 2 | 一般消费品全要素生产率 |
| $A_h$ | 1 | 建筑业全要素生产率 |

（1）老龄化对房地产行业的影响。

我们令寿命 p 在 0.6~0.9 之间变化。图 3-2 显示了经济中人口年龄结构随着寿命 p 的变化趋势：随着寿命 p 的增加，经济中的老年人占比逐渐增加，而未成年人和成年人占比逐渐降低。

图 3-3 展示了老龄化对住房市场和劳动力市场的影响。我们发现，保持其他参数不变，老龄化随着寿命 p 的增加而加剧。随

着老龄化的发展，住房价格经历了先短暂下降后上升的变化，而劳动力价格将上升。劳动力价格的上升是由于老龄化使经济中的成年人口，即有效劳动力供给比例降低，而消费的人口（需求）增加，这使得成年劳动力价格增加。同时，老龄化引起住房需求降低，因此房价将经历短暂下降，但由于成年劳动力短缺所造成的劳动力价格上升会带动住房市场，这也使得住房市场的价格重新走高。

图 3-4 展示了老龄化对建筑业和房地产服务业的影响。我们发现，受到住房市场价格的影响，建筑业将先略微上升后下降，而房地产服务业的劳动力占比将经历先略微下降后上升的趋势。

（2）生育率 n 对房地产行业的影响。

我们令生育率 n 在 1~2.2 之间变化。图 3-5 显示了经济中人口年龄结构随着生育率 n 的变化趋势：随着生育率 n 的增加，经济中的未成年人和成年人的比例增加，老年人的比例降低。

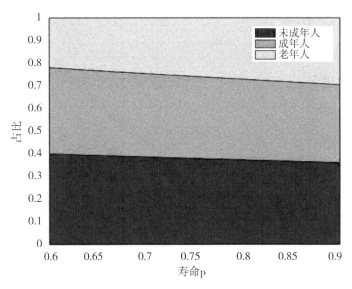

图 3-2 人口年龄结构随着寿命 p 的变化趋势

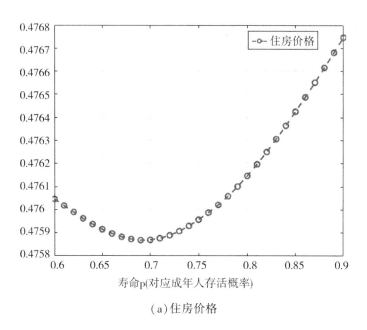

（a）住房价格

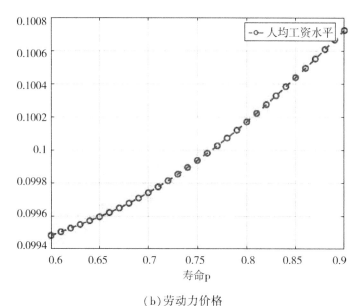

（b）劳动力价格

图 3-3 老龄化对住房市场和劳动力市场的影响

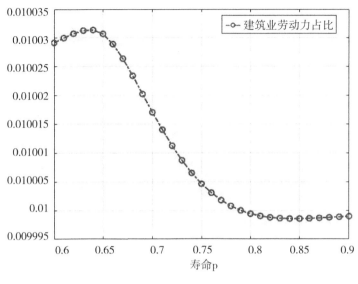

（a）建筑业劳动力占比

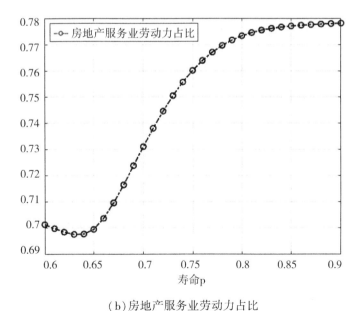

（b）房地产服务业劳动力占比

图 3-4 老龄化对建筑业和房地产服务业的影响

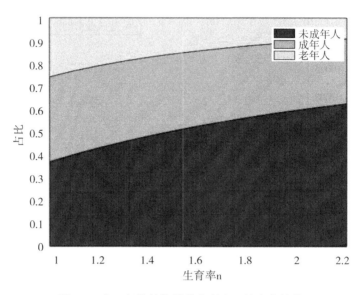

图 3-5　人口年龄结构随着生育率 n 的变化趋势

图 3-6 展示了生育率增加对住房市场和劳动力市场的影响。随着生育率的增加，住房价格和劳动力均经历了上升趋势。这是由于生育率增加使经济中一般商品消费与住房消费的需求均增加，因此导致住房价格与劳动力价格均上升。图 3-7 展示了生育率增加对建筑业和房地产服务业的影响。受到住房市场价格上升的影响，建筑业和房地产服务业的劳动力占比均经历了上升趋势。

（3）人口结构与房地产行业的中长期预测。

日本经历过人口总量的负增长，以及人口寿命增加和出生率降低带来的人口结构变化，对中国当前的人口结构变化具有很大的参考价值。日本人口从 2010 年开始出现了负增长。2020 年左右日本家庭户总数达到了高峰。根据日本统计局数据，日本家庭户数在 2015 年 12 月 1 日为 53 448 685 户，相较于 2010 年 12 月 1 日的 51 950 504 户有所增长。根据日本 2020 年人口普查资料公布的 2020 年家庭户为 55 704 949，可能是家庭户的高峰。日本还经历了人口寿命增加以及出生率降低的人口结构变化。

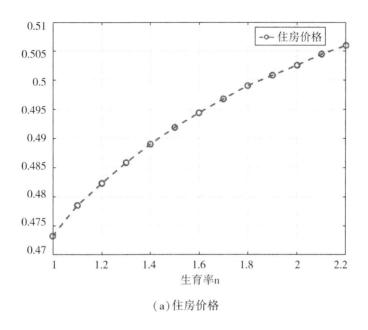

（a）住房价格

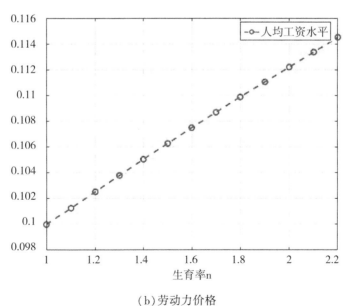

（b）劳动力价格

图 3-6　生育率增加对住房市场和劳动力市场的影响

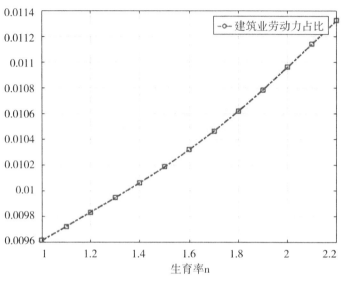

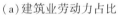

（a）建筑业劳动力占比

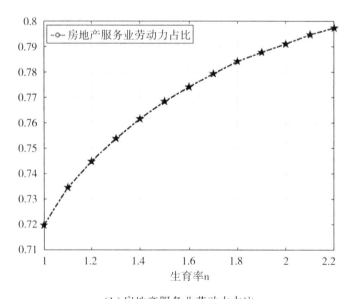

（b）房地产服务业劳动力占比

图 3-7　生育率增加对产业结构的影响

经历了战后国民经济恢复以及经济高速增长时期，日本于1973 年经济增长速度开始放缓。与此同时，人口增长趋势也开始呈现下降趋势。20 世纪 90 年代后，日本经济陷入停滞状态。日本进入老龄化社会后，日本的住房总供给大于总需求，随之而来的是一些研究预期住房价格下降（如 Yumi，2013）。参考日本的经验，我们在上述模型的基础上模拟相似的人口结构变化，并对房地产市场进行中期和长期的时间预测，以期对中国老龄化与宏观经济有所启示。

我们将模拟与日本相似的人口结构变化趋势。中国住房市场化改革由 1998 年开始，因此我们将模拟时间定为 2000—2060 年，以2000—2030 年作为中期，2030—2060 年作为长期。根据 2020 年公布的七普数据，结合粗生育率、出生人口数、生育模式以及其他数据来源（如教育部门等）的估计，参考联合国对中国总和生育率的最新估计，可以认为 2015 年中国的总和生育率处于 1.5 左右。2016 年全面两孩政策实施后总和生育率有所上升，达到 1.7 以上的水平，2020 年总和生育率下降到 1.3 左右，2021 年持续下降到1.1 左右。考虑到未来育龄妇女规模和出生人口规模的变动规律，可以认为，未来中国的总和生育率将稳中有升，但是上升的空间或幅度有限，基本稳定在 1.0~1.5 之间。以峰值出现年份作为拟合目标，在 2000—2030 年，出生率 n 在 1.5 左右保持不变，将寿命 p定为从 0.6 上升到 0.9；在 2030—2060 年间，寿命 p 遵循 $p(t)=0.6+t/150$ 的动态规律，出生率 n 遵循 $n(t)=1.5-0.02t$。这样一来，2000—2030 年中期的人口结构变化将如图 3-8（a）所示，2030—2060 年长期人口结构变化如图 3-8（b）所示。

图 3-9 进一步更加清晰地展示了人口中未成年人比例与老年人比例的时间趋势。我们发现，在 2030 年之前，老年人口比例呈现逐年上升趋势，而未成年人口比例呈现逐年下降趋势；在 2030 年后，由于出生率的进一步降低，老年人口比例加速上升，而未成年人口比例加速下降。

从中期来看，在 2000—2030 年，老年人口比例逐年上升，如图 3-10 所示，因此住房价格经历了先短暂下降后上升的变化。其

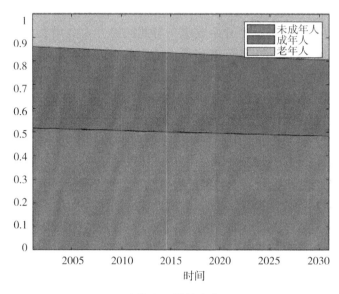

（a）中期人口结构变化

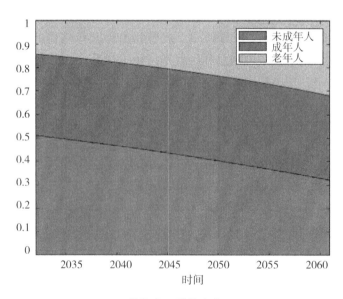

（b）长期人口结构变化

图 3-8 人口结构变化预测

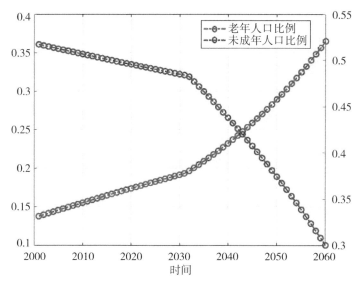

图 3-9　人口结构时间趋势

背后原因是老龄化引起住房需求降低，因此房价将经历短暂下降。但由于成年劳动力短缺所造成的劳动力价格上升会带动住房市场，使住房市场价格也重新走高。进一步地，我们运用模型预测了房地产行业在 2000—2030 年中期的变化。如图 3-11 所示，建筑业劳动力占比经历了先短暂上升后下降的变化，而房地产服务业劳动力占比经历了先短暂下降后上升的变化。

　　从长期来看，到了 2030 年后，人口出生率持续降低，使得老龄化现象加剧。人口在 2030 年左右出现峰值。因此峰值年份以后，随着住房市场供大于求，住房价格与劳动力价格将经历上升后的下跌，如图 3-12 所示。与此同时，由于经济中成年人比例未发生明显变化，建筑业劳动力占比在下降后将维持平稳水平。而由于青年人口比例的下降，房地产服务业劳动力占比将经历上升后的下降，如图 3-13 所示。

　　运用上述理论模型进行预测可以发现以下的局限性。一是该模型根据中国总体人口结构来分析的，在模型模拟的时候，考虑了总人口的变化趋势，并参考了城镇人口的变化趋势，但是实际的城镇

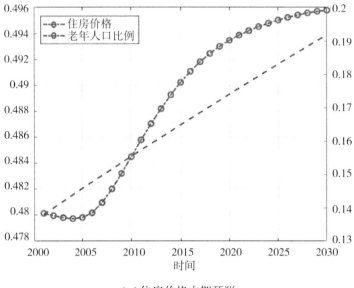

（a）住房价格中期预测

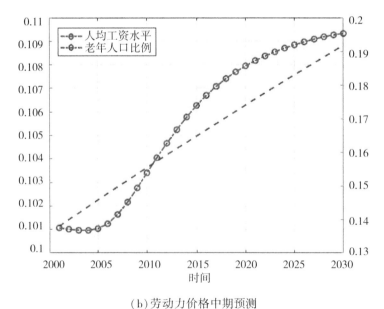

（b）劳动力价格中期预测

图3-10　住房价格与劳动力价格中期预测

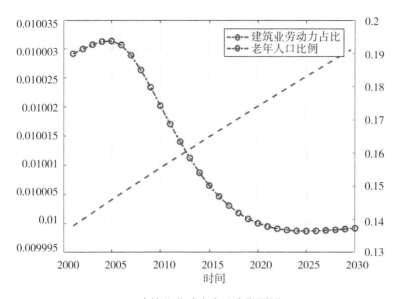

（a）建筑业劳动力占比中期预测

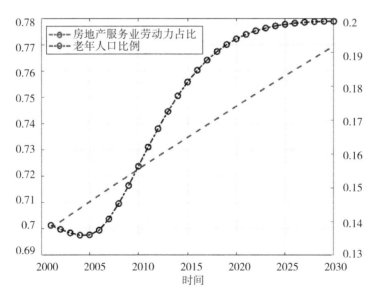

（b）房地产服务业劳动力占比中期预测

图 3-11　产业结构中期预测

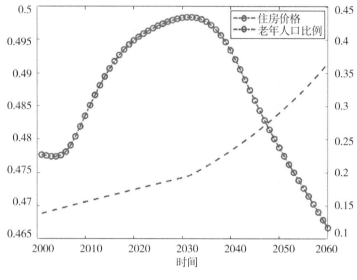

（a）住房价格长期预测

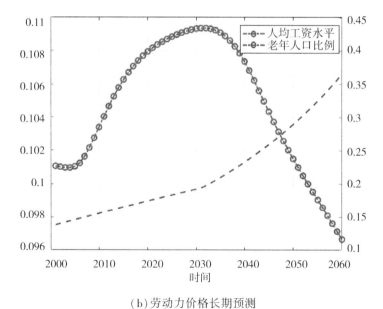

（b）劳动力价格长期预测

图 3-12 住房价格与劳动力价格长期预测

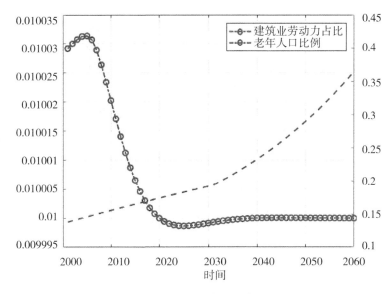

（a）建筑业劳动力占比长期预测

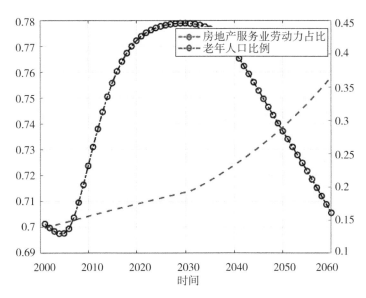

（b）房地产服务业劳动力占比长期预测

图 3-13 房地产行业长期预测

化的趋势可能和我们模型的设定不同，城镇人口才是影响中国房地产市场的主体。因此该结论表明了一个人口变动对房地产市场影响的大趋势，应用到中国需要注意到这个局限性，实际的峰值年份可能和预测结果有所差异。二是该模型的结果会受到参数的影响，参数的变化会导致结果有所不同。但是从上述模型模拟的结果来看，从中期和长期的结果来看，人口总量和结构变动对房地产市场的影响不是一个线性关系。

在中期，随着老龄化的上升和生育率的下降，我国房价可能会出现上升趋势，建筑业劳动力占比逐渐下降，房地产业劳动力占比可能上升。在长期，随着老龄化的上升和生育率的下降，我国总人口不断减少，住房供求关系从供求平衡到供大于求，房价可能会出现从上升到下降，建筑业劳动力占比和房地产业劳动力占比逐渐下降。由于房地产业主要是提供服务，和存量密切相关，在人口减少的阶段，存量依然庞大，变化较为缓慢，所以人口变动的影响就业比建筑业下降较少。建筑业和增量密切相关，部分从事存量的维修建设，所以在增量急剧下降的时候，人口变动的影响就越大。

**（四）中国人口变动与非住宅房屋需求理论分析**

人口总量和结构的变化会带来非居住类房地产需求总量、结构和偏好的改变。这里主要分析零售空间和写字楼市场需求。

零售空间市场主要关注当前和预期的销售水平所需的新增加的零售空间数量。现有的空置的零售空间多认为是被废弃的。影响它的供给的主要因素是建设成本。新增量、拆除量和转换量是影响存量变化的重要因素。人口的变动主要影响了消费者数量、收入和偏好，进而影响了零售商品的需求和零售空间的需求。

对零售商品的需求量是由消费者数量、收入、品位及偏好所决定的。消费者数量和收入的乘积即是购买力。在生命周期的不同阶段，所需求的商品也有所不同。并且随时间推移，消费者的消费模式可能发生变化。例如，越来越多的人采用网络购物。同时便捷式的商店和体验式的购物中心仍将对人们具有吸引力。对零售商品的需求会带来零售空间的需求，而对互联网购物的需求会带来物流仓储空间的需求。由于网络展示商品需要的实体销售空间基本为0，对于一些新的商品还需要建立体验展示中心，让消费者获得直观的感受，并被引导购买，然而这样的体验中心需要的数量很少，相应的空间需求很少。因而随着网络购物的发展，会压缩零售空间的需求，增加物流仓储空间的需求①。因此这里预测：人口的总量和人均收入的增加会带来商品销售总额的增加；但是电商的占比不断增加，人口的年龄结构改变会带来购买行为的结构改变，年轻人更多使用电商，因此物流仓储空间的需求会上升，而实体零售空间的需求可能会先升后降。

对写字楼的需求量是由写字楼使用者人数和人均面积的乘积所决定。产业结构的升级带来服务业人员和企业总部工作人员的增加，将带来写字楼使用者人数的增加。随着总劳动力的减少，网络办公等新技术的进步，例如居家办公、共享办公空间等发展，实际上增加了写字楼空间的利用，和其他空间代替了写字楼空间，减少了写字楼的需求。但是他们对写字楼的质量、功能和环境提出了更高的要求，例如网络共享、生态环保等。② 因此这里预测：产业升级和第三产业人口的数量增加会带来办公空间需求的增加，但是它还受到了互联网技术和共享空间的影响。因此随着总人口的变化，也会出现办公空间需求的先增加后减少的趋势。

## 二、人口变动影响房地产总需求来影响房地产总供给

根据前面一章的人口变动主要趋势分析：出生率下降，生孩子数量先增后减，性别比偏高到正常；死亡率下降，老年人更长寿，老龄化上升；结婚率下降，同居等方式和离婚率增加；人口总量先增加后减少；人口迁移和城市化加速，增速下降；世代更替造成了

---

①　National Public Radio. Demographic Shifts Contribute To The Changing Face Of Retail［EB/OL］.（2014-02-17）. http：//www. npr. org/2014/02/17/278651994/demographic-shifts-contribute-to-the-changing-face-of-retail.

②　Finace Director Europe. Generation Y-How Population Change Will Impact Office Space Demand［EB/OL］.（2018-03-18）. http：//www. the-financedirector. com/downloads/whitepapers/corporate-relocation/how-population-change-will-impact-office-space-demand/.

新生代的高学历,他们更多使用互联网,更多在服务业就业。

人口变动趋势对房地产市场会产生影响。总人口和总家庭户的先升后降,会导致住房的数量需求先增加后下降;人口结构的变化,出生率下降,新出生人口及新进入市场的人口减少,导致了核心家庭住房需求的减少;死亡率下降,长寿等导致老年人口的增加,老龄化的上升,导致老年人独立居住的住房需求将上升;结婚率的下降,离婚和同居的比例增加,将导致家庭规模的下降,单人家庭、单亲家庭、二人同居户的上升,会带来小户型住房需求的上升。人口迁移和城市化的上升,对城镇住房需求的增加,对农村住房需求的减少。人口世代交替会出现高学历、互联网、服务业一代,他们的住房需求发生改变,将会更关注质量、功能和环境。

由于土地需求通常是来源于房屋需求的引致需求,因此这里不做研究。对于非住宅类房屋的需求,更多和经济活动有关。例如工业房屋、写字楼更多与工业规模和结构、第三产业规模和结构有关。因此这里也不做分析。

在传统的新古典主义方法里,通常假定需求和供给形成长期的均衡,并且通过价格来调节供给和需求。一个典型的房地产市场模型由总供给方程、总需求方程、供求相等三个联立方程组成(Malpezzi 和 Maclennan,2001)。人口变动影响了房地产需求的变化,在供给不变的情况下,会导致价格变化。在人口增加的情况下,房地产需求增加,如果供给不变,会导致价格上升。反之亦然。价格变动则会导致需求相应的变化,以及存量供给的变化,形成短期的均衡。在价格上升的情况下,短期新增供给不会增加,这样会带来存量供给的变化,部分家庭出租闲置的卧室,一些企业会将工商业房屋改造为住宅等。而从长期来看,价格的变动会带来增量供给的变化,并和需求相互作用,形成新的均衡。在价格持续上涨的情况下,开发商会觉得新增供给有利可图,因而拿地盖楼,从而增加了长期的供给。

除此之外,人口变动还会对房地产服务的供给产生变化,例如中介服务、物业管理等方面。因此这里预测:随着人口的总量和人均收入的增加会带来房地产总供给(存量)的增加和空间服务总供给的增加；随着人口增长速度的减缓，以及人口逐渐减少，新增房地产（流量）的供给逐渐减少。但房地产服务则随着存量和交易频率增加而增加。

### 三、房地产供给对需求变动的适应和响应

在影响供给的主要因素里面，房地产业发展受国民经济的影响，并提出了房地产投资的"倒 U 形"变化假说（Burns 和 Grebler，1977）和（World Bank，1993）。世界银行（Dasgupta 等，2014）的报告认为住房投资与人均 GDP 遵循一个 S 形轨迹，但是存在明显的国别差异。也有学者提出中国房地产投资促进了经济增长（如 Chen 和 Zhu，2011）。房地产业发展受城市化进程影响。世界银行的报告（Dasgupta 等，2014）指出房地产投资与城市化进程密切相关，但是有明显的国别差异；二者之间存在同时、领先和滞后的关系，中国基本同步。

#### （一）房地产供给会通过误差修正来适应需求变动

房地产市场存在信息传递效应和学习行为。在房地产市场交易中，存在着显著的地王、楼王现象。地王和楼王的出现会显著抬高周边的地价和房价。房地产市场的异质性、信息不对称和外部性造成了供给方对需求的变动相对滞后。但是供给方会对价格和销售周期有明显的反应。当房价上升和销售周期缩短，供给方会提高价格、减少供给或增加拿地等来做出反应。如果市场反馈证明他的判断是对的，他将继续执行该决策，如果市场反馈证明他的判断是错的，他将停止或者修改决策。这样，供给将出现短期的非均衡，围绕着长期的均衡点波动。

#### （二）房地产供给会通过主动预测来响应需求变动

而且，房地产供给方并不是完全被动的。他们会通过市场分析、政策研究和预测来判断市场的短期趋势和长期趋势，并采取相应的对策。这从很多开发商成立了研究部、规划发展部中就可以看出。他们还从一些咨询公司购买研究报告来支持决策，例如中金、中信建投、麦肯锡等。

# 第三节　房地产行业对人口变动的响应和适应之理论分析

## 一、房地产行业的演化与发展

### (一)产业的演化与发展简介

一个产业会发生动态的变化。学术界主要是从微观的产业演化和相对宏观的产业发展角度进行研究。一是认为产业变化是动态的演化过程，并主要是从企业的进入、退出行为和市场竞争行为等角度来分析。例如熊彼特在《经济发展理论》中指出我们应当仅仅把"经济生活中不是外部强加给它的而是内部自发的变化"理解为"发展"。相应的还有产业演化的逻辑研究，即收入和偏好的变化导致市场需求的变化，生产要素价格和技术的变化带来了供给的变化，供求的作用引起了市场容量的变化，并使得产业不断发展(任红波，2001)。二是相对宏观的产业发展研究。产业发展可以是单个产业的产生、成长的过程，也可以是整个国民经济产业结构的进化过程。

用来解释产业演化和发展的主要理论有古典经济学的分工和专业化理论，和新兴古典经济学的交易费用与分工专业化理论。如亚当·斯密在其巨著《国民财富的性质和原因的研究》中指出"增长的动力在于劳动分工、资本积累和技术进步"。杨小凯的新兴古典经济学认为"任何一个经济体系都面临着分工经济和交易费用的两难冲突。交易效率越高，折中两难冲突的空间就越大，分工水平也就越高"。而解释国民经济产业结构发展的理论有主导产业理论等。

### (二)房地产行业的演化与发展

对应上述的产业发展的层次，房地产行业的演化与发展也有两个层次。

一是微观层次的中国房地产行业企业创新与演化。它表现在微观层面的房地产企业创新。房地产企业提供的是空间(生产空间、生活空间、生态空间)及相应的服务。从业务流程来看，包括投资—规划设计—建设—运营—使用—资产处置环节。在产业发展的初级阶段，全过程都由个体企业自己打理。然后，随着专业化和分工程度的提高，出现了投资外包，建设外包、运营外包、使用外包、资产处置外包等措施。相应出现了投资商、规划商、建设商、运营商、租户、信托等多种专业化分工和服务。而且企业还开展了一系列创新，例如引入了新的建筑、新的规划设计技术、新的营销手段、新的融资工具等，并促成了企业之间的竞争优势的变化。

二是宏观层面的房地产行业的发展，表现为房地产行业的市场结构、技术结构和组织结构的变化，并造成了单个产业的生命周期，以及多个产业之间的分离和融合的过程。例如建筑业在城市化快速发展时期增长速度较快，而到了城市化中后期发展增速减缓，相应也造成了建筑业增加值占国民经济的比重逐渐下降（田成诗，2016）。曹振良（2001）认为"一国家经济起飞时，随着人均 GDP 的增长，房地产业以高于人均 GDP 的增长速度加速增长"；但随着人均 GDP 的进一步增长，房地产业发展速度将逐渐放慢，直至与人均 GDP 同速或者更低，形成房地产业发展轨迹的"倒 U 曲线"。曹振良（2002）的房地产业分蘖理论认为房地产业随着分工和专业化程度的提升，会分化出一些新的细分行业。崔裴（2010）指出房地产业的发展从类制造业向服务业的转换，即从建筑业到开发业再到房地产经纪、物业管理、资产管理等服务业演进。由此可见，房地产的单个子行业存在着发展周期，受到了城市化和经济增长的影响，而多个子行业之间会出现专业化分工合作，促使产业链条不断延伸。

此外，还有的研究更宏观层面的产业革命、经济周期和房地产行业发展。在"第四次工业革命"大潮冲击下，互联网、人工智能、大数据、3D 打印技术已经进入到房屋建筑和房地产业，经济全球化、中国经济进入新常态、制度、市场、需求偏好的变化也会影响到房地产行业的演化和发展。这导致房地产的生产智能化，例如采用 3D 打印技术；信息智慧化，利用 BIM 技术、物联网、区块链等；流通环节的虚拟化，例如采用网络交易等；使用环节的效率提高，例如采用共享办公、共享住宅、区块链智慧合同等。

## 二、人口变动与房地产行业发展的协同演化机制

上述研究多从新古典经济学视角分析了宏观经济和房地产业的互动关系，然而该研究视角有一定的局限性，忽视了演化过程的互动机制，路径的多变性和模式的复杂性。协同演化理论则提供了一个新的视角来分析环境和产业发展的关系（Alchian，1950）和（Nelson 和 Winter，1982）。Janzen（1980）认为协同演化是一个物种的个体行为受另一个物种的个体行为影响而产生的两个物种在演化过程中发生的变化。然后由 Norgaard（1984，1985）将该概念应用到社会文化和生态经济领域，随后应用到组织管理领域（Lewin 和 Volberda，1999；眭纪刚，2013）。在组织与环境的协同演化方面，研究较多，如 Lewin 等（1999）提出了企业、产业与社会环境三者通过相互影响、相互依赖而协同演化；Dijksterhuis 等（1999）则分析了企业吸收知识的能力与外部知识环境的协同演化；还有研究者将组织学习视为组织与外部环境协同演化的重要媒介（Koza 和 Lewin，1999）。然而对消费者和企业之间协同演化的研究较少，有学者研究了消费者与企业之间的协同演化（Harrington 和 Chang，2005）。而中国这方面的研究很少，例如张建坤等（2010）建立了房地产业协同演化的指标体系和模型。然而还需要对房地产业协同演化的动力机制、协同演化的路径及模式深入分析。

### (一) 人口变动和房地产企业协同演化的微观机制

Harrington 和 Chang（2005）认为在市场变化的压力下，企业为消费者提供适合的产品服务和消费者搜寻与之匹配的企业，二者之间进行信息的交流和相互学习，发生了协同演化。这里借鉴该分析模式探讨人口变动和房地产企业协同演化的微观机制。

在互联网时代，房地产企业和消费者的协同演化更是明显。第一，在传统环境下，一般企业与消费者之间很少有直接联系，消费者很少影响到企业的生产决策。而且企业之间的壁垒很多，相互之间的竞争不充分，消费者可以选择的余地很小。而房地产企业有所不同。房地产企业提供给消费者的最终空间产品和服务，和消费者有直接的联系，它的生产经营活动受到了消费者直接的影响。并且

在市场由供不应求走向供大于求的时候，消费者的影响大为提升。这表现在规划设计阶段，给业主提供的定制服务，并根据消费者的偏好来生产房地产产品和服务。在运营维护阶段，业主可以选择物业公司，并商定物业服务的内容和价格。

第二，在传统环境下，一般的商业运作模式主要是"生产商—经销商—零售商—消费者"的单向模式，生产商与消费者之间隔着经销商和零售商，距离较远，直接联系较少，消费者很难直接影响到生产商。而房地产企业的商业运作模式主要是"生产商—有(或无)经销商—消费者"的单向模式，开发商建立销售团队，或者外包给销售代理公司，与消费者直接接触，并对消费者的偏好提供定制服务，从而对企业的生产决策产生较大的影响。而经纪和物业管理服务企业则直接面对消费者，二者的互动更明显，消费者对企业的影响很大。

第三，消费者群体效应在互联网时代发生了明显变化，面向终端消费者的房地产企业更是如此。在传统环境下，消费者之间缺乏相互交流的工具和平台，其对产品服务的评价、企业的评价等信息很难共享，也很难产生共同的消费行为，很难影响到企业。但是在互联网时代，消费者通过网络平台上传、分享、扩散对产品服务的评价、对企业的评价等信息，并且采取集体行动，诸如共同购买、联合维权，从而直接影响到房地产企业的生产和经营。这表现在房地产规划设计和建设运营维护环节，业主平台等提供了业主发表意见、直接参与管理等便利，消费者的各类评价信息会直接或间接地传递给企业。

第四，在互联网环境下，消费者与企业信息交互模式发生了变化，通过业主群、手机 App 等互联网平台实现了二者之间信息连续不断、双向、及时传递，二者的互动更强，消费者对企业动态能力的影响也更强(肖静华等，2014)。房地产企业也是如此。

在互联网时代，企业和消费者的协同演化机制和过程如图 3-14 所示。一是市场环境动荡对企业和消费者分别产生了不同的压力。由于市场、技术、制度和政策不断的变化，造成了市场环境动荡。二是，消费者行为是消费者个性化偏好和群体心理共同作用的结果。消费者通过学习，能够提高信息判别和购买决策，并且通过定制生产等方式参与价值创造，影响到企业的生产行为。三是，企业在应对市场动荡和消费者的需求变化过程中，通过组织学习发展出快速感知市场变化的能力，利用企业资源来应对变化的能力，通过战略变革整合资源保持企业竞争优势的动态能力（Teece，2007），更好地适应市场环境和响应消费者需求的变化，并主动创新积极引导消费者的变化。企业需要根据消费者的需求提供合适的产品和服务，消费者则通过收集信息和学习来搜寻与之相匹配的企业，两者之间相互影响，从而形成彼此的协同演化（刘洁、梁嘉骅，2009）。这导致企业必然从"以企业为中心"的单边范式向"企业—消费者合作"的交互范式转变（Fitz Patrick 等，2015），而且，消费者有能力整合个人资源来积极参与企业的价值创造（Grönroos 和 Gummerus，2014）。

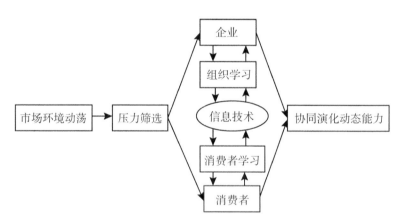

图 3-14　消费者和企业的协同演化框架①

**（二）同一房地产行业内企业间协同演化的微观机制**

这里用演化经济学理论将房地产行业看作开放的、变化的、充

---

①　肖静华，谢康，吴瑶. 企业与消费者协同演化动态能力构建：B2C 电商梦芭莎案例研究［J］. 管理世界，2014（8）：134-151.

满不确定性的系统。对同一行业内部企业间协同演化的微观机制和动态过程分析如下。房地产行业的演化受到了需求层面的需求规模、需求偏好的影响，供给层面的生产要素数量、价格、技术创新的影响，此外还受到了制度环境的影响，并且在这些因素相互作用下产生了非线性的协同演化。

市场需求为房地产行业演化提供了选择性拉动力。例如 SARS 事件之后，消费者对健康环保的房地产产品需求很高，一些房地产企业推出了健康房地产项目，销售情况非常好，获得了极高的收益，并促使这些企业进一步创新；而一些存在健康方面隐患的房地产产品则被市场抛弃，企业因而退出了市场。

在房地产行业内部，一些新的企业不断进入，与原有的企业展开了激烈的竞争，一些企业通过组织学习，产生了技术创新、产品创新、过程创新等，取得了竞争优势，带来了异质性驱动力，改变了行业格局。创新会让产业产生革命性的改变，如熊彼特认为创新能够不断地破坏产业的旧结构进而创造新结构，Abernathy 和 Utterback 认为创新使得产业表现为周期性演化特征。在房地产行业，一些创新将极大地改变行业结构。例如建筑行业兴起的 3D 打印技术，改变了建材、工程机械、施工建设、房地产开发等企业的生产经营模式。房地产经纪服务行业不断拓展的 AIRBNB、国内的小猪短租等形成了房东和租客通过互联网平台直接交流和成交的模式，而且还会影响到旅馆行业。物业管理行业兴起的业主 App、智慧社区等也将众多分散的小业主突破了时空限制更紧密地联系起来和采取集体行动。这些新的中小企业带着创新产品进入行业，获得一席之地；然后不断成长，并开始过程创新，占有更大的市场份额；而到了成熟期，又开始进行渐进性的产品创新和过程创新，从而推动行业不断演化。

房地产行业在环境中产生了适应性动力。房地产行业系统内部的企业规模、产品服务水平、组织管理能力差异很大。按照适者生存不适者淘汰的环境筛选法则，企业只有主动学习，积极适应环境，并通过和环境的互动使企业得以生存和成长。

此外，相关的制度和政策起着改善企业的生存环境，规范企业的竞争行为，促进技术创新的作用，并对需求、供给和环境的相互作用产生影响，推动行业演化，如图3-15所示。①

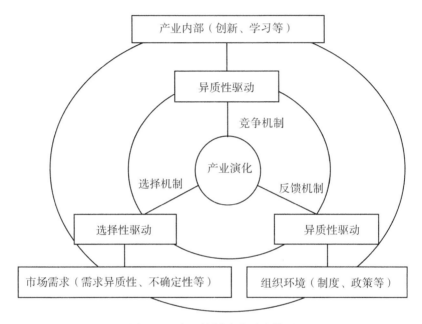

图 3-15　产业协同演化动力模型

### (三)建筑业与房地产业间协同演化的微观机制

　　如前所述，建筑业和房地产业紧密相连，所以这里把它作为广义的房地产行业的两个子行业来分析。从组织生态学的视角来看，建筑业和房地产业相当于两个大的企业种群，企业种群的产生、演化过程受到了组织内部决策者的战略选择和对外部环境的适应能力的影响，还受到了外部环境的筛选和反馈机制的影响，并且通过进入和退出企业种群的企业的数量表现出来(Geroski，2001)。企业(组织)的设立率和死亡率受到了合法性(Legitimating)和竞争性(Competition)两个对立过程的影响(黄鲁成，2006)。当市场需求

①　赵卓，王敏．产业协同演化动力模型及其应用——我国电子及通讯设备业的实证(1995—2012)[J]．科技管理研究，2015(10)：110-113.

催生了该行业的发展，促使设立的企业越来越多，并获得了政府和公众的认可，取得了合法性。而当行业发展到了一定的阶段，市场需求不变或者下降，行业内的企业竞争更加激烈，就会出现大量的企业死亡。当两个企业种群相互作用、相互影响时，每一个种群的增长率不仅会受到自身演化发展在特定阶段种群数量的影响，也会受到另一个种群数量的影响（吴勇民，2016）。从建筑业和房地产业的发展历程来看，前者从事房地产产品的生产，包括房屋建设、安装、装饰、维修、拆除，后者包括开发、经纪、物业管理等房地产相关的服务，因此二者是互利共生关系，存在着协同演化。建筑业和房地产开发业具有同步演化的特征，在城市化快速发展阶段，二者同时得到了快速发展，在城市化的中后期，随着新房建设量的减少，二者都出现了衰退现象。房地产经纪行业和物业管理行业也具有同步演化的特征，随着市场房地产存量的增加，二者都出现了增长的态势。

此外，还存在人口变动和房地产业发展的宏观演化逻辑。宏观层面的制度变革、需求变动、环境变化、产业革命、技术创新、经济周期都会影响到产业的发展。在"第四次工业革命"大潮冲击下，互联网、人工智能、大数据、3D 打印技术已经进入房屋建筑和房地产业。而经济全球化和中国经济进入新常态和高质量发展的新阶段，全球的经济竞争，中国的经济增速放缓，技术创新加速，劳动力供应的下降，这些会促进房地产行业出现新的变化。这导致在"第四次工业革命"时期，房地产的生产智能化，更多采用 3D 打印技术，信息智慧化，利用采用 BIM 技术，采用物联网等；流通环节的虚拟化，例如采用网络交易等；使用环节的效率提高，例如采用共享办公、共享住宅等。新技术带来了供给的生产要素数量和价格的相对变化，带来了房地产的生产、流通和使用环节的创新。而新经济、新技术和人口新态势叠加带来了需求的总量、结构和需求偏好的改变，这从需求端给房地产业带来了新的冲击，又从供给侧带来冲击，例如新的生产要素组合、新的组织革命等，促使房地产行业不断演化。

### 三、人口变动与房地产行业的协同演化效应

人口变动通过人是消费者的身份影响房地产业的需求来直接影响房地产业的发展，同时通过人是生产者的身份影响劳动力的供给影响房地产业的发展，还通过宏观经济间接影响房地产业的发展。在供求变动中，还会引起生产要素的供应量和价格的变动，以及企业的产品创新、技术创新、制度创新等，从而促进了房地产业发展和改变了房地产业的行业结构。

#### (一)房地产行业升级：从第二产业转向第三产业为主

一是市场供求关系的变化促进了房地产行业升级。由于房地产产品寿命比较长，一般设计寿命为 50~70 年，而在维护保管比较好的情况下可以长达百年，特别是在新的技术要求打造百年住宅标准下更是如此。这样在总需求下降的时候，供给只能通过减少新建和拆除部分存量来解决。按照西方发达国家的平均标准人均套内建筑面积 40 平方米左右(相当于我国建筑面积 50 平方米)来计算，中国在达到此标准后，数量需求(人均建筑面积)不再增加，而是质量、功能和环境方面的需求不断提升。这样，房地产行业将从建设为主的房屋建筑业和房地产开发业逐渐转为房地产经纪、物业管理、资产管理行业为主。而人口结构的变化，以及世代更替，会影响他们的房地产消费偏好和消费行为。

二是劳动力供给的数量和结构改变也会导致房地产行业升级。从人口变动趋势来看，中国的劳动力供给呈下降趋势，而且劳动力的世代结构发生了重要变化。20 世纪五六十年代"婴儿潮"时期出生的人口，生长在比较差的家庭环境，学历较低，吃苦耐劳，对工作环境和报酬要求不高；与之相比，"80、90"后劳动力普遍是独生子女，生长在比较好的家庭环境，学历较高，工作耐受能力较低和个性化较强，对工作环境和报酬要求较高(阳立高等，2015)。由于工程建设的施工现场环境比较差，这些会影响他们到建筑和房地产业就业的可能性，这将使得建筑和房地产行业的劳动力数量减少，他们的劳动力成本提升，更多采用中老年劳动力，并且采用新的技术来替代，促进了它们从劳动密集型行业向技术密集型行业转

变(阳立高等，2014)。

从 20 世纪 80 年代起，随着城市土地使用制度改革和住房商品化的发展，房地产开发行业出现并不断发展。与此同时，为了应对城市土地定级估价和房屋拆迁补偿评估的需要，房地产估价行业开始出现和不断发展。在房地产开发行业发展过程中，商品房销售代理和物业管理业务分离出来，形成了房地产经纪行业和物业管理行业。房改过程中出现的房屋置换行业也并入了房地产经纪行业。近年来，随着房地产租赁市场的快速发展和政策的推动，房地产租赁行业也开始成为房地产业中的新生的子行业。

根据前文的分析，在人口增长和城市化快速发展的进程中，房地产供不应求促进了提供新建房地产的建筑业和房地产开发业的繁荣，并带动了房地产经纪、物业管理行业的发展。而在人口稳定和城市化稳定阶段，房地产供求总量平衡造成了存量房地产足够满足需求，新建房地产的需求很少，建筑业和房地产开发业相对衰落，而为存量房地产提供服务的房地产经纪、物业管理、房地产租赁行业则会得到快速发展，并促进了提供存量房的改造维护的建筑业发展。

**(二)房地产企业运营模式：从增量生产转向存量服务为主**

房地产行业的运作过程可以分为生产、流通、消费三个环节。在生产环节企业从事土地开发、房屋建设和基础设施建设；在流通环节，企业从事房地产的买卖或者租赁，并且提供相应的投融资、法律、中介等服务，在消费环节，企业从事物业管理、存量房的维修改造，政府从事不动产登记和权籍管理等。不同的企业采取了不同的运营模式，例如集中在生产环节的土地开发公司、建筑企业、房地产开发公司、城市发展(基础设施)公司，以及为他们提供策划咨询和投融资服务的房地产经纪公司和金融机构等；集中在流通环节的房地产销售代理公司、房地产租赁企业，以及为他们提供策划咨询和投融资服务的房地产经纪公司和金融机构等；集中在消费环节的物业管理企业、建筑装修企业等，以及在此基础上衍生出来的社区平台和社区服务；还有些企业则采取了同时从事多个环节的经营活动，例如房地产开发业务和运营业务的结合，前期房地产开发和后期物业管理业务的结合等。

　　崔裴(2010)指出房地产企业的经营模式演化方向是从销售向持有经营转换，即从早期的增量房地产开发为主，逐渐转变为存量房地产的经营管理。在人口增长和城市化快速发展的进程中，房地产供不应求促进了提供新建房地产的建筑企业和房地产开发企业、房地产销售代理企业的繁荣，并带动了房地产经纪、物业管理企业的发展。在这种开发销售模式下，企业的主要收益来自于商品房销售收入与开发成本费用等的差额。这是一种以资本增值收益为主的资产运营模式。而在人口稳定和城市化稳定阶段，房地产供求总量平衡造成了新建房地产的需求和供给很少，建筑企业和房地产开发企业相对衰落，而为存量房地产提供服务的房地产经纪、物业管理、房地产租赁企业则会得到快速发展，并促进了提供存量房的改造维护的建筑企业发展。在这种租赁与物业管理模式下，收入来源于日常的租金收入、提供物业服务和社区相关服务的收入和投资持有期末的资产转售收入。租赁经营者的收益来自于投资持有期内现金流的净现值。这是一种以现金流收益为主的资产运营模式。在此阶段，相应出现了租赁房地产的资产证券化，投资者购买房地产投资信托基金，基金公司收购和持有房地产运营，并向租户收取租金和获得其他居住相关的服务收入，出现了房地产资产所有者(业主)、使用者(租户)、管理者(经营管理公司)、投资者(资产投资方、地产投资信托基金持有人)的分离，并且使实物资产的房地产与金融资产相融合，所发行的房地产投资信托基金在更广泛的范围内流通。

**（三）房地产企业结构与行为：竞争与创新加剧**

　　作为经典的产业组织理论，SCP 范式认为"市场结构决定市场行为，而市场行为决定市场绩效"(芮明杰，2005)。该理论在后期得到了很多发展，例如认识到市场结构可能和产权结构有关(刘芍佳，1998)，还有市场结构、行为和绩效可能是相互影响的。

　　从市场结构来看，中国的房地产行业企业数量众多，大小不一。既有年销售收入上千亿的大型房地产企业，也有很多小微企业。根据第四次经济普查资料，我国建筑业法人单位数 121.8 万个，占全部单位比重的 5.6%；房地产业企业法人单位数 74.2 万个，占全部单位比重的 3.4%。从市场结构来看，通常认为新房市场是一种典型的区域性寡头垄断，在特定区域内，具有垄断地位的房地产企业一般占有较大的市场份额，较高的区域品牌影响力以及起到价格领袖的作用（苗天青，2004）。而在二手房市场，则是众多的个体买家和卖家，比较接近完全竞争。在房地产经纪和物业管理市场，多是由众多分散、规模小的企业组成，逐步出现了一些大型企业占据了较高的市场份额。

由于房地产企业多是项目公司，从全国来看，大型房地产企业的市场集中度并不高。但是如果考虑到这些项目公司的控股公司，则会发现房地产行业的市场集中度也呈上升趋势。房地产开发行业的小、散、弱的格局将会改变，行业集中度的迅速提高，形成了大型房企占主流的趋势。大型房地产开发企业在购地、开发、融资、销售等方面占有优势，从而市场集中度不断提高，而土地、资金、技术等门槛也逐渐调整，提高了行业的进入壁垒。易居克而瑞的统计表明，2019 年前 11 月，百强房地产开发企业的销售金额达到 10.3 万亿元，同比上涨 17.7%；华创证券的研究报告指出，今年前 10 月，30 强房地产开发企业的销售金额已经占全国房地产销售额的一半，比 2011 年的该比例上升了 35%①，而在房地产经纪、物业管理、房地产租赁等行业也出现了行业集中度提高的趋势。全国房地产经纪机构达到了 25 万家，从业人员超过 150 万人，链家房地产成交量占总体成交量一半左右；2018 年，房地产咨询企业 TOP10 销售额市场占有率有望进一步上升至 17.53%②。2018 年物业管理行业经营收入为 7043.63 亿元，物业管理行业总面积达 279.3 亿平方米，全国物业服务企业共约 12.7 万家，500 强企业占全行业公司数量的不足千分之四，但在管理规模和营收方面却占有

---

① 房企生存"冰火两重天"：30 强销售额占全国一半，小房企或迎来破产潮［EB/OL］.［2019-12-04］. https：//new. qq. com/omn/FIN20191/FIN2019 120400481200. html.

② 2019 年中国房地产中介行业市场分析：竞争带来诸多弊端，房源共享将是未来发展趋势［EB/OL］.（2019-06-24）. https：//bg. qianzhan. com/ report/detail/458/190624-1513be9e. html.

四成以上份额①。

在房地产行业，随着市场供求关系的变化，竞争将会越来越激烈，一些企业推出差异化的产品和服务，还有一些企业加强了创新，提高行业的进入壁垒。建筑企业加强了3D技术、智慧建筑的开发与应用，开发企业加强了物联网、云计算、智慧城市的开发与应用，房地产经纪企业加强了大数据的开发与应用，房地产租赁企业加强了租赁平台的应用，物业管理企业加强了智慧社区等方面的应用，而一些颠覆性的技术的应用，可能出现一些新的垄断企业，而导致原有的垄断企业出局。这在其他行业屡见不鲜，例如智能手机的出现，导致了相机等市场的萎缩。

房地产企业通过价格行为和非价格行为加剧了市场竞争。在新房市场，一些居于区域性寡头垄断地位的企业可以采取垄断定价、价格歧视以及价格合谋等行为获取高额的利润。而在二手房市场，居于领先的房地产经纪企业采取垄断房源、提高价格和收取高服务费的方式来获得高额利润。一些物业管理企业则通过和母公司开发商绑定项目的方式占据市场和收取较高的物业费来获取利润。除此之外，他们还使用了一些广告、营销手段、偷工减料、偷税漏税等行为来降低企业的成本和增加收入。而在政府加强监管以后，垄断定价、欺诈式营销、偷工减料、偷税漏税等行为逐渐减少。

**（四）房地产企业绩效：与风险相关的利润平均化**

从马克思主义政治经济学的基本原理来看，不同行业之间的平均利润率应该是趋同。马克思指出不同生产部门由于投入其中的资本量的有机构成不同，会产生极不相同的利润率。但是资本会从利润率较低的部门流出，然后投入到利润率较高的其他部门。通过资本不断地流出和流入，在不同部门之间根据利润率的升降进行资本的分配，这样资本的供求之间就会形成一种比例，以致不同的生产部门都有相同的平均利润（教育部社会科学研究与思想政治工作司，2003）。该原理表明，从长期来看，如果资本自由流动，不同部门的资本的利润率应该有趋同的趋势，尽管在短期内来看，可能

---

① http://finance.eastmoney.com/a/201910161262623875.html.

不完全相同。

从投资学的基本原理来看，CAPM 模型认为某种投资的期望收益率就是无风险收益率加上该种投资的系统风险溢价，投资的预期收益通常和风险成正比（博迪，2012）。无风险收益率即被认为是不可能有损失的证券利率，通常以国债利率作为无风险报酬率。因此，从事房地产投资也需要获得风险溢价。投资学的原理表明，从长期来看，不同部门的资本的收益率应该不完全相同，它与风险呈正相关。

而在现实生活中，资本进入房地产市场，存在着一系列的门槛。政府对资本进入房地产行业有很多限制。例如政府要求国有企业做好主业，房地产非主营业务的国企要退出房地产；政府还要求外资进入房地产需具备一系列的条件和审批；非国有企业资本进入房地产需要满足资质、资本金、土地储备等方面的要求，并且在融资方面受到了很多的限制。由此可见，各部门的利润平均化趋势虽然存在，但是并不能马上变成现实，而且在存在资本流动性壁垒的情况下，垄断程度高的行业更可能获取较高利润。在政府对资本自由流动的管制越来越少的情况下，各部门的利润平均化将变得越来越可能。而从投资的角度来看，不同部门的投资风险不同，风险高的部门预期投资收益率高才会有资本进入。房地产投资和股票债券投资一样，同样存在着风险溢价①。因此，在我国房地产投资的收益还与风险正相关，但是在利润平均化的驱使下，它有逐步下降的趋势。

我国的房地产开发市场、经纪服务市场、物业管理市场总体的垄断程度较低，尽管在某一区域的垄断程度可能较高，例如某一开发区域仅有一个开发商。这样，具有一定垄断地位的房地产行业或企业将有较高的垄断利润。但是随着房地产市场供求均衡，甚至出现了供大于求，资本流动的壁垒逐渐消失，房地产企业的垄断高额利润会逐步消失，最终取得和其他行业大致相近的平均利润，尽管

---

① 转引自张懿文．房地产风险溢价与商业银行风险偏好关系研究［D］.哈尔滨：哈尔滨工业大学，2017.

依然存在着一定的房地产风险溢价。

　　贾祖国（2009）总结国际经验（如图3-16）认为，城市化水平和房地产的商业模式、收益率有一定的关系：在城市化率达到50%左右以前，房地产的商业模式以开发模式为重，房地产开发的收益率不断上升；在城市化率达到50%到60%左右，房地产的商业模式转为开发和持有模式并重，房地产开发的收益率开始下降，并有不断降低的趋势，房地产持有运营的收益率不断上升；在城市化率达到约60%继续增加，房地产的商业模式转为持有运营和服务模式为主，房地产持有运营的收益率不断上升，并逐渐趋于稳定，房地产服务的收益率不断上升。① 从行业的生命周期来看，同一行业从形成、发展、成熟和转型创新期（或退出期）会出现收益率的变化。通常而言，从形成期到发展期，会出现利润率的上升，到了成熟期，利润率相对稳定，而到了退出期，利润率不断下降，如果改为转型创新期，则开始了新一轮的产业周期，相应的收益率也会发

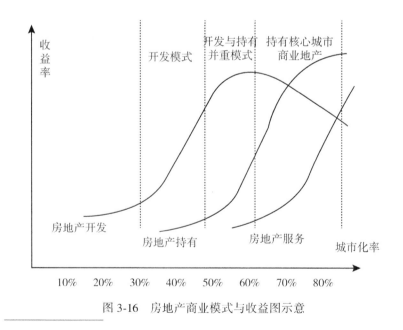

图3-16　房地产商业模式与收益图示意

①　贾祖国. 房地产行业：房地产周期的总结与展望［EB/OL］.（2009-05-12）. http：//finance. sina. com. cn/stock/report/20090521/13442853875. shtml

生周期性的波动。另外，同样是房地产行业，相比而言，房地产持有经营、房地产经纪、物业管理市场资本流动性很强，没有太高的技术门槛，因此利润平均化的趋势更加明显。在中国城市化超过了60%以后，房地产走向存量时代，市场上的开发企业将变少，更多的是房地产运营、经纪、物业管理企业，更多是的市场运营风险。因此房地产经营管理企业应该走向利润平均化。目前，房地产行业的平均结转净利润率在持续下降，已由 2012 年的最高值（15%）持续下滑至 2022 年的 3%~4%。

图 3.17 我国房地产企业营业收入和利润
资料来源：WIND 数据库

## 第四节　本章小结

本章从理论上分析人口总量和年龄结构变动会带来家庭总量和结构的变动，并带来房地产需求总量和结构的变化，进而影响房地产存量供给的总量和结构，然后与房地产企业的增量供给互动，最终达到房地产供求总量和结构平衡，这将影响到房地产的产量和价格，以及房地产企业的生产经营和盈利模式，导致房地产业的结构、行为和绩效的演变。主要结论有：

　　人口变动影响房地产市场的微观机制是人口变动影响了家庭收入和房地产消费偏好，进而影响了房地产需求。而偏好和家庭规模、结构、家庭生命周期、个体大事件和社会大事件有关，不同世代的住房需求会有所不同。需求通过价格和销售周期来影响增量住房供给；人口变动还会通过影响存量房地产供给并作用于增量房地产供给；需求和供给的互动会形成房地产市场的动态调整，并形成了动态的均衡。

　　人口变动对住房市场的宏观效应有：住房需求的变动与收入增长、人口总量变动、家庭规模小型化、人口结构老龄化、城镇化有密切的关系。此外，人口变动还会通过劳动力供给、宏观经济变动来间接影响房地产市场，基于 OLG 模型的模拟表明，人口老龄化将带来住房价格、房地产业就业占比先降后升高，建筑业就业占比先升后降；生育率的上升将有利于住房价格的上升以及建筑业和房地产业的就业上升。根据中国的数据模拟，在中期，人口老龄化和生育率下降将带来住房价格、房地产业就业占比先降后升高，建筑业就业占比先升后降；在长期，住房价格、建筑业和房地产业就业占比将从升到降。

　　人口变动对非住宅房屋市场的宏观效应受到了技术进步等方面的影响，通常是正相关，但未必是线性关系。

　　房地产供给会通过误差修正、主动预测来适应和响应需求的变动。在此过程中，会发生房地产行业的演化和发展，而在消费者与企业间、同行业不同类型企业间、同行业同类企业间、关联行业间存在不同的演化机制。在长期演化过程中，将产生以下效果：房地产行业升级，从第二产业转向第三产业为主；房地产企业运营模式从增量生产转向存量服务为主；房地产企业结构与行为表现为竞争与创新加剧；房地产企业绩效是与风险相关的利润平均化。

# 第四章 供求协同演化视角的人口变动对中国房地产市场的影响

## 第一节 中国房地产市场发展历程和现状

### 一、中国房地产市场的发展历程

中国房地产市场发展与中国的房地产制度改革密切相关，因此这里结合房地产制度改革来说明中国房地产市场发展历程（易成栋，2018）。

第一个阶段是新中国成立之前的私有房地产供应为主的阶段（1912—1949 年），土地私有制和以商品房方式为主来配置房屋资源。在 1949 年新中国成立之前，中国城镇实行的是土地私有制和房屋私有制，并为少数住房困难群体提供私营公宅。

第二阶段是社会主义土地公有制和实物福利房屋供应阶段（1949—1977 年）新中国建立初期，在经过过渡期以后，中央政府决定在生产、资源分配以及产品消费方面实行以公有制为基础的计划经济体制，并且逐步实现农村土地除国家所有之外归集体所有，城镇土地归国家所有。城市土地使用制度采取政府行政手段管理为主，由政府把土地无偿划拨给有需求的企事业单位并无期限的使用，并且未经政府许可不能再将其转让给其他企事业单位。从新中国成立初到 1957 年，经过三大改造之后，中国城镇将很多私房收归公有，并且控制出租房屋的租金。从 1958 年到 1978 年，中国实行高度集中的计划经济，城镇住房投资建设由国家统一安排，以国家和国有企业投入为主，供应政府房管部门直管公房和国有企业事业单位自管公房，并无偿或低租金租给职工使用，并实行与职位、工龄等相联系的实物福利分配制度。在"文革"结束后，中国城镇私房仅占总住房存量的 10% 左右，还有些城市低于 4%（Huang, 2001）。

第三阶段是以土地使用权的有偿使用和住房商品化为导向的住房制度改革实验阶段（1978—1993 年）。20 世纪 80 年代初期，从深圳开始试点，坚持城市土地的国家所有权，政府可以将国有土地的使用权按照一定的期限出让给土地使用者，并且收取租金。而土地使用者可以将土地转让、出租和抵押。1988 年，《中华人民共和国宪法》（修正案）规定"土地使用权可以依照法律的规定转让"。而在城镇也开始了住房制度改革，实行公房提租、发补贴和出售住房试点，引入将住房作为商品的配置方式。从 1978 年开始城镇住房制度改革，开始恢复住宅的商品属性。1979 年国家有关部门制定了《关于用侨汇购买和建设住宅的暂行办法》，住房商品化开始萌芽。1979 年国家进行将住宅出售给职工的试点。1980 年，中共中央、国务院在批转《全国基本建设工作会议汇报提纲》中正式提出实行住房商品化政策，"准许私人建房、私人买房、准许私人拥有自己的住宅"，试点逐渐扩大到全国。从 1982 年开始在部分城市试点"三三制"出售新房。1984 年正式宣布住房商品化政策，在部分试点城镇出售公房。但是由于租金依然低廉，职工购买的积极性不高，以及存在低价售房的问题，该试点政策在 1985 年取消。1988年上半年，国务院召开了全国第一次房改会议，并向全国颁发了《关于在全国城镇分期分批推行住房制度改革方案》，大力推动住房制度改革，提租发补贴促进公房出售。1991 年 10 月，第二次全国住房改革会议召开，通过了《国务院住房制度改革领导小组关于全面推进城镇住房制度改革的意见》。它指出"城镇住房制度改革是经济体制改革的重要组成部分，其根本目的是要缓解居民住房困难，不断改善居住条件，正确引导消费，逐步实现住房商品化，发展房地产业。"在 1993 年的第三次房改工作会议上提出"以出售公房为重点，售、租、建并举"的新方案。

第四阶段是全面房地产制度改革实验阶段（1994—1998 年）。

1992 年邓小平同志南方讲话和党的十四大召开，明确提出要建立社会主义市场经济体制。相应地提出了加快房地产市场化改革的进程。1994 年，正式出台的《城市房地产管理法》明确了土地使用权的出让、转让及其对土地有偿使用等方面的权利和义务，这样，土地资源的市场配置在全国范围推广。与此同时，深化了住房制度改革。1994 年，国务院发布了《关于深化城镇住房制度改革的规定》，要求"建立与社会主义市场经济体制相适应的新的城镇住房制度，实现住房商品化、社会化；进一步完善了配套改革的内容和政策；明确了房改近期任务以建立住房公积金为主，提租和售房为辅"。1998 年 7 月 3 日发布了《关于进一步深化城镇住房制度改革加快住房建设的通知》，要求"从下半年开始，国务院统一部署停止住房实物分配，住房分配货币化"。同时住房补贴制度开始启动。住房政策总体框架是"转换机制，分类供应、培育市场、发展金融"。房改同时开始建立了住房公积金制度和国家安居工程。

　　第五阶段是深化改革和房地产市场化加速阶段（1999—2006 年）。在此阶段，国有土地使用权通过招、拍、挂方式转让正式确定下来，并且它的范围进一步扩大到工业用地等；政策鼓励市场为主的住房资源配置方式。在此阶段，政策提出了更大程度地发挥市场在住房资源配置中的基础性作用。如 2003 年，国务院发布《关于促进房地产市场持续健康发展的通知》（国发〔2003〕18 号文），指出"房地产业已经成为国民经济的支柱产业"，提出"要不断完善房地产市场体系，更大程度地发挥市场在资源配置中的基础性作用；坚持以需求为导向，调整供应结构，满足不同收入家庭的住房需要"。从 2003 年起，住房制度改革出现了重大转向，由 1998 年住房制度设计的以经济适用房为主，转变为以商品房为主，并且经济适用房定位从保障房变成了政策性商品房。在此期间，还出台了促进个人消费信贷的政策，全面实施招标拍卖挂牌出让土地的政策，促进了市场化的配套制度改革。此外，还提出了加强廉租房和经济适用房的管理办法。随之出现了房价的快速上涨和部分群体的住房困难，中央政府开始出台了一系列稳定房价的政策。

　　第六阶段是加强住房保障和相应的土地供应阶段（2007 年至

今），中央政府制定了一系列住房保障政策完善住房保障体系。一是廉租房覆盖范围由最低收入家庭扩到低收入家庭，并最终与公租房合并。二是经济适用房重新定位为面向中低收入住房困难家庭的保障房，在此基础上出现了限价商品房、自住型商品房、共有产权住房等销售型保障房，来解决经济适用房政策存在的问题。三是公租房从最开始定位为解决夹心层的住房问题，到覆盖住房困难的中低收入家庭，并且拓展到常住外来人口和新就业人群，成为住房保障的主体。国发〔2007〕24 号文《国务院关于解决城市低收入家庭住房困难的若干意见》规定了新建廉租住房和经济适用房的户型面积，强调"要加大住房供应结构调整力度，重点发展中低价位、中小套型普通商品住房(两限房)，增加住房有效供应"。随后召开的全国住房工作会议就贯彻落实该意见进行了具体的部署，要求各级政府必须把解决低收入家庭的住房困难作为工作的重中之重，提出住房问题是重要的民生问题。国办发〔2008〕131 号文《国务院办公厅关于促进房地产市场健康发展的若干意见》要求"加大保障性住房建设力度，2009 年到 2011 年，全国平均每年新增 130 万套经济适用住房"。随后，《关于加快发展公共租赁住房的指导意见》(建保〔2010〕87 号)是根据《国务院关于坚决遏制部分城市房价过快上涨的通知》(国发〔2010〕10 号)和《关于促进房地产市场平稳健康发展的通知》(国办发〔2010〕4 号)精神出台的一项政策，要求大力发展公共租赁住房，满足城市中等偏下收入家庭基本住房需求。这表明住房保障制度由经济适用房向公租房的重大转变。2011 年 2 月27 日，温家宝总理表示，计划在今后 5 年，新建保障性住房 3600万套，以公租房和廉租房为主，再加上棚户区改造。2011 年 3 月14 日，《中华人民共和国国民经济和社会发展第十二个五年规划纲要》提出"构建以政府为主提供基本保障、以市场为主满足多层次需求的住房供应体系，使公共租赁住房成为保障性住房的主体"。国办发〔2013〕17 号文《国务院办公厅关于继续做好房地产市场调控工作的通知》要求"2013 年底前，地级以上城市要把符合条件的、有稳定就业的外来务工人员纳入当地住房保障范围"。中华人民共和国国民经济和社会发展第十三个五年(2016—2020 年)规划纲要指出："构建以政府为主提供基本保障、以市场为主满足多层次需求的住房供应体系，优化住房供需结构，稳步提高居民住房水平，更好保障住有所居。"并提出完善公务人员住房政策，将居住证持有人纳入城镇住房保障范围。在此期间，还出台了物权法等法律法规，新组建了住房和城乡建设部，调整土地供应、税收、信贷等政策来调控房地产市场和加强住房保障。

第七阶段是建立房地产市场长效机制阶段（2010年至今），加快住房制度改革，建立房地产市场的长效机制。从1998年停止实物分房以来，特别是2002年推行国有土地招标拍卖挂牌政策以后，中国城镇房价出现了快速上涨。为此从2005年到2008年开始了控制房价快速上涨的宏观调控。在2008年下半年为了应对美国次贷危机带来的冲击，实施鼓励买房的政策，这带来了新一轮的房价上涨。2010年，时任国务院总理温家宝在达沃斯论坛上表示"加快建立促进房地产市场健康发展的长效机制。"随后在2013年和2016年都提出建立楼市的长效机制，加强宏观调控。2016年国务院发布国办发〔2016〕39号文《国务院办公厅关于加快培育和发展住房租赁市场的若干意见》，提出实行购租并举、加快培育和发展住房租赁市场，鼓励支持租赁住房的建设、供应、消费以及相关的行业发展。2017年，国务院总理政府报告中提出要"因城施策"去库存，加快建立和完善促进房地产市场平稳健康发展的长效机制。2017年10月，党的十九大提出"坚持房子是用来住的、不是用来炒的定位，加快建立多主体供给、多渠道保障、租购并举的住房制度，让全体人民住有所居"。2017年12月8日，中共中央政治局召开会议，提出加快住房制度改革和长效机制建设。与此同时，也开始了农村建设用地上市试点。2013年发布的《中共中央关于全面深化改革若干重大问题的决定》明确提出建立城乡统一的建设用地市场。而后的2015年，全国人大授权全国范围内33个县市开展为期三年的集体经营性建设用地入市的试点，农村集体经营性建设用地入市改革试点进入具体实施阶段。

中国城镇房地产制度改革实现了从计划经济时期的实物福利制度向市场经济的商品制度的转变，并实现了从计划经济时期的实物房地产资源的行政分配机制向市场经济下的房地产资源的市场分配机制和弥补市场失灵的保障分配机制转换，带来了房地产投资主体多元化、供应专业化、分配货币化、消费市场化、管理专业化的新格局，逐步建立了与之相适应的多种房地产供应制度，建立了相应的金融、税收制度、房地产交易与权属登记制度、住房使用与维修、物业管理制度。

## 二、中国城镇房地产市场供求关系的现状

本研究重点分析住房市场。因此这里重点分析住房市场的现状特征（易成栋，2018），并且简要介绍一下非住宅房屋市场的供求特征。

### （一）中国城镇住房供求关系特征

衡量住房供求关系的指标主要有套户比、人均住房面积、空置率、住房质量等。根据这些指标来判断，我国目前城镇住宅已经跨越绝对短缺的阶段，基本供求平衡，甚至走向相对过剩。

从户均一套、人均一间、人均住房建筑面积等指标来看，中国城镇住房不再短缺。依据2015年中国1%人口抽样调查数据，2015年中国城镇家庭人均住房建筑面积为35.3平方米。2015年中国城镇人均住房建筑面积超过了20世纪90年代初中高收入国家的平均水平。这说明中国城镇居民的住房状况得到显著的改善。2015年中国城镇家庭住房人均间数分别为1.07间。与西方发达国家的住房拥挤标准（人均一间）相比，2015年我国城镇家庭的人均间数已经超过了这个标准，仅有八个省（直辖市）人均间数未达到1。这也说明中国城镇居民的居住水平得到显著的改善。按照2015年中国城镇家庭户总住房面积，假定套均100平米计算得到总住房套数2.36亿套，然后除以总城镇家庭户数，计算得到套户比（总套数/总户数）为1.04，按照套均100平米计算得到套户比接近1.1，超过了户均一套的标准。这也表明中国城镇住房不再短缺。

中国城镇家庭住房设施质量不断提高。从单项住房设施分析来看，无厨房的比例由1985年的30.97%下降到2015年的5.85%，无厕所的比例由1985年的65.86%下降到2015年的10.30%，无自

来水的比例由 1985 年的 26.81% 下降到 2010 年的 13.35%（2015 年无自来水相关数据）。这表明越来越多的城镇家庭具备这些基本的住房设施。这也说明我国完整居住功能的成套住房还不是 100%，约为 80%①。住房和城乡建设部副部长黄艳 2019 年 7 月 1 日在国新办举行的政策吹风会上透露"经过摸底排查，各地上报需要改造的城镇老旧小区有 17 万个"②。这些老旧小区通常已建成 20 年以上，已经发现了一系列突出问题，如水、电、气、网络等管网破旧，养老、抚幼、物业等公共服务缺失，一些老旧小区没有电梯，造成老人生活不便，公共环境普遍较差等。

中国城镇家庭住房自有率大幅度提升。住房自有率是国际上考察居民居住条件的常用指标，其含义是指居住在自己拥有产权住房的家庭户数占整个社会住房家庭户数的比例。1985 年中国城镇家庭住房自有率仅为 15.8%，绝大部分家庭是租赁公房居住。2000 年中国城镇家庭住房自有率已达 74.1%。2000—2015 年，我国城镇住房自有率基本围绕着 75% 上下波动。2020 年中国城镇家庭住房自有率已达 73.85%，与国际平均水平（60%）对比，我国住房自有率在世界上处于较高的水平。而且，2015 年中国城镇家庭购买和租赁商品房的家庭占比为 44.7%，其次是自建住房，占比为 34.1%，即 78.8% 的家庭从市场（或准市场）渠道获得住房。

而且，中国城市家庭多套住房自有率也高于国际上平均水平。根据西南财经大学中国家庭金融调查数据，中国城镇家庭多套住房自有率从 2011 年的 15.9% 上升到 2013 年的 18.6%，然后上升到 2014 年 1 季度的 21%③。

**（二）中国城镇非住宅房屋供求关系特征**

工商业用房指作为工商业生产用途的房地产，也被称作非住宅

---

① 冯俊. 衡量我国住房发展水平应注重数据可比性［EB/OL］. ［2017-08-10］. http：//house. 163. com/17/0810/14/CRG1B2O300078224. html.

② 17 万个老旧小区将得到改造［EB/OL］. ［2019-07-03］. http：//www. gov. cn/xinwen/2019-07/03/content_5405506. htm.

③ 甘犁. 中国家庭金融调查报告［R］. 西南财经大学，2014.

房屋，与居住功能为主的住宅房地产明显不同。然而非住宅房屋的总量统计数据十分缺乏，这里援引 2011 年中国国际金融公司的研究报告的成果(如图 4-1)。该报告认为："我国商业地产的基本特征是存量少、质量差，城镇人均零售物业面积和人均写字楼面积都是 0.9 平方米；城镇房地产存量中，商业物业面积占比 8%，价值量占比 17%，均比欧美和亚洲主要经济体低很多；零售物业中 65% 属于低端物业，写字楼中甲级物业数量少且楼龄高，工业物业中 70% 以上无法满足现代工业需求，因此未来十年中国商业地产将加速增长。"①另外，香港致富证券北京研究院的报告称，我国商业地产占市场份额只有商品房市场的 15% 左右，相比日本有较大差距，也有很大的发展空间。

资料来源：世联地产．CEIC，IMF，中全公司研究部

图 4-1　城镇人均商业物业面积的国际比较

2011 年中国国际金融公司的研究报告还根据国际经验总结了商业地产的发展规律(如图 4-2)，认为"人均 GDP 三到八千美元是商业地产的起步期，八千美元之后进入加速发展期，直至两万美元之后才进入成熟发展期。在起步期，新增商业地产供应增速往往是最快的，而中国正处于起步期。2011—2020 年的十年间，我国人

①　中国国际金融公司，开启商业地产纪元：中国商业房地产发展前瞻[R]．20110928 行业研究报告．

均 GDP 三到八千美元的城市数量将从 200 座增加至 320 座，而人均 GDP 八千美元以上城市将从 28 座猛增至 177 座"①。

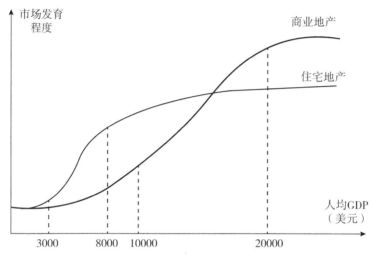

图 4-2　商业地产发展的 S 曲线②

另外，2011 年中国国际金融公司的研究报告还根据城镇化规律认为"当城市化率处于 50%～70% 时，是大城市商业地产发展的黄金阶段，而目前中国刚好跨入 50% 的关口。因此，我国的商业地产仍然具有较大的发展潜力，商业地产投资在 2011—2020 的十年间仍能保持 15%～20% 的增长速度"③。

但值得注意的是，与大多数发达国家不同，中国的商业地产发展面临着更为复杂的环境。如今，互联网行业快速发展，电商的崛起已经给百货商场、购物中心等商业地产造成了一定的冲击。根据

---

① 　中国国际金融公司，开启商业地产纪元：中国商业房地产发展前瞻[R]. 20110928 行业研究报告.

② 　中国国际金融公司，开启商业地产纪元：中国商业房地产发展前瞻[R]. 20110928 行业研究报告.

③ 　中国国际金融公司，开启商业地产纪元：中国商业房地产发展前瞻[R]. 20110928 行业研究报告.

国家统计局发布的《2014 中国经济总结》，2014 年全年社会消费品零售总额 262394 亿元，全年全国网上零售额为 27898 亿元，占前者比例 10.6%①。国家统计局的数据显示，2018 年全年社会消费品零售总额 380986.9 亿元，全年全国网上零售额为 90065 亿元，占前者比例 23.64%，比 2014 年高了 13%②。这意味着网店增多以及网络销售额的增长，大大压缩了实体店的市场份额和发展空间。国家统计局的数据显示，2020 年全国网上零售额达 11.76 万亿元，同比增长 10.9%，实物商品网上零售额达 9.76 万亿元，同比增长 14.8%，占社会消费品零售总额的比重接近四分之一。

在城镇化与网络化并行的背景下，商业地产未来的发展可能并不能完全复制发达国家的发展路径；宏观上，商业地产的发展，尤其是购物中心等零售物业的发展可能会受到一定的负面影响，按照人均面积为 1.1 平方米来评价，中国的商业地产已经足够，出现了相对过剩，存在一些高质量的工商业用房结构性不足和低质量的工商业用房结构性过剩的问题。

# 第二节  人口变动与中国房地产需求的分析和预测

## 一、微观视角的人口变动与住房需求的统计分析

这里研究使用了北京大学中国社会科学调查中心（ISSS）的中国家庭追踪调查（China Family Panel Studies，CFPS）项目数据，该调查通过跟踪收集个体、家庭、社区三个层次的数据，反映中国社会、经济、人口、教育和健康的变迁。这里将 2010 年、2012 年、

---

① 2014 中国宏观经济数据发布 解读中国经济"体检报告"［EB/OL］．［2015-01-21］．http://china.cnr.cn/yaowen/20150121/t20150121_517482348.shtml.

② 2018 年全国网上零售额 90065 亿元 比上年增长 23.9%［EB/OL］．［2019-02-01］．http://www.100ec.cn/detail-6494593.html.

2014年、2016年、2018年数据整理为面板数据，包含城镇和乡村家庭，并根据本文研究目的，对数据进行如下处理：

一是设定户主。在研究中通常以户主作为家庭的代表。因为CFPS数据不同于人口普查等数据，并无明确家庭户主的信息，因此在CFPS数据中采用家庭人口学的方法以被访者代表（户主）作为家庭户的标志时进行了如下处理：将《家庭成员问卷》数据与《成人问卷》数据依据进行信息匹配后，在一个家庭户中，选取年龄在18~60周岁之间年龄最大的成年男性为户主，若没有男性则选取年龄在18~60周岁之间年龄最大的成年女性为户主。最终，形成只包含户主信息的样本数据，得到11985个样本。

二是设定户主年龄、婚姻、收入、职业、学历等变量。根据家庭户主的出生年月，换算成年龄，并且计算年龄的平方。将户主婚姻状况分为未婚、已婚、离婚、丧偶。将收入取值为家庭全部纯收入（家庭全部纯收入=经营性收入+财产性收入+转移性收入+工资性收入）。将户主职业划分为以下大类：1.国家机关、党群组织、企业、事业单位负责人；2.专业技术人员；3.办事人员和有关人员；4.商业/服务人员；5.生产运输设备操作人员及有关人员；6.其他。将户主受教育程度分为1.文盲、半文盲、小学；2.初中、高中；3.大专；4.大学本科、硕士、博士。

三是设定住房方面的变量。其中，家庭住房质量指数采用了赋值的办法。根据中国的实际情况，认为住房建筑属性里面最重要的是厨房、炊事燃料、做饭用水、通电情况、卫生间类型。但本数据并无厨房设施数据，因此没有将其作为住房质量评估指标。炊事燃料中，罐装煤气/液化气、天然气/管道煤气、太阳能/沼气、电赋值为1，煤炭、柴草赋值为0.5，其他赋值为0。做饭用水中，自来水、桶装水/纯净水/过滤水赋值为1、江河湖水、井水、雨水、窖水、池塘水/山泉水赋值为0。卫生间类型中，室内冲水厕所赋值为1，室外冲水厕所、室内非冲水厕所、室外非冲水厕所赋值为0.5，冲水公厕、非冲水公厕赋值为0。通电情况中，几乎未断电赋值为1，偶尔断电赋值为0.5，没通电、经常断电赋值为0。此外，该调查中将现居住住房来源分为：1.家庭成员拥有完全产权；

2. 家庭成员拥有部分产权；3. 公房（单位提供的房子）；4. 廉租房；5. 公租房；6. 市场上租的商品房；7. 亲戚、朋友的房子。本文将城市家庭住房来源分为自有和租赁，自有住房包括家庭成员拥有完全或部分产权。除了现居住住房外，一些家庭另外还拥有其他住房，这里综合现居住住房和另外的住房，进一步将住房情况分为租赁一套、自有一套、租赁且自有一套、自有多套四种类型。

**（一）户主年龄、世代和住房需求分析**

1. 户主年龄和住房需求分析

CFPS 2010—2018 年面板数据显示（图 4-3—图 4-6），住房面积随着户主年龄的增加呈现先增加后减少的趋势，住房面积在户主年龄为 40 岁左右的时候达到峰值，随后下降；住房质量随着年龄的增加而降低；住房自有率与户主年龄呈现"倒 U 型"关系，住房自有率随着户主年龄的增加先呈现上升趋势，在 60 岁左右达到峰值，随后随着户主年龄的增加而减小；多套住房自有率随着户主年龄的增加呈现先增加后减小的趋势，在户主年龄为 40 岁左右时达到峰值。这些描述统计分析结果比较符合生命周期假说。

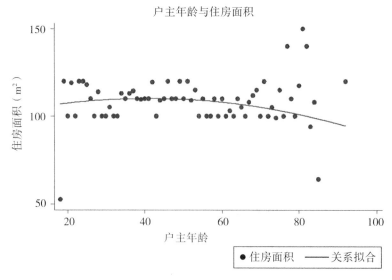

图 4-3 户主年龄和住房面积的关系

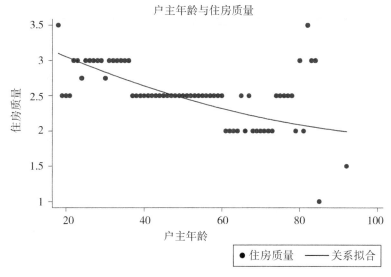

图 4-4 户主年龄和住房质量的关系

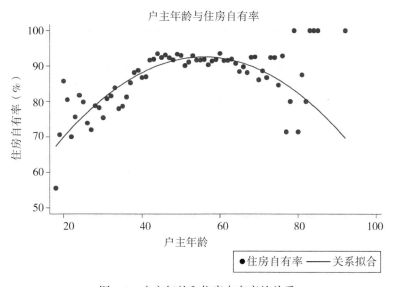

图 4-5 户主年龄和住房自有率的关系

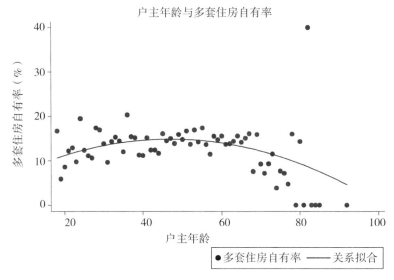

图 4-6　户主年龄和多套住房自有率的关系

2. 户主世代和住房需求分析

然而上述分析没有考虑到不同世代的差异。CFPS 2010—2018
年面板数据显示（如图 4-7—图 4-10），住房面积随着户主世代的变
化而变化，出生于二十世纪七十年代的户主住房面积最大，而出生
于二十世纪八十年代及以后的户主住房面积最小；住房质量随着户
主世代的推后而升高，出生于二十世纪八十年代及以后的户主住房
质量最高，出生于 1940 年以前的户主住房质量低于出生于其他年
代的户主；住房自有率与户主世代呈现"倒 U 形"关系，越年轻的
户主住房自有率越低，出生于二十世纪五十年代的户主住房自有率
最高；多套住房自有率与户主世代也呈现"倒 U 形"关系，出生于
二十世纪六十年代的户主多套住房自有率最高，而出生于 1980 年
及以后和 1940 年以前的户主多套住房自有率较低。

3. 60 岁以上老年人的住房需求分析

CFPS 2010—2018 年面板数据结果显示，对于不同年龄段的老
年人而言，城镇地区住房面积、住房质量、住房自有率、多套住房
自有率均大于农村地区（70 岁及以上城镇老年人住房自有率除外）；

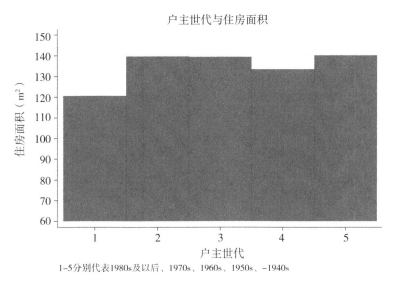

图 4-7　户主世代和住房面积的关系

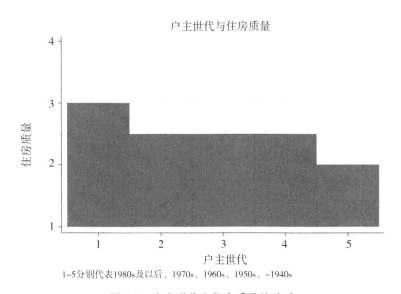

图 4-8　户主世代和住房质量的关系

60~70 岁老年人住房面积、住房质量、住房自有率、多套住房自有率均大于 70 岁及以上的老年人。因此可以看出，与农村地区老

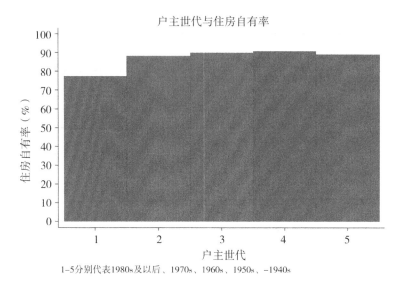

图 4-9 户主世代和住房自有率的关系

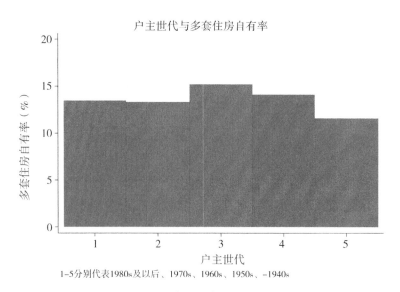

图 4-10 户主世代和多套住房自有率的关系

年人相比,我国城镇地区老年人的住房条件相对较好,同时,与年龄较高的老年人相比,年龄较低的老年人住房条件也较好。这里城镇地区的住房面积比农村地区大，可能原因是由于样本里面包含了镇，而这些居民自建房多是几层楼的原因。

表 4-1　60 岁以上老年人住房需求

| 年龄分组 | 城镇 | | | | 农村 | | | |
|---|---|---|---|---|---|---|---|---|
| | 住房面积（m²） | 住房质量 | 住房自有率（%） | 多套住房自有率(%) | 住房面积（m²） | 住房质量 | 住房自有率（%） | 多套住房自有率(%) |
| 60~70 岁 | 162.77 | 2.71 | 91.42 | 18.43 | 128.88 | 2.15 | 91.10 | 12.83 |
| 70 岁及以上 | 140.15 | 2.62 | 87.07 | 9.52 | 130.98 | 2.08 | 87.74 | 8.08 |

2000 年、2006 年和 2010 年中国城乡老年人口追踪调查数据显示（易成栋，2018），从人均住房面积来看，在 2000 年，大致在 60~66 岁呈现出老年人人均住房面积上升的趋势，67~71 岁下降，然后 72~76 岁又为上升阶段，77~81 岁下降，82~86 岁又为上升，87 岁以后下降。在 2006 年，大致表现为 60~75 岁的老年人人均住房面积为波动式上升，76~84 岁小幅度下降再上升，85 岁以后下降的变化情况。在 2010 年，大致表现为 60~76 岁波动式上升，77~82 岁下降，83 岁以后波动上升的趋势。总体来看，在 2000 年、2006 年和 2010 年，随着年龄的增长，老年人的人均使用面积表现出波动式地先增加再减小的"倒 U 形"趋势。略有不同的是，在 2010 年大约在 82 岁以后出现了一定幅度的上升，表明高龄老人人均住房面积在一定程度上得到了改善，如图 4-11 所示。

城市老人住房质量可以从住房设施拥有的比例、以及家用电器的比例来衡量。老人拥有四项（水、气、暖气、厕所）及以上设施的比例整体上都表现出随年龄增大而略微降低的变化趋势，这表明年纪越高的老人享受到齐全住房设施的比例越低。其中，随年龄降低的趋势在 75 岁左右之后表现得更为明显，在 75 岁之前，各年份

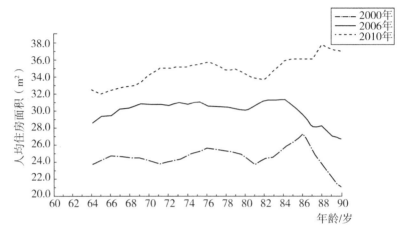

图 4-11　中国城市 60~90 岁老年人人均住房面积的变化

随年龄增长降低的趋势比较平缓，尤其在 2010 年，基本上表现为平均水平上的略微波动。75 岁之后，各年份开始出现明显的下降趋势，且各年龄层之间存在一定的波动。另外，2000 年和 2006 年各年龄老人拥有四项以上设施的比例差距不大，表明这一时期老人住房设施并没有明显改善，而 2010 年老年人住房拥有四项以上设施的比例明显高于 2000 年和 2006 年，表明各年龄层的老人在 2006 年到 2010 年间住房设施环境实现了突破性的改善，如图 4-12 所示。

　　各年份老年人自有产权住房比例均有随年龄增大而降低的趋势。其中，2000 年表现为一定的波动式下降。而 2006 年和 2010 年大致在 60~70 岁之间，没有表现出一定的下降趋势，呈水平小幅度波动情况，大致在 70 岁以后，开始出现下降的趋势。整体上来看，年龄越小的老年人越有可能居住在自有的私房当中，而且同样年龄段的老人在 2010 年比其他年份的自有产权住房比例高，如图 4-13 所示。

　　由于老人拥有多套住房的比例本来就较低，各年龄层之间差异的变化范围也较小。从图 4-14 可以看出多套住房比例随老年人年

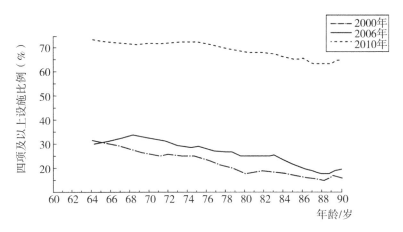

图 4-12　中国城市 60~90 岁老年人现居住住房有四项及以上设施比例的变化

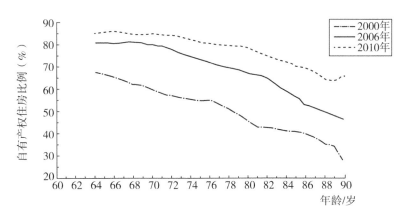

图 4-13　中国城市 60~90 岁老年人自有产权住房比例的变化

龄增加而波动下降的整体趋势，但是各年都在后期出现了一定程度的波动回升趋势。而且同样年龄段的老人在 2010 年比其他年份的拥有多套住房的比例高。

　　这说明中国城市老年人从 60 岁往上，出现了人均住房面积的"倒 U 形"变化，而住房质量出现了先是平稳然后下降，住房自有率也是先平稳然后下降，出现了阶段性的变化，并不是像生命周期假说那样设想的从退休后一直下降。而且，还需要考虑到社会变迁

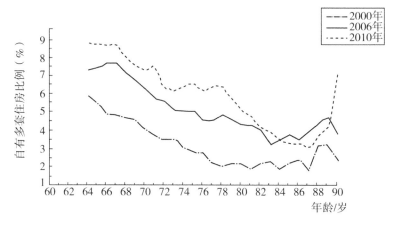

图 4-14　中国城市 60~90 岁老年人自有多套住房比例的变化

的影响，同样年龄的老年人在往后的年份比之前的年份通常有更高的人均住房面积、更好的住房质量、更高的住房自有率。

**（二）家庭规模和住房需求分析**

CFPS 2010—2018 年面板数据结果显示，对于不同规模的家庭而言，城镇地区住房质量、多套住房自有率均大于农村地区，而住房自有率小于农村地区，家庭规模为 2 人、4 人、5 人、6 人及以上的城镇家庭住房面积大于农村地区，家庭规模为 1 人、3 人城镇家庭住房面积小于农村地区；家庭规模越大，住房面积越大，住房自有率越高，多套住房自有率也越高（城镇地区家庭规模为 5 人的家庭除外），而住房质量则随着家庭规模的增加先上升后下降，其中，3 人家庭住房质量最高。而这与第三章理论预测的家庭规模越大，住房面积越大，住房质量越差，住房自有率和多套住房自有率越低不一致，主要是没有控制收入等变量的影响。

**（三）子女数量、性别和住房需求分析**

CFPS 2010—2018 年面板数据结果显示，对于不同子女类型的家庭而言，城镇地区住房质量、多套住房自有率均大于农村地区，而住房自有率小于农村地区，有 2 子及以上或者 2 女及以上的城镇家庭住房面积大于农村地区，其余子女类型的城镇家庭住房面积小于农村地区；子女数量越多，住房面积越大，住房自有率越高(农村地区 1 子家庭除外)，多套住房自有率也越高(城镇和农村地区 2 女及以上家庭除外)，而住房质量则随着子女数量的增加而降低，无子女家庭住房质量最高。

表 4-2　中国家庭规模与住房需求

| 家庭规模 | 城镇 | | | | 农村 | | | |
|---|---|---|---|---|---|---|---|---|
| | 住房面积（m²） | 住房质量 | 住房自有率（％） | 多套住房自有率(％) | 住房面积（m²） | 住房质量 | 住房自有率（％） | 多套住房自有率(％) |
| 1 人 | 111.88 | 2.89 | 58.42 | 7.56 | 113.26 | 2.21 | 71.63 | 7.45 |
| 2 人 | 117.83 | 2.98 | 80.45 | 11.02 | 111.40 | 2.21 | 87.17 | 8.46 |
| 3 人 | 121.19 | 3.31 | 86.81 | 19.44 | 135.24 | 2.27 | 89.95 | 8.89 |
| 4 人 | 141.05 | 2.96 | 88.87 | 21.59 | 140.25 | 2.25 | 93.47 | 9.83 |
| 5 人 | 157.75 | 2.90 | 90.69 | 16.80 | 150.82 | 2.17 | 93.98 | 15.14 |
| 6 人及以上 | 187.45 | 2.84 | 92.09 | 28.60 | 161.44 | 2.20 | 96.11 | 18.28 |

表 4-3　子女类型与住房需求①

| 子女类型 | 城镇 | | | | 农村 | | | |
|---|---|---|---|---|---|---|---|---|
| | 住房面积（m²） | 住房质量 | 住房自有率（％） | 多套住房自有率(％) | 住房面积（m²） | 住房质量 | 住房自有率（％） | 多套住房自有率(％) |
| 0 子 | 124.22 | 3.22 | 80.56 | 15.76 | 126.64 | 2.31 | 87.43 | 9.12 |
| 1 子 | 139.55 | 3.06 | 86.90 | 18.71 | 139.57 | 2.25 | 92.57 | 11.09 |

①　易成栋，任建宇，王优容．子女数量、性别与中国城市家庭的住房选择[J]．华东师范大学学报(哲学社会科学版)，2018，50(6)：100-107，175.(结论与此文一致，但前者是一年数据，这里用了多年。)

续表

| 子女类型 | 城镇 | | | | 农村 | | | |
|---|---|---|---|---|---|---|---|---|
| | 住房面积（m²） | 住房质量 | 住房自有率（%） | 多套住房自有率（%） | 住房面积（m²） | 住房质量 | 住房自有率（%） | 多套住房自有率（%） |
| 2子及以上 | 144.75 | 2.74 | 88.60 | 21.65 | 143.89 | 2.14 | 91.84 | 14.12 |
| 0女 | 123.21 | 3.15 | 81.25 | 18.29 | 137.43 | 2.32 | 88.13 | 11.69 |
| 1女 | 133.66 | 3.10 | 87.02 | 18.37 | 137.76 | 2.19 | 92.06 | 12.07 |
| 2女及以上 | 169.78 | 2.73 | 89.94 | 17.88 | 141.60 | 2.17 | 93.76 | 11.43 |

### （四）家庭婚姻状况和住房需求分析

CFPS 2010—2018 年面板数据结果显示，对于不同婚姻情况的家庭而言，城镇地区住房质量、多套住房自有率均大于农村地区，而住房自有率小于农村地区；城镇地区，已婚家庭的住房自有率、多套住房自有率最高，未婚家庭的住房自有率、多套住房自有率最低，丧偶家庭的住房面积最大，离婚家庭的住房质量最高，未婚家庭的住房面积最小且住房质量最低；农村地区已婚家庭的住房面积最大，多套住房自有率最高，未婚家庭的住房面积最小、住房质量最高、住房自有率最低，离婚家庭住房质量最低且多套住房自有率最低，丧偶家庭的住房自有率最高。

### （五）微观视角的人口变动和住房需求的回归分析

1. 生育情况和住房需求预测

本研究运用 2010 年、2012 年、2014 年、2016 年、2018 年 CFPS 数据建立平衡面板数据，采用 OLS 模型探究子女数量对住房面积、住房质量的影响，采用 Logit 模型探究子女数量对有无自有住房、有无多套住房的影响，采用 Multi-nominal Logit 模型探究子女数量对家庭住房选择的影响。

表 4-4　婚姻情况与住房需求

| 婚姻情况 | 城镇 | | | | 农村 | | | |
|---|---|---|---|---|---|---|---|---|
| | 住房面积（m²） | 住房质量 | 住房自有率（%） | 多套住房自有率（%） | 住房面积（m²） | 住房质量 | 住房自有率（%） | 多套住房自有率（%） |
| 已婚 | 137.34 | 3.06 | 87.04 | 19.00 | 139.65 | 2.22 | 91.78 | 11.95 |
| 未婚 | 112.55 | 3.05 | 65.50 | 11.82 | 126.69 | 2.24 | 82.47 | 11.51 |
| 离婚 | 136.08 | 3.25 | 72.62 | 14.29 | 130.39 | 2.14 | 90.22 | 4.35 |
| 丧偶 | 137.96 | 2.94 | 86.46 | 13.54 | 134.30 | 2.30 | 93.80 | 10.22 |

　　其中，住房面积的回归结果显示，子女数量对住房面积具有正向显著影响，即子女数量多的家庭，住房面积大，体现了家庭中养育子女所产生的有效住房需求；年龄、性别对住房面积的影响为负，前者统计不显著，后者统计显著，这可能是因为随着年龄的增大，家庭从养育子女逐渐过渡到子女离家、丧偶等，对住房面积的需求下降，同时，相比于女性而言更低，男性对于住房面积的需求较低；已婚对住房面积的影响为负，但统计不显著，这可能是因为未婚家庭中包含离婚、丧偶家庭，而这部分家庭在短期内并未因为一个家庭成员的离开而改变住房面积，因此与已婚家庭在住房面积方面无显著差异；家庭规模对住房面积的影响为正，且统计显著，这是因为家庭规模扩大会增加对住房面积的需求，以满足家庭成员生活、活动的空间需求；受教育程度中，初中、高中对住房面积的影响显著为正，大专、大学本科及以上对住房面积的影响为负，但统计不显著，这可能是因为学历较低的户主多生活在中、西部地区，房价较低，更可能拥有较大面积的住房，而学历较高的户主更可能生活在东部地区，住房成本高，住房面积往往较小；户口对住房面积的影响显著为负，城镇家庭的自有住房面积比农村住房面积略大，这可能是由于有镇样本的影响；收入对住房面积的影响显著为正，进一步证明了上述结论和观点；职业是负责人、专业技术人员对住房面积的影响显著为正，这可能是这部分群体因为享受单位

的住房补贴等福利待遇，加之较高的经济收入，住房面积更大，其他职业对住房面积的影响不显著；对于地区因素，中、西部地区对住房面积的影响显著为正，体现了这些地区由于住房价格较低、生活压力较小，对住房面积有着更大的有效需求。

住房质量的回归结果显示，子女数量对住房质量具有负向显著影响，即子女数量多的家庭，住房质量低，这可能是因为对于子女数目多的家庭而言，扩大住房面积是第一要务，而提高住房质量则因受到经济条件的约束受到抑制，因此住房质量较低；年龄对住房质量的影响显著为正，这可能是因为随着年龄的增加，对住房质量的要求更高，也更有经济实力提升住房质量；性别对住房质量的影响显著为负，这可能是因为男性对于住房质量的需求较低，且与女性之间存在显著差异；已婚家庭住房质量更低，但统计不显著，这可能是因为已婚家庭在养育子女等方面承受着较大的经济压力，挤占了提升住房质量的消费支出，但与其他家庭差异并不显著；家庭规模对住房质量的需求显著为负，这可能是因为家庭规模越大，家庭经济负担越重，因此改善住房条件、提高住房质量的能力不足，住房质量较低；相比于初中以下的受教育程度，初中、高中、大专、大学本科及以上受教育程度对住房质量存在正向显著影响，体现了学历越高的群体越注重生活品质，对住房质量的需求越高，也越有能力改善住房质量；非农业户口、城镇居民、收入高的家庭住房质量更高，且均统计显著，这可能是因为这部分群体对住房质量的要求更高，也更有能力改善住房条件，因此住房质量较高；与生产工人相比，负责人、专业技术人员、办事人员、商业/服务人员对住房质量存在正向影响，体现了这部分职业从业者对住房质量的需求更高，也更有能力提高住房质量，而其他职业从业者中大部分为农业生产者，对住房质量的需求较低，同时，改善住房质量的能力也较差；居住在中、西部地区的居民住房质量更低，且统计显著，这可能是因为我国经济发展的不平衡所导致的地区间住房质量差异，而东部地区居民普遍住房质量较高。

自有住房的回归结果显示，子女数量对住房产权具有负向影响，但不显著，体现了生育子女对购买住房存在抑制效应；年龄对住房产权的影响显著为正，这可能是因为随着年龄的增加，更有经济实力购买住房，拥有住房产权；性别对住房产权的影响显著为负，这可能是因为男性户主更能接受租房居住的生活观念，因此更可能租赁住房；已婚家庭住房产权更低，但统计不显著，这可能是因为未婚家庭中包括部分离婚、丧偶家庭，但这部分家庭有自有住房，因此未婚与已婚家庭未产生明显差异；家庭规模对住房产权的需求显著为正，这可能是因为家庭规模越大，家庭成员需要的生活空间越大，也更需要安稳的生活场所，因此更可能自有住房；相比于初中以下的受教育程度，初中、高中、大专、大学本科及以上受教育程度对住房产权存在正向影响，体现了学历越高的群体对住房产权的需求越高，也越有能力购买自有住房；非农业户口对住房产权存在正向显著影响，这可能是因为非农业户口的居民更可能由于受到单位在住房方面的补贴等，购买自有住房；城镇居民、收入对于住房产权的需求具有负向影响，且均统计显著，这可能是因为居住在城镇的居民受到房价的影响，收入高的地区房价更高，因而住房自有率较低；与生产工人相比，商业/服务人员对住房产权的负向影响统计显著，其他职业从业者对住房产权存在显著正向影响，这可能是因为相比于生产工人，商业/服务人员更可能生活在城市，而收入较低，难以实现自有住房，但其他职业者更可能生活在在农村地区，房价较低，购买自有住房的可能性更高；与东地区相比，居住在中、西部地区的居民更可能拥有住房产权，且统计显著，这可能是因为这些地区房价较低，居民更容易获得住房产权，也体现了我国东部地区居民的住房压力较大。

自有多套住房的回归结果显示，子女数量对住房产权具有正向影响，且统计显著，体现了生育子女多的家庭可能要为子女准备婚房而选择购买多套住房；年龄对自有多套住房的影响显著为正，这可能是因为随着年龄的增加，家庭财富积累越多，也更有经济实力购买多套住房；性别对住房产权的影响为正，婚姻对住房产权的影响为负，且均统计不显著；家庭规模对自有多套住房的影响显著为正，这可能是因为家庭规模越大，家庭成员需要的生活空间越大，也更需要为子女准备婚房，因此更可能自有多套住房；相比于初中以下的受教育程度，初中、高中、大专、大学本科及以上受教育程度对住房产权存在正向影响，体现了学历越高的群体对住房产权的需求越高，也越有能力购买多套住房；非农业户口、城镇居民、收入对住房产权存在正向影响，且城镇居民、收入的影响统计显著，这可能是因为这部份群体为子女准备婚房的需求更高或者住房的投资需求更高，也更有能力实现购买多套住房；与生产工人相比，负责人、专业技术人员对自有多套住房存在正向影响，这可能是因为这部分群体的收入更高，他们当中可以支付多套住房的家庭比例也更高，更可能自有多套住房；与东地区相比，居住在中、西部地区的居民更不可能拥有多套住房产权，且统计显著，这可能是因为这些地区居民对住房的投资需求较小，同时持有多套住房的比例更低，其根本原因是这些地区住房的套利空间较东部地区更小，房价上涨幅度也较小，因此居民同时购买多套住房的比例较小。

表 4-5　中国家庭生育子女情况与住房需求

| | 住房面积 | 住房质量 | 自有住房 | 自有多套住房 |
|---|---|---|---|---|
| 子女数量 | $1.72^{**}$ | $-0.03^{***}$ | 0.04 | $0.04^{*}$ |
| | (0.74) | (0.01) | (0.03) | (0.02) |
| 年龄 | $-0.01$ | $0.01^{**}$ | $0.12^{***}$ | $0.04^{**}$ |
| | (0.52) | (0.00) | (0.01) | (0.02) |
| 年龄的平方 | 0.00 | $-0.00^{*}$ | $-0.00^{***}$ | $-0.00^{*}$ |
| | (0.01) | (0.00) | (0.00) | (0.00) |
| 性别（参照组：女） | $-5.75^{**}$ | $-0.11^{***}$ | $-0.17^{**}$ | 0.02 |
| | (2.56) | (0.02) | (0.08) | (0.07) |
| 婚姻（参照组：未婚） | $-1.84$ | $-0.01$ | $-0.09$ | $-0.01$ |
| | (3.45) | (0.03) | (0.10) | (0.11) |
| 家庭规模 | $7.22^{***}$ | $-0.01^{***}$ | $0.32^{***}$ | $0.16^{***}$ |
| | (0.64) | (0.01) | (0.03) | (0.02) |

续表

| | 住房面积 | 住房质量 | 自有住房 | 自有多套住房 |
|---|---|---|---|---|
| 受教育程度(参照组：初中以下) | | | | |
| 初中、高中 | 8.37*** | 0.11*** | 0.15** | 0.05 |
| | (2.11) | (0.02) | (0.07) | (0.06) |
| 大专 | −3.11 | 0.18*** | 0.05 | 0.52*** |
| | (5.75) | (0.05) | (0.16) | (0.14) |
| 大学本科及以上 | −7.83 | 0.13** | 0.52*** | 0.78*** |
| | (6.62) | (0.06) | (0.19) | (0.16) |
| 户口(参照组：农业户) | −24.22*** | 0.43*** | 0.28*** | 0.08 |
| | (3.18) | (0.03) | (0.09) | (0.08) |
| 城乡(参照组：乡村) | 6.01*** | 0.40*** | −0.19*** | 0.24*** |
| | (2.29) | (0.02) | (0.07) | (0.07) |
| 收入的对数 | 8.72*** | 0.16*** | −0.14*** | 0.39*** |
| | (0.95) | (0.01) | (0.03) | (0.03) |
| 职业(参照组：生产工人) | | | | |
| 负责人 | 17.67*** | 0.09** | −0.14 | 0.29** |
| | (5.20) | (0.05) | (0.15) | (0.13) |
| 专业技术人员 | 10.16** | 0.02 | 0.04 | 0.17 |
| | (4.95) | (0.04) | (0.14) | (0.13) |
| 办事人员 | 1.26 | 0.09** | 0.06 | −0.11 |
| | (5.12) | (0.05) | (0.15) | (0.14) |
| 商业/服务人员 | 3.22 | 0.07** | −0.38*** | 0.08 |
| | (3.65) | (0.03) | (0.10) | (0.10) |
| 其他 | −1.57 | −0.25*** | 0.49*** | −0.03 |
| | (2.77) | (0.02) | (0.09) | (0.08) |

续表

| | 住房面积 | 住房质量 | 自有住房 | 自有多套住房 |
|---|---|---|---|---|
| 地区（参照组：东部） | | | | |
| 中部 | 31.92*** | −0.27*** | 0.66*** | −0.14** |
| | (2.36) | (0.02) | (0.08) | (0.06) |
| 西部 | 18.36*** | −0.27*** | 0.37*** | −0.62*** |
| | (2.32) | (0.02) | (0.08) | (0.07) |
| 常数项 | 1.32 | 0.79*** | −0.81* | −7.76*** |
| | (15.18) | (0.13) | (0.46) | (0.49) |
| 观测值数 | 11882 | 11936 | 11936 | 11936 |
| $R^2$ | 0.057 | 0.277 | | |

生育子女情况对住房产权的影响的回归结果显示，相比于自有住房，子女数量多的家庭更不可能租赁住房，但统计不显著，这可能是因为生育子女多的家庭涉及子女教育等问题，更需要稳定的住所养育子女，因此选择自有住房；年龄高的户主更不可能选择租赁住房，且统计显著，这是因为年龄越大，越需要稳定的住所，也更有能力购买住房，而不选择租赁住房；男性户主、已婚家庭更可能选择租赁住房，但统计不显著；家庭规模越大越不可能选择租赁住房，且统计显著，这可能是因为较多的家庭需要较大的生活空间，也更需要安稳的生活环境，因此选择自有住房；与初中以下的受教育程度相比，初中、高中、大学本科及以上受教育程度更不可能租赁住房，但统计不显著，体现了学历对住房产权具有正向影响；非农业户口更不可能租赁住房，且统计显著，这部分群体大多从事着农业以外的其他职业，收入相对较高，更有能力选择自有住房；城镇居民、收入高的家庭更可能租赁住房，且统计显著，这是因为这部分群体更可能因为生活在城镇地区面临着较大的生活压力与房价压力，更可能选择租赁住房；与生产工人相比，负责人、专业技术人员、办事人员、商业/服务人员更可能租赁住房，且统计显著，

这可能是因为这部分群体所处地区房价相对较高，而较高的收入却难以匹配高昂的房价，更可能选择租赁住房；与东地区相比，居住在中、西部地区的居民更不可能租赁住房，且统计显著，这可能是因为这些地区生活压力小，房价低，居民更可能选择购买住房。

相比于自有住房，子女数量多的家庭更可能租赁且自有住房，但统计不显著，这体现了子女数量多的家庭即便租赁住房居住，也更可能有自有住房；年龄高的户主更不可能选择租赁且自有住房，且统计显著，这是因为年龄越大，购买住房的需求和能力越高，而不选择租赁且自有住房；男性户主、已婚家庭更可能选择租赁且自有住房，但统计不显著；家庭规模越大越不可能选择租赁且自有住房，且统计显著，这与前述结论一致，这部分家庭更需要稳定的生活环境，因此更不可能选择租赁且自有住房；与初中以下的受教育程度相比，初中、高中、大学本科及以上受教育程度更不可能租赁且自有住房，但统计显著，体现了学历对自有住房的正向影响；非农业户口、城镇居民、收入高的家庭更可能租赁且自有住房，但统计不显著，这可能是因为这部分群体生活在城镇地区，收入相对较高，但城镇地区房价也较高，因此更可能在工作所在地租赁住房，而在户口所在地自有住房；与生产工人相比，负责人、专业技术人员、办事人员更可能自有住房，这可能是因为这部分群体的工作较为稳定，在有能力购买住房时就不会选择在工作所在地租赁住房，而在其他地方自有住房；与东地区相比，居住在中、西部地区的居民更不可能租赁且自有住房，且统计显著，这可能是因为这些地区的居民购买居住地住房的能力更高。

相比于自有住房，子女数量多的家庭更可能自有多套住房，但统计不显著，这可能是因为养育子女越多，为子女准备婚房的需求越大，更可能自有多套住房；年龄高的户主更可能选择自有多套住房，但统计不显著，这是因为随着年龄的增加，家庭财富积累越多，越有能力同时持有多套住房；男性户主更可能选择自有多套住房，但统计不显著，这可能是因为男性户主由于性别优势，更可能获得更好的工作和更高的收入，购买多套住房；已婚家庭更不可能选择自有多套住房，但统计不显著，这可能是因为已婚户主由于维持家庭日常生活的开销较大，受到经济条件的约束，难以实现同时持有多套住房；家庭规模越大越可能选择自有多套住房，且统计显著，这是因为这部分家庭需要的生活空间更大，为子女准备婚房的需求也更大，更可能自有多套住房；与初中以下的受教育程度相比，大专、大学本科及以上受教育程度更可能自有多套住房，且统计显著，体现了学历对自有多套住房的正向影响；非农业户口、城镇居民、收入高的家庭更可能自有多套住房，这是因为这部分群体更有经济实力同时持有多套住房满足居住或者投资需求；与生产工人相比，负责人、专业技术人员、商业/服务人员更可能自有多套住房，这可能是因为这部分群体收入相对较高，更有能力购买多套住房；与东地区相比，居住在中、西部地区的居民更不可能自有多套住房，且统计显著，这可能是因为这些地区的房价较稳定，使得他们对于住房的投资需求较小。

表 4-6　中国家庭生育子女情况与住房产权需求（参照组：自有住房）

| | 租赁住房 | 租赁且自有住房 | 自有多套住房 |
|---|---|---|---|
| 子女数量 | -0.04 | 0.02 | 0.03 |
| | (0.03) | (0.05) | (0.02) |
| 年龄 | -0.12*** | -0.08** | 0.02 |
| | (0.02) | (0.03) | (0.02) |
| 年龄的平方 | 0.00*** | 0.00* | -0.00 |
| | (0.00) | (0.00) | (0.00) |
| 性别（参照组：女） | 0.13 | 0.17 | 0.05 |
| | (0.09) | (0.16) | (0.07) |
| 婚姻（参照组：未婚） | 0.04 | 0.31 | -0.03 |
| | (0.11) | (0.22) | (0.11) |
| 家庭规模 | -0.31*** | -0.23*** | 0.14*** |
| | (0.03) | (0.05) | (0.02) |

续表

| | 租赁住房 | 租赁且自有住房 | 自有多套住房 |
|---|---|---|---|
| 受教育程度(参照组:初中以下) | | | |
| 初中、高中 | −0.09 | −0.29** | 0.04 |
| | (0.08) | (0.14) | (0.06) |
| 大专 | 0.05 | 0.12 | 0.56*** |
| | (0.18) | (0.28) | (0.15) |
| 大学本科及以上 | −0.34 | −0.71* | 0.73*** |
| | (0.23) | (0.38) | (0.16) |
| 户口(参照组:农业户) | −0.38*** | 0.09 | 0.03 |
| | (0.11) | (0.17) | (0.09) |
| 城乡(参照组:乡村) | 0.24*** | 0.14 | 0.27*** |
| | (0.08) | (0.14) | (0.07) |
| 收入的对数 | 0.13*** | 0.38*** | 0.42*** |
| | (0.04) | (0.07) | (0.03) |
| 职业(参照组:生产工人) | | | |
| 负责人 | 0.33* | −0.07 | 0.33** |
| | (0.17) | (0.28) | (0.13) |
| 专业技术人员 | 0.09 | −0.08 | 0.17 |
| | (0.17) | (0.26) | (0.13) |
| 办事人员 | 0.01 | −0.12 | −0.11 |
| | (0.17) | (0.27) | (0.14) |
| 商业/服务人员 | 0.45*** | 0.26 | 0.16 |
| | (0.11) | (0.18) | (0.10) |
| 其他 | −0.39*** | −0.69*** | −0.06 |
| | (0.10) | (0.18) | (0.08) |

续表

|  | 租赁住房 | 租赁且自有住房 | 自有多套住房 |
|---|---|---|---|
| 地区(参照组：东部) | | | |
| 中部 | -0.70*** | -0.55*** | -0.22*** |
|  | (0.10) | (0.15) | (0.07) |
| 西部 | -0.40*** | -0.71*** | -0.68*** |
|  | (0.09) | (0.16) | (0.07) |
| 常数项 | 0.92* | -4.30*** | -7.18*** |
|  | (0.52) | (0.97) | (0.49) |
| 观测值数 | 11936 | | |

为了进一步探讨住房产权对住房需求的影响，本文将家庭分为租赁住房家庭和自有住房家庭，对生育不同子女数量的家庭住房需求进行实证检验。全样本的实证结果显示，自有住房对住房面积存在显著正向影响。这可能是因为，选择购买住房的家庭在购买住房时更倾向于选择面积相对较大的住房，为养育子女、赡养老人等做准备，而那些选择租赁住房的家庭多为单身或者刚结婚还未生育子女的家庭，因此对于租赁住房的面积需求较小；自有住房对住房质量存在显著负向影响，这可能是因为有住房产权的家庭在购买住房时承担了较大的经济压力，因此后期改善住房条件的能力相对较弱，而那些租赁住房的家庭因房租压力较小，因此有需求和能力选择质量较高的住房。在住房面积方面，无论是租赁住房还是自有住房，子女数量对住房面积均存在正向影响，当家庭选择租赁住房时，这一影响统计显著，而选择自有住房时，这一影响统计不显著，进一步验证了子女数量越多，家庭成员需要的生活空间越大，家庭对于住房的面积需求就越大。在住房质量方面，无论是租赁住房还是自有住房，子女数量对住房质量均存在负向显著影响，进一步验证了子女数量越多，家庭在生活和教育等方面的经济支出就越大，当扩大住房面积是家庭的首要选择时，提高住房质量则因受到

家庭收入的约束而难以提高，因此子女数量越多，住房质量越低。

**表 4-7　中国家庭住房产权、生育子女数量与住房需求**

| | 住房面积 | | | 住房质量 | | |
|---|---|---|---|---|---|---|
| | 全样本 | 租赁住房 | 自有住房 | 全样本 | 租赁住房 | 自有住房 |
| 住房产权（参照组：无） | 41.65*** | | | -0.14*** | | |
| | (3.12) | | | (0.03) | | |
| 子女数量 | 1.53** | 5.63*** | 1.16 | -0.03*** | -0.10*** | -0.03*** |
| | (0.74) | (1.89) | (0.79) | (0.01) | (0.03) | (0.01) |
| 年龄 | -0.64 | -1.59 | -0.61 | 0.01** | 0.02* | 0.01* |
| | (0.52) | (1.06) | (0.58) | (0.00) | (0.01) | (0.00) |
| 年龄的平方 | 0.01 | 0.02* | 0.01 | -0.00** | -0.00 | -0.00 |
| | (0.01) | (0.01) | (0.01) | (0.00) | (0.00) | (0.00) |
| 性别（参照组：女） | -5.09** | -4.36 | -4.89* | -0.11*** | -0.06 | -0.12*** |
| | (2.54) | (5.68) | (2.77) | (0.02) | (0.08) | (0.02) |
| 婚姻（参照组：未婚） | -2.42 | -0.12 | -2.69 | -0.01 | -0.13 | 0.00 |
| | (3.42) | (6.77) | (3.82) | (0.03) | (0.09) | (0.03) |
| 家庭规模 | 6.27*** | 5.05*** | 6.16*** | -0.01** | 0.04* | -0.02*** |
| | (0.64) | (1.68) | (0.68) | (0.01) | (0.02) | (0.01) |
| 受教育程度（参照组：初中以下） | | | | | | |
| 初中、高中 | 7.97*** | -2.22 | 9.08*** | 0.11*** | 0.08 | 0.11*** |
| | (2.09) | (5.15) | (2.25) | (0.02) | (0.07) | (0.02) |
| 大专 | -2.75 | 6.86 | -5.13 | 0.18*** | 0.09 | 0.20*** |
| | (5.70) | (10.77) | (6.42) | (0.05) | (0.15) | (0.05) |
| 大学本科及以上 | -9.90 | -0.18 | -11.93 | 0.14** | -0.05 | 0.17*** |
| | (6.57) | (13.51) | (7.27) | (0.06) | (0.19) | (0.06) |
| 户口（参照组：农业户） | -25.63*** | -5.85 | -29.31*** | 0.43*** | 0.14 | 0.48*** |
| | (3.15) | (6.45) | (3.49) | (0.03) | (0.09) | (0.03) |

续表

| | 住房面积 | | | 住房质量 | | |
|---|---|---|---|---|---|---|
| | 全样本 | 租赁住房 | 自有住房 | 全样本 | 租赁住房 | 自有住房 |
| 城乡(参照组:乡村) | 6.90*** | 2.81 | 7.78*** | 0.40*** | 0.49*** | 0.39*** |
| | (2.28) | (5.22) | (2.48) | (0.02) | (0.07) | (0.02) |
| 收入的对数 | 9.30*** | −1.65 | 10.78*** | 0.16*** | 0.24*** | 0.15*** |
| | (0.95) | (2.18) | (1.03) | (0.01) | (0.03) | (0.01) |
| 职业(参照组:生产工人) | | | | | | |
| 负责人 | 18.47*** | 12.27 | 19.97*** | 0.09** | 0.19 | 0.07 |
| | (5.17) | (10.07) | (5.75) | (0.05) | (0.14) | (0.05) |
| 专业技术人员 | 9.97** | 4.23 | 10.82** | 0.02 | −0.03 | 0.03 |
| | (4.91) | (10.01) | (5.43) | (0.04) | (0.14) | (0.05) |
| 办事人员 | 1.06 | 6.37 | 0.44 | 0.09** | −0.01 | 0.10** |
| | (5.08) | (10.42) | (5.61) | (0.05) | (0.14) | (0.05) |
| 商业/服务人员 | 5.49 | 6.12 | 6.16 | 0.06** | 0.11 | 0.05 |
| | (3.63) | (6.61) | (4.11) | (0.03) | (0.09) | (0.03) |
| 其他 | −3.09 | 2.60 | −4.11 | −0.25*** | −0.23*** | −0.24*** |
| | (2.75) | (6.54) | (2.99) | (0.02) | (0.09) | (0.03) |
| 地区(参照组:东部) | | | | | | |
| 中部 | 29.50*** | 34.59*** | 29.06*** | −0.26*** | −0.24*** | −0.26*** |
| | (2.35) | (5.98) | (2.53) | (0.02) | (0.08) | (0.02) |
| 西部 | 16.84*** | 10.47* | 18.04*** | −0.27*** | −0.16** | −0.28*** |
| | (2.31) | (5.42) | (2.51) | (0.02) | (0.07) | (0.02) |
| 常数项 | −19.80 | 110.61*** | 8.35 | 0.86*** | −0.34 | 0.91*** |
| | (15.15) | (32.01) | (16.71) | (0.13) | (0.44) | (0.14) |
| 观测值数 | 11882 | 1284 | 10598 | 11936 | 1287 | 10649 |
| $R^2$ | 0.071 | 0.062 | 0.056 | 0.279 | 0.229 | 0.281 |

上述结果仅体现了生育子女数量对住房需求的影响，为进一步探讨当前家庭多样化的情况，本文依据生育男孩和生育女孩的数量，对家庭进行重新分类，采用 OLS 模型探究不同家庭子女结构对住房面积、住房质量的影响，采用 Logit 模型探究不同家庭子女结构对有无自有住房、有无多套住房的影响，采用 Multi-nominal Logit 模型探究不同家庭子女结构对家庭住房选择的影响。

首先，对不同儿子数量的家庭对住房需求的影响进行分析。结果显示，与没有儿子的家庭相比，有 1 个儿子、2 个儿子的家庭住房面积更大，且有 1 个儿子的家庭回归结果统计显著，这表现了养育儿子较多对生活空间的需求更大，因此，相比于没有儿子的家庭，有儿子的家庭住房面积更大；与没有儿子的家庭相比，有儿子的家庭住房质量更差，但三类家庭在住房质量方面未呈现出显著差异，这体现了有 1 个儿子、2 个儿子及以上的家庭可能因为养育儿子而承担更多的生活和经济压力，因此在住房质量方面呈现劣势，但这一劣势并不显著；在自有住房方面，与没有儿子的家庭相比，有 1 个儿子的家庭更可能自有住房，有 2 个儿子及以上的家庭更不可能自有住房，这可能是因为有 1 个儿子的家庭因为养育孩子的需要，更可能追求安稳购买自有住房，而有 2 个儿子及以上的家庭养孩子的压力远远大于没有儿子的家庭，因此更不可能有能力购买自有住房；在自有多套住房方面，与没有儿子的家庭相比，有儿子的家庭更可能自有多套住房，且有 1 个儿子、2 个儿子及以上的家庭回归结果统计显著，这体现了由于中国传统文化的影响，安家置业、为儿子购买婚房是大部分父母的思想观念，因此有儿子的家庭、儿子数目多的家庭更可能自有多套住房，与中国的婚姻、家庭观念契合。

其次，对不同女儿数量的家庭对住房需求的影响进行分析。结果显示，与没有女儿的家庭相比，有 1 个女儿的家庭住房面积较小，但统计不显著，有 2 个女儿及以上的家庭住房面积较大，且回归结果统计显著，这体现了相比于没有女儿的家庭，有一个女儿的家庭养育孩子成本较高，因此改善居住条件、增大住房面积的能力较差，住房面积较小，而有 2 个女儿及以上的家庭住房面积较大是

表 4-8　中国家庭生育儿子情况与住房需求

| | 住房面积 | 住房质量 | 自有住房 | 自有多套住房 |
|---|---|---|---|---|
| 儿子数目(参照组：无) | | | | |
| 1个儿子 | 5.26** | −0.00 | 0.07 | 0.18** |
| | (2.50) | (0.02) | (0.08) | (0.07) |
| 2个儿子及以上 | 4.09 | −0.03 | −0.28*** | 0.44*** |
| | (2.97) | (0.03) | (0.10) | (0.09) |
| 年龄 | −0.02 | 0.01* | 0.11*** | 0.04** |
| | (0.52) | (0.00) | (0.02) | (0.02) |
| 年龄的平方 | 0.00 | −0.00 | −0.00*** | −0.00** |
| | (0.01) | (0.00) | (0.00) | (0.00) |
| 性别(参照组：女) | −6.14** | −0.10*** | −0.17** | 0.01 |
| | (2.55) | (0.02) | (0.08) | (0.07) |
| 婚姻(参照组：未婚) | −2.40 | −0.01 | −0.13 | −0.01 |
| | (3.46) | (0.03) | (0.10) | (0.11) |
| 家庭规模 | 7.58*** | −0.02*** | 0.35*** | 0.15*** |
| | (0.62) | (0.01) | (0.03) | (0.02) |
| 受教育程度(参照组：初中以下) | | | | |
| 初中、高中 | 8.38*** | 0.11*** | 0.15** | 0.05 |
| | (2.11) | (0.02) | (0.07) | (0.06) |
| 大专 | −2.85 | 0.18*** | 0.06 | 0.52*** |
| | (5.75) | (0.05) | (0.16) | (0.14) |
| 大学本科及以上 | −7.49 | 0.14** | 0.54*** | 0.79*** |
| | (6.62) | (0.06) | (0.19) | (0.16) |
| 户口(参照组：农业户) | −24.22*** | 0.43*** | 0.27*** | 0.08 |
| | (3.18) | (0.03) | (0.09) | (0.08) |

续表

| | 住房面积 | 住房质量 | 自有住房 | 自有多套住房 |
|---|---|---|---|---|
| 城乡(参照组：乡村) | 5.67** | 0.41*** | -0.22*** | 0.26*** |
| | (2.29) | (0.02) | (0.07) | (0.07) |
| 收入的对数 | 8.32*** | 0.17*** | -0.16*** | 0.40*** |
| | (0.94) | (0.01) | (0.03) | (0.03) |
| 职业(参照组：生产工人) | | | | |
| 负责人 | 17.81*** | 0.10** | -0.13 | 0.29** |
| | (5.21) | (0.05) | (0.15) | (0.13) |
| 专业技术人员 | 10.40** | 0.02 | 0.02 | 0.20 |
| | (4.96) | (0.04) | (0.14) | (0.13) |
| 办事人员 | 1.59 | 0.09* | 0.05 | -0.09 |
| | (5.12) | (0.05) | (0.15) | (0.14) |
| 商业/服务人员 | 3.35 | 0.08** | -0.38*** | 0.10 |
| | (3.66) | (0.03) | (0.10) | (0.10) |
| 其他 | -1.60 | -0.26*** | 0.51*** | -0.05 |
| | (2.77) | (0.02) | (0.09) | (0.08) |
| 地区(参照组：东部) | | | | |
| 中部 | 31.77*** | -0.27*** | 0.66*** | -0.15** |
| | (2.36) | (0.02) | (0.08) | (0.07) |
| 西部 | 18.51*** | -0.27*** | 0.38*** | -0.63*** |
| | (2.32) | (0.02) | (0.08) | (0.07) |
| 常数项 | 4.70 | 0.71*** | -0.55 | -7.93*** |
| | (15.09) | (0.13) | (0.46) | (0.49) |
| 观测值数 | 11882 | 11936 | 11936 | 11936 |
| $R^2$ | 0.057 | 0.276 | | |

因为这部分家庭虽然面临着较高的养育成本，但因为家庭规模较大对居住空间的需求也更高，因此选择更大的住房面积；与没有女儿的家庭相比，有女儿的家庭住房质量更差，其中，有1个女儿的家庭回归结果统计不显著，2个女儿及以上的家庭回归结果显著为负，这体现了有1个女儿、2个女儿及以上的家庭可能因为养育女儿而承担更多的生活和经济压力，因此在住房质量方面呈现劣势，但这一劣势对于只有1个女儿的家庭来讲并不显著。而对于养育2个女儿及以上的家庭来讲，在家庭财富不变的情况下，选择更大的住房面积则意味着提高住房质量的能力便会减弱，因此在住房质量方面的劣势明显；在自有住房方面，与没有女儿的家庭相比，有女儿的家庭更可能自有住房，但都不显著，这可能是因为有女儿的家庭养育孩子的需要，更可能追求安稳购买自有住房；在自有多套住房方面，与没有女儿的家庭相比，有女儿的家庭更不可能自有多套住房，且2个女儿及以上的家庭回归结果统计显著，这与上述研究结论中有儿子的家庭更可能自有多套住房呼应，体现了由于中国传统文化的影响，女孩的父母无需为其购置婚房，因此持有多套住房的比例较小，更不可能自有多套住房，进一步验证了中国的婚姻和家庭观念。

表4-9　中国家庭生育女儿情况与住房需求

| | 住房面积 | 住房质量 | 自有住房 | 自有多套住房 |
|---|---|---|---|---|
| 女儿数目(参照组：无) | | | | |
| 1个女儿 | −2.53 | −0.03 | 0.05 | −0.09 |
| | (2.25) | (0.02) | (0.07) | (0.06) |
| 2个女儿及以上 | 7.26*** | −0.06** | 0.14 | −0.14* |
| | (2.70) | (0.02) | (0.09) | (0.08) |
| 年龄 | 0.08 | 0.01* | 0.12*** | 0.04** |
| | (0.52) | (0.00) | (0.01) | (0.02) |

续表

| | 住房面积 | 住房质量 | 自有住房 | 自有多套住房 |
|---|---|---|---|---|
| 年龄的平方 | 0.00 | −0.00 | −0.00*** | −0.00* |
| | (0.01) | (0.00) | (0.00) | (0.00) |
| 性别(参照组：女) | −5.90** | −0.10*** | −0.17** | 0.00 |
| | (2.56) | (0.02) | (0.08) | (0.07) |
| 婚姻(参照组：未婚) | −1.61 | −0.01 | −0.10 | −0.01 |
| | (3.45) | (0.03) | (0.10) | (0.11) |
| 家庭规模 | 7.47*** | −0.02*** | 0.32*** | 0.18*** |
| | (0.61) | (0.01) | (0.02) | (0.02) |
| 受教育程度(参照组：初中以下) | | | | |
| 初中、高中 | 8.29*** | 0.11*** | 0.15** | 0.06 |
| | (2.11) | (0.02) | (0.07) | (0.06) |
| 大专 | −3.21 | 0.18*** | 0.05 | 0.52*** |
| | (5.74) | (0.05) | (0.16) | (0.14) |
| 大学本科及以上 | −7.83 | 0.14** | 0.52*** | 0.79*** |
| | (6.62) | (0.06) | (0.19) | (0.16) |
| 户口(参照组：农业户) | −23.92*** | 0.43*** | 0.28*** | 0.08 |
| | (3.18) | (0.03) | (0.09) | (0.08) |
| 城乡(参照组：乡村) | 5.83** | 0.41*** | −0.19*** | 0.22*** |
| | (2.28) | (0.02) | (0.07) | (0.06) |
| 收入的对数 | 8.55*** | 0.17*** | −0.15*** | 0.37*** |
| | (0.94) | (0.01) | (0.03) | (0.03) |
| 职业(参照组：生产工人) | | | | |
| 负责人 | 17.41*** | 0.09** | −0.14 | 0.28** |
| | (5.20) | (0.05) | (0.15) | (0.13) |

191

续表

| | 住房面积 | 住房质量 | 自有住房 | 自有多套住房 |
|---|---|---|---|---|
| 专业技术人员 | 9.52* | 0.02 | 0.04 | 0.16 |
| | (4.95) | (0.04) | (0.14) | (0.13) |
| 办事人员 | 0.98 | 0.09** | 0.06 | -0.11 |
| | (5.12) | (0.05) | (0.15) | (0.14) |
| 商业/服务人员 | 2.74 | 0.08** | -0.38*** | 0.07 |
| | (3.65) | (0.03) | (0.10) | (0.10) |
| 其他 | -1.71 | -0.25*** | 0.49*** | -0.01 |
| | (2.77) | (0.02) | (0.09) | (0.08) |
| 地区(参照组：东部) | | | | |
| 中部 | 32.22*** | -0.27*** | 0.66*** | -0.14** |
| | (2.36) | (0.02) | (0.08) | (0.06) |
| 西部 | 18.53*** | -0.28*** | 0.37*** | -0.62*** |
| | (2.32) | (0.02) | (0.08) | (0.07) |
| 常数项 | 3.15 | 0.72*** | -0.77* | -7.52*** |
| | (15.07) | (0.13) | (0.46) | (0.48) |
| 观测值数 | 11882 | 11936 | 11936 | 11936 |
| $R^2$ | 0.058 | 0.276 | | |

然后，对不同儿子数量的家庭对住房产权的影响进行分析。结果显示，与没有儿子的家庭相比，有 1 个儿子的家庭更可能选择自有住房而非租赁住房，但统计不显著，而有 2 个儿子及以上的家庭更可能选择租赁住房，且统计显著，这体现了有 1 个儿子的家庭由于养育孩子的需求更可能购买住房，而有 2 个及以上儿子的家庭则由于养育孩子负担较重，没有能支付自有住房的成本而选择租赁住房；与没有儿子的家庭相比，有 1 个儿子、有 2 个儿子及以上的家庭更可能选择租赁且自有住房，这可能是因为这部分家庭由于生

活、工作、养育子女等需要，选择居住在租赁住房中，但这些家庭也面临着为儿子购买婚房的需要，因此更可能在租赁住房的同时拥有自有住房，且有 2 个儿子及以上的家庭回归结果统计显著，体现了这部分家庭在租赁住房的同时拥有自有住房的需求较高；与没有儿子的家庭相比，有 1 个儿子、有 2 个儿子及以上的家庭更可能选择自有多套住房，且统计显著，体现出有儿子的家庭由于养育孩子的需要或者为儿子提前准备婚房的需求，均会选择购买住房，因此也更可能选择自有多套住房。

表 4-10　中国家庭生育儿子情况与住房产权需求（参照组：自有住房）

| | 租赁住房 | 租赁且自有住房 | 自有多套住房 |
|---|---|---|---|
| 儿子数目（参照组：无） | | | |
| 1 个儿子 | −0.11 | 0.08 | 0.15** |
| | (0.09) | (0.15) | (0.08) |
| 2 个儿子及以上 | 0.30*** | 0.44** | 0.47*** |
| | (0.11) | (0.19) | (0.09) |
| 年龄 | −0.12*** | −0.07** | 0.02 |
| | (0.02) | (0.03) | (0.02) |
| 年龄的平方 | 0.00*** | 0.00* | −0.00 |
| | (0.00) | (0.00) | (0.00) |
| 性别（参照组：女） | 0.13 | 0.15 | 0.03 |
| | (0.09) | (0.16) | (0.07) |
| 婚姻（参照组：未婚） | 0.08 | 0.32 | −0.03 |
| | (0.11) | (0.22) | (0.11) |
| 家庭规模 | −0.35*** | −0.26*** | 0.11*** |
| | (0.03) | (0.05) | (0.02) |

| | 租赁住房 | 租赁且自有住房 | 自有多套住房 |
|---|---|---|---|
| 受教育程度(参照组：初中以下) | | | |
| 初中、高中 | -0.09 | -0.29$^{**}$ | 0.04 |
| | (0.08) | (0.14) | (0.06) |
| 大专 | 0.03 | 0.11 | 0.56$^{***}$ |
| | (0.18) | (0.28) | (0.15) |
| 大学本科及以上 | -0.36 | -0.71$^{*}$ | 0.74$^{***}$ |
| | (0.23) | (0.38) | (0.16) |
| 户口(参照组：农业户) | -0.37$^{***}$ | 0.09 | 0.04 |
| | (0.11) | (0.17) | (0.09) |
| 城乡(参照组：乡村) | 0.27$^{***}$ | 0.16 | 0.29$^{***}$ |
| | (0.08) | (0.14) | (0.07) |
| 收入的对数 | 0.15$^{***}$ | 0.40$^{***}$ | 0.42$^{***}$ |
| | (0.04) | (0.07) | (0.03) |
| 职业(参照组：生产工人) | | | |
| 负责人 | 0.32$^{*}$ | -0.08 | 0.33$^{**}$ |
| | (0.17) | (0.28) | (0.13) |
| 专业技术人员 | 0.11 | -0.05 | 0.20 |
| | (0.17) | (0.26) | (0.13) |
| 办事人员 | 0.02 | -0.10 | -0.09 |
| | (0.17) | (0.27) | (0.14) |
| 商业/服务人员 | 0.45$^{***}$ | 0.28 | 0.18$^{*}$ |
| | (0.11) | (0.18) | (0.10) |
| 其他 | -0.42$^{***}$ | -0.72$^{***}$ | -0.09 |
| | (0.10) | (0.18) | (0.08) |

续表

|  | 租赁住房 | 租赁且自有住房 | 自有多套住房 |
|---|---|---|---|
| 地区(参照组：东部) | | | |
| 中部 | −0.70*** | −0.56*** | −0.23*** |
| | (0.10) | (0.15) | (0.07) |
| 西部 | −0.42*** | −0.72*** | −0.70*** |
| | (0.09) | (0.16) | (0.07) |
| 常数项 | 0.63 | −4.49*** | −7.39*** |
| | (0.52) | (0.97) | (0.49) |
| 观测值数 | 11936 | | |

　　最后，对不同女儿数量的家庭对住房产权的影响进行分析。结果显示，与没有女儿的家庭相比，有1个女儿、有2个女儿及以上的家庭更可能选择自有住房而非租赁住房，但均呈现统计不显著的特点，这体现了有女儿的家庭由于养育孩子的需求更可能购买住房；与没有女儿的家庭相比，有1个女儿的家庭更可能选择租赁且自有住房，有2个女儿及以上的家庭更可能选择自有住房，二者均统计不显著，这可能是因为与没有女儿的家庭相比，有2个女儿的家庭由于养育孩子的需求以及家庭规模的增加，更加追求自有住房，在自有住房与租赁且自有住房之间，更可能选择自有住房来满足生活与居住需求；与没有女儿的家庭相比，有女儿的家庭更不可能选择自有多套住房，且统计显著，体现出受中国传统文化的影响，有女儿的家庭没有为女儿提前准备婚房的需求和压力，更不可能持有多套住房。

　　为了进一步探讨不同生育情况下住房产权对住房需求的影响，本文将家庭分为租赁住房家庭和自有住房家庭，对生育不同子女家庭的住房需求进行实证检验。在对不同生育儿子情况的家庭进行实证检验时，全样本的实证结果显示，自有住房对住房面积存在显著正向影响，对住房质量存在显著负向影响，与上述研究结论一致。

表 4-11　中国家庭生育女儿情况与住房产权需求（参照组：自有住房）

| | 租赁住房 | 租赁且自有住房 | 自有多套住房 |
|---|---|---|---|
| 女儿数目(参照组：无) | | | |
| 1 个女儿 | -0.12 | 0.11 | -0.11* |
| | (0.08) | (0.14) | (0.07) |
| 2 个女儿及以上 | -0.14 | -0.14 | -0.17** |
| | (0.11) | (0.19) | (0.08) |
| 年龄 | -0.12*** | -0.08** | 0.02 |
| | (0.02) | (0.03) | (0.02) |
| 年龄的平方 | 0.00*** | 0.00** | -0.00 |
| | (0.00) | (0.00) | (0.00) |
| 性别(参照组：女) | 0.13 | 0.17 | 0.02 |
| | (0.09) | (0.16) | (0.07) |
| 婚姻(参照组：未婚) | 0.05 | 0.29 | -0.03 |
| | (0.11) | (0.22) | (0.11) |
| 家庭规模 | -0.32*** | -0.22*** | 0.16*** |
| | (0.03) | (0.05) | (0.02) |
| 受教育程度(参照组：初中以下) | | | |
| 初中、高中 | -0.09 | -0.29** | 0.04 |
| | (0.08) | (0.14) | (0.06) |
| 大专 | 0.05 | 0.11 | 0.56*** |
| | (0.18) | (0.28) | (0.15) |
| 大学本科及以上 | -0.33 | -0.72* | 0.73*** |
| | (0.23) | (0.38) | (0.16) |
| 户口(参照组：农业户) | -0.38*** | 0.08 | 0.03 |
| | (0.11) | (0.17) | (0.09) |

续表

| | 租赁住房 | 租赁且自有住房 | 自有多套住房 |
|---|---|---|---|
| 城乡(参照组：乡村) | 0.24*** | 0.13 | 0.26*** |
| | (0.08) | (0.14) | (0.07) |
| 收入的对数 | 0.13*** | 0.37*** | 0.40*** |
| | (0.04) | (0.07) | (0.03) |
| 职业(参照组：生产工人) | | | |
| 负责人 | 0.33* | -0.06 | 0.32** |
| | (0.17) | (0.28) | (0.13) |
| 专业技术人员 | 0.09 | -0.07 | 0.16 |
| | (0.17) | (0.26) | (0.13) |
| 办事人员 | 0.01 | -0.11 | -0.11 |
| | (0.17) | (0.27) | (0.14) |
| 商业/服务人员 | 0.45*** | 0.27 | 0.15 |
| | (0.11) | (0.18) | (0.10) |
| 其他 | -0.39*** | -0.68*** | -0.05 |
| | (0.10) | (0.18) | (0.08) |
| 地区(参照组：东部) | | | |
| 中部 | -0.70*** | -0.56*** | -0.22*** |
| | (0.10) | (0.15) | (0.07) |
| 西部 | -0.40*** | -0.71*** | -0.68*** |
| | (0.09) | (0.16) | (0.07) |
| 常数项 | 0.87* | -4.17*** | -6.94*** |
| | (0.52) | (0.96) | (0.49) |
| 观测值数 | 11936 | | |

在住房面积方面，选择租赁住房的家庭中，与没有儿子的家庭相比，有 1 个儿子的家庭住房面积更小（统计不显著），有 2 个儿子及以上的家庭住房面积更大（统计不显著），这可能是因为生育 1 个儿子并未对家庭住房面积需求产生明显改变，而生育 2 个儿子及以上时，住房需求更大，父母也更可能选择租赁面积更大的住房来满足家庭生活需要；选择自有住房的家庭中，与没有儿子的家庭相比，有 1 个儿子、2 个儿子及以上的家庭住房面积更大，且前者统计显著，这可能是因为，在有孩子的家庭中，父母更可能选择购买更大面积的住房，为家庭成员提供更大的生活空间。在住房质量方面，与没有儿子的家庭相比，有 1 个儿子、2 个儿子及以上的租赁住房家庭住房质量更低，且后者统计显著，对于自有住房的家庭，有 2 个儿子及以上的家庭住房质量更低，进一步验证上文的结论，即有儿子的家庭可能因为养育儿子而承担更多的生活和经济压力，因此在住房质量方面呈现劣势，但对于只有住房的家庭而言，这一劣势并不显著。

表 4-12　中国家庭住房产权、生育儿子情况与住房需求

| | 住房面积 | | | 住房质量 | | |
|---|---|---|---|---|---|---|
| | 全样本 | 租赁住房 | 自有住房 | 全样本 | 租赁住房 | 自有住房 |
| 住房产权(参照组：无) | 41.71*** | | | -0.14*** | | |
| | (3.12) | | | (0.03) | | |
| 儿子数目(参照组：无) | | | | | | |
| 1 个儿子 | 4.60* | -4.78 | 5.36** | 0.00 | -0.11 | 0.02 |
| | (2.48) | (5.58) | (2.71) | (0.02) | (0.08) | (0.02) |
| 2 个儿子及以上 | 4.65 | 7.71 | 4.05 | -0.03 | -0.19** | -0.01 |
| | (2.94) | (6.96) | (3.20) | (0.03) | (0.10) | (0.03) |
| 年龄 | -0.63 | -1.19 | -0.60 | 0.01** | 0.02 | 0.01 |
| | (0.52) | (1.07) | (0.58) | (0.00) | (0.01) | (0.00) |

续表

| | 住房面积 | | | 住房质量 | | |
|---|---|---|---|---|---|---|
| | 全样本 | 租赁住房 | 自有住房 | 全样本 | 租赁住房 | 自有住房 |
| 年龄的平方 | 0.01 | 0.01 | 0.01 | −0.00** | −0.00 | −0.00 |
| | (0.01) | (0.01) | (0.01) | (0.00) | (0.00) | (0.00) |
| 性别(参照组：女) | −5.45** | −5.68 | −5.16* | −0.10*** | −0.04 | −0.11*** |
| | (2.53) | (5.68) | (2.76) | (0.02) | (0.08) | (0.02) |
| 婚姻(参照组：未婚) | −2.85 | 1.89 | −3.22 | −0.01 | −0.14 | −0.00 |
| | (3.43) | (6.84) | (3.83) | (0.03) | (0.09) | (0.03) |
| 家庭规模 | 6.52*** | 6.64*** | 6.36*** | −0.02*** | 0.02 | −0.02*** |
| | (0.62) | (1.61) | (0.66) | (0.01) | (0.02) | (0.01) |
| 受教育程度(参照组：初中以下) | | | | | | |
| 初中、高中 | 7.97*** | −2.32 | 9.10*** | 0.11*** | 0.09 | 0.11*** |
| | (2.09) | (5.16) | (2.25) | (0.02) | (0.07) | (0.02) |
| 大专 | −2.56 | 5.79 | −4.69 | 0.18*** | 0.12 | 0.20*** |
| | (5.71) | (10.79) | (6.43) | (0.05) | (0.15) | (0.05) |
| 大学本科及以上 | −9.62 | −2.61 | −11.57 | 0.14** | −0.04 | 0.17*** |
| | (6.58) | (13.56) | (7.27) | (0.06) | (0.19) | (0.06) |
| 户口(参照组：农业户) | −25.64*** | −5.78 | −29.26*** | 0.43*** | 0.15* | 0.48*** |
| | (3.15) | (6.47) | (3.49) | (0.03) | (0.09) | (0.03) |
| 城乡(参照组：乡村) | 6.68*** | 3.06 | 7.56*** | 0.40*** | 0.49*** | 0.39*** |
| | (2.28) | (5.24) | (2.47) | (0.02) | (0.07) | (0.02) |
| 收入的对数 | 8.99*** | −2.35 | 10.49*** | 0.17*** | 0.26*** | 0.16*** |
| | (0.94) | (2.17) | (1.02) | (0.01) | (0.03) | (0.01) |

续表

| | 住房面积 | | | 住房质量 | | |
|---|---|---|---|---|---|---|
| | 全样本 | 租赁住房 | 自有住房 | 全样本 | 租赁住房 | 自有住房 |
| 职业(参照组:生产工人) | | | | | | |
| 负责人 | 18.57*** | 10.76 | 20.13*** | 0.09** | 0.20 | 0.07 |
| | (5.17) | (10.10) | (5.75) | (0.05) | (0.14) | (0.05) |
| 专业技术人员 | 10.23** | 2.48 | 11.09** | 0.02 | −0.03 | 0.03 |
| | (4.92) | (10.11) | (5.43) | (0.04) | (0.14) | (0.05) |
| 办事人员 | 1.38 | 4.89 | 0.71 | 0.09** | −0.02 | 0.10** |
| | (5.09) | (10.50) | (5.61) | (0.05) | (0.15) | (0.05) |
| 商业/服务人员 | 5.62 | 3.74 | 6.39 | 0.07** | 0.13 | 0.05 |
| | (3.64) | (6.63) | (4.12) | (0.03) | (0.09) | (0.03) |
| 其他 | −3.19 | 2.67 | −4.25 | −0.25*** | −0.24*** | −0.24*** |
| | (2.76) | (6.58) | (2.99) | (0.02) | (0.09) | (0.03) |
| 地区(参照组:东部) | | | | | | |
| 中部 | 29.37*** | 35.55*** | 28.88*** | −0.26*** | −0.24*** | −0.26*** |
| | (2.35) | (6.00) | (2.53) | (0.02) | (0.08) | (0.02) |
| 西部 | 16.94*** | 8.54 | 18.14*** | −0.27*** | −0.15** | −0.29*** |
| | (2.31) | (5.46) | (2.51) | (0.02) | (0.08) | (0.02) |
| 常数项 | −17.42 | 114.83*** | 9.73 | 0.79*** | −0.48 | 0.84*** |
| | (15.07) | (32.12) | (16.61) | (0.13) | (0.44) | (0.14) |
| 观测值数 | 11882 | 1284 | 10598 | 11936 | 1287 | 10649 |
| $R^2$ | 0.071 | 0.058 | 0.056 | 0.277 | 0.222 | 0.280 |

　　在对不同生育女儿情况的家庭进行实证检验时,全样本的实证结果与上文一致。在住房面积方面,与没有女儿的家庭相比,有1个女儿、2个女儿及以上的租赁住房家庭住房面积更大,且均统计

显著，这可能是因为随着孩子的增加，家庭规模变大，家庭成员对于住房面积的需求也越大，父母也更可能选择租赁面积更大的住房来满足家庭生活需要；与没有女儿的家庭相比，有 1 个女儿的自有住房家庭住房面积更小，且统计显著，有 2 个女儿及以上的家庭住房面积更大，且统计显著，这可能是因为，对于只有 1 个女儿的家庭而言，养育一个孩子并未对住房面积需求产生明显改变，父母在结婚时购买的住房可以满足养育一个孩子所需要的生活空间，而当有 2 个及以上女儿时，则需要购买更大面积的住房，来满足家庭生活需求。在住房质量方面，无论是租赁住房的家庭还是自有住房的家庭，与没有女儿的家庭相比，有 1 个女儿、2 个女儿及以上的家庭住房质量更低，进一步验证上文的结论，与没有女儿的家庭相比，养育女儿需要承担更多的生活和经济压力，因此改善居住条件的能力较差，住房质量较低。

表 4-13　中国家庭住房产权、生育女儿情况与住房需求

| | 住房面积 | | | 住房质量 | | |
|---|---|---|---|---|---|---|
| | 全样本 | 租赁住房 | 自有住房 | 全样本 | 租赁住房 | 自有住房 |
| 住房产权(参照组：无) | 41.69*** | | | -0.14*** | | |
| | (3.12) | | | (0.03) | | |
| 儿子数目(参照组：无) | | | | | | |
| 1 个女儿 | -3.02 | 13.71*** | -4.88** | -0.03 | -0.11 | -0.02 |
| | (2.24) | (5.12) | (2.44) | (0.02) | (0.07) | (0.02) |
| 2 个女儿及以上 | 6.55** | 12.25* | 5.55* | -0.05** | -0.07 | -0.05** |
| | (2.68) | (6.95) | (2.88) | (0.02) | (0.10) | (0.02) |
| 年龄 | -0.55 | -1.66 | -0.53 | 0.01** | 0.02* | 0.01 |
| | (0.52) | (1.07) | (0.58) | (0.00) | (0.01) | (0.00) |
| 年龄的平方 | 0.01 | 0.02* | 0.01 | -0.00** | -0.00 | -0.00 |
| | (0.01) | (0.01) | (0.01) | (0.00) | (0.00) | (0.00) |

续表

| | 住房面积 | | | 住房质量 | | |
|---|---|---|---|---|---|---|
| | 全样本 | 租赁住房 | 自有住房 | 全样本 | 租赁住房 | 自有住房 |
| 性别(参照组:女) | -5.24** | -5.25 | -5.02* | -0.11*** | -0.04 | -0.11*** |
| | (2.54) | (5.67) | (2.77) | (0.02) | (0.08) | (0.02) |
| 婚姻(参照组:未婚) | -2.16 | -0.75 | -2.45 | -0.01 | -0.14 | 0.00 |
| | (3.42) | (6.80) | (3.82) | (0.03) | (0.09) | (0.03) |
| 家庭规模 | 6.51*** | 6.00*** | 6.36*** | -0.02*** | 0.01 | -0.02*** |
| | (0.61) | (1.62) | (0.65) | (0.01) | (0.02) | (0.01) |
| 受教育程度(参照组:初中以下) | | | | | | |
| 初中、高中 | 7.89*** | -2.65 | 8.99*** | 0.11*** | 0.09 | 0.11*** |
| | (2.09) | (5.16) | (2.25) | (0.02) | (0.07) | (0.02) |
| 大专 | -2.84 | 6.62 | -5.25 | 0.18*** | 0.11 | 0.20*** |
| | (5.70) | (10.79) | (6.42) | (0.05) | (0.15) | (0.05) |
| 大学本科及以上 | -9.88 | -1.63 | -11.88 | 0.14** | -0.02 | 0.17*** |
| | (6.57) | (13.53) | (7.26) | (0.06) | (0.19) | (0.06) |
| 户口(参照组:农业户) | -25.34*** | -5.13 | -28.83*** | 0.43*** | 0.14 | 0.48*** |
| | (3.15) | (6.48) | (3.49) | (0.03) | (0.09) | (0.03) |
| 城乡(参照组:乡村) | 6.75*** | 1.83 | 7.67*** | 0.40*** | 0.50*** | 0.39*** |
| | (2.27) | (5.23) | (2.47) | (0.02) | (0.07) | (0.02) |
| 收入的对数 | 9.16*** | -2.51 | 10.70*** | 0.17*** | 0.26*** | 0.16*** |
| | (0.94) | (2.16) | (1.02) | (0.01) | (0.03) | (0.01) |
| 职业(参照组:生产工人) | | | | | | |
| 负责人 | 18.19*** | 11.78 | 19.57*** | 0.09** | 0.20 | 0.07 |
| | (5.16) | (10.08) | (5.75) | (0.05) | (0.14) | (0.05) |

续表

| | 住房面积 | | | 住房质量 | | |
|---|---|---|---|---|---|---|
| | 全样本 | 租赁住房 | 自有住房 | 全样本 | 租赁住房 | 自有住房 |
| 专业技术人员 | 9.34 * | 4.04 | 10.21 * | 0.02 | -0.01 | 0.03 |
| | (4.91) | (10.02) | (5.43) | (0.04) | (0.14) | (0.05) |
| 办事人员 | 0.77 | 6.23 | 0.13 | 0.09 ** | 0.00 | 0.10 ** |
| | (5.08) | (10.43) | (5.61) | (0.05) | (0.14) | (0.05) |
| 商业/服务人员 | 5.01 | 6.29 | 5.68 | 0.07 ** | 0.12 | 0.05 |
| | (3.63) | (6.63) | (4.11) | (0.03) | (0.09) | (0.03) |
| 其他 | -3.22 | 3.18 | -4.22 | -0.25 *** | -0.25 *** | -0.24 *** |
| | (2.75) | (6.54) | (2.99) | (0.02) | (0.09) | (0.03) |
| 地区(参照组：东部) | | | | | | |
| 中部 | 29.80 *** | 34.32 *** | 29.38 *** | -0.26 *** | -0.24 *** | -0.26 *** |
| | (2.35) | (5.99) | (2.53) | (0.02) | (0.08) | (0.02) |
| 西部 | 17.00 *** | 9.46 * | 18.14 *** | -0.27 *** | -0.14 * | -0.29 *** |
| | (2.31) | (5.44) | (2.50) | (0.02) | (0.08) | (0.02) |
| 常数项 | -18.16 | 122.07 *** | 10.19 | 0.79 *** | -0.60 | 0.86 *** |
| | (15.04) | (31.99) | (16.58) | (0.13) | (0.44) | (0.14) |
| 观测值数 | 11882 | 1284 | 10598 | 11936 | 1287 | 10649 |
| $R^2$ | 0.072 | 0.061 | 0.057 | 0.278 | 0.221 | 0.281 |

　　上述研究还存在一定的局限性。对家庭生育选择与购房选择之间相互作用关系的研究存在的最大难点在于：家庭生育选择与购房选择都属于家庭决策，因此存在以下两个方面的内生性。第一，生育孩子与购房选择之间存在双向因果关系；第二，遗漏变量导致内生性，无法观测到的家庭异质性导致误差项与解释变量相关，例如那些对高质量、大面积住房偏好强的家庭可能会选择生育比较少的

孩子。这些内生性问题将使得普通的回归分析存在偏误。为了解决这个难点，杨欣桐和易成栋（2022）首先建立了一个包含代际赠与关系、生育选择以及购房选择的生命周期模型，并着重探讨对于不同收入群体，家庭生育选择对购房选择的影响，发现中低收入家庭因高昂的孩子抚养成本和住房价格受到预算约束，只能在生孩子与买房子之间二选一；高收入家庭不受约束，可以进行生育与购房的双重优化选择。其次，本文利用2016年的"全面两孩"政策来缓解家庭生育行为的内生性问题，利用2016年与2018年中国家庭追踪调查数据，对模型所得到的理论针对不同收入群体进行 Probit 实证检验。结果表明：政策前拥有住房显著提高所有家庭响应政策生育二孩概率；但对于中低收入家庭来说，生育二孩显著降低其增购新房概率，而对于高收入家庭来说，生育二孩显著增加其增购新房概率。

2. 婚姻情况和住房需求预测

为进一步研究婚姻情况对住房需求的影响，本文采用 OLS 模型探究不同婚姻情况对住房面积、住房质量的影响，采用 Logit 模型探究不同婚姻情况对有无自有住房、有无多套住房的影响，采用 Multi-nominal Logit 模型探究不同婚姻情况对家庭住房选择的影响。

对不同婚姻情况对住房需求的影响进行实证研究发现，与已婚家庭相比，未婚家庭住房面积更小，离婚、丧偶家庭住房面积更大，但均不显著，这是因为未婚家庭往往是单身或者同居，没有养育子女的需要，因此住房面积较小，而已婚、离婚、丧偶家庭，因为家庭成员较多，需要养育子女、赡养老人等，因此住房面积更大，其中离婚、丧偶家庭只代表夫妻关系的破裂或者终结，夫妻双方的一方离开原本的家庭，但其他家庭成员仍然要继续在原本的住房中生活，因此住房面积需求也较大；在住房质量方面，与已婚家庭相比，未婚、离婚家庭住房质量更低，前者统计显著，后者统计不显著，丧偶家庭住房质量更高，且统计显著。这是因为，未婚家庭多处于家庭生命周期的初始阶段，对于住房质量的要求较低，同时，其家庭财富积累较少，提升住房质量的能力较差。离婚家庭因家庭成员的减少所导致的收入减少，使得这些家庭提升住房能力变差，而丧偶家庭多处于家庭生命周期的末期，对住房质量的需求较高，而且通过前期家庭财富的积累，也更容易实现住房质量的提高；在自有住房方面，与已婚家庭相比，未婚、丧偶家庭自有住房统计不显著；在自有多套住房方面，各类婚姻情况未呈现出显著差异，体现了婚姻情况并非是否自有多套住房的关键因素。

表 4-14　中国婚姻结构与住房需求

| | 住房面积 | 住房质量 | 自有住房 | 自有多套住房 |
|---|---|---|---|---|
| 婚姻情况(已婚) | | | | |
| 未婚 | −2.85 | −0.07* | 0.07 | 0.11 |
| | (4.81) | (0.04) | (0.13) | (0.15) |
| 离婚 | 8.40 | −0.02 | −0.14 | −0.25 |
| | (7.94) | (0.07) | (0.21) | (0.27) |
| 丧偶 | 5.19 | 0.14*** | 0.33 | −0.01 |
| | (5.63) | (0.05) | (0.20) | (0.18) |
| 年龄 | −0.21 | 0.01 | 0.12*** | 0.04** |
| | (0.54) | (0.00) | (0.02) | (0.02) |
| 年龄的平方 | 0.00 | −0.00 | −0.00*** | −0.00** |
| | (0.01) | (0.00) | (0.00) | (0.00) |
| 性别(参照组：女) | −5.84** | −0.09*** | −0.16** | 0.01 |
| | (2.57) | (0.02) | (0.08) | (0.07) |
| 家庭规模 | 7.76*** | −0.03*** | 0.33*** | 0.18*** |
| | (0.59) | (0.01) | (0.02) | (0.02) |
| 受教育程度(参照组：初中以下) | | | | |
| 初中、高中 | 8.38*** | 0.11*** | 0.15** | 0.05 |
| | (2.11) | (0.02) | (0.07) | (0.06) |

续表

| | 住房面积 | 住房质量 | 自有住房 | 自有多套住房 |
|---|---|---|---|---|
| 大专 | -2.96 | 0.18*** | 0.05 | 0.51*** |
| | (5.75) | (0.05) | (0.16) | (0.14) |
| 大学本科及以上 | -7.34 | 0.14** | 0.52*** | 0.77*** |
| | (6.63) | (0.06) | (0.19) | (0.16) |
| 户口(参照组:农业户) | -24.39*** | 0.43*** | 0.28*** | 0.08 |
| | (3.18) | (0.03) | (0.09) | (0.08) |
| 城乡(参照组:乡村) | 5.56** | 0.41*** | -0.20*** | 0.23*** |
| | (2.28) | (0.02) | (0.07) | (0.06) |
| 收入的对数 | 8.32*** | 0.17*** | -0.15*** | 0.38*** |
| | (0.94) | (0.01) | (0.03) | (0.03) |
| 职业(参照组:生产工人) | | | | |
| 负责人 | 17.81*** | 0.10** | -0.14 | 0.28** |
| | (5.21) | (0.05) | (0.15) | (0.13) |
| 专业技术人员 | 9.92** | 0.03 | 0.04 | 0.16 |
| | (4.95) | (0.04) | (0.14) | (0.13) |
| 办事人员 | 1.31 | 0.09** | 0.07 | -0.11 |
| | (5.12) | (0.05) | (0.15) | (0.14) |
| 商业/服务人员 | 2.95 | 0.08** | -0.38*** | 0.08 |
| | (3.65) | (0.03) | (0.10) | (0.10) |
| 其他 | -1.16 | -0.26*** | 0.49*** | -0.02 |
| | (2.77) | (0.02) | (0.09) | (0.08) |
| 地区(参照组:东部) | | | | |
| 中部 | 31.83*** | -0.27*** | 0.66*** | -0.14** |
| | (2.36) | (0.02) | (0.08) | (0.06) |

续表

| | 住房面积 | 住房质量 | 自有住房 | 自有多套住房 |
|---|---|---|---|---|
| 西部 | 18.44*** | -0.28*** | 0.37*** | -0.62*** |
| | (2.32) | (0.02) | (0.08) | (0.07) |
| 常数项 | 10.22 | 0.77*** | -0.79 | -7.74*** |
| | (16.27) | (0.14) | (0.50) | (0.52) |
| 观测值数 | 11882 | 11936 | 11936 | 11936 |
| $R^2$ | 0.057 | 0.276 | | |

　　然后，对不同婚姻情况对住房产权的影响进行分析。结果显示，与已婚家庭相比，未婚、离婚家庭更可能选择租赁住房，但均统计不显著，对于未婚家庭而言，一方面，这类家庭多处于家庭生命周期的初始阶段，家庭成员少，家庭规模小，没有养育子女和赡养老人的压力，另一方面，这部分家庭的家庭财富相对较少，也更能接受租房居住的现代生活方式，因此更可能租赁住房，而离婚家庭由于家庭成员和收入的减少，自有住房需求降低，更可能租赁住房，丧偶家庭更不可能租赁住房，且统计显著。这是因为，丧偶家庭多处于家庭生命周期的末期，更有需要和能力拥有自有住房，而不会选择租赁住房；在租赁且自有住房、自有多套住房方面，未婚家庭更不可能租赁且自有住房，且统计显著。这是因为这部分家庭由于家庭收入较低，同时负担租赁住房和自有住房的能力更低，除此之外，各类婚姻情况的家庭并未呈现出显著差异。这体现了婚姻情况并非影响家庭是否选择租赁且自有住房或者自有多套住房的关键因素。

　　为了进一步探讨不同婚姻情况下住房产权对住房需求的影响，本文将家庭分为租赁住房家庭和自有住房家庭，对不同婚姻情况的家庭住房需求进行实证检验。全样本的实证结果与上文一致，自有住房对住房面积存在显著正向影响，对住房质量存在显著负向影响。在住房面积方面，选择租赁住房的家庭中，与已婚家庭相比，

表 4-15　中国婚姻结构与住房产权需求（参照组：自有住房）

| | 租赁住房 | 租赁且自有住房 | 自有多套住房 |
|---|---|---|---|
| 婚姻情况(已婚) | | | |
| 未婚 | 0.03 | -0.50* | 0.18 |
| | (0.14) | (0.28) | (0.15) |
| 离婚 | 0.18 | -0.12 | -0.21 |
| | (0.23) | (0.43) | (0.27) |
| 丧偶 | -0.39* | 0.02 | -0.04 |
| | (0.23) | (0.38) | (0.18) |
| 年龄 | -0.12*** | -0.09*** | 0.02 |
| | (0.02) | (0.03) | (0.02) |
| 年龄的平方 | 0.00*** | 0.00** | -0.00 |
| | (0.00) | (0.00) | (0.00) |
| 性别(参照组:女) | 0.12 | 0.19 | 0.03 |
| | (0.09) | (0.16) | (0.07) |
| 家庭规模 | -0.33*** | -0.22*** | 0.15*** |
| | (0.03) | (0.05) | (0.02) |
| 受教育程度(参照组:初中以下) | | | |
| 初中、高中 | -0.09 | -0.29** | 0.04 |
| | (0.08) | (0.14) | (0.06) |
| 大专 | 0.05 | 0.12 | 0.56*** |
| | (0.18) | (0.28) | (0.15) |
| 大学本科及以上 | -0.33 | -0.69* | 0.72*** |
| | (0.23) | (0.38) | (0.16) |
| 户口(参照组:农业户) | -0.38*** | 0.08 | 0.04 |
| | (0.11) | (0.17) | (0.09) |

续表

| | 租赁住房 | 租赁且自有住房 | 自有多套住房 |
|---|---|---|---|
| 城乡（参照组：乡村） | 0.24*** | 0.14 | 0.26*** |
| | (0.08) | (0.14) | (0.07) |
| 收入的对数 | 0.13*** | 0.38*** | 0.41*** |
| | (0.04) | (0.07) | (0.03) |
| 职业（参照组：生产工人） | | | |
| 负责人 | 0.33* | −0.06 | 0.32** |
| | (0.17) | (0.28) | (0.13) |
| 专业技术人员 | 0.09 | −0.07 | 0.17 |
| | (0.17) | (0.26) | (0.13) |
| 办事人员 | 0.00 | −0.11 | −0.11 |
| | (0.17) | (0.27) | (0.14) |
| 商业/服务人员 | 0.45*** | 0.26 | 0.15 |
| | (0.11) | (0.18) | (0.10) |
| 其他 | −0.40*** | −0.68*** | −0.06 |
| | (0.10) | (0.18) | (0.08) |
| 地区（参照组：东部） | | | |
| 中部 | −0.70*** | −0.56*** | −0.22*** |
| | (0.10) | (0.15) | (0.07) |
| 西部 | −0.40*** | −0.71*** | −0.68*** |
| | (0.09) | (0.16) | (0.07) |
| 常数项 | 0.78 | −3.68*** | −7.24*** |
| | (0.56) | (1.03) | (0.52) |
| 观测值数 | 11936 | | |

未婚家庭面积更小(统计不显著),离婚家庭住房面积更大(统计显著),这可能是因为未婚家庭的家庭规模较小,住房面积需求也较小,而离婚家庭由于父亲或母亲独自抚养子女的需要,对住房面积需求较大,丧偶家庭对住房面积的影响为负(统计不显著),这可能是因为,丧偶家庭因家庭规模较小、经济收入较少,对租赁住房的面积需求也较小;选择自有住房的家庭中,与已婚家庭相比,未婚、离婚、丧偶家庭住房面积更大,且均统计不显著,进一步反映出未婚家庭处于家庭生命周期的初期阶段,家庭规模小,生活成本低,拥有大面积住房的能力高,而离婚、丧偶家庭,即使夫妻双方中的一方离开原家庭,但家庭中其他成员对住房面积的需求仍然存在,且在短期内更换住房的可能性较小。在住房质量方面,选择租赁住房的家庭中,与已婚家庭相比,未婚、离婚、丧偶家庭住房质量更高,且丧偶家庭统计显著,这可能因为,未婚家庭的家庭规模较小,生活成本较低,对租赁住房的质量要求更高,而离婚、丧偶家庭对于住房质量的需求并不会因为一位家庭成员的离开而降低;选择自有住房的家庭中,与已婚家庭相比,未婚、离婚家庭住房质量更低,且前者统计显著后者统计不显著,丧偶家庭住房质量更高,且统计显著,这可能是因为,未婚家庭由于受到经济条件的约束,在购买住房的同时难以实现住房质量的提升,因此住房质量较低,而离婚家庭因为夫妻双方中一方的离开,家庭的经济收入减少,提高住房质量的能力较差,住房质量较低,而丧偶家庭中多为老年家庭,因养老需要以及前期收入的积累,更有需求和能力改善住房条件,提高住房质量,因此住房质量更高。

表 4-16　中国家庭住房产权、婚姻情况与住房需求

| | 住房面积 | | | 住房质量 | | |
|---|---|---|---|---|---|---|
| | 全样本 | 租赁住房 | 自有住房 | 全样本 | 租赁住房 | 自有住房 |
| 住房产权(参照组:无) | 41.74*** | | | -0.15*** | | |
| | (3.12) | | | (0.03) | | |

| | 住房面积 | | | 住房质量 | | |
|---|---|---|---|---|---|---|
| | 全样本 | 租赁住房 | 自有住房 | 全样本 | 租赁住房 | 自有住房 |
| 婚姻情况(已婚) | | | | | | |
| 未婚 | −1.37 | −10.73 | 0.41 | −0.08* | 0.10 | −0.10** |
| | (4.77) | (8.25) | (5.51) | (0.04) | (0.11) | (0.05) |
| 离婚 | 9.89 | 31.76** | 4.38 | −0.03 | 0.14 | −0.05 |
| | (7.88) | (14.24) | (8.92) | (0.07) | (0.20) | (0.08) |
| 丧偶 | 4.13 | −1.66 | 4.80 | 0.14*** | 0.38* | 0.13** |
| | (5.59) | (14.99) | (5.97) | (0.05) | (0.21) | (0.05) |
| 年龄 | −0.80 | −2.11* | −0.70 | 0.01* | 0.02 | 0.00 |
| | (0.54) | (1.09) | (0.60) | (0.00) | (0.02) | (0.01) |
| 年龄的平方 | 0.01* | 0.02** | 0.01 | −0.00 | −0.00 | −0.00 |
| | (0.01) | (0.01) | (0.01) | (0.00) | (0.00) | (0.00) |
| 性别(参照组：女) | −5.24** | −5.80 | −4.98* | −0.09*** | −0.02 | −0.10*** |
| | (2.55) | (5.73) | (2.78) | (0.02) | (0.08) | (0.02) |
| 家庭规模 | 6.76*** | 6.59*** | 6.53*** | −0.02*** | 0.01 | −0.02*** |
| | (0.59) | (1.57) | (0.63) | (0.01) | (0.02) | (0.01) |
| 受教育程度(参照组：初中以下) | | | | | | |
| 初中、高中 | 7.96*** | −2.26 | 9.08*** | 0.11*** | 0.09 | 0.11*** |
| | (2.09) | (5.15) | (2.25) | (0.02) | (0.07) | (0.02) |
| 大专 | −2.62 | 6.50 | −5.02 | 0.18*** | 0.12 | 0.20*** |
| | (5.71) | (10.78) | (6.42) | (0.05) | (0.15) | (0.05) |
| 大学本科及以上 | −9.46 | 1.99 | −11.77 | 0.15** | −0.01 | 0.18*** |
| | (6.59) | (13.61) | (7.27) | (0.06) | (0.19) | (0.06) |
| 户口(参照组：农业户) | −25.79*** | −6.87 | −29.37*** | 0.43*** | 0.15 | 0.48*** |
| | (3.16) | (6.47) | (3.49) | (0.03) | (0.09) | (0.03) |

续表

| | 住房面积 | | | 住房质量 | | |
|---|---|---|---|---|---|---|
| | 全样本 | 租赁住房 | 自有住房 | 全样本 | 租赁住房 | 自有住房 |
| 城乡（参照组：乡村） | 6.49*** | 1.94 | 7.47*** | 0.40*** | 0.49*** | 0.39*** |
| | (2.27) | (5.23) | (2.47) | (0.02) | (0.07) | (0.02) |
| 收入的对数 | 8.95*** | −2.52 | 10.51*** | 0.17*** | 0.26*** | 0.16*** |
| | (0.93) | (2.16) | (1.01) | (0.01) | (0.03) | (0.01) |
| 职业（参照组：生产工人） | | | | | | |
| 负责人 | 18.59*** | 11.60 | 20.04*** | 0.09** | 0.21 | 0.07 |
| | (5.17) | (10.08) | (5.75) | (0.05) | (0.14) | (0.05) |
| 专业技术人员 | 9.72** | 3.21 | 10.65** | 0.03 | 0.01 | 0.04 |
| | (4.91) | (10.01) | (5.43) | (0.04) | (0.14) | (0.05) |
| 办事人员 | 1.06 | 5.31 | 0.50 | 0.09** | 0.01 | 0.10** |
| | (5.08) | (10.43) | (5.61) | (0.05) | (0.14) | (0.05) |
| 商业/服务人员 | 5.23 | 4.07 | 6.02 | 0.07** | 0.14 | 0.05 |
| | (3.63) | (6.59) | (4.11) | (0.03) | (0.09) | (0.03) |
| 其他 | −2.73 | 4.88 | −3.89 | −0.25*** | −0.25*** | −0.24*** |
| | (2.75) | (6.55) | (2.99) | (0.02) | (0.09) | (0.03) |
| 地区（参照组：东部） | | | | | | |
| 中部 | 29.42*** | 34.53*** | 29.04*** | −0.26*** | −0.25*** | −0.27*** |
| | (2.35) | (6.00) | (2.53) | (0.02) | (0.08) | (0.02) |
| 西部 | 16.90*** | 10.07* | 18.13*** | −0.27*** | −0.15* | −0.29*** |
| | (2.31) | (5.42) | (2.51) | (0.02) | (0.08) | (0.02) |
| 常数项 | −13.05 | 138.06*** | 11.87 | 0.85*** | −0.66 | 0.93*** |
| | (16.24) | (34.07) | (17.87) | (0.14) | (0.47) | (0.15) |
| 观测值数 | 11882 | 1284 | 10598 | 11936 | 1287 | 10649 |
| $R^2$ | 0.071 | 0.060 | 0.056 | 0.278 | 0.220 | 0.281 |

3. 老年人情况和住房需求预测

为了分析老龄化对住房需求的影响，本文首先将所有家庭分为三类：无父母同住、与父亲或者母亲同住、与父母双亲同住。实证结果显示，在住房面积方面，与无父母同住的家庭相比，与父亲或者母亲同住、与父母双亲同住对住房面积的影响为正，前者统计不显著后者统计显著，体现了由于赡养老人所产生的住房需求使得家庭选择更大面积的住房；在住房质量方面，与父亲或者母亲同住对住房质量的影响为正，但统计不显著，与父母双亲同住对住房质量的影响为负，且统计显著，这可能是因为，当只有父亲或者母亲同住时，对住房质量的有效需求增加，而当与父母双亲同住时，家庭的首要任务是扩大住房面积，同时，由于家庭规模较大而带来较大的生活成本挤占了提升住房质量的支出，因此住房质量更差；在自有住房方面，与父亲或者母亲同住、与父母双亲同住对自有住房的影响为正，且均统计显著，这可能是因为老人通常获得了房改公房，因此家庭更可能选择自有住房而非租赁住房；在自有多套住房方面，与父亲或者母亲同住、与父母双亲同住对自有多套住房的影响不显著，体现了是否与父母同住并非影响自有多套住房的关键性因素。

表 4-17　与父母同住情况与住房需求

| | 住房面积 | 住房质量 | 自有住房 | 自有多套住房 |
|---|---|---|---|---|
| 与父母同住情况（参照组：无父母同住） | | | | |
| 与父亲或者母亲同住 | 4.06 | 0.01 | 0.31** | -0.05 |
| | (3.55) | (0.03) | (0.13) | (0.10) |
| 与父母双亲同住 | 14.46*** | -0.07** | 1.02*** | 0.06 |
| | (3.08) | (0.03) | (0.14) | (0.09) |

续表

| | 住房面积 | 住房质量 | 自有住房 | 自有多套住房 |
|---|---|---|---|---|
| 年龄 | 0.21 | 0.01* | 0.13*** | 0.04** |
| | (0.53) | (0.00) | (0.02) | (0.02) |
| 年龄的平方 | 0.00 | −0.00 | −0.00*** | −0.00* |
| | (0.01) | (0.00) | (0.00) | (0.00) |
| 性别(参照组:女) | −7.00*** | −0.10*** | −0.22*** | 0.01 |
| | (2.56) | (0.02) | (0.08) | (0.07) |
| 婚姻(参照组:未婚) | −0.69 | −0.01 | 0.02 | −0.01 |
| | (3.47) | (0.03) | (0.10) | (0.11) |
| 家庭规模 | 7.13*** | −0.02*** | 0.27*** | 0.17*** |
| | (0.61) | (0.01) | (0.02) | (0.02) |
| 受教育程度(参照组:初中以下) | | | | |
| 初中、高中 | 8.25*** | 0.11*** | 0.14* | 0.05 |
| | (2.11) | (0.02) | (0.07) | (0.06) |
| 大专 | −3.43 | 0.18*** | 0.04 | 0.52*** |
| | (5.74) | (0.05) | (0.16) | (0.14) |
| 大学本科及以上 | −8.18 | 0.14** | 0.53*** | 0.78*** |
| | (6.62) | (0.06) | (0.19) | (0.16) |
| 户口(参照组:农业户) | −24.62*** | 0.43*** | 0.24*** | 0.08 |
| | (3.18) | (0.03) | (0.09) | (0.08) |
| 城乡(参照组:乡村) | 5.83** | 0.41*** | −0.18** | 0.23*** |
| | (2.28) | (0.02) | (0.07) | (0.06) |
| 收入的对数 | 8.52*** | 0.17*** | −0.14*** | 0.38*** |
| | (0.94) | (0.01) | (0.03) | (0.03) |

续表

|  | 住房<br>面积 | 住房<br>质量 | 自有<br>住房 | 自有多<br>套住房 |
|---|---|---|---|---|
| 职业(参照组：生产工人) | | | | |
| 负责人 | 18.04*** | 0.09** | -0.14 | 0.29** |
|  | (5.20) | (0.05) | (0.15) | (0.13) |
| 专业技术人员 | 10.23** | 0.02 | 0.04 | 0.16 |
|  | (4.95) | (0.04) | (0.14) | (0.13) |
| 办事人员 | 0.66 | 0.09** | 0.03 | -0.11 |
|  | (5.12) | (0.05) | (0.15) | (0.14) |
| 商业/服务人员 | 3.11 | 0.08** | -0.38*** | 0.08 |
|  | (3.65) | (0.03) | (0.10) | (0.10) |
| 其他 | -1.33 | -0.26*** | 0.49*** | -0.02 |
|  | (2.76) | (0.02) | (0.09) | (0.08) |
| 地区(参照组：东部) | | | | |
| 中部 | 32.46*** | -0.27*** | 0.71*** | -0.14** |
|  | (2.36) | (0.02) | (0.08) | (0.06) |
| 西部 | 18.60*** | -0.28*** | 0.39*** | -0.62*** |
|  | (2.32) | (0.02) | (0.08) | (0.07) |
| 常数项 | -2.49 | 0.73*** | -1.21*** | -7.65*** |
|  | (15.14) | (0.13) | (0.46) | (0.49) |
| 观测值数 | 11882 | 11936 | 11936 | 11936 |
| $R^2$ | 0.058 | 0.276 | | |

　　为了进一步探讨与父母同住情况与住房选择之间的关系，同前文一致，将住房产权分为自有住房、租赁住房、租赁且自有一套住房、自有多套住房四类，并进行实证检验。结果显示，与自有住房相比，与父亲或者母亲同住更不可能选择租赁住房，且均统计显

著，这可能是因为，与父母同住的家庭更可能因为父母分得了房改住房；而与自有住房相比，与父亲或者母亲同住、与父母双亲同住都更不可能选择租赁且自有一套住房，且后者统计显著，因为自有现在居住的住房将会为父母提供更加安稳的居住环境和保障；同时，与父亲或者母亲同住、与父母双亲同住都更不可能自有多套住房，但统计不显著，这是因为赡养老人需要承担较大的经济压力，子女由于经济条件的限制没有更多的资金购买多套住房。

表 4-18　与父母同住情况与住房产权需求（参照组：自有住房）

| | 租赁住房 | 租赁且自有一套 | 自有多套住房 |
|---|---|---|---|
| 与父母同住情况（参照组：无父母同住） | | | |
| 与父亲或者母亲同住 | $-0.31^{**}$ | $-0.34$ | $-0.10$ |
| | $(0.15)$ | $(0.26)$ | $(0.11)$ |
| 与父母双亲同住 | $-1.08^{***}$ | $-0.85^{***}$ | $-0.04$ |
| | $(0.17)$ | $(0.26)$ | $(0.09)$ |
| 年龄 | $-0.14^{***}$ | $-0.09^{***}$ | $0.02$ |
| | $(0.02)$ | $(0.03)$ | $(0.02)$ |
| 年龄的平方 | $0.00^{***}$ | $0.00^{**}$ | $-0.00$ |
| | $(0.00)$ | $(0.00)$ | $(0.00)$ |
| 性别（参照组：女） | $0.18^{*}$ | $0.20$ | $0.04$ |
| | $(0.09)$ | $(0.16)$ | $(0.07)$ |
| 婚姻（参照组：未婚） | $-0.08$ | $0.20$ | $-0.05$ |
| | $(0.11)$ | $(0.22)$ | $(0.11)$ |
| 家庭规模 | $-0.27^{***}$ | $-0.17^{***}$ | $0.15^{***}$ |
| | $(0.03)$ | $(0.05)$ | $(0.02)$ |
| 受教育程度（参照组：初中以下） | | | |
| 初中、高中 | $-0.08$ | $-0.28^{**}$ | $0.04$ |
| | $(0.08)$ | $(0.14)$ | $(0.06)$ |

续表

| | 租赁住房 | 租赁且自有一套 | 自有多套住房 |
|---|---|---|---|
| 大专 | 0.06 | 0.13 | 0.56*** |
| | (0.19) | (0.28) | (0.15) |
| 大学本科及以上 | −0.35 | −0.72* | 0.73*** |
| | (0.23) | (0.38) | (0.16) |
| 户口(参照组：农业户) | −0.34*** | 0.11 | 0.04 |
| | (0.11) | (0.17) | (0.09) |
| 城乡(参照组：乡村) | 0.22*** | 0.12 | 0.26*** |
| | (0.08) | (0.14) | (0.07) |
| 收入的对数 | 0.12*** | 0.37*** | 0.40*** |
| | (0.04) | (0.07) | (0.03) |
| 职业(参照组：生产工人) | | | |
| 负责人 | 0.32* | −0.08 | 0.33** |
| | (0.17) | (0.28) | (0.13) |
| 专业技术人员 | 0.10 | −0.09 | 0.16 |
| | (0.17) | (0.26) | (0.13) |
| 办事人员 | 0.04 | −0.09 | −0.11 |
| | (0.17) | (0.27) | (0.14) |
| 商业/服务人员 | 0.45*** | 0.25 | 0.15 |
| | (0.11) | (0.18) | (0.10) |
| 其他 | −0.40*** | −0.69*** | −0.06 |
| | (0.10) | (0.18) | (0.08) |
| 地区(参照组：东部) | | | |
| 中部 | −0.74*** | −0.59*** | −0.23*** |
| | (0.10) | (0.15) | (0.07) |

| | 租赁住房 | 租赁且自有一套 | 自有多套住房 |
|---|---|---|---|
| 西部 | −0.43*** | −0.73*** | −0.68*** |
| | (0.09) | (0.16) | (0.07) |
| 常数项 | 1.30** | −3.74*** | −7.02*** |
| | (0.52) | (0.97) | (0.49) |
| 观测值数 | 11936 | | |

为进一步探究老年人占比对住房需求的影响，本文计算家庭中的老年人占家庭总人数的比重，并将这一比重作为核心变量进行实证检验。实证结果显示，家庭中，老年人占比越高，住房面积越大，质量越低，自有住房的可能性越大，且均统计显著，而老年人占比对自有多套住房没有显著影响。进一步验证了上文中的结论，即和老人同住增加了家庭对住房面积的需求，但在收入的限制下，需要牺牲住房质量来换取面积的增加，同时，家庭更可能由于老人分得了房改公房而自有住房，但老年人占比对是否自有多套住房不存在显著影响。

**表 4-19　家庭中老年人占比与住房需求**

| | 住房面积 | 住房质量 | 自有住房 | 自有多套住房 |
|---|---|---|---|---|
| 老年人占比 | 24.82*** | −0.14*** | 1.35*** | 0.06 |
| | (5.51) | (0.05) | (0.21) | (0.16) |
| 年龄 | 0.14 | 0.01* | 0.13*** | 0.04** |
| | (0.52) | (0.00) | (0.02) | (0.02) |
| 年龄的平方 | 0.00 | −0.00* | −0.00*** | −0.00* |
| | (0.01) | (0.00) | (0.00) | (0.00) |

续表

| | 住房面积 | 住房质量 | 自有住房 | 自有多套住房 |
|---|---|---|---|---|
| 性别(参照组：女) | −6.99*** | −0.09*** | −0.21** | 0.01 |
| | (2.56) | (0.02) | (0.08) | (0.07) |
| 婚姻(参照组：未婚) | 0.03 | −0.02 | 0.02 | −0.01 |
| | (3.47) | (0.03) | (0.10) | (0.11) |
| 家庭规模 | 7.50*** | −0.02*** | 0.30*** | 0.17*** |
| | (0.59) | (0.01) | (0.02) | (0.02) |
| 受教育程度(参照组：初中以下) | | | | |
| 初中、高中 | 8.20*** | 0.11*** | 0.14* | 0.05 |
| | (2.11) | (0.02) | (0.07) | (0.06) |
| 大专 | −3.31 | 0.18*** | 0.05 | 0.52*** |
| | (5.74) | (0.05) | (0.16) | (0.14) |
| 大学本科及以上 | −8.08 | 0.14** | 0.53*** | 0.78*** |
| | (6.62) | (0.06) | (0.19) | (0.16) |
| 户口(参照组：农业户) | −24.77*** | 0.43*** | 0.24** | 0.08 |
| | (3.18) | (0.03) | (0.09) | (0.08) |
| 城乡(参照组：乡村) | 5.77** | 0.41*** | −0.18** | 0.23*** |
| | (2.28) | (0.02) | (0.07) | (0.06) |
| 收入的对数 | 8.49*** | 0.17*** | −0.14*** | 0.38*** |
| | (0.94) | (0.01) | (0.03) | (0.03) |
| 职业(参照组：生产工人) | | | | |
| 负责人 | 17.93*** | 0.09** | −0.14 | 0.29** |
| | (5.20) | (0.05) | (0.15) | (0.13) |
| 专业技术人员 | 10.11** | 0.02 | 0.03 | 0.16 |
| | (4.95) | (0.04) | (0.14) | (0.13) |

续表

| | 住房面积 | 住房质量 | 自有住房 | 自有多套住房 |
|---|---|---|---|---|
| 办事人员 | 0.66 | 0.09** | 0.04 | −0.11 |
| | (5.12) | (0.05) | (0.15) | (0.14) |
| 商业/服务人员 | 3.18 | 0.08** | −0.38*** | 0.08 |
| | (3.65) | (0.03) | (0.10) | (0.10) |
| 其他 | −1.39 | −0.26*** | 0.49*** | −0.02 |
| | (2.76) | (0.02) | (0.09) | (0.08) |
| 地区(参照组：东部) | | | | |
| 中部 | 32.34*** | −0.27*** | 0.69*** | −0.14** |
| | (2.36) | (0.02) | (0.08) | (0.06) |
| 西部 | 18.49*** | −0.28*** | 0.38*** | −0.62*** |
| | (2.32) | (0.02) | (0.08) | (0.07) |
| 常数项 | −2.23 | 0.74*** | −1.13** | −7.64*** |
| | (15.12) | (0.13) | (0.46) | (0.49) |
| 观测值数 | 11882 | 11936 | 11936 | 11936 |
| $R^2$ | 0.058 | 0.276 | | |

家庭中老年人占比与住房产权的实证结果显示，与自有住房相比，家庭中老年人占比高，更可能选择自有住房，更不可能选择租赁住房，也更不可能选择租赁且自有一套住房，且均统计显著，也更不可能选择多套住房(统计不显著)，这可能由于老年人分得了房改公房而自有住房，但因赡养老人需要承担较高的日常生活成本，子女没有能力购买多套住房。

表 4-20 家庭中老年人占比与住房产权需求 (参照组：自有住房)

| | 租赁住房 | 租赁且自有一套 | 自有多套住房 |
|---|---|---|---|
| 老年人占比 | −1.38*** | −1.08*** | −0.13 |
| | (0.25) | (0.40) | (0.16) |
| 年龄 | −0.13*** | −0.08*** | 0.02 |
| | (0.02) | (0.03) | (0.02) |
| 年龄的平方 | 0.00*** | 0.00** | −0.00 |
| | (0.00) | (0.00) | (0.00) |
| 性别 (参照组：女) | 0.17* | 0.19 | 0.04 |
| | (0.09) | (0.16) | (0.07) |
| 婚姻 (参照组：未婚) | −0.08 | 0.21 | −0.04 |
| | (0.11) | (0.22) | (0.11) |
| 家庭规模 | −0.29*** | −0.20*** | 0.15*** |
| | (0.03) | (0.05) | (0.02) |
| 受教育程度 (参照组：初中以下) | | | |
| 初中、高中 | −0.08 | −0.28** | 0.04 |
| | (0.08) | (0.14) | (0.06) |
| 大专 | 0.05 | 0.12 | 0.56*** |
| | (0.19) | (0.28) | (0.15) |
| 大学本科及以上 | −0.35 | −0.72* | 0.73*** |
| | (0.23) | (0.38) | (0.16) |
| 户口 (参照组：农业户) | −0.34*** | 0.11 | 0.04 |
| | (0.11) | (0.17) | (0.09) |
| 城乡 (参照组：乡村) | 0.23*** | 0.13 | 0.26*** |
| | (0.08) | (0.14) | (0.07) |
| 收入的对数 | 0.13*** | 0.37*** | 0.40*** |
| | (0.04) | (0.07) | (0.03) |

续表

| | 租赁住房 | 租赁且自有一套 | 自有多套住房 |
|---|---|---|---|
| 职业(参照组：生产工人) | | | |
| 负责人 | 0.33* | −0.07 | 0.33** |
| | (0.17) | (0.28) | (0.13) |
| 专业技术人员 | 0.10 | −0.08 | 0.16 |
| | (0.17) | (0.26) | (0.13) |
| 办事人员 | 0.04 | −0.10 | −0.11 |
| | (0.17) | (0.27) | (0.14) |
| 商业/服务人员 | 0.45*** | 0.25 | 0.15 |
| | (0.11) | (0.18) | (0.10) |
| 其他 | −0.39*** | −0.69*** | −0.06 |
| | (0.10) | (0.18) | (0.08) |
| 地区(参照组：东部) | | | |
| 中部 | −0.73*** | −0.58*** | −0.23*** |
| | (0.10) | (0.15) | (0.07) |
| 西部 | −0.42*** | −0.73*** | −0.68*** |
| | (0.09) | (0.16) | (0.07) |
| 常数项 | 1.22** | −3.85*** | −7.01*** |
| | (0.52) | (0.97) | (0.49) |
| 观测值数 | 11936 | | |

### (六)微观视角的人口变动和住房需求小结

以上结论部分验证了第三章的一些理论分析和预测结果，家庭收入对住房需求的影响为正且显著，收入高的家庭更可能有更高的住房质量以及多套住房；部分验证了偏好预测，家庭规模越大，对住房面积需求越大，住房质量更低，但与预测相反的是，住房自有率和多套住房自有率更高,这也许与家庭规模大的家庭购买了低价位置偏远的住房有关;部分验证了生命周期假说,从成年期到老年期,住房自有率先上升后下降,而住房面积也呈现出相同的趋势,而在老年阶段,则从 60 岁以上会先出现人均住房面积、住房质量上升和住房自有率不变的阶段,然后在 70 岁以上的高龄阶段会再出现人均住房面积、住房质量上升和住房自有率都下降的阶段;部分验证了生命历程个体大事件假说,结婚生孩子通常促进了从租房向买房的转换,家庭总面积增大;部分验证了世代假说,后出生的世代住房质量更高,但在住房面积、产权等方面并未呈现明显优势,而在老年人群体,后出生的世代住房数量、质量和住房自有率更高。

## 二、宏观视角的人口变动与住房需求分析和预测

### (一)总人口规模和住房需求

表 4-21 显示,2000—2015 年,全国总人口数、集体户户数、集体户人口数、家庭户户数、家庭户人口数均呈现上升趋势。

**表 4-21　人口基本情况①**

|  | 2000 年 | 2005 年(抽样比例 1.325%) | 2010 年 | 2015 年(抽样比例 1.55%) |
|---|---|---|---|---|
| 集体户户数 | 10742501 | 104459 | 15788502 | 359561 |
| 集体户人口数 | 64341007 | 415360 | 92829619 | 1582836 |
| 家庭户户数 | 340491197 | 5286554 | 401934196 | 6355790 |
| 家庭户人口数 | 1178271219 | 16570406 | 1239981250 | 19729405 |

表 4-22 显示,第六次全国人口普查中,2010 年我国家庭户户数为 4.02 亿户,全国、城市、镇、乡村的家庭户规模分别为 3.09 人/户、2.71 人/户、3.08 人/户、3.34 人/户,家庭户人口规模结

---

① 数据来源:国家统计局官网 http://data.stats.gov.cn/。

构主要以二人户和三人户为主，全国家庭户规模比第五次全国人口普查的 3.44 人减少 0.35 人。按照户均一套的标准，家庭规模的减小、家庭总量的增加，必然带来住房需求套数的增加。

表 4-22　六普中国家庭规模①

| 家庭户规模 | 家庭户户数 | | | |
|---|---|---|---|---|
| | 全国 | 城市 | 镇 | 乡村 |
| 总　计 | 401934196 | 128660933 | 78528240 | 194745023 |
| 一人户 | 58396327 | 23099057 | 11069828 | 24227442 |
| 二人户 | 97947686 | 35794624 | 19169754 | 42983308 |
| 三人户 | 107978654 | 42659780 | 21811805 | 43507069 |
| 四人户 | 70598493 | 15602563 | 14033431 | 40962499 |
| 五人户 | 40332512 | 8039529 | 7560445 | 24732538 |
| 六人户 | 16887554 | 2195953 | 3019889 | 11671712 |
| 七人户 | 5753970 | 718406 | 1045064 | 3990500 |
| 八人户 | 2235271 | 311282 | 432558 | 1491431 |
| 九人户 | 942511 | 121392 | 192916 | 628203 |
| 十人及以上户 | 861218 | 118347 | 192550 | 550321 |
| 总人口数 | 1332810869 | 403760040 | 266245506 | 662805323 |

2001—2018 年人口规模与商品房销售面积如图 4-15，18 年期间，总人口呈现逐渐上升的态势，从 2001 年的 127627 万人增加到 2018 年的 139538 万人。与总人口增长的同时，商品房销售面积不断增加。总人口增长率逐渐下降，到 2018 年下降至 3.8‰；商品房销售面积波动上升，除 2008 年出现下降外，在 2014 年也出现了短暂的下降，之后上升，总体也呈下降的趋势。

---

① 数据来源：国家统计局官网 http：//data. stats. gov. cn/。

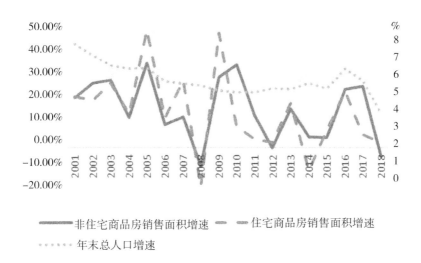

图 4-15　人口与住房需求变化情况

## （二）人口年龄结构和住房需求

2001—2018 年人口年龄结构与住房销售面积增长速度如图4-16，18 年期间，15~64 岁人口、0~14 岁人口占比呈现下降趋势，而 65

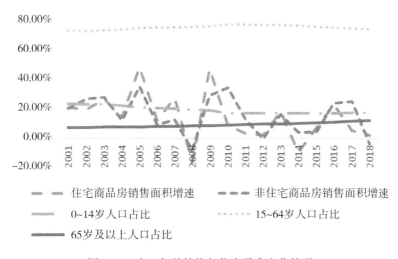

图 4-16　人口年龄结构与住房需求变化情况

岁及以上人口占比呈现上升趋势，说明我国人口老龄化加剧。与此同时，住宅商品房销售面积和非住宅商品房销售面积增速均呈现波动下降的趋势。

2010 年我国 60 岁及以上人口占比 13.32%，老年抚养比为 19.02%，其中，乡村地区达到 22.75%。其中，长表数据显示，在全国 60 岁以上老年人中，不健康但生活能自理的占比 13.90%，生活不能自理的占比 2.95%，人口老龄化及养老问题日益显著。

表 4-23　六普中国老年人及健康情况

| 地区 | 60 岁及以上人口 | 健康（%） | 基本健康（%） | 不健康，但生活能自理(%) | 生活不能自理（%） | 老年抚养比（%） |
|---|---|---|---|---|---|---|
| 全国 | 17658702 | 43.82 | 39.33 | 13.90 | 2.95 | 19.02 |
| 城市 | 4510405 | 49.95 | 39.41 | 8.29 | 2.35 | 15.03 |
| 镇 | 3060339 | 46.00 | 39.22 | 12.18 | 2.60 | 16.89 |
| 乡村 | 10087958 | 40.42 | 39.33 | 16.94 | 3.32 | 22.75 |

2001—2018 年人口老龄化与商品房销售面积如图 4-17，18 年期间，65 岁及以上人口占比从 7.10% 增加到 11.94%，老年抚养比从 10.10% 增加到 16.80%，这与商品房销售面积增速呈现出相反的变化趋势，即人口老龄化加剧的同时，商品房屋销售面积增速呈现下降趋势。

**(三)人口出生率、性别比和住房需求**

2001 年至 2018 年人口出生率呈现平稳下降的趋势。在 2001 年，人口出生率为 13.38‰，到了 2018 年，尽管实行"全面二孩"政策，但人口出生率降低至 10.94‰。人口出生率的降低不仅意味着少儿抚养比的下降、老年抚养比的上升，更意味着家庭规模将不断缩小，人口结构不平衡。人口性别比整体呈现较为稳定的趋势，在 2018 年为 104.7。与此同时，商品房屋销售面积增速呈现波动下降趋势。

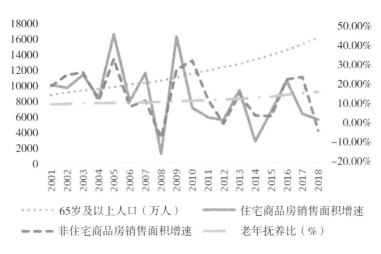

图 4-17 人口老龄化与住房需求变化情况

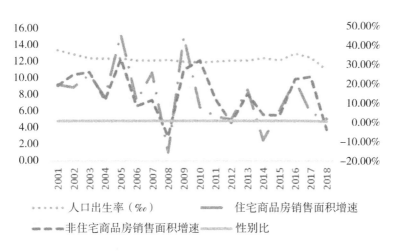

图 4-18 人口出生率和性别比与住房需求变化情况

### （四）结婚率、离婚率和住房需求

2001—2018 年，离婚率逐渐上升，从 2001 年的 0.98‰增加到

---

① 结婚率 $=\dfrac{结婚对数}{总人口}\times1000‰$；离婚率 $=\dfrac{离婚对数}{总人口}\times1000‰$。

2018 年的 3.20‰；而结婚率在 2013 年以前逐渐上升，但随后呈现下降趋势，在 2018 年下降到 7.27‰。结婚率下降、离婚率上升，体现了现代婚姻家庭观念的不断变化。与此同时，商品房屋销售面积增速呈现波动下降趋势。

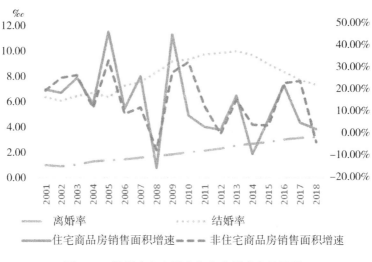

图 4-19 结婚率和离婚率与住房需求变化情况

### (五) 宏观视角的人口变动和住房需求预测

为了分析中国人口总量和结构变动对住房需求的影响，这里根据住房需求的理论模型，设计实证研究的 PVAR 模型，然后整理 2005—2015 年中国 31 个省市的具体数据得到相应的变量，并利用脉冲响应图直观地展示了各变量对住房需求的冲击及之后若干时期的变化，此外，通过加入控制变量进行对比分析，建立了面板数据模型，进一步探讨了各指标变量对住房需求的具体影响，并分析了具体的相关影响。

1. 住房需求的理论模型

在借鉴以往学者关于住房需求模型研究的基础上，这里用住房销售面积代表住房需求，建立一个简单的住房需求模型。住房消费除以住房价格等于住房销售面积，即：

$$X = \frac{PX}{P} \tag{1}$$

其中，$X$ 代表住房销售面积，$P$ 代表住房价格，$PX$ 代表住房消费。

在第 $t$ 年时，根据各个年龄组人群的住房消费求和得到总住房消费，故：

$$P_t X_t = \sum Q_{j,\,t} n_{j,\,t} \tag{2}$$

其中，$Q_{j,\,t}$ 为 $t$ 年 $j$ 岁组的住房消费支出，$n_{j,\,t}$ 为 $t$ 年 $j$ 岁组的人口数。$Q_{j,\,t}$ 的决定因素是家庭总收入，以及用于购买住房的支出比例，即

$$Q_{j,\,t} = \rho_{j,\,t} Y_{j,\,t} S_{j,\,t} \tag{3}$$

其中，$\rho_{j,\,t}$ 表示第 $t$ 年 $j$ 岁组人群中收入用于支付购买住房的比例，$Y_{j,\,t}$ 表示第 $t$ 年 $j$ 岁组人群的人均可支配收入，$S_{j,\,t}$ 第 $t$ 年 $j$ 岁组人群的家庭规模。

此外还考虑到中国住房市场主要是城镇，所以城镇住房需求随时间的变化可以表示为：

$$X_t = \frac{\sum Q_{j,\,t} n_{j,\,t}}{P_t} = N_t \frac{\sum \rho_{j,\,t} Y_{j,\,t} S_{j,\,t} \dfrac{n_{j,\,t}}{u_t N_t}}{P_t} \tag{4}$$

由上述推导可知，住房销售面积（$X_t$）受到住房价格（$P_t$）、人均可支配收入（$Y_{j,\,t}$）、家庭规模（$S_{j,\,t}$）、城镇化率（$u_t$）、人口总量（$N_t$）和人口年龄结构（$n_{j,\,t}$）的共同影响。然而，式（4-4）并没有考虑不同群体之间的住房需求差异，例如城镇人口和进城务工人员等存在明显的差异。通常情况下，长期居住在城镇的人口有稳定的住房需求，而那些因工作、学习、生活迁移到其他地方，尤其是迁移到城镇的移民也会产生购房需求。因此，住房销售面积还受到城镇化率的影响。同时，受中国"安家置业"的传统文化的影响，结婚买房基本上是全社会公认的"法则"，而由男方购买婚房更是一种约定俗成的"规矩"，因此，结婚率和性别比也会对住房需求产生影响。此外，住房需求还受到住房供给以及其他地区性宏观因素的影响，所以，地区的国内生产总值、住房投资、新开工面积等因素

在一定程度上也影响着住房需求。

综上所述，本文分别选择了少儿抚养比、老年抚养比、家庭户平均规模结婚率、性别比、国内生产总值、城镇化率、人均可支配收入、住房投资、新开工面积、住房价格等指标考察这些因素对住房销售面积的影响，如表4-24所示。

表 4-24　模型中变量

| 变量名称 | | 指标名称 | 符号 | 单位 |
|---|---|---|---|---|
| 自变量 | 关注变量 | 出生率 | ratio_bir | ‰ |
| | | 少儿抚养比 | Cdr | % |
| | | 老年抚养比 | Odr | % |
| | | 家庭户平均规模 | hsize | 人/户 |
| | | 结婚率 | ratio_mari | ‰ |
| | | 性别比 | ratio_gen | % |
| | 控制变量 | 国内生产总值 | GDP | 亿元 |
| | | 城镇化率 | ratio_ur | % |
| | | 人均可支配收入 | income | 元 |
| | | 住房投资 | inverst_hou | 亿元 |
| | | 新开工面积 | area_new | 万平方米 |
| | | 住房价格 | price | 元/平方米 |
| 因变量 | | 住房销售面积 | area_sell | 万平方米 |

2. 模型变量

（1）因变量

因变量是住房销售面积这一绝对指标。中国统计年鉴里面定义住房实际销售面积是指统计期内商品房屋出售的总面积，包括了现房销售面积和期房销售面积。

（2）关注变量

根据上述理论分析，结合数据的可得性，这里选取了如下人口方面的自变量：

①出生率（ratio_bir）：一定时期内（通常指 1 年内）平均每千人中出生人数的比率。它反映一定时期内人口的出生水平。

②少儿抚养比（Cdr）与老年抚养比（Odr）：指少儿人口或老年人口占劳动年龄人口的比重，以反映每 100 名劳动年龄人口要负担多少名少年儿童或者老年人。其中，少年儿童指 0~14 岁人口，老年人指 65 岁以上人口，15~64 岁为劳动年龄人口。

③家庭户平均规模：指平均每个家庭户的人口数。家庭户平均规模＝家庭户总人口数/家庭户总数。

④结婚率（ratio_mari）：指一定时期（通常指一年）结婚对数与同期一定范围人口数的比率（结婚率＝结婚对数/总人口 * 1000‰），表明结婚频繁的程度。

⑤性别比（ratio_gen）：指族群中雄性（男性）对雌性（女性）的比率。

（3）控制变量

本文结合住房供求理论，从供给端和宏观经济因素这两方面出发，选取了如下控制变量：

①国内生产总值（GDP）。它反映了一国（或地区）的经济实力，直接影响了当地居民的住房消费能力。

②城镇化率（ratio_ur）：指城镇人口占总人口（包括农业与非农业）的比重，表示了城镇化的发展水平。

③人均可支配收入（income）。它反映了居民的可支付能力。

④住房投资（inverst_hou）：指国家（地区）在一定时期内的用于新建或修缮住房的投资金额，单位亿元。它反映了住房供给的情况。

⑤新开工面积（area_new）：指在报告期内新开工的房屋建筑面积之和，它不包括上期开工跨入报告期继续施工的房屋建筑面积和上期已停建缓建而在本期复工的房屋建筑面积。它反映了住房供给的潜力。

⑥住房价格（price）：住房价格即是指住房连同其占用土地的价格。房价会影响供给和需求。

### 3. 数据来源及处理

被解释变量住房的销售面积数据来自 2000—2015 年《中国统计年鉴》以及各省份的《统计年鉴》；解释变量中，关注变量出生率、少儿抚养比、老年抚养比、家庭户平均规模、结婚率、性别比来自《中国统计年鉴》《中国社会统计年鉴》；控制变量中，国内生产总值、城镇化率、人均可支配收入、新开工面积来自各省份的《统计年鉴》，住房投资、住房价格来自 Wind 经济数据库。变量的描述性统计分析如表 4-25 所示。在实证检验中，对住房的销售面积、国内生产总值、人均可支配收入、住房投资、住房价格、新开工面积等变量采取了对数值，从而消除异方差性，同时对数据的平稳性和协整性不会有影响，相应得到的自变量系数表示的是弹性，比较便于分析它的经济学的意义。

**表 4-25　变量的描述性统计**

| 变量 | 样本 | 均值 | 标准差 | 最小值 | 最大值 |
| --- | --- | --- | --- | --- | --- |
| 出生率(‰) | 341 | 11.37 | 2.71 | 5.36 | 17.94 |
| 少儿抚养比(%) | 341 | 23.88 | 7.05 | 9.60 | 44.70 |
| 老年抚养比(%) | 341 | 13.07 | 3.05 | 6.70 | 26.56 |
| 家庭户平均规模(人/户) | 341 | 3.15 | 0.40 | 2.33 | 5.03 |
| 结婚率(‰) | 341 | 8.46 | 2.06 | 2.11 | 14.93 |
| 性别比(%) | 341 | 104.19 | 3.74 | 94.65 | 120.43 |
| 国内生产总值(亿元) | 341 | 14624.39 | 13454.73 | 248.80 | 72812.55 |
| 城镇化率(%) | 341 | 0.51 | 0.15 | 0.21 | 0.90 |
| 人均可支配收入(元) | 341 | 13605.04 | 7980.24 | 3383.49 | 49867.17 |
| 住房投资(亿元) | 341 | 1191.14 | 1167.66 | 3.74 | 6080.21 |
| 新开工面积(万平方米) | 341 | 3401.38 | 2622.83 | 15.00 | 12212.00 |
| 住房价格(元/平方米) | 341 | 4616.89 | 3232.35 | 1307.56 | 22300.00 |
| 住房销售面积(万平方米) | 341 | 2762.01 | 2177.45 | 17.29 | 10497.62 |

4. 实证研究结果

(1)模型构建与方法

计量经济学的应用模型种类较多。由于自变量对因变量的影响可能存在滞后效应，还有的自变量和因变量可能有相互作用，而且是面板数据，所以这里选取了向量面板自回归(PVAR)模型。本文利用中国 31 各省市 2000—2015 年的相关数据，建立的 PVAR 模型如下所示：

$$Y_{it} = Y_0 + \alpha_1 Y_{i,\,t-1} + \cdots \alpha_k Y_{i,\,t-k} + \beta_0 + \beta_1 X_{i,\,t-1} + \cdots +$$
$$\beta_k X_{i,\,t-k} + Y_i + \mu_{it} \tag{4.5}$$

其中，$Y_{i,\,t}$ 代表个体 $i$ 的时点 $t$ 的 $m$ 个内生变量的 $m \times 1$ 向量，$X_{i,\,t}$ 表示个体 $i$ 在时点 $t$ 的 $m$ 个严格外生变量的 $m \times 1$ 向量，$Y_i$ 表示个体 $i$ 的 $m$ 个严格外生变量的 $m \times 1$ 向量，$\alpha_1 \cdots \beta_k$ 分别为 $m$ 个内生变量和外生变量的滞后项估计系数，$k$ 为滞后阶数，$\mu_{it}$ 为残差项。

PVAR 模型要求变量是平稳序列，所以先进行了平稳性检验和协整性检验。在此基础上进行脉冲响应分析和方差分解。

(2)实证检验

①单位根检验

对住房销售面积、出生率、少儿抚养比、老年抚养比等相关自变量分别进行 LLC 检验的结果见表 4-26。可以看出，各自变量都拒绝变量平稳性的原假设且全部在 1% 水平上显著，表明数据具有良好的平稳性，可以进行 PVAR 模型估计。

表 4-26　单位根检验

|  | LLC 统计值 | P 值 |
|---|---|---|
| 出生率 | −3.9774 | 0.0000 |
| 少儿抚养比 | −3.5497 | 0.0002 |
| 老年抚养比 | −7.3011 | 0.0000 |
| 家庭户平均规模 | −8.2796 | 0.0000 |
| 结婚率 | −5.1163 | 0.0000 |
| 性别比 | −5.5866 | 0.0000 |

续表

|  | LLC 统计值 | P 值 |
|---|---|---|
| 国内生产总值 | −5.5714 | 0.0000 |
| 城镇化率 | −4.8216 | 0.0000 |
| 人均可支配收入 | −7.5184 | 0.0000 |
| 住房投资 | −4.9410 | 0.0000 |
| 新开工面积 | −4.0323 | 0.0000 |
| 住房价格 | −2.0194 | 0.0000 |
| 住房销售面积 | −6.9742 | 0.0000 |

②选择最优滞后阶数

为保证 PVAR 模型参数估计的有效性，应确定 PVAR 模型的最优滞后阶数。这里分别采用 AIC、BIC、HQIC 准则进行最优滞后阶数的选择（表 4-27）。结果显示，最优滞后阶数为滞后 2 阶。

表 4-27　AIC、BIC、HQIC 准则检验结果①

| 滞后阶数 | AIC | BIC | HQIC |
|---|---|---|---|
| 1 | 34.3655 | 37.8275 | 35.7543 |
| 2 | 32.4428* | 36.9054* | 34.2393* |
| 3 | 33.0449 | 38.7144 | 35.3352 |
| 4 | 86.141 | 93.3036 | 89.0436 |
| 5 | 89.4048 | 98.4762 | 93.0894 |

③脉冲响应分析

通过前面的平稳性检验表明数据能满足建立 VAR 模型的要求。因此，在 VAR 模型稳定的前提下，根据脉冲函数对各个变量之间的动态关系进行模拟分析。为了显示各因素对因变量更长时间的影

---

① ＊表示准则下的最优选择项。

响，将冲击作用时期设置为三十期，通过 500 次蒙特卡洛模拟得到各个关注变量对住房需求的脉冲响应函数，其中横轴代表冲击响应的预测期数，纵轴代表对冲击的响应程度，实线代表脉冲响应曲线，虚线代表正负两倍标准差偏离带（阈值）。相关结果如图 4-20 至图 4-25 所示。

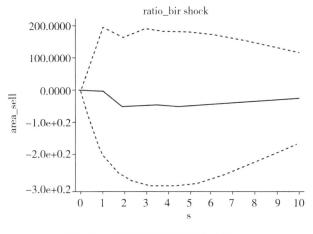

图 4-20 出生率对住房需求的脉冲

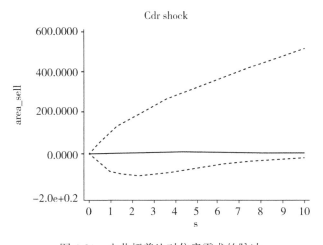

图 4-21 少儿抚养比对住房需求的脉冲

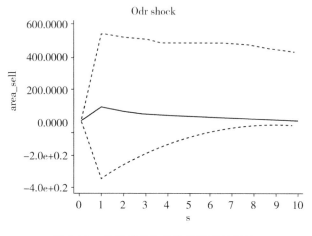

图 4-22 老年抚养比对住房需求的脉冲

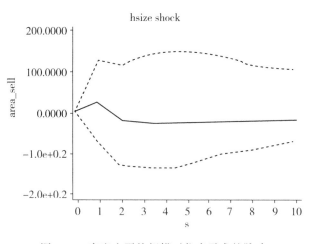

图 4-23 家庭户平均规模对住房需求的脉冲

出生率对住房销售面积的影响是负向冲击。可能的原因是，在新生儿刚出生的时候，家庭中产生大量的用于养育孩子的支出，这便抑制了家庭的住房消费，在短期内生育率对住房产生负向影响。此外，这里还没有考虑在宏观经济动态均衡下出生率对住房需求的影响。

少儿抚养比对住房销售面积的影响是正向冲击。这种正向冲击

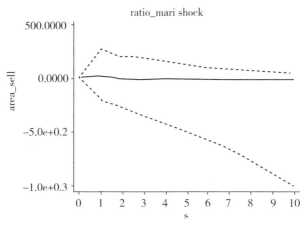

图 4-24　结婚率对住房需求的脉冲

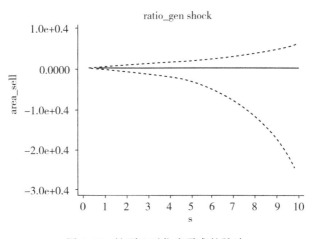

图 4-25　性别比对住房需求的脉冲

虽然不明显，但长期存在。少儿抚养比较高意味着家庭需要更大面积的住房，有更高的住房需求。少子化的趋势将降低少儿抚养比，在长期将减少住房需求。

老年抚养比对住房销售面积的影响是正向冲击。从整体上看，尽管老年抚养比对住房需求有正向影响，但是这种影响很微弱，这主要是由于中国社会正在变化，老年人的健康状况不断改善，寿命越来越长，越来越多的老年人选择独居或和配偶同住，造成了家庭数量的增加。

家庭户平均规模对住房销售面积的影响先是正向冲击，然后是负向冲击。这说明随着家庭规模的下降，住房销售面积随之变化。从第一期开始，家庭户平均规模对住房需求的正向冲击持续加深，之后从第二期开始便逐渐减弱为负，后又逐步趋向于平稳。这是因为，随着家庭规模的不断增大，需要更大的住房面积，但是家庭人口数量的增加，生育子女的支出和其他生活支出会急剧增加，从而在收入一定的情况下，挤出了住房消费。

结婚率对住房销售面积的影响不明显，但有所波动。这与普遍认为的结婚造成买房的看法不一致。可能的原因是结婚和买房可能会时间上不一致，例如在结婚前或者结婚后再买房。另外，还可能与未婚同居、租房结婚有关。

性别比对住房销售面积的影响不明显。性别比失衡对住房需求有两方面的影响，一是性别比失衡的社会可能比性别比平衡的社会家庭数量少，减少了住房需求；二是有些研究认为性别比失衡的社会还会造成男性买房提高婚姻市场的竞争力，增加了住房需求。从这里的实证来看，两相作用的结果是性别比并未对住房需求表现出明显影响。

④方差分解

这里将 PVAR 模型中的方差分解，把每个变量预测误差的方差按照其成因分解为与各个变量相关联的组成部分，分析一个变量对另一个变量产生变化的贡献率，然后评估各个冲击对系统中内生变量的解释力度和相对重要性。表 4-28 给出了各个变量在第十期、第二十期、第三十期对住房需求影响程度的方差分解结果。

分析结果表明，住房销售面积的方差贡献率主要来自于自身。住房需求第十期的贡献率为 75.69%，第二十期为 64.36%，到第 30 期的贡献率仍有 58.13%，说明我国各省市的住房销售面积有一定的惯性，但是随着时间的变化，它对自身的贡献率呈现下降趋势。出生率对住房销售面积的贡献率先下降后增加。这体现了新生儿出生时给家庭带来较大的经济压力，可能抑制住房消费，但随后这一抑制作用逐渐减小然后增加。少儿抚养比、老年抚养比、家庭户平均规模、结婚率、性别比对住房销售面积的贡献率先增加后减小。其中，少儿抚养比对住房销售面积的方差贡献率在第十期为53.72%，第二十期为72.45%，第三十期为67.65%，少儿抚养比的贡献率较低。老年抚养比对住房销售面积的贡献率从第十期的67.79%增加到第二十期的70.81%，说明随着我国人口老龄化进程的加深，老年人口随着年龄的增加，对住房销售面积产生更加深远的影响，但在第三十期时降低到47.65%，随着老年人年龄的增加至离世，住房销售面积下降。家庭户平均规模对住房销售面积的方差贡献率较低，在第十期时仅为63.76%，在第二十期增加到72.84%，接着降低到第三十期的45.23%。这可能由于在家庭生命周期的初期，住房需求不断增加，而到了家庭生命周期的后期，家庭的住房需求下降或者保持不变。结婚率和性别比对住房需求的方差贡献率也经历了先增加后减小的过程。前者在第十期为48.68%，在第二十期增加到78.13%，在第三十期减小到46.04%；后者在第十期为44.46%，在第二十期增加到79.14%，在第三十期减小到56.65%。

表 4-28 还展示了其他控制变量对住房销售面积的方差贡献率。其中，国内生产总值、城镇化率、人均可支配收入、住房投资、新开工面积对住房销售面积的方差贡献率呈现波动变化的趋势。值得注意的是，住房价格在第十期的方差贡献率为61.87%，在第二十期增加至73.65%，在第三十期下降到44.54%。这体现了住房价格对住房销售面积发挥着举足轻重的作用。从长期来看，出生率、少儿抚养比等因素的方差贡献率较高，住房价格的贡献率降低。

表 4-28　方差分解结果

| 变量 | 期数 | area_sell | 期数 | area_sell | 期数 | area_sell |
|---|---|---|---|---|---|---|
| 住房销售面积 | 10 | 0.7569 | 20 | 0.6436 | 30 | 0.5813 |
| 出生率 | 10 | 0.7931 | 20 | 0.5559 | 30 | 0.7048 |
| 少儿抚养比 | 10 | 0.5372 | 20 | 0.7245 | 30 | 0.6765 |

续表

| 变量 | 期数 | area_sell | 期数 | area_sell | 期数 | area_sell |
|---|---|---|---|---|---|---|
| 老年抚养比 | 10 | 0.6779 | 20 | 0.7081 | 30 | 0.4765 |
| 家庭户平均规模 | 10 | 0.6376 | 20 | 0.7284 | 30 | 0.4523 |
| 结婚率 | 10 | 0.4860 | 20 | 0.7813 | 30 | 0.4604 |
| 性别比 | 10 | 0.4446 | 20 | 0.7914 | 30 | 0.5665 |
| 国内生产总值 | 10 | 0.7885 | 20 | 0.5796 | 30 | 0.6765 |
| 城镇化率 | 10 | 0.7901 | 20 | 0.5734 | 30 | 0.6843 |
| 人均可支配收入 | 10 | 0.4855 | 20 | 0.7675 | 30 | 0.6283 |
| 住房投资 | 10 | 0.6187 | 20 | 0.7365 | 30 | 0.4454 |
| 新开工面积 | 10 | 0.7821 | 20 | 0.5998 | 30 | 0.6492 |
| 住房价格 | 10 | 0.4530 | 20 | 0.7871 | 30 | 0.5847 |

⑤面板数据模型结果及分析

利用以上的面板数据，首先是估计对应的混合模型和固定效应模型，然后由 LR 检验确定选择哪个模型。如果选择了混合模型，则混合模型为最佳模型；否则，再通过 Hausman 检验，确定是选择随机还是固定效应模型。根据检验结果确定选择固定效应模型。

表 4-29　回归结果

| | 混合模型回归 | 固定效应回归 | LSDV回归 | 随机效应回归 |
|---|---|---|---|---|
| 出生率 | −0.04 | −0.25 | −0.25 | −0.16 |
| | （−0.42） | （−0.95） | （−0.91） | （−0.84） |
| 少儿抚养比 | 0.41*** | −0.04 | −0.04 | 0.19 |
| | （4.01） | （−0.14） | （−0.13） | （0.92） |
| 老年抚养比 | 0.36*** | 0.20*** | 0.20*** | 0.25*** |
| | （5.85） | （2.98） | （2.84） | （4.02） |

续表

| | 混合模型回归 | 固定效应回归 | LSDV回归 | 随机效应回归 |
|---|---|---|---|---|
| 家庭户平均规模 | 0.04 | 1.33*** | 1.33*** | 0.84*** |
| | (0.19) | (5.24) | (5.00) | (3.41) |
| 结婚率 | -0.12** | -0.08 | -0.08 | -0.06 |
| | (-2.00) | (-1.48) | (-1.41) | (-0.94) |
| 性别比 | -0.75** | -1.07** | -1.07** | -0.99** |
| | (-2.16) | (-2.13) | (-2.03) | (-2.49) |
| 国内生产总值 | 0.24*** | -0.04 | -0.04 | 0.28*** |
| | (6.88) | (-0.32) | (-0.31) | (5.44) |
| 城镇化率 | 0.61*** | 0.51 | 0.51 | 0.62*** |
| | (5.95) | (1.12) | (1.07) | (3.86) |
| 人均可支配收入 | -0.35*** | -0.19* | -0.19* | -0.47*** |
| | (-4.92) | (-1.74) | (-1.65) | (-4.10) |
| 住房价格 | -0.13** | 0.02 | 0.02 | -0.13 |
| | (-2.10) | (0.13) | (0.12) | (-1.46) |
| 住房投资 | 0.38*** | 0.44*** | 0.44*** | 0.44*** |
| | (7.42) | (7.91) | (7.54) | (10.23) |
| 新开工面积 | 0.39*** | 0.28*** | 0.28*** | 0.30*** |
| | (7.67) | (5.86) | (5.58) | (6.31) |
| 常数项 | 4.35*** | 4.51*** | 4.11*** | 5.24*** |
| | (6.69) | (4.36) | (4.15) | (7.80) |
| N | 341 | 341 | 341 | 341 |
| $R^2$ | 0.970 | 0.849 | 0.864 | 0.910 |

⑥模型异方差和自相关检验

然后,对组间异方差检验采用 Wald 检验方法,组内自相关采用 Wooldridge 检验方法，同期截面相关采用 Pesaran 检验方法，检验结果表明该面板数据模型同时存在异方差以及自相关。

表 4-30 面板数据异方差与自相关检验结果类型

| 类型 | 原假设（$H_0$）和备择假设（$H_1$） | 检验结果 | 检验 p 值 |
|---|---|---|---|
| 组内自相关检验 | $H_0$：无序列相关<br>$H_1$：存在序列相关 | $F(1, 30) = 26.128$ | 0.0000 |
| 同期截面相关检验 | $H_0$：无截面相关<br>$H_1$：存在截面相关 | Pesaran's test = 16.367 | 0.0000 |
| 组间异方差检验 | $H_0$：无异方差<br>$H_1$：存在异方差 | chi2（31）= 382.14 | 0.0000 |

⑦模型修正 FGLS 估计

鉴于该模型同时存在异方差与自相关，因此这里选择使用可行广义最小二乘法（FGLS）对模型进行估计，得到的估计结果见表 4-31（仅展示核心解释变量与控制变量部分）。其中，模型一为使用了聚类稳健标准误的双向固定效应回归模型，用于对照估计结果；模型二为使用 FGLS 方法同时处理组内自相关与组间同期相关时所有个体的扰动项都服从自回归系数相同的 AR（1）过程的情形；模型三为使用 FGLS 方法同时处理组内自相关与组间同期相关时每个面板都有自己的自回归系数的情形。

表 4-31 模型修正 FGLS 估计

| | 模型（1） | 模型（2） | 模型（3） |
|---|---|---|---|
| 出生率 | -0.26 | -0.13 | -0.20* |
| | （-0.94） | （-1.40） | （-1.92） |
| 少儿抚养比 | 0.07 | 0.39*** | 0.41*** |
| | （0.29） | （4.13） | （3.17） |

续表

| | 模型（1） | 模型（2） | 模型（3） |
|---|---|---|---|
| 老年抚养比 | 0.49*** | 0.28*** | 0.25*** |
| | (2.95) | (5.43) | (3.87) |
| 家庭户平均规模 | 1.36*** | 0.31* | 0.53** |
| | (5.75) | (1.80) | (2.14) |
| 结婚率 | −0.06 | −0.05 | −0.07 |
| | (−0.97) | (−0.92) | (−1.11) |
| 性别比 | −0.62 | −0.71** | −0.55** |
| | (−1.35) | (−2.47) | (−2.51) |
| 国内生产总值 | 0.24 | 0.27*** | 0.27*** |
| | (1.42) | (6.91) | (7.68) |
| 城镇化率 | 0.08 | 0.66*** | 0.72*** |
| | (0.16) | (6.52) | (6.16) |
| 人均可支配收入 | 0.11 | −0.34*** | −0.26** |
| | (0.73) | (−5.06) | (−2.52) |
| 住房价格 | −0.05 | −0.19*** | −0.27*** |
| | (−0.36) | (−3.46) | (−3.50) |
| 住房投资 | 0.46*** | 0.39*** | 0.44*** |
| | (7.64) | (7.99) | (7.90) |
| 新开工面积 | 0.26*** | 0.36*** | 0.30*** |
| | (4.82) | (7.87) | (5.36) |
| 常数项 | 0.22 | 4.83*** | 4.79*** |
| | (0.11) | (8.06) | (5.45) |
| N | 341 | 341 | 341 |

从现实角度来看，不同地区在不同年份人口因素对住房需求的影响确实是不同的，因此，将模型三作为分析模型的最优选择。

（3）实证结果分析

出生率对住房销售面积的影响为负。这可能是因为，当期较高的出生率使得家庭支出更多地用于养育孩子，养育孩子的成本在家庭收入中占比较高，抑制了家庭的住房消费。少儿抚养比对住房销售面积的影响显著为正，体现了全社会少儿数量的增加会增加住房需求。这是因为，在一些家庭度过了孩子刚出生时支出较高的时期后，开始产生住房需求，以期为孩子的成长营造更好的生活空间。老年抚养比对住房销售面积也存在正向影响，这可能是因为，在房改过程中，中国城镇老年人的住房自有率较高；随着中国社会的发展，老年人更加健康长寿，老年人独居或和配偶同住的比重不断上升。家庭户平均规模对住房需求存在正向影响，这是因为随着家庭户规模的增加，家庭成员需要更大的生活空间，对住房的需求增加，尤其对于有异性别子女的家庭，住房需求更高。而结婚率、性别比对住房销售面积的影响为负（前者不显著，后者统计显著），这可能是因为，存在大量单身户和未婚同居户，还有很多人在结婚前或者结婚后买房，这样造成结婚率的影响不显著；而当性别比失衡，男性占比较高时，男性与女性之间在婚姻市场无法匹配，造成了结婚成家买房的需求减少。

5. 基于自回归模型的住房需求预测

为能更好地分析住房需求变动趋势，我们依据2001—2018年国家层面宏观数据预测了中国2019—2050年的人口、家庭户的变动趋势，并在此基础上对住房需求规模（住房销售面积）进行预测。

人口变动趋势预测是根据当时人口的现状，考虑预测时人口相关因素，并对相关参数进行相应的分析和假定，运用计量方法来预测未来人口的发展状况。较常用的预测方法有：时间序列法、年龄移算模型、矩阵方程模型、灰色动态模型等。其预测人口的准确与否，主要取决于预测方法的适应性与科学性。为能更好地分析住房需求变动趋势，本研究依据2001—2018年国家层面宏观数据预测了中国2019—2050年的人口、家庭户的变动趋势，分别对出生率、少儿抚养比、老年抚养比、家庭户平均规模、结婚率、性别比等指标以及国内生产总值、城镇化率、人均可支配收入、住房价格、住房投资、新开工面积等指标进行拟合和预测，再根据表4-31模型修正FGLS估计回归结果的结果(3)中回归系数进行计算，得到高、中、低三种预测结果，如图4-26。在中方案，住房需求呈现出缓慢上升的趋势。

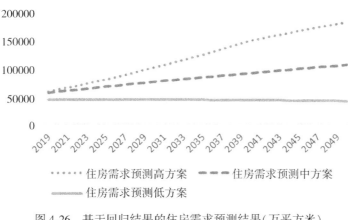

图4-26 基于回归结果的住房需求预测结果(万平方米)

其次，根据2001—2018年住房需求数据直接进行拟合，通过线性函数、幂函数、对数函数的拟合和测算，得到高、中低、三种预测结果，如图4-27。该拟合结果一直上升，有些不合理。

最后，根据第二章对中国的中方案人口预测数据，通过LSTM模型(属于神经网络模型)预测得到2019—2050年的全国户均人口数据和2019—2050年的城镇人均住房建筑面积，从而计算得到2019—2050年的城镇住房需求(销售面积)，如图4-28。

到2050年，我国城镇住房总面积预测累计值达到5022961万平方米。而每年新增住房销售面积则呈波动式下降趋势(如图4-28所示)。

然后本预测结合前文第二章人口和家庭户预测结果，分析未来家庭户住房需求情况。我们假定"户均一套、人均一间"(在生育政策中方案下)，我国城镇地区在2040年左右需要功能配套和设备齐全的住房达到峰值，为33754万套，106217万间，随后下降。

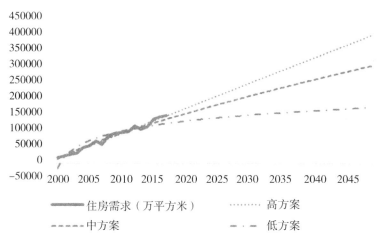

图 4-27  基于历史数据的住房需求预测结果

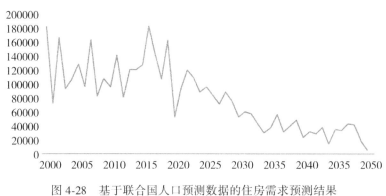

图 4-28  基于联合国人口预测数据的住房需求预测结果

### 三、人口变动与非居住类房地产需求分析和预测

人口和家庭变动会导致收入、消费偏好的改变，引起零售商品需求的改变，进而影响到零售空间的需求，而购物方式的偏好改变（例如实体店还是电商）会给零售空间和物流空间的需求带来很大的变化。《2018 年淘宝数据报告》发现"在淘宝网各年龄段用户交易情况上看，90 后平均成交金额比 80 后用户超出将近 1/4，成为消

费主力"①。《2018 生活消费趋势报告》显示"70、80 后线下消费仍
为核心，近七成消费金额通过线下实现；90 后消费迅速崛起，使
用移动互联网消费突出，其花销超过了日常消费支出的一半"②。
电商人群不断增加，造成了电商商品零售总额占比和总量增大，物
流仓储空间需求增加，而零售空间的需求可能先升后降；第三产业
比重增加，写字楼白领人群增加，但是共享办公的发展，写字楼的
空间需求可能先升后降。

### (一) 总人口和非居住类房地产需求分析

本研究将办公楼商品房、商业营业用房、其他商品房合并为非
居住类房地产。首先，研究总人口变动与非居住类房地产需求的变
化情况。从 2001 年至 2018 年，随着总人口规模的不断扩大，各类
非居住类房地产需求稳步上升。其中商业营业用房在非居住类房地
产中占比最高，在 2018 年达到 7390.29 万平方米。非居住类房地
产需求呈现波动上升趋势，从 2001 年的 2473.15 万平方米，增加
到 2018 年的 23724.94 万平方米，增加了近十倍。

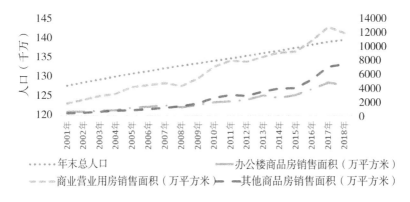

图 4-29　总人口与非居住类房地产需求

---

① 《2018 淘宝数据报告》(2019 年 1 月 22 日) https://www.docin.com/p-
245442841.html。

② 《2018 生活消费趋势报告》(2018 年 1 月 24 日) http://www.askci.com/
news/finance/20180305/094154119025.shtml。

### (二)劳动人口和非居住类房地产需求分析

2001年至2018年间,15~64岁劳动人口及其占比呈现先增加后减少的趋势,进一步体现了我国人口老龄化的不断加剧,以及劳动年龄人口的下降趋势日益明显。这一比重在2010年达到最高,为74.53%,在2018年降低至71.20%。与此同时,非居住类房地产销售面积增速不断下降。

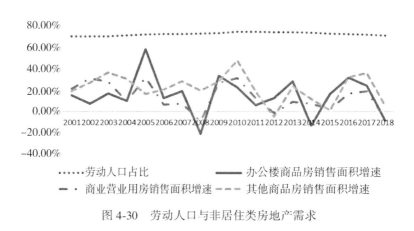

图4-30　劳动人口与非居住类房地产需求

### (三)第三产业就业人口和非居住类房地产需求分析

随着我国经济的发展,第三产业得到了快速发展,在产值和就业方面的贡献不断增强。第三产业是商场、写字楼等物业的主要使用者。2001—2018年,第三产业从业人口从19823.40万人增加到35937.80万人,在从业人口中占比也从27.50%增加到46.32%。与此同时,非居住类房地产呈现出相同的增长趋势。

### (四)非居住类房地产需求影响因素分析

以上内容为人口变动与我国非居住类房地产需求之间关系的描述性分析,下面我们通过构建实证模型,检验人口变动对我国非居住类房地产需求的影响机理。为了使得结果更加简明,我们仅展示最终保留的回归结果,中间检验步骤不在此展示。但是,各类因素对各类非居住类住房的影响程度并未呈现相近的回归结果,整体而言,老年抚养比、结婚率、性别比对非居住类房地产有负向影响,

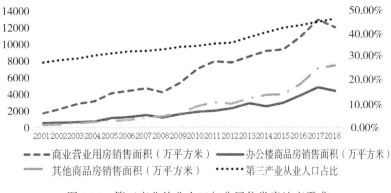

图 4-31　第三产业从业人口与非居住类房地产需求

出生率、少儿抚养比、家庭人口规模对非居住类房地产有正向
影响。

表 4-32　非居住类房地产影响因素分析

| | 办公楼商品房 | 商业营业用房 | 其他商品房 | 非居住类房地产 |
|---|---|---|---|---|
| 出生率 | 0.25 | 0.15 | -0.17 | 0.08 |
| | (0.55) | (0.57) | (-0.24) | (0.10) |
| 少儿抚养比 | 1.27*** | 0.11 | -1.04 | 1.18 |
| | (2.79) | (0.42) | (-1.46) | (1.53) |
| 老年抚养比 | -0.24 | 0.04 | -0.13 | -0.72** |
| | (-1.14) | (0.37) | (-0.39) | (-2.03) |
| 家庭户平均规模 | -0.24 | -0.03 | 2.54* | 2.77* |
| | (-0.26) | (-0.05) | (1.78) | (1.79) |
| 结婚率 | 0.08 | -0.54*** | 0.18 | -0.82** |
| | (0.33) | (-4.11) | (0.49) | (-2.10) |
| 性别比 | 0.77 | -1.84*** | 2.03 | -4.70** |
| | (0.67) | (-2.78) | (1.12) | (-2.40) |

续表

|  | 办公楼商品房 | 商业营业用房 | 其他商品房 | 非居住类房地产 |
|---|---|---|---|---|
| 国内生产总值 | -1.11*** | 0.04 | -0.35 | -0.23 |
|  | (-2.60) | (0.15) | (-0.52) | (-0.32) |
| 城镇化率 | 5.04*** | 1.83*** | -0.98 | 0.51 |
|  | (5.35) | (3.32) | (-0.65) | (0.31) |
| 人均可支配收入 | 1.10** | 0.00 | -0.68 | -0.06 |
|  | (2.06) | (0.00) | (-0.80) | (-0.06) |
| 住房价格 | 0.44 | -0.23 | 0.47 | 0.94* |
|  | (1.39) | (-1.28) | (0.95) | (1.74) |
| 住房投资 | -0.25 | 0.31*** | 0.73** | -0.14 |
|  | (-1.18) | (2.68) | (2.32) | (-0.40) |
| 新开工面积 | 0.13 | 0.34*** | -0.37 | 0.37 |
|  | (0.75) | (3.47) | (-1.40) | (1.30) |
| 常数项 | -1.85 | 1.46 | 6.59 | -5.49 |
|  | (-0.65) | (0.89) | (1.48) | (-1.13) |
| N | 335 | 341 | 341 | 341 |
| $R^2$ | 0.499 | 0.660 | 0.085 | 0.097 |

### (五)非居住类房地产需求预测

因为实证结果差强人意,各类非居住类住房的影响因素差异较大,因此,本研究通过运用图 4-28 对住房需求的预测结果,推断 2019—2050 年非居住类房地产的需求。在本研究中,按照高、中、低三种方案,假设非居住类房地产需求在房地产总需求中占比分别为 30%、25%、20%,根据图 4-28 对住房需求的预测结果可以计算得到房地产总需求,随后按照相应比例计算得到非居住类房地产需求的高、中、低三种方案,如图 4-32。

到 2050 年,在预测中方案下,我国非居住类房地产需求累计

值达到 1674320 万平方米。而每年新增非居住类房地产销售面积则
呈波动式下降趋势（如图 4-32 所示）。

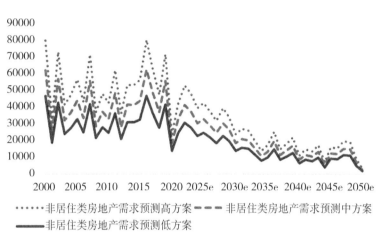

図 4-32　非居住类房地产需求预测（万平方米）

# 第三节　人口变动对中国房地产供给的影响分析和预测

人口因素不仅与房地产市场的需求端联系紧密，而且对供给侧
也有直接的影响。一是，人口作为存量住房的供给主体，其数量以
及结构的变动均会对存量供给产生较大的影响，比如老龄化程度的
加剧和人口的流出等会对存量住房的释放有促进作用；二是，人口
因素也是房地产开发商在进行新房开发投资时进行市场分析需要考
虑的重要因素之一。比如，万科、恒大等大型房地产企业都有自己
的研究院，对房地产市场的发展进行分析与预测，进而指导企业进
行投资决策。其他的中小型房地产企业也会以万科等大企业的投资
报告为风向标，从而调整自己的投资行为。这也意味着，除了成本
价格比、土地供应量、税收与信贷政策外，人口作为房地产市场的
重要参与主体，对住房的存量和增量供给均会产生重要的影响。尤

其是随着我国快速城市化所带来的房地产业高速增长时代的结束，房地产业将从快速扩张的"增量新房市场"转变为存量二手房与增量新房交易并存的市场，这也意味着人口变动对住房供给的直接影响愈发重要。因此，探讨人口变动对房地产供给的作用机理，不仅能够明晰我国房地产市场存量与增量供给的现状与走向，更能据此及时进行房地产市场供给调控，从而促进房地产市场的长期健康发展。

## 一、人口变动与中国存量住房供给的分析和预测

在房地产的供给中，新建房等增量供给通常占的比重较小，主要靠存量房的供应、维护、改善和转换用途等存量供给。由于得不到存量的维护、改造和转换用途数据，这里我们主要根据存量住房（二手住房）的出售来分析存量住房的供给。

随着我国新房的建设量不断转换为存量，供求关系得到了改善，已经从供不应求走向了供求平衡的阶段，甚至出现了部分产品的结构性过剩和部分区域的结构性过剩。如恒大研究院的分析报告认为"总体来看，我国存在着轻微的住房存量过剩，但相比于美国（1.15）与日本（1.16）等大多数发达国家情况并不严峻"。① 尽管该数据不一定准确，但是由于这方面缺乏权威可靠的数据，因此这个分析可以作为中国的一个参考。此外，我国的部分城市尤其是一线城市已经进入了房地产存量时代。据贝壳研究院的数据显示，2016年和2017年我国分别有9个和24个城市的二手房交易量超过新房，成为满足住房需求的主要渠道。②

### （一）人口总量的变动与中国存量住房供给

一般来说在一个人口规模不断扩张的区域，住房需求旺盛，在短期内由于增量住房供给的时滞性，住房的存量供给会供不应求。

---

① 中国住房存量测算：过剩还是短缺？（2018年11月21日）https：//opinion. caixin. com/2018-11-21/101350238. html。

② 一线城市土地收入锐减，房地产市场进入存量时代 . http：//news. 163. com/18/1206/03/E2AGHKBT0001875N. html。

但是在长期内，随着增量住房不断向存量住房快速转化，存量住房供给随着人口规模的变化而快速调整，达到供给数量与需求数量的均衡。为了更加清晰地展现人口规模变动与住房存量供给之间的关系，图4-33刻画了我国自2006年以来城镇人口规模增速与全国31个省份共计367个城市二手住宅出售上市总套数增速的变化关系。

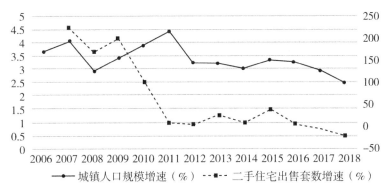

图4-33　中国城镇人口规模增速与二手住宅出售增速
变化关系图(2006—2018年)

从图中可以看出：城镇人口增速的变动趋势与住房存量供给增速的变化趋势高度相关。当城镇人口不断增加的时候，二手住宅出售数量也在增加。当城镇人口规模增速加快时，存量住房的供给速度也在上涨，当城镇人口规模增速放缓时，存量住房的供给速度也在下降。这说明，在长期内，我国人口规模的变动与二手住宅出售数量的变动存在着正相关性。

(二)人口年龄结构的变动与中国存量住房供给

为展现我国人口年龄结构与存量住房供给的变化状况，本书根据国家统计局公布的相关统计数据做出了我国2006年至2018年人口老龄化增速与住房存量供给增速变化关系图。如图4-34所示。

从图中可以看出，人口老龄化的增速与二手住宅出售增速依旧呈现出了较为明显的相关性。当人口老龄化的增速加快时，二手住宅出售增速也在上升，而当人口老龄化增速趋缓时，二手住宅出售

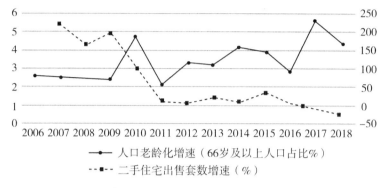

图 4-34　中国人口老龄化增速与二手住宅出售增速
变化关系图(2006—2018 年)

的增速在下降。

**(三)人口空间结构的变动与中国存量住房供给**

人口分布的转变主要是指不同区域上居住的人口数的变化。截至目前我国仍保持着胡焕庸线揭示的"人口分布的东密西疏、东南部人口密中有稀、西北部人口疏中有密"的格局。随着人口自由流动的进一步放开，这种格局正在不断呈现出强化趋势。

为探究我国二手住宅出售上市套数与人口密度的相关关系，我们做出了 2018 年全国 31 个省份的二手住宅出售上市套数与人口密度散点图，同时在图形中还给出了二手住宅出售上市套数与人口密度的二次拟合趋势线，如图 4-35 所示。从图中可以看出：首先，经济落后地区的二手房出售市场活跃度以及存量体量普遍低于经济发达地区；其次，二手住宅出售上市套数与人口密度呈现出"倒 U 型"特征，表明人口的空间变化与住房存量供给并不是简单的线性关系，可能具有阶段化特点。

**(四)人口变动对中国存量住房供给影响的实证分析**

以上内容是人口变动与我国存量住房供给关系的描述性分析，为验证人口变动对我国存量住房的具体影响机理，接下来我们通过构建实证模型，检验并展示人口变动对我国二手住宅出售的作用机制。

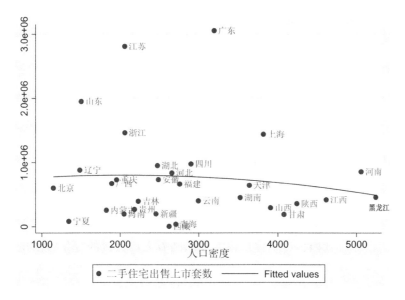

图 4-35　中国人口密度与二手住宅出售关系图(2018 年)

(1)模型设定

根据以上的分析,我们设定的模型如下:

$$\ln shs_t = \beta_0 + \beta_1 \ln up_{t-1} + \beta_2 \ln pgr1_{t-1} + \beta_3 \ln pgr2_{t-1} + \beta_4 \ln pgr3_{t-1} + \beta_5 \ln pgr4_{t-1} + \beta_6 \ln shasp_{t-1} + \varepsilon_t \qquad (1)$$

其中, $t$ 表示时间变量; $\ln shs_t$ 为被解释变量,表示在不同影响因素下,存量住房供给数量的对数; $\ln up_t$ 为解释变量,表示在 $t$ 时期,城镇常住人口的数量的对数; $\ln pgr1_t$ 表示在 $t$ 时期,65 岁至 69 岁人口占所有常住人口的比重的对数, $\ln pgr2_t$ 表示在 $t$ 时期, 70 岁至 74 岁人口占所有常住人口的比重的对数, $\ln pgr3_t$ 表示在 $t$ 时期,75 岁至 79 岁人口占所有常住人口的比重的对数, $\ln pgr4_t$ 表示在 $t$ 时期 80 岁以上人口占所有常住人口的比重的对数,代表该国家或地区人口老龄化的结构特征; $\ln shasp_t$ 为控制变量,表示在 $t$ 时期存量住房供给的平均销售价格的对数; $\varepsilon_t$ 为扰动项。考虑到存量住房供给存在的滞后性以及反向因果的影响。在该模型中我们对解释变量进行了滞后一期处理。

（2）数据来源与变量说明

本部分的数据主要来源于国家统计局官方网站和中国房价行情官网。其中被解释变量存量住房供给量以及控制变量存量住房平均销售价格来自中国房价行情官网中的《全国房地产数据年鉴》2006—2018 年的统计资料的二手住宅出售数据。其余数据均来自国家统计局公布的人口统计资料。各变量的详细说明如下：

被解释变量 shs 是在 $t$ 年全国 31 个省份共计 367 个城市二手住宅出售上市的总套数，用来衡量存量住房的供给。

解释变量主要包括城镇常住人口数量与人口老龄化程度。其中，城镇人口数量 up 是影响存量住房供给的重要因素，一般认为在短期内，随着城镇人口数量的增加，存量住房供给的数量会减少，而在长期内，存量住房供给能够随着人口数量的变化做出迅速的反应，在现实中，受综合因素的影响，二者之间的变化关系具有不确定性；老龄化程度 pgr 是影响存量住房供给的又一重要因素，一般认为老人随着年龄的增加会出现失能和半失能的状况，从而选择与子女同住享受照料或者住进医院和养老机构，释放出存量住房，导致存量住房供给的增加。

控制变量这里不再赘述。各个变量的描述性统计结果如表 4-33 所示：

表 4-33　各变量的描述性统计结果

| 变量 | 变量含义 | 均值 | 标准差 | 最小值 | 最大值 |
|---|---|---|---|---|---|
| 被解释变量 | | | | | |
| SHS | 存量住房供给数（万套） | 1656.417 | 1010.186 | 77.7 | 3013.6 |
| 解释变量 | | | | | |
| UP | 城镇人口数量（亿人）） | 6.9905 | 0.753 | 5.8288 | 8.1347 |
| PGR1 | 65~69 岁人口比重（%） | 3.5783 | 0.4349 | 3.0845 | 4.5014 |
| PGR2 | 70~74 岁人口比重（%） | 2.6635 | 0.1412 | 2.4737 | 2.8457 |
| PGR3 | 75~79 岁人口比重（%） | 1.8715 | 0.0749 | 1.73 | 1.9693 |

续表

| 变量 | 变量含义 | 均值 | 标准差 | 最小值 | 最大值 |
|---|---|---|---|---|---|
| PGR4 | 80 岁以上人口比重(%) | 1.6956 | 0.2239 | 1.3731 | 2.0723 |
| 控制变量 | | | | | |
| SHASP | 存量住房平均销售价格(元/平方米) | 11066.58 | 3158.548 | 5531 | 16392 |

(3)实证结果与分析

a. 数据平稳性分析——单位根检验

为了避免伪回归,应对模型进行单位根检验。这里我们选择 ADF 检验、PP-Fisher 检验以及 GLS-ADF 检验等进行单位根检验,结果见表4-34。单位根检验结果表明各变量序列间存在着长期稳定的均衡关系,不必再对数据进行协整检验,可以直接构造回归模型进行实证分析。

表 4-34 单位根检验结果

| 变量 | ADF 检验 | | PP-Fisher 检验 | | GLS-ADF 检验 | |
|---|---|---|---|---|---|---|
| | 无趋势项 | 有趋势项 | 无趋势项 | 有趋势项 | 无趋势项 | 有趋势项 |
| lnSHS | $-6.902^{***}$ (0.0000) | $-2.698$ (0.2370) | $-8.050^{***}$ (0.0000) | $-2.930$ (0.1526) | $-2.952$ (0.1583) | $-2.9454$ (0.1860) |
| lnUP | $-3.458^{**}$ (0.0091) | $-1.411$ (0.8578) | $-4.811^{***}$ (0.0001) | $-1.398$ (0.8614) | $-9.0962^{**}$ (0.0023) | $-11.0934^{**}$ (0.003) |
| LnPAG1 | 0.921 (0.9934) | $-0.778$ (0.9675) | 0.910 (0.9932) | $-0.572$ (0.9803) | $-7.5183^{*}$ (0.0127) | $-7.4086^{*}$ (0.0125) |
| LnPAG2 | $-1.114$ (0.7095) | $-0.637$ (0.9770) | $-1.302$ (0.6282) | $-0.618$ (0.9780) | $-5.03^{*}$ (0.0185) | $-5.9241^{*}$ (0.0209) |
| LnPAG3 | $-2.100$ (0.2445) | $-3.073$ (0.1128) | $-2.116$ (0.2380) | $-3.454^{*}$ (0.0446) | $18.4142^{**}$ (0.0046) | $-6.044^{**}$ (0.0046) |

续表

| 变量 | ADF 检验 | | PP-Fisher 检验 | | GLS-ADF 检验 | |
|---|---|---|---|---|---|---|
| | 无趋势项 | 有趋势项 | 无趋势项 | 有趋势项 | 无趋势项 | 有趋势项 |
| LnPAG4 | −0.047<br>(0.9545) | −1.662<br>(0.7672) | −0.030<br>(0.9560) | −1.766<br>(0.7209) | −3.996 *<br>(0.0138) | 1.3452 **<br>(0.0074) |
| lnSHASP | −2.316<br>(0.1668) | −2.661<br>(0.2524) | −2.418<br>(0.1368) | −2.821<br>(0.1893) | −5.659 *<br>(0.0358) | −9.2186 **<br>(0.0060) |

注：括号内值为 p 值；*、**、***分别表示 5%、1%、0.1%的显著水平。

b. 模型的相关性检验

为避免该模型存在自相关、偏自相关以及变量序列存在同期截面自相关等情况，我们需要对模型进行相关性检验，分别使用 Q 统计量与 LM 检验的结果，如表 4-35 所示。由检验结果可知，所有的检验值 p 都在 5%的显著水平上不显著，接受了原假设(H0)，因此，可以说明该数据模型不存在序列相关以及同期截面相关。

**表 4-35　数据异方差与自相关检验结果**

| 类型 | 原假设(H0)和备择假设(H1) | 检验结果 | 检验 p 值 |
|---|---|---|---|
| Q 统计量 | H0：无序列相关　H1：存在序列相关 | Q = 3.4433 | P = 0.4866 |
| LM 检验 | H0：无截面相关　H1：存在截面相关 | Chi2(1) = 3.274 | P = 0.0704 |

c. 变量的多重共线性检验

为检验各变量之间可能存在的多重共线性，我们还需要对各变量进行滞胀因子检验，结果如表 4-36 所示。由检验结果可知，除了 PAG3 外，所有的 VIF 值均在 10 以上，表明各变量之间存在着严重的多重共线性，因此，不可使用传统的模型直接进行多元回归。

表 4-36　数据多重共线性检验结果

| 变量 | UP | PAG1 | PAG2 | PAG3 | PAG4 | SHASP |
|------|------|------|------|------|------|-------|
| VIF | 166.46 | 47.67 | 16.29 | 5 | 127.33 | 34.97 |

d. 模型修正—岭回归

由于各变量之间存在着严重的多重共线性，因此，本文使用岭回归模型进行估计。估计结果如表 4-37 中模型二所示。为了对比分析，我们同时给出了多元线性回归模型的结果，从实证结果可以看出，使用岭回归后变量的显著性得到了增强。

表 4-37　实证结果

| 变量 | 模型一（OLS） | 模型二（岭回归） |
|------|------|------|
| UP | −2.0459 | 0.4142*** |
| | (8.9354) | (0.0318) |
| PAG1 | −4.7821 | −0.3485** |
| | (4.4675) | (0.0577) |
| PAG2 | −2.2164 | 0.4943* |
| | (5.7049) | (0.125) |
| PAG3 | 12.1748* | 0.2757 |
| | (4.4156) | (0.2473) |
| PAG4 | 6.0659 | 0.4805 |
| | (6.4740) | (0.7712) |
| SHASP | 1.4541 | −0.53367 |
| | (1.4071) | (1.0317) |
| Cons | −5.0052 | |
| | (14.2678) | |
| $R^2$ | 0.9519 | |
| N | 12 | 12 |

注：变量系数下括号内值为标准差；＊、＊＊、＊＊＊分别表示5%、1%、0.1%的显著水平。

e. 结果分析

从模型二的回归结果可以得出，城镇常住人口数量、老龄化程度均会显著影响二手住宅出售上市。具体来看：

首先，城镇常住人口数量在 0.1% 的显著水平上高度显著，且变量系数为正值(0.4142)。也就是说，在保持其他变量不变的情况下，城镇常住人口每增加 1 个百分点，二手住宅出售上市将上升约 0.41 个百分点。表明随着城镇人口的增加，二手住房供给市场变得活跃起来，有效地促进了二手住房的供给。

其次，老龄化分年龄段与二手住宅出售呈现出了"J"型关系特征。65~69 岁老龄人口占比在 1% 的显著水平上显著，且变量系数为负值(-0.3485)，也就是说如果其他变量保持不变，该年龄段的人口每增加 1 个百分点将会导致二手住宅出售减少约 0.35 个百分点，表明该年龄段的老龄群体对二手住宅出售市场并没有产生促进作用，可能的原因是该年龄段的老年群体身体素质普遍较好，在退休后也会在自己的老房子继续居住一段时间，因此会降低市场的活跃度。而 70~74 岁老龄人口占比在 1% 的显著水平上显著，且变量系数为正值(0.4943)，75~79 岁以及 80 岁以上人口占比虽然显著性不高，但其系数也均为正值。表明随着年龄的进一步提高，因病住院、进养老院或者死亡会逐渐释放出一部分二手住房，促进二手住房出售的增加。

## 二、人口变动与中国增量住房供给的分析和预测

增量住房是指房地产开发商新建造的商品房，俗称一手房。在微观经济角度，所谓增量住房供给是指生产者在某一特定时期内，在每一价格水平上愿意而且能够租售的增量住房数量。一般使用新开工面积、施工面积、竣工面积以及新房投资额等指标衡量新房供给。影响增量住房供给的主要因素包括社会环境、政治环境、经济环境、金融环境、法制环境、技术环境、资源环境与国际环境等生产性变量(毕宝德，2010)。与存量住房供给不同的是，增量住房供给的主体是房地产开发商。那么，人口规模和结构会对房地产开发企业的决策有何影响，进而对增量住房的供给有何影响呢？

### (一) 城镇人口总量的变动与中国增量住房供给

城镇人口总量的变动趋势是房地产企业在进行新增住房投资时需要考虑的重要因素之一。一般而言，当房地产开发商预测到人口将会加速增长时也会加快增量住房供给的速度，当房地产开发商预测到人口增速放缓时，也就会降低增量住房供给的速度。龙奋杰和吴公樑认为暂住人口数量增加是造成房地产投资增加的显著因素（龙奋杰，2013）。为说明人口规模变动对我国增量住房供给的具体影响，我们分别选取城镇人口总数增速和房地产开发企业住宅新开工面积增速作为研究指标，作出 2001—2018 年人口总量增速和增量住房供给增速的变化关系图，如图 4-36 所示。

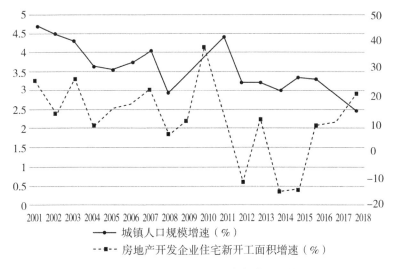

图 4-36　中国城镇人口总量增速与住房增量供给增速
变化关系图(2001—2018 年)

从图中可以看出，人口总量和增量住房供给的变化趋势高度一致：在我国城镇人口规模增长速度上升时，增量住房供给速度同时也在增加，而当我国城镇人口规模增长速度下降时，增量住房供给速度同时也在放缓，这比较直观地说明了人口变动与增量住房供给之间的正相关。

### (二)人口年龄结构的变动与中国增量住房供给

人口老龄化对增量住房供给的影响与存量住房存在着较大的不同，在存量住房供给中，家庭是供给主体，随着老龄化程度的加深，可以释放出一部分住房，从而导致存量住房供给的增加。但是，在增量住房供给中，房地产开发商变成了供给主体。一方面，房地产企业会根据人群需求的变化主动进行供给的调整；另一方面，房地产企业也会主动创造供给，从而引导需求。这也使得老龄化对增量住房供给的影响机制变得复杂起来。一般认为，在老年群体刚步入老龄阶段时，由于与子女生活习惯的不同而选择分开居住，并支持子女购房或为子女购房，或者因有更高的晚年生活质量追求而选择更合适的住房，会增加对住房的需求，有利于增量住房供给的上升；当老年群体步入高龄后，由于购买力下降、失能等需要别人照顾而选择与子女同居或者因死亡而退出市场的原因，会降低对增量住房的需求。在综合作用力下，老龄化对增量住房供给的影响具有不确定性。

从老龄化增速与我国住房增量供给增速的变化关系图(图4-37)来看，我国住房增量供给增速与人口老龄化的增速也保持了较为一致的相关性。总体展现出，随着人口老龄化增速的提升，增量住房供给增速也对应增加，随着人口老龄化增速的趋缓，增量住房供给增速也在降低。由于没有控制其他变量，人口老龄化与增量住房之间的关系需要在实证部分加以检验。

### (三)人口空间结构的变动与中国增量住房供给

人口的城际流动、城乡迁移是造成人口空间结构演变的主要原因。人口的流入与流出对流入地的人口规模和结构都产生了重大的影响，从而导致住房需求的变化，进而影响增量住房的供给。一般而言，对于人口净流入地来说，以中青年为主的人口的流入会造成人口流入地人口规模的扩大和年龄结构的年轻化，因此会提升住房的需求，促进增量住房供给的增加；而对于人口净流出地来说，人口的流出会造成人口流出地人口规模的缩小和年龄结构的老龄化，因此会降低住房的需求，不利于增量住房供给的增加。

那么对于我国各个省份来说，是否满足这一规律呢？对此，我

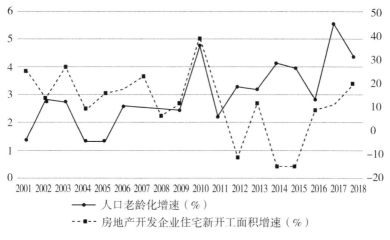

图 4-37　中国人口老龄化增速与住房增量供给增速
变化关系图(2001—2018 年)

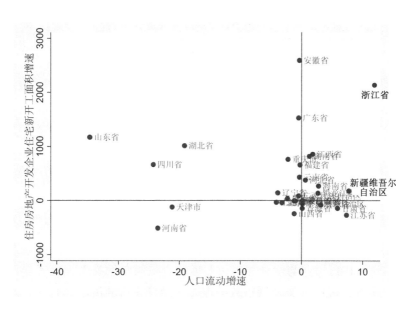

图 4-38　人口流动增速与住房增量供给增速变化关系图(2016—2017 年)

们做出了全国 31 个省份 2016—2017 年流动人口数量增速与住房增
量供给增速的关系图 4-38。从图中可以看出，绝大多数的省份满足
流动人口增速与增量住房供给的一般规律。当流动人口增速上升时
(在 x 轴正向)，增量住房供给增速也在增加(在 y 轴正向)；当流
动人口增速下降时(在 x 轴负向)，增量住房供给增速趋于缓和(在
y 轴负向)。

**(四) 人口素质提升与中国增量住房供给**

人口的素质也称人口质量，主要包含思想素质、文化素质和身
体素质等方面。一般认为人口素质的提升伴随着收入与生活质量的
提高，会促使人们追求更好的居住条件，从而促进增量住房供给的
增加。

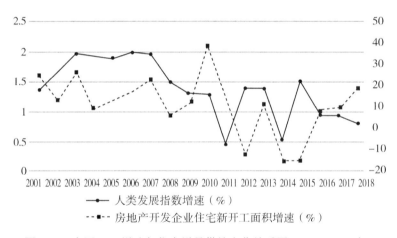

图 4-39　中国 HDI 增速与住房增量供给变化关系图(2000—2017 年)

这里用人类发展指数(HDI)作为人口素质的衡量指标，它综合
衡量了人口的健康、教育成就和收入。图 4-39 显示了我国人类发
展水平(HDI)增速与增量住房供给增速之间的变化关系，二者变化
趋势接近，表明人类发展指数的提升对增量住房的供给具有一定的
促进作用。需要注意的是，由于我国地区发展不均衡，人口素质也
存在着明显的地区差异，而且这种差异呈现出拉大的趋势。

**(五) 人口变动对中国增量住房供给影响的实证分析**

以上内容是人口变动与我国增量住房供给关系的描述性分析, 为验证人口变动对我国增量住房的具体影响机理, 接下来我们通过构建实证模型, 检验并展示人口变动对我国增量住房供给的作用机制。

1. 模型设定

根据以上的分析, 我们设定的模型如下：

$$\Delta lnrdehnca_t = \beta_0 + \beta_1 \Delta lnup_{t-1} + \beta_2 \Delta lnpgr1_{t-1} + \beta_3 \Delta lnpgr2_{t-1} + \beta_4 \Delta lnpgr3_{t-1} + \beta_5 \Delta lnpgr4_{t-1} + \beta_6 \Delta lnhp_{t-1} + \varepsilon_t \qquad (2)$$

其中, $t$ 表示时间变量; $\Delta lnrdehnca_t$ 为被解释变量, 表示在不同影响因素下, 增量住房供给 $t$ 年与 $t-1$ 年数量对数的差; $\Delta lnup_t$ 为解释变量, 表示在 $t$ 时期, 城镇常住人口在 $t$ 年与 $t-1$ 年数量对数的差; $\Delta lnpgr1_t$ 表示在 $t$ 时期和 $t-1$ 时期, 65 岁至 69 岁城镇人口占所有城镇常住人口的比重对数的差, $\Delta lnpgr2_t$ 表示在 $t$ 时期和 $t-1$ 时期, 70 岁至 74 岁城镇人口占所有城镇常住人口比重对数的差, $\Delta lnpgr3_t$ 表示在 $t$ 时期和 $t-1$ 时期, 75 岁至 79 岁城镇人口占所有城镇常住人口比重对数的差, $\Delta lnpgr4_t$ 表示在 $t$ 时期和 $t-1$ 时期 80 岁以上城镇人口占所有城镇常住人口比重对数的差, 代表该国家或地区城镇人口老龄化的结构特征; $\Delta lnhp_t$ 为控制变量, 表示在 $t$ 时期和 $t-1$ 时期住房供给的平均销售价格对数的差; $\varepsilon_t$ 为扰动项。考虑到存量住房供给存在的滞后性以及反向因果的影响。在该模型中我们对解释变量进行了滞后一期处理, 同时为了消除不同量纲对实证结果的影响, 文中也对各变量数据进行了标准化处理。

2. 数据来源与变量说明

本部分的数据主要从国家统计局官方网站和中国经济与社会发展统计数据库中得到。其中解释变量城镇人口年龄结构数据来自中国经济与社会发展统计数据库中的《中国人口和就业统计年鉴》2002—2018 年的统计资料。其余数据均来自国家统计局公布的统计资料。各变量的详细说明如下：

被解释变量 rdehnca 是在 $t$ 年全国房地产开发企业住宅新开工面积。用来衡量增量住房的供给。

解释变量主要包括城镇常住人口数量与人口老龄化程度。其中，城镇人口数量 up 是影响增量住房供给的重要因素，一般认为随着城镇人口数量的增加，增量住房供给的数量也会增加；城镇人口老龄化程度 pgr 是影响增量住房供给的又一重要因素，一般认为在步入老龄化一段时期内，出于与子女生活习惯差异性和住宅需求多样化的考虑，老人会增加对新型住房的需求，从而促进增量住房的供给，但是老人随着年龄的进一步增加会出现失能和半失能的状况，从而选择与子女同住享受照料或者住进医院和养老机构，对住房需求降低，并释放出存量供给，导致增量住房供给的减少。

这里不再赘述各个控制变量。各个变量的描述性统计结果如表 4-38 所示：

表 4-38　各变量的描述性统计结果

| 变量 | 变量含义 | 均值 | 标准差 | 最小值 | 最大值 |
|---|---|---|---|---|---|
| 被解释变量 | | | | | |
| RDEHNCA | 增量住房供给数（亿平方米） | 9.9047 | 3.9392 | 3.4719 | 15.3353 |
| 解释变量 | | | | | |
| UP | 城镇人口数量（亿人） | 6.4706 | 1.0512 | 4.8064 | 8.1347 |
| PGR1 | 65～69 岁城镇人口比重（%） | 3.2582 | 0.3336 | 2.6732 | 3.9944 |
| PGR2 | 70～74 岁城镇人口比重（%） | 2.4455 | 0.2130 | 2.1770 | 2.8083 |
| PGR3 | 75～79 岁城镇人口比重（%） | 1.6434 | 0.1587 | 1.3161 | 1.9296 |
| PGR4 | 80 岁以上城镇人口比重（%） | 1.4162 | 0.2515 | 1.0136 | 1.8603 |
| 控制变量 | | | | | |
| HP | 住宅商品房价格（元/平方米） | 4404.205 | 1812.4 | 2017 | 7614 |

3. 实证结果与分析

a. 数据平稳性分析——单位根检验

为了避免伪回归，应对模型进行单位根检验。这里我们选择
ADF 检验、PP-Fisher 检验以及 GLS-ADF 检验。检验结果如表 4-39
所示。单位根检验结果表明各变量序列间存在着长期稳定的均衡关
系，不必再对数据进行协整检验，可以直接构造回归模型进行实证
分析。

表 4-39 单位根检验结果

| 变量 | ADF 检验 | | PP-Fisher 检验 | | GLS-ADF 检验 | |
| --- | --- | --- | --- | --- | --- | --- |
| | 无趋势项 | 有趋势项 | 无趋势项 | 有趋势项 | 无趋势项 | 有趋势项 |
| $\Delta\ln$ RDE HNCA | $-2.869^*$ (0.0490) | $-2.792$ (0.1997) | $-2.849$ (0.0516) | $-2.748$ (0.2167) | $-12.558^{**}$ (0.00755) | $-3.6457$ (0.0650) |
| $\Delta\ln$UP | $-1.954$ (0.3071) | $-3.841^*$ (0.0146) | $-1.843$ (0.3594) | $-4.091^{**}$ (0.0065) | $-4.6287^*$ (0.0398) | $-3.6066$ (0.0663) |
| $\Delta$LnPAG1 | $-3.351^*$ (0.0127) | $-3.690^*$ (0.0230) | $-3.351^*$ (0.0128) | $-3.695^*$ (0.0227) | $-2.1448$ (1.2369) | $3.2425$ (1.1478) |
| $\Delta$LnPAG2 | $-3.724^{**}$ (0.0038) | $-3.553^*$ (0.0341) | $-3.724^{**}$ (0.0038) | $-3.543^*$ (0.0350) | $2.5638$ (1.2841) | $2.8135$ (1.2678) |
| $\Delta$LnPAG3 | $-4.258^{***}$ (0.0005) | $-4.405^{**}$ (0.0022) | $-4.374^{***}$ (0.0003) | $-4.649^{***}$ (0.0009) | $7.2878$ (1.1569) | $9.5844$ (1.0719) |
| $\Delta$LnPAG4 | $-3.916^{**}$ (0.0019) | $-3.770^*$ (0.0181) | $-3.931^{**}$ (0.0018) | $-3.773^*$ (0.0180) | $3.9817$ (1.2786) | $4.1351$ (1.2681) |
| $\Delta\ln$HP | $-6.085^{***}$ (0.0000) | $-6.202^{***}$ (0.0000) | $-6.456^{***}$ (0.0000) | $-7.739^{***}$ (0.0000) | $-6.6177^*$ (0.0147) | $-3.5952$ (0.0667) |

注：括号内值为 p 值；*、**、*** 分别表示 5%、1%、0.1%的显著
水平。

b. 模型的相关性检验

这里对模型进行相关性检验，检验的结果如表 4-40 所示。该检验结果说明该数据模型不存在序列相关以及同期截面相关。

表 4-40 数据异方差与自相关检验结果

| 类型 | 原假设(H0)和备择假设(H1) | 检验结果 | 检验 p 值 |
|------|--------------------------|----------|-----------|
| Q 统计量 | H0：无序列相关 H1：存在序列相关 | Q = 5.7960 | P = 0.4464 |
| LM 检验 | H0：无截面相关 H1：存在截面相关 | Chi2(1) = 0.165 | P = 0.6844 |

c. 变量的多重共线性检验

为检验各变量之间可能存在的多重共线性，我们还需要对各变量进行滞胀因子检验。结果如表 4-41 所示。由检验结果可知，所有的 VIF 值均在 10 以下，表明各变量之间不存在严重的多重共线性，因此，可使用传统的模型直接进行多元回归。

表 4-41 数据异方差与自相关检验结果

| 变量 | UP | PAG1 | PAG2 | PAG3 | PAG4 | HP | MEAN VIF |
|------|-----|------|------|------|------|-----|----------|
| VIF | 1.83 | 5.10 | 7.34 | 5.03 | 6.56 | 1.09 | 4.49 |

d. 模型回归结果

由于各变量之间不存在严重的多重共线性，因此，本文直接使用多元线性回归模型进行估计。估计结果如表 4-42 中模型一所示。

表 4-42 模型回归结果

| 变量 | 模型一(OLS) | 模型二(OLS) |
|------|-------------|-------------|
| UP | 0.0875<br>(0.736) | 2.377<br>(1.649) |
| PAG1 | −0.2688<br>(0.537) | 0.035<br>(0.125) |

| 变量 | 模型一（OLS） | 模型二（OLS） |
|---|---|---|
| PAG2 | 0.7862<br>（0.152） | -0.068<br>（0.164） |
| PAG3 | 0.9843*<br>（0.042） | 0.219<br>（0.155） |
| PAG4 | -1.5611**<br>（0.009） | -0.514<br>（0.425） |
| HP | 0.3964<br>（0.071） | 0.127<br>（0.4） |
| Cons | 7.56e-10<br>（1） | -0.268<br>（0.355） |
| $R^2$ | 0.6897 | 0.5611 |
| N | 16 | 15 |

注：变量系数下括号内值为标准差；*、**、***分别表示5%、1%、0.1%的显著水平。

e. 结果分析

模型的回归结果表明，城镇常住人口数量、老龄化程度均会影响增量住房的供给。具体来看：

首先，城镇常住人口数量变量的系数为正值（0.0875），表明随着城镇常住人口的增加，对增量住房供给具有一定的促进作用，城镇常住人口每增加一个百分点，城市增量住房供给将会增加0.0875个百分点。但是显著性结果并不理想。

其次，分年龄段老龄人口与增量住房供给呈现出了"倒N型"关系特征。分段来看，65~69岁城镇老龄人口占比变量的系数为负值（-0.2688），也就是说在其他变量保持不变的情况下，该年龄段的人口每增加1个百分点将会导致增量住房供给减少约0.27个百分点，但是该结果并不显著，表明在该年龄段的老龄群体对增量住房供给市场并没有产生促进作用，可能的原因与存量住房供给相同，即该年龄段的老年群体身体素质普遍较好，在退休后也会在自己的老房子继续居住一段时间，因此会降低市场的活跃度，这与该年龄段对存量住房供给的影响接近；70~74岁城镇老龄人口占比虽然不显著，但变量系数开始转变为正值(0.7862)。75~79岁城镇老龄人口占比对增量住房的促进作用进一步加强，且影响效果显著。表明在70~79年龄段可能会导致增量住房供给增加，这也许与这些群体为了在后期生活不能自理阶段得到合适的照顾而购买养老地产有关；但是随着老年群体年龄的进一步增长，与老龄化和存量住房供给的"J"型关系不同，其对增量住房供给的影响开始出现较大的扭转(系数为-1.5611)，从促进急速转为抑制，且效果非常显著(p值为0.009)。表明随着年龄的进一步提高，因病住院、进养老院或者死亡会逐渐释放出一部分存量住房，从而不利于增量住房供给的增加。

### 三、人口变动与中国非住宅房地产供给的分析和预测

以上内容为人口变动与中国住宅房屋供给的分析。这里进一步研究一下人口变动与非住宅房屋的供给关系。

#### (一)人口变动与中国非住宅房地产供给分析

人口变动对中国非住宅房屋的影响与住宅供给较为相似。这里我们选择房地产开发商业营业用房新开工房屋面积(万平方米)、办公楼新开工面积(万平方米)与其他用途新开工房屋面积(万平方米)之和作为非住宅房屋增量供给的代理变量指标，分别展示人口的总量、年龄结构、素质状况与其之间的关系。

人口规模变动增速与非住宅房屋增量供给增速的关系如图4-40所示，从图中可以看出随着人口规模增速的变动，非住宅房屋增量供给增速也逐渐与之相适应，但是非住宅房屋增量供给增速的变动趋势趋要滞后于人口规模增速的变动。这表明人口规模增速与非住宅房屋增量供给增速可能存在一定的正相关关系，人口规模的扩张

能够促进非住宅房屋增量供给的增加。

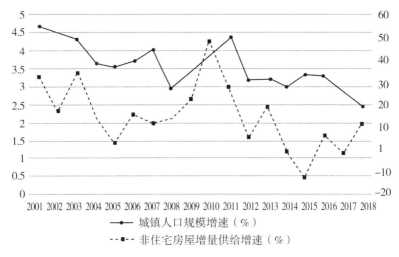

图 4-40 中国人口规模增速与非住宅房屋增量供给增速
变化关系图(2000—2018 年)

人口的年龄结构变化与非住宅房屋增量供给关系如图 4-41
所示。

从图中可以看出：15~64 岁人口占比增速与非住宅房屋增量
供给增速的变动趋势与 65 岁以上人口占比增速更接近一些，但老
龄化人口占比增速同样也表现出了与非住宅房屋增量供给增速变动
的一致性。

人口素质的提升与非住宅房屋增量供给关系如图 4-42 所示。
从图中可以看出，总体来说随着人口素质增速的变化，非住宅房屋
增量供给增速要滞后于人口素质增速一期。上一期人口素质的提升
对到期非住宅房屋增量供给具有促进作用。

**(二)人口变动对中国非住宅房地产增量供给的影响实证分析**

以上内容是人口变动与我国非住宅房屋供给关系的描述性分
析，为验证人口变动对我国非住宅房屋供给的具体影响机理，接下

271

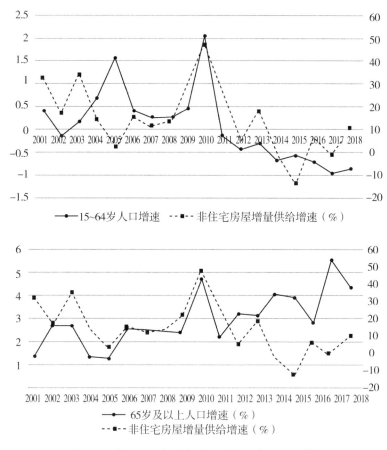

图 4-41　中国人口年龄变动与非住宅房屋增量供给
变化关系图(2001—2018 年)

来我们通过构建实证模型，检验并展示二者之间的作用机制。考虑到实证步骤与以上两节内容的重复性，因此，在该部分我们不再对实证过程进行细致的描述，仅展示最终的实证结果与分析。实证结果如表 4-42 中模型二所示。从表中可以看出，模型的显著性不如人意，因此回归结果在统计学特征上缺乏支持，也就是人口变动对非住宅房屋的供给没有显著的影响。

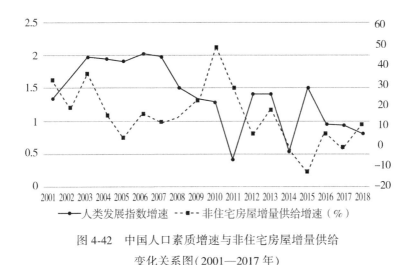

图 4-42　中国人口素质增速与非住宅房屋增量供给
变化关系图(2001—2017 年)

## 第四节　人口变动对中国房地产供求的影响仿真

以上是人口对中国房地产供给和需求影响的具体分析，展现了二者之间的相互联系。但是，应该明晰的是，二者之间并不是简单的线性关系，而是受多方因素共同作用的，因此仅仅通过线性关系进行回归预测是不准确的。为进一步分析人口变动对房地产市场的长期影响，我们通过构建以人口系统与房地产市场系统为主的系统动力学模型，从长远角度展示在一个受多方影响的交互作用的复杂的综合系统中，人口的变动是如何影响房地产市场供求的。其中需要说明的是，在本节内容中限于数据的复杂性、可获得性与因果关系的合理性，我们主要研究在城镇范围内的普通住宅市场，没有区分存量和增量住房且不包含非住宅房地产市场。

### 一、仿真模型的设定

1. 模型的框架构建与运行思路分析

我们根据人口和房地产市场的特征，将与其有关的其他因素进行分类梳理，最终通过人口、住房需求、住房供给、住房价格和GDP 五个子系统组成的综合系统作为模型的具体框架结构。

在该综合系统中，跟本文研究主题相关的分析路径主要有两条：一是人口年龄结构和总量的变化对住房需求的影响。主要体现在中青年人口占比增加以及城镇总人口规模扩大对住房需求的促进作用；二是人口年龄结构和总量的变化对住房供给的影响。主要体现在，高龄人口死亡或者搬进养老院等退出市场的行为所释放出的住房供给以及因人口规模增长造成的住房增量供给的增加。具体的框架思路如图 4-43 所示。

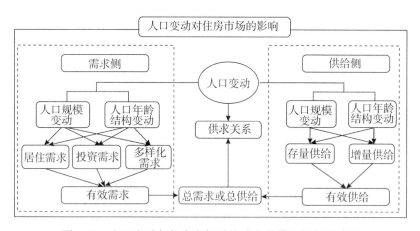

图 4-43  人口变动与住房市场系统动力学模型框架思路图

2. 模型的因果关系图和系统流图

（1）因果关系图

因果关系图是描述各变量之间相互关系的作用图，如果前一个变量对后一个变量是促进关系，则两个变量之间用"+"相连接；如果前一个变量对后一个变量是抑制关系，则两个变量之间用"-"相连接。我们根据以上关于人口和住房市场相互关系的分析，结合现实情况选择相关变量进行因果关系梳理，使用 Vensim PLE（×32）系统动态模拟软件（7.3.5 版），从而做出其因果关系图。如图 4-44所示。在该图中主要有 4 条因果反馈回路，分别是：

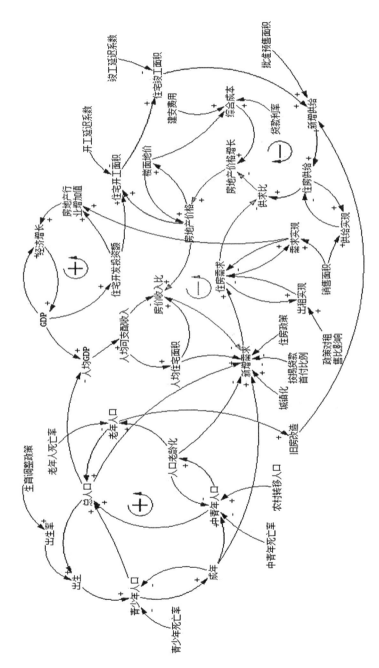

图4-44  人口变动与住房市场系统动力学模型的因果关系图

a. 人口子系统

出生→+青少年人口→+成年→+中青年人口→+人口老龄化→+老年人口→+城镇总人口→+出生

在该反馈环内，随着城镇出生人口的增加，青少年人口增加，成年人口增加，中青年人口增加，导致未来老龄人口增加，整个过程也是城镇人口增长的过程，同时，城镇人口增长会进一步促进出生人口的增加。从该模型各变量的符号可以判断为正反馈环，是各个变量累计加强效应的行为。

b. 住房需求子系统

住房需求→-供求比→-住宅销售价格增长→+住宅销售价格→+房价收入比→-新增需求→+住房需求

在该反馈环内，随着住房需求的上升，房地产市场开始出现供不应求的状况，供求比下降；当供求比上升时住宅销售价格增长变慢，因此供求比和住宅销售价格增长之间用负号连接；住宅销售价格增长的幅度越大，住宅销售价格上升的就越快，从而导致房价收入比就越高，购房成本的增加使得一部分需求被抑制，新增需求减少；新增的需求增加了住房总需求。从该模型各变量的符号可以判断为负反馈环，是各个变量逐渐削弱效应的行为。

c. 住房供给子系统

住房供给→+供求比→-住宅销售价格增长→+住宅销售价格→+住宅开工面积→+住宅竣工面积→+新增供给→+住房供给

在该反馈环内，随着住房供给的增加，房地产市场开始出现供过于求的状况，供求比上升，此时住宅销售价格增长的幅度下降甚至出现负增长；当住宅销售价格增长的幅度增加时，也意味着住宅销售价格的提升，价格提高会促进住房新供给，从而导致住宅开工面积的增加，之后住宅竣工面积也会相应上升，住房新增供给与总供给增加。从该模型各变量的符号可以判断为负反馈环，是各个变量逐渐削弱效应的行为。

d. GDP 子系统

GDP→+人均 GDP→+人均可支配收入→+人均住房建筑面积→+新增需求→+住房需求→+需求实现→+房地产行业增加值→+经济

增长→+GDP

宏观经济环境是分析人口与房地产市场问题时不可缺少的子系统。在该反馈环内，随着 GDP 增加，宏观经济向好，人均 GDP 增加，人均可支配收入提高，收入的提升使居民更高层次的住房需求得以实现，需求的增加促进房地产行业的繁荣，从而推动 GDP 的新一轮增长。从该模型各变量的符号可以判断为正反馈环，是宏观经济和房地产市场累计加强效应的行为。

（2）系统流图

我们最终确定的系统变量共计有 65 个，其中状态变量有 8 个，分别为城镇青少年人口、城镇中青年人口、城镇老年人口、城镇总人口、住房供给、住房需求、住宅销售价格以及 GDP；速率变量有 13 个，辅助变量有 44 个，这里不再一一列出，具体详见图 4-45。需要说明的是，我们在时间设定时是以年为单位，因此状态变量对速率变量的影响应滞后一年。例如 2019 年的住房需求等于 2017 年的住房需求加上 2018 年新增住房需求，再减去 2018 年的住房需求实现和出租实现的面积。

## 二、数据来源与变量参数确定

### 1. 数据来源

考虑到 1999 年既为我国开始步入老龄化社会元年，同时也是提出住房制度改革的第二年，因此，我们选择 1999—2050 年为研究时间跨度。模型中所用到的数据主要来源于《中国统计年鉴》、《中国人口与就业统计年鉴》和中经网数据库等相关历史数据。

对于模型中的参数，主要采用以下几种方法：1）若变量之间的关系明确，并且历史数据比较充分的前提下采用简单计量和统计回归方法对初始值进行拟合，给出合理的估算。2）如果关系不是很明确，或者数据缺失严重的参数，则采用特有的表函数将其量化。3）查找相关参考文献中的量化关系加以借鉴。

### 2. 模型的主要指标解释与界定

（1）青少年人口：城镇 0~14 岁人口数量；

（2）中青年人口：城镇 15~64 岁人口数量；

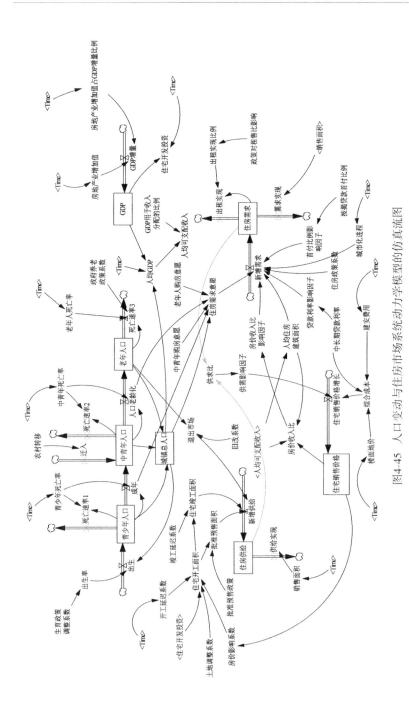

图4-45　人口变动与住房市场系统动力学模型的仿真流图

（3）老年人口：城镇 65 岁及以上人口数量；

（4）城镇总人口：城镇所有常住人口数量；

（5）住宅供给：指当年可供销售的商品房住宅总量，包括可供预售的期房、直接销售的现房以及老年人退出市场提供的可售面积，不含其他二手房面积；

（6）新增供给：指当年新上市期房面积、部分未售出的现房面积和老年人退出市场的住房面积；

（7）住宅需求：指有支付能力的实际需求；

（8）新增需求：指当年新增加且有支付能力的实际需求，计算过程中主要由住房需求意愿、城市化进程构成，同时也受房价、收入、首付比例、住房政策、贷款利率的影响；

（9）住房需求实现和住房供给实现：均为销售面积，为当年现房和期房销售面积之和；

（10）出租实现：定义为当年商品住宅用于出租所实现的实际需求。

（11）开工延迟系数和竣工延迟系数：前者指投资与开工之间的延迟，后者指项目施工后因其他因素影响而不能及时预售的延迟；

（12）供求比：指供给总量除以需求总量；

（13）房价收入比：为人均住房面积乘以房价除以人均可支配收入。

（14）退出市场：指城镇 80 岁及以上老年人死亡或搬至养老院而提供的住房面积。

3. 状态变量参数确定

青少年人口、中青年人口、老年人口与城镇总人口 1999 年初始值分别为 7898 万、32480 万、3350 万人和 43728 万人。GDP 总量初始值取 1999 年初始值为 90564.4 亿元。根据统计年鉴公布，住宅平均销售价格初始值在 1999 年为 1857 元。住房需求总量初始值按照 1999 年的销售面积除以 0.6，所以我们住房需求初始值取值为 21663 万平方米（萨日娜，2009）。住房供给初始值的设定思路为 1997 年到 1999 年累计竣工面积减去 1997 年到

1999 年累计实际销售面积，最后加上 1997 年的空置面积(沈佳庆，2008)。根据建设部编写的《城镇房屋概况统计公报》推算，商品住宅年均空置增加约 0.1 亿平方米，因此本文估计 1997 年空置面积为 0.2 亿平方米，最后我们设定住房供给初始值设定为 25108 万平方米。

状态变量的数学关系是定义如下：

(1)青少年人口＝INTEG（出生-成年-死亡速率 1，7898）

(2)中青年人口＝INTEG（成年+迁入-人口老龄化-死亡速率 2，32480）

(3)老年人口＝INTEG（人口老龄化-死亡速率 3，3350）

(4)城镇总人口＝INTEG(青少年人口+中青年人口+老年人口)

(5)住房需求＝INTEG（新增需求-出租实现-需求实现，21663）

(6)住房供给＝INTEG（新增供给-供给实现，25108）

(7)GDP＝INTEG（GDP 增量，90564）

(8)房价＝INTEG（住宅销售价格增长，1857）

4. 速率变量与部分辅助变量参数确定

(1)人口出生率根据 1999—2016 年历史数据，利用平均数的思想，取值为 12.53‰。但人口出生率又受到计划生育政策的影响，据此设定人口出生率＝计划生育政策系数 * 12.53‰ * SMOOTH(计划生育政策系数，2016)＋STEP(-0.0005，2017)＋…＋STEP(-0.0005，2028)＋STEP(-0.00025，2030)＋…＋STEP(-0.00025，2040)。

(2)青少年死亡率、中青年死亡率、老年人死亡率均采用 SD 模型特有的表函数形式。

(3)成年速率＝青少年人口/15 *（1-青少年死亡率-0.4），人口老龄化速率＝中青年人口/50 *（1-中青年死亡率-0.6），死亡人口＝该年龄段总人口 * 该年龄段死亡率。

(4)计划生育政策系数是一个政策参数，受 2016 年实行"普遍二孩"政策的影响，本模型根据对历史数据的拟合程度，采用跃阶函数估计方程为计划生育政策系数＝1＋STEP(0.05，2016)。

（5）房地产行业增加值以及房地产行业增加值占 GDP 增量的比例受住宅销售情况和 GDP 增长的影响。

（6）GDP 用于收入分配的比例，根据 1999—2017 年城镇居民人均可支配收入占 GDP 比重介于 0.60~0.81，模型中将此设计为 0.8-STEP（0.042，2003）-STEP（0.05，2005）-STEP（0.03，2007）-STEP（0.026，2009）-STEP（0.022，2017）。

（7）对与住宅开发投资占 GDP 的比例本模型采用条件函数进行拟合，住宅开发投资 = IF THEN ELSE（Time > = 2007，0.088，0.048）* GDP，其中 0.048 是 1999 年到 2007 年前 9 年的住宅开发投资额占 GDP 增量比重的平均值，0.088 是 2008 年到 2017 年后 10 年的住宅开发投资额占 GDP 比重的平均值。

（8）对于住宅开工面积，模型界定为主要受住宅开发投资、开工延迟和房价的影响，对住宅开发投资额和住宅开工面积两个变量进行乘幂统计回归分析可得，住房开工面积 = 261.05 *（住宅开发投资^0.571）* 开工延迟系数 * 房价影响系数。

（9）对于住宅竣工面积，模型界定为受竣工延迟和开工面积的影响，因统计年鉴只公布了住宅的竣工套数，本文中的采用 35 个大中城市在 2015 年套均面积的平均值，作为套均面积的估计值为 107.72 平方米，从而计算出住宅竣工面积。对住宅竣工面积和套均面积进行回归分析并对回归方程进行系数修正可得，住宅竣工面积 =（0.4946 * 住宅开工面积+8000）* 竣工延迟系数。

（10）房地产开发企业，对于住宅的竣工时间一般是在一年半到两年左右，因此本模型采用跃阶函数对竣工延迟进行估计，得竣工延迟系数 = 1.5+STEP（0.2，2018）。

（11）"开工延迟系数"指投资与开工之间的延迟。因住房供给端调控政策的变化，比如土地供给的收缩导致开发商拿地难，以及项目开工前期准备受外界影响因素较多，导致开工延迟不断变化，因此本模型在参考利用 SD 模型研究南京市和北京市住房市场中的开工延迟系数的基础上，采用表函数对开工延迟系数进行估计，具体数据如表 4-43 所示。

表 4-43　历年开工延迟系数估计值

| 年份 | 开工延迟系数 | 年份 | 开工延迟系数 | 年份 | 开工延迟系数 |
|------|------------|------|------------|------|------------|
| 1999 | 0.61 | 2006 | 1.26 | 2013 | 1.08 |
| 2000 | 0.74 | 2007 | 0.91 | 2014 | 0.88 |
| 2001 | 0.93 | 2008 | 0.92 | 2015 | 0.72 |
| 2002 | 0.97 | 2009 | 0.9 | 2016 | 0.73 |
| 2003 | 1.15 | 2010 | 1.17 | 2017 | 0.82 |
| 2004 | 1.1 | 2011 | 1.2 | | |
| 2005 | 1.19 | 2012 | 1.04 | | |

（12）房价对住房开工面积的影响，本模型通过房价影响系数将其量化，该函数设计思路是：房价上涨后，将会影响开工面积，房价每上涨 1000 元，影响系数提高 10%，上限为 20%。因此模型中，房价影响系数 = IF THEN ELSE（（1+（住宅销售价格 - DELAY1（住宅销售价格，1））/10000）>0.8：AND：（1+（住宅销售价格 - DELAY1（住宅销售价格，1））/10000）<1.5，1+（住宅销售价格 - DELAY1（住宅销售价格，1））/10000，1.2）。

（13）根据老龄工作委员会提供的数据，80 岁以上的高龄老年人 90% 愿意与子女同住，7% 死亡，2%~3% 愿意住进养老院。通过历年人口抽样数据计算出 80 及以上的老年人口，分别乘以每年的城镇人均住房建筑面积再乘以 10%，算出每年老年人退出市场提供的住房面积。最后与老年人口进行回归分析得出，退出市场 = 1.0053 * 老年人口 - 2797。同时，老年人大多为老旧危房，房龄较高，可提供的可售面积也受到旧房改造的影响。因此，将退出市场设计为 IF THEN ELSE（（1.0053 * 老年人口 - 2797）* 旧改系数<0，0，（1.0053 * 老年人口 - 2797）* 旧改系数）。

（14）住房供给实现和住房需求实现界定为住房销售消费住房供给及有效需求的实现，也就等于销售面积，2004 年以前的销售面积为实际销售面积，2005 年及之后的销售面积包括现房和期房的销售面积。

（15）计算房价收入比的形式有很多种，本模型中采用房价收入比＝住宅销售价格＊人均住宅建筑面积/人均可支配收入。

（16）利用历史数据，模型将此设计为人均住房建筑面积＝7.6＊LN（人均可支配收入）－36。

（17）住宅销售价格的增长幅度模型界定为主要受综合成本增幅和供求效益的影响，且成本的增加存在延迟，根据此设计思路，模型中住宅销售价格增长＝（综合成本－DELAY1I（综合成本，1，1857））＊供需影响因子。

（18）楼面地价和建安费用数据相对较难采取，模型采用表函数对其进行估计，其中2012年到2017年的建安费用数据是参考中国建设工程造价网中小高层公布的住宅建安成本数据，其他年份是依据参考文献数据进行的估计值，具体数据如表4-44所示。

表4-44　历年楼面地价与建安费用（元/m²）①

| 年份 | 楼面地价 | 建安费用 | 年份 | 楼面地价 | 建安费用 | 年份 | 楼面地价 | 建安费用 |
|---|---|---|---|---|---|---|---|---|
| 1999 | 600 | 800 | 2006 | 1400 | 1150 | 2013 | 2600 | 1615 |
| 2000 | 600 | 800 | 2007 | 1300 | 1200 | 2014 | 2850 | 1644 |
| 2001 | 620 | 800 | 2008 | 1938 | 1250 | 2015 | 3500 | 1614 |
| 2002 | 750 | 800 | 2009 | 2019 | 1300 | 2016 | 3600 | 1615 |
| 2003 | 1000 | 900 | 2010 | 2200 | 1350 | 2017 | 3684 | 1748 |
| 2004 | 1100 | 1000 | 2011 | 2350 | 1400 | | | |
| 2005 | 1100 | 1100 | 2012 | 2500 | 1570 | | | |

（19）中长期贷款利率是通过商业银行规定的1~3年贷款利率估算而得，如表4-45，根据表4-45数据模型中对中长期贷款利率采用跃阶函数，中长期贷款利率＝0.0594－STEP（0.0045，2002）＋STEP（0.0027，2004）＋STEP（0.0054，2006）＋STEP（0.0072，

① 部分建安费用参考中国建设工程造价网，其余为估算值。

2007）- STEP（0.0135，2008）+ STEP（0.0018，2010）+ STEP
（0.0055，2011）- STEP（0.0025，2012）- STEP（0.0015，2014）-
STEP（0.0075，2015）- STEP（0.005，2016）。

表 4-45　中长期贷款利率数据

| 年份 | 利率（%） | 年份 | 利率（%） | 年份 | 利率（%） |
|------|----------|------|----------|------|----------|
| 1999 | 5.94 | 2006 | 6.3 | 2013 | — |
| 2000 | — | 2007 | 7.02 | 2014 | 6 |
| 2001 | — | 2008 | 5.67 | 2015 | 5.25 |
| 2002 | 5.49 | 2009 | — | 2016 | 4.75 |
| 2003 | — | 2010 | 5.85 | 2017 | 4.75 |
| 2004 | 5.76 | 2011 | 6.4 | | |
| 2005 | — | 2012 | 6.15 | | |

（20）综合成本 =（楼面地价 ×（1 + STEP（0.2，2006）+ STEP
（0.05，2010））+ 建安费用/0.65）*（1 + 0.7 * 2 * 中长期贷款利
率）。根据房地产开发经验，估计除土地成本外，建安占 65%，其
中有约 70% 的成本需通过银行中长期贷款支持，平均贷款年限为 2
年，对楼面地价采用跃阶函数，使得模型拟合结果更具有真实可
靠性。

（21）住房需求意愿变量主要是用来量化人口老龄化导致人口
年龄结构发生变化，进而影响住房新增需求的辅助变量。根据生命
周期理论，20~34 岁年龄阶段人口的首次置业需求是推动住房市
场发展主要动力，因此可认为在人口年龄阶段转移的过程中青年人
的购房意愿是显著高于老年人的购房意愿，模型中对中青年购房意
愿估计值设置为 0.8，老年人购房意愿估计值设置为 0.3。

（22）对于政策对租售比的影响变量，目前，公房出租、廉租
房不是本模型考虑的内容，真正商品租房的量还很小，根据参考文
献将出租实现比例调整为 6%（朱湘岚，2002）。随着新的政策对租
赁市场的鼓励，租售比将会增大，1999 年到 2004 年政策对租售比

的影响取 1, 2005 年及之后取 1.2, 因此可得政策对租售比影响 = 1 +STEP(0.2, 2005)。

（23）考虑市场的住房需求以刚需为主, 且房地产调控政策发挥的作用主要是抑制投机性需求, 从而调控房价的变化, 因此住房政策对人们的刚需影响有一定的限度, 设置住房政策系数估计值为 0.2(沈佳庆, 2008)。

（24）农村转移取值历年农村到城镇人口的平均数 1744 万, 并作平滑处理, 设置为 1744-STEP(244, 2020)-STEP(200, 2022)-STEP(200, 2024)-STEP(200, 2026)-STEP(200, 2028)-STEP(100, 2030)-STEP(100, 2032)-STEP(100, 2034)-STEP(150, 2036)-…-STEP(150, 2042)-STEP(50, 2044)。

（25）政府养老政策系数设置为 0.8, 其下调可理解为老年死亡率的下降。

（26）计划生育政策系数设置为 1+STEP(0.05, 2016), 上调可理解为生育意愿增加。

（27）旧改系数设置为 0.6, 定义为衡量旧改政策的推行力度。

（28）土地调整系数设置为 1, 定义为衡量土地政策的收紧与放松。

（29）房价收入比、中长期贷款利率、按揭首付比例、城市化进程对住房需求的影响, 供求比对住房销售价格增长的影响, 其影响程度均采用 SD 方法特有的表函数进行估计, 具体各影响因子的表函数估计如表 4-46。

表 4-46　各影响因素对新增需求及房价增长的影响程度

| 房价<br>收入比 | 影响<br>程度 | 贷款<br>利率 | 影响<br>程度 | 首付<br>比例 | 影响<br>程度 | 供求比 | 影响<br>程度 |
|---|---|---|---|---|---|---|---|
| 3 | 0.82 | 0.02 | 1.2 | 0.3 | 1.1 | 0.5 | 1.15 |
| 4 | 0.81 | 0.03 | 1.15 | 0.4 | 1 | 1 | 1.1 |
| 5 | 0.8 | 0.04 | 1.1 | 0.5 | 0.9 | 1.2 | 1 |
| 6 | 0.79 | 0.05 | 1.05 | 0.6 | 0.8 | 1.5 | 0.95 |

| 房价收入比 | 影响程度 | 贷款利率 | 影响程度 | 首付比例 | 影响程度 | 供求比 | 影响程度 |
|---|---|---|---|---|---|---|---|
| 7 | 0.78 | 0.06 | 1 | 0.7 | 0.75 | 2 | 0.9 |
| 8 | 0.77 | 0.07 | 0.9 | | | 3 | 0.8 |
| 9 | 0.76 | 0.08 | 0.87 | | | 4 | 0.7 |
| 10 | 0.75 | 0.09 | 0.84 | | | 5 | 0.6 |
| 10.4 | 0.74 | 0.1 | 0.83 | | | | |
| 10.8 | 0.73 | 0.11 | 0.82 | | | | |
| 11.2 | 0.72 | 0.12 | 0.81 | | | | |
| 11.6 | 0.71 | 0.13 | 0.8 | | | | |
| 12 | 0.70 | 0.14 | 0.77 | | | | |
| 12.4 | 0.69 | | | | | | |
| 12.8 | 0.68 | | | | | | |
| … | | | | | | | |

（30）城市化进程对新增需求的影响用表函数表示，如表4-47。

**表 4-47　城市化进程对新增需求的影响程度**

| 年份 | 影响程度 | 年份 | 影响程度 | 年份 | 影响程度 |
|---|---|---|---|---|---|
| 1999 | 1.43 | 2006 | 2.15 | 2013 | 2.02 |
| 2000 | 1.67 | 2007 | 2.19 | 2014 | 2.08 |
| 2001 | 1.71 | 2008 | 2.21 | 2015 | 2.02 |
| 2002 | 1.82 | 2009 | 2.21 | 2016 | 2.02 |
| 2003 | 1.91 | 2010 | 2.06 | 2017 | 2.08 |
| 2004 | 1.93 | 2011 | 1.97 | | |
| 2005 | 2.02 | 2012 | 1.93 | | |

5. 模型检验

SD 模型是一种模拟仿真模型，模型是否有效必须通过对它的检验来证实，主要有以下几种：

（1）直观检验

根据专业知识和所掌握的建模方法，对反馈环所表示的因果关系是否进行检验，并做出正确的判断。

（2）参数及结构检验

模型在参数的选取时充分考虑了人口变化与住宅市场的运行规律及数据的可得性。其次，软件自带的 Check Model 检验，验证模型方程的正确性和系统参数的合理性。若模型没有任何结构错误，则会出现"模型没问题"的信息提示。如图 4-46 可知，该 SD 模型通过了 Check Model 的检验。

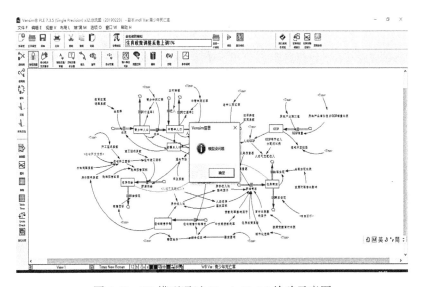

图 4-46　SD 模型通过 Check Model 检验示意图

（3）历史性检验

历史性检验可以判断模型是否可用，判读运行结果是否与客观事实相符。这种检验方法是将模型运行年限设定为1999—2017年，把1999—2008年的历史数据输入模型中，对比检验2009—2017年的仿真数据与2009—2017年的历史数据的相对误差是否整体控制在5%以内。

由表4-48可以看出，青少年人口、中青年人口、老年人口、城镇人口、住宅销售价格、新开工面积、人均GDP、城镇人均可支配收入这八个主要变量2009—2017年的仿真数据和历史数据相对误差的绝对值整体在5%以内，说明模型通过该检验。

（4）有效性检验

模型的有效性检验主要是将变量的历史数据与仿真数据进行比较，计算变量的相对误差和均方百分比误差：

$$e_i = (y_{it} - \tilde{y}_{it})/\tilde{y}_{it} \quad i=1, 2, \cdots, g; t=1999, 2000, \cdots, 2004 \tag{3}$$

$$RWS_i = \sqrt{\frac{\sum_1^n e_{it}^2}{n}} \tag{4}$$

其中$y_{it}$，$\tilde{y}_{it}$分别表示第i个变量在第t年的仿真值与实际值，g为变量的个数。一般认为，主要变量的相对误差e的绝对值和RWS均小于5%，则认为模型基本有效。

模型选取青少年人口、中青年人口、老年人口、城镇人口、住宅销售价格、新开工面积、人均GDP、城镇人均可支配收入作为模型检验的主要变量，由表4-49中可以看出，这八个主要变量的仿真数据和历史数据基本一致，且相对误差的绝对值整体小于5%，个别年份的检验变量相对误差超过5%。同时计算得出表中八个指标RWS值分别为3.58%、1.94%、3.78%、1.86%、4.6%、2.16%、2.1%、2.65%，均小于5%，因此本模型选取的八个主要变量通过有效性检验，可认为系统仿真数据基本有效，理论上可进行市场预测分析及政策模拟。

表 4-48　2009—2017 年主要变量的仿真数据与历史数据对比

| 年份 | 青少年人口 | | | 中青年人口 | | | 老年人口 | | | 城镇总人口 | | |
| --- | --- | --- | --- | --- | --- | --- | --- | --- | --- | --- | --- | --- |
| | 历史数据 | 仿真数据 | 相对误差 | 历史数据 | 仿真数据 | 相对误差 | 历史数据 | 仿真数据 | 相对误差 | 历史数据 | 仿真数据 | 相对误差 |
| 2009 | 11328 | 11020 | 2.72% | 48054 | 49353 | 2.70% | 5110 | 4925 | 3.62% | 64512 | 65298 | 1.22% |
| 2010 | 11675 | 11422 | 2.17% | 49981 | 51088 | 2.22% | 5302 | 5136 | 3.12% | 66978 | 67647 | 1.00% |
| 2011 | 11975 | 11838 | 1.14% | 51614 | 52824 | 2.34% | 5470 | 5354 | 2.11% | 69079 | 70016 | 1.36% |
| 2012 | 12277 | 12269 | 0.07% | 53240 | 54560 | 2.48% | 5645 | 5578 | 1.19% | 71182 | 72406 | 1.72% |
| 2013 | 12554 | 12712 | 1.26% | 54729 | 56298 | 2.87% | 5808 | 5807 | 0.02% | 73111 | 74817 | 2.33% |
| 2014 | 12817 | 13170 | 2.75% | 56111 | 58038 | 3.43% | 5968 | 6041 | 1.22% | 74916 | 77248 | 3.11% |
| 2015 | 13134 | 13640 | 3.85% | 57790 | 59780 | 3.44% | 6172 | 6281 | 1.77% | 77116 | 79700 | 3.35% |
| 2016 | 13455 | 14123 | 4.97% | 59442 | 61525 | 3.50% | 6381 | 6525 | 2.26% | 79298 | 82173 | 3.63% |
| 2017 | — | — | — | — | — | — | — | — | — | 81347 | 84667 | 4.08% |

续表

| 年份 | 住宅销售价格 | | | 新开工面积 | | | 人均GPD | | | 人均可支配收入 | | |
| --- | --- | --- | --- | --- | --- | --- | --- | --- | --- | --- | --- | --- |
| | 历史数据 | 仿真数据 | 相对误差 | 历史数据 | 仿真数据 | 相对误差 | 历史数据 | 仿真数据 | 相对误差 | 历史数据 | 仿真数据 | 相对误差 |
| 2009 | 4459 | 4614 | 3.48% | 93298 | 93230 | 0.07% | 26222 | 25813 | 1.56% | 17175 | 16727 | 2.61% |
| 2010 | 4725 | 4785 | 1.28% | 129359 | 122951 | 4.95% | 30876 | 29256 | 5.25% | 19109 | 18958 | 0.79% |
| 2011 | 4993 | 5242 | 4.97% | 147163 | 139767 | 5.03% | 36403 | 33843 | 7.03% | 21810 | 21931 | 0.55% |
| 2012 | 5430 | 5497 | 1.24% | 130695 | 129584 | 0.85% | 40047 | 38154 | 4.73% | 24565 | 24724 | 0.65% |
| 2013 | 5850 | 5815 | 0.60% | 145845 | 142533 | 2.27% | 43852 | 42241 | 3.67% | 26955 | 27372 | 1.55% |
| 2014 | 5933 | 6112 | 3.02% | 124877 | 125594 | 0.57% | 47203 | 46228 | 2.07% | 29381 | 29956 | 1.96% |
| 2015 | 6473 | 6743 | 4.16% | 106651 | 110274 | 3.40% | 50251 | 50321 | 0.14% | 31790 | 32608 | 2.57% |
| 2016 | 7203 | 7463 | 3.61% | 115911 | 117885 | 1.70% | 53980 | 54370 | 0.72% | 33616 | 35232 | 4.81% |
| 2017 | 7614 | 7638 | 0.31% | 128098 | 131221 | 2.44% | 59660 | 58312 | 2.26% | 36396 | 37786 | 3.82% |

表4-49　1999—2017年主要变量的仿真数据与历史数据对比

| 年份 | 青少年人口 | | | 中青年人口 | | | 老年人口 | | | 城镇总人口 | | |
|---|---|---|---|---|---|---|---|---|---|---|---|---|
| | 历史数据 | 仿真数据 | 相对误差 | 历史数据 | 仿真数据 | 相对误差 | 历史数据 | 仿真数据 | 相对误差 | 历史数据 | 仿真数据 | 相对误差 |
| 1999 | 7898 | 7898 | 0.00% | 32480 | 32480 | 0.00% | 3350 | 3350 | 0.00% | 43748 | 43728 | 0.05% |
| 2000 | 8296 | 8133 | 1.96% | 34104 | 34180 | 0.22% | 3486 | 3537 | 1.46% | 45906 | 45849 | 0.12% |
| 2001 | 8694 | 8385 | 3.56% | 35694 | 35879 | 0.52% | 3656 | 3663 | 0.20% | 48064 | 47928 | 0.28% |
| 2002 | 9075 | 8656 | 4.62% | 37285 | 37568 | 0.76% | 3831 | 3812 | 0.49% | 50212 | 50037 | 0.35% |
| 2003 | 9445 | 8944 | 5.30% | 38892 | 39246 | 0.91% | 4019 | 3964 | 1.38% | 52376 | 52154 | 0.42% |
| 2004 | 9753 | 9248 | 5.18% | 40324 | 40926 | 1.49% | 4186 | 4129 | 1.37% | 54283 | 54303 | 0.04% |
| 2005 | 10074 | 9570 | 5.00% | 41769 | 42597 | 1.98% | 4349 | 4309 | 0.92% | 56212 | 56477 | 0.47% |
| 2006 | 10398 | 9905 | 4.74% | 43338 | 44266 | 2.14% | 4531 | 4501 | 0.66% | 58288 | 58672 | 0.66% |
| 2007 | 10757 | 10258 | 4.64% | 45113 | 45942 | 1.84% | 4743 | 4724 | 0.40% | 60633 | 60924 | 0.48% |
| 2008 | 11020 | 10626 | 3.57% | 46457 | 47616 | 2.50% | 4907 | 4944 | 0.76% | 62403 | 63186 | 1.25% |
| 2009 | 11328 | 11014 | 2.78% | 48054 | 49351 | 2.70% | 5110 | 5220 | 2.16% | 64512 | 65585 | 1.66% |
| 2010 | 11675 | 11413 | 2.25% | 49981 | 51025 | 2.09% | 5302 | 5463 | 3.04% | 66978 | 67901 | 1.38% |
| 2011 | 11975 | 11826 | 1.25% | 51614 | 52689 | 2.08% | 5470 | 5685 | 3.93% | 69079 | 70200 | 1.62% |
| 2012 | 12277 | 12251 | 0.21% | 53240 | 54359 | 2.10% | 5645 | 5913 | 4.75% | 71182 | 72523 | 1.88% |
| 2013 | 12554 | 12691 | 1.09% | 54729 | 56022 | 2.36% | 5808 | 6144 | 5.79% | 73111 | 74857 | 2.39% |

续表

| 年份 | 青少年人口 | | | 中青年人口 | | | 老年人口 | | | 城镇总人口 | | |
|---|---|---|---|---|---|---|---|---|---|---|---|---|
| | 历史数据 | 仿真数据 | 相对误差 | 历史数据 | 仿真数据 | 相对误差 | 历史数据 | 仿真数据 | 相对误差 | 历史数据 | 仿真数据 | 相对误差 |
| 2014 | 12817 | 13144 | 2.55% | 56111 | 57569 | 2.60% | 5968 | 6379 | 6.88% | 74916 | 77091 | 2.90% |
| 2015 | 13134 | 13606 | 3.59% | 57790 | 59240 | 2.51% | 6172 | 6620 | 7.27% | 77116 | 79465 | 3.05% |
| 2016 | 13455 | 14082 | 4.66% | 59442 | 60941 | 2.52% | 6381 | 6887 | 7.93% | 79298 | 81910 | 3.29% |
| 2017 | — | — | — | — | — | — | — | — | — | 81347 | 84458 | 3.82% |

| 年份 | 住宅销售价格 | | | 新开工面积 | | | 人均GPD | | | 城镇人均可支配收入 | | |
|---|---|---|---|---|---|---|---|---|---|---|---|---|
| | 历史数据 | 仿真数据 | 相对误差 | 历史数据 | 仿真数据 | 相对误差 | 历史数据 | 仿真数据 | 相对误差 | 历史数据 | 仿真数据 | 相对误差 |
| 1999 | 1857 | 1857 | 0.00% | 18798 | 18574 | 1.19% | 7229 | 7265 | 0.50% | 5854 | 5812 | 0.71% |
| 2000 | 1948 | 1986 | 1.93% | 24401 | 23986 | 1.70% | 7942 | 7961 | 0.24% | 6280 | 6369 | 1.41% |
| 2001 | 2017 | 1986 | 1.56% | 30533 | 31783 | 4.09% | 8717 | 8724 | 0.08% | 6860 | 6979 | 1.75% |
| 2002 | 2092 | 2004 | 4.20% | 34719 | 35029 | 0.89% | 9506 | 9495 | 0.12% | 7703 | 7596 | 1.39% |
| 2003 | 2197 | 2127 | 3.21% | 43854 | 44970 | 2.54% | 10666 | 10633 | 0.31% | 8472 | 8060 | 4.87% |
| 2004 | 2608 | 2550 | 2.21% | 47949 | 48632 | 1.43% | 12487 | 12420 | 0.54% | 9422 | 9414 | 0.08% |
| 2005 | 2937 | 2884 | 1.82% | 55185 | 56694 | 2.73% | 14368 | 14259 | 0.76% | 10493 | 10095 | 3.79% |
| 2006 | 3119 | 3124 | 0.15% | 64404 | 65118 | 1.11% | 16738 | 16574 | 0.98% | 11760 | 11734 | 0.22% |

续表

| 年份 | 住宅销售价格 | | | 新开工面积 | | | 人均GPD | | | 城镇人均可支配收入 | | |
|---|---|---|---|---|---|---|---|---|---|---|---|---|
| | 历史数据 | 仿真数据 | 相对误差 | 历史数据 | 仿真数据 | 相对误差 | 历史数据 | 仿真数据 | 相对误差 | 历史数据 | 仿真数据 | 相对误差 |
| 2007 | 3645 | 3783 | 3.77% | 78796 | 79847 | 1.33% | 20505 | 20242 | 1.28% | 13786 | 13724 | 0.45% |
| 2008 | 3576 | 3782 | 5.76% | 83642 | 83316 | 0.39% | 24121 | 23735 | 1.60% | 15781 | 16092 | 1.97% |
| 2009 | 4459 | 4656 | 4.43% | 93298 | 93235 | 0.07% | 26222 | 25686 | 2.04% | 17175 | 16747 | 2.49% |
| 2010 | 4725 | 4834 | 2.31% | 129359 | 124949 | 3.41% | 30876 | 30165 | 2.30% | 19109 | 19668 | 2.92% |
| 2011 | 4993 | 5363 | 7.42% | 147163 | 145688 | 1.00% | 36403 | 35485 | 2.52% | 21810 | 23136 | 6.08% |
| 2012 | 5430 | 5717 | 5.28% | 130695 | 131663 | 0.74% | 40047 | 38919 | 2.82% | 24565 | 25375 | 3.30% |
| 2013 | 5850 | 6237 | 6.62% | 145845 | 143775 | 1.42% | 43852 | 42583 | 2.89% | 26955 | 27764 | 3.00% |
| 2014 | 5933 | 6462 | 8.91% | 124877 | 118517 | 5.09% | 47203 | 45837 | 2.89% | 29381 | 29886 | 1.72% |
| 2015 | 6473 | 6862 | 6.01% | 106651 | 105476 | 1.10% | 50251 | 48724 | 3.04% | 31790 | 31768 | 0.07% |
| 2016 | 7203 | 7562 | 4.98% | 115911 | 116482 | 0.49% | 53980 | 52248 | 3.21% | 33616 | 34066 | 1.34% |
| 2017 | 7614 | 7625 | 0.14% | 128098 | 128400 | 0.24% | 59660 | 57501 | 3.62% | 36396 | 36225 | 0.47% |

注：因 2018 年《中国人口与就业统计年鉴》暂未公布，2017 年无城镇青少年人口，中青年人口，老年人口所占比重的历史数据。

## 三、仿真结果分析与动态模拟

### (一)仿真结果分析

1. 城镇人口变动情况

预测是基于历史数据并结合未来发展趋势所做出判断的直观展示，因此，数据的绝对值在预测中并不是我们关注的重点，我们需要获得的是所观察的变量的未来变化趋势特征。图 4-47 显示的是城镇人口变动的仿真结果。可以看出，2030 年左右是我国人口状况发生重大变化之年，无论是青少年人口数量、中青年人口数量还是城镇总人口数量均出现了从增长到缩小的转折，尤其是中青年人口数量出现了较明显的下降，"哑铃型"人口结构形式进一步"瘦身"。与此同时，老龄人口却表现出了较强的"生命力"，上升势头强劲，在人口年龄结构中所占比重不断扩大，人口"倒金字塔"初见雏形。

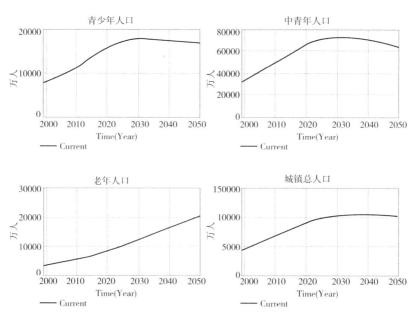

图 4-47　1999—2050 年中国城镇人口变动仿真结果

### 2. 住房供需变动情况

那么，随着城镇人口数量、结构的变化，住房的供给和需求状况分别是如何演变的呢？仿真模型给了我们非常直观的结果，如图4-48所示。从图中可以看出，住房供给和需求在整体上呈现出上升趋势，尤其是在2030年后，上升较为剧烈。在2017年前变化的情况及原因我们在本章节前面已经做了比较详细的描述性分析，故而不再赘述。这里需要我们重视和回答的主要问题是在2030年后住房供给出现大幅度攀升的原因是什么？在住房需求变化方面，为何在2024年至2032年左右出现了轻微的下降后再次急速上升，这都需要我们在模型中找到答案。此外，图中供求比与房价收入的变化趋势特征能够提供给我们的信息还有：在未来，住房市场出现了比较严重的供过于求的情形，房价收入比出现了较大幅度的下落，表明购买住房的困难程度在降低。

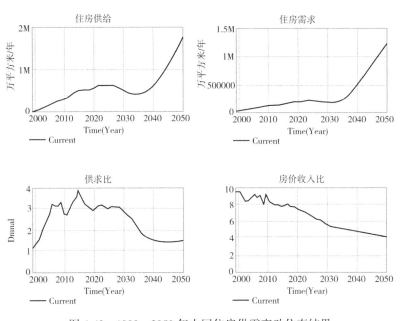

图4-48　1999—2050年中国住房供需变动仿真结果

3. 住房供需变动的原因分析

图 4-49 给出了住房供给与需求的原因树状图，遵循该图的思路，我们可以对影响住房需求和供给的因素进行回溯梳理与分析。

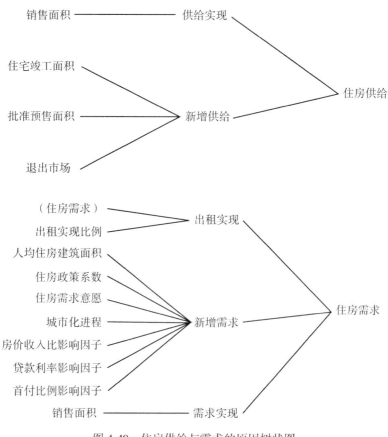

图 4-49　住房供给与需求的原因树状图

首先，我们对导致住房供给变化的原因进行分析。从图中可以看出，影响住房供给的二级因素有新增供给和供给实现部分，三级因素有住宅竣工面积、批准预售面积、退出市场(老龄人口死亡或其他原因释放住房、退改房)以及销售面积。为更加直观地展现因果关系，我们做出了新增供给所包含的三个三级指标与住房供给的关系图4-50。该图反映了住房供给发生较大增加的原因，在前期主要是新建住房的增加，而在后期主要是退出市场，尤其是退出市场造成的住房供给增加比较显著，对住房供给存在很大的促进作用，这种作用主要是来源于老年人口因死亡或搬进养老院等原因对住房的释放。

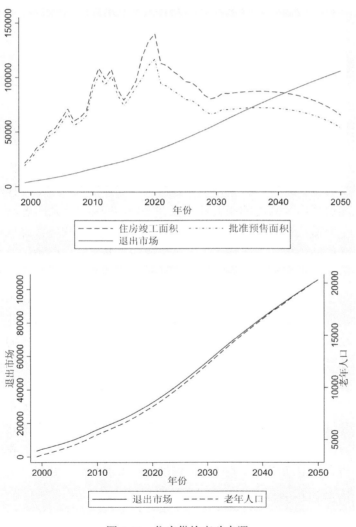

图4-50　住房供给变动来源

其次，我们对影响住房需求变化的原因进行分析。从图中可以看出影响住房需求的二级因素有新增需求出租实现和需求实现部分，三级因素有人均住房建筑面积、住房政策系数、住房需求意愿（人口因素）、城市化进程、房价收入比影响因子、贷款利率影响因子、首付比例影响因子、出租实现比例以及销售面积。我们知道，引起住房需求攀升的原因在于新增需求指标。考虑到住房政策系数、贷款利率影响因子以及首付比例影响因子变化不大，因此，我们做出了新增需求所包含的另外 4 个三级指标与住房供给的关系图 4-51。

从图中可以看出，人均住房建筑面积的提升、需求意愿的提升（人口因素）、房价收入比的降低以及城市化进程的深化是促进住房需求增加的重要原因。其中，人均住房建筑面积的提升是引起住房需求增加的主要原因，这与住房供给变化的原因相同。此外，住房的需求意愿对住房需求的影响作为需要考察的重点问题我们也给予单独的分析。可以看出，城镇总人口和中青年人口数量与住房需求意愿展现出了高度的相关性。而在 2030 年后，上升的老龄人口所产生的需求在减缓因中青年人口下降所导致的住房需求降低中发挥了积极的作用，也就是老年人口的增加提升了住房需求，并且弥补了中青人口下降带来的需求减少。那么，为何在 2024 年至 2032 年左右住房需求出现了轻微的下降呢？我们认为可能是中青年群体人口出现大幅下降的原因，加之城镇化进程减缓、老龄人口住房需求释放水平还不高以及居民改善型住房需求还处于增长加速期等因素的综合影响所致。

**（二）动态模拟住房市场对人口变动的响应**

以上内容我们探讨了人口因素与住房市场供需的一般关系。这是在政策以及相关内外部环境平稳状态下的结果，那么当内外部环境遭遇冲击时，住房供需状况会出现什么样的变化呢？下面我们依次分析人口变动所引发的住房市场供给和需求的响应效果。

1. 住房市场对中青年人口变动的响应

假设从农村转入城镇的全部为中青年人口，我们分别研究在农村转移人口每年增加 100 万和 200 万时，对住房需求和供给的影

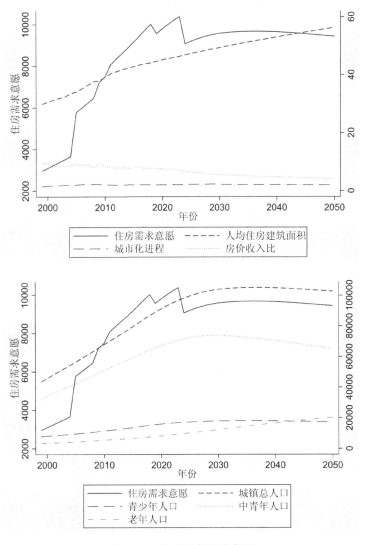

图 4-51 住房需求变动来源

响。如图 4-52 所示，城镇中青年人口的增加不仅会促进城镇住房需求的增加，同时也会促进住房供给的增长。需要注意的是，虽然从长期来看，供给是一个不断增加的过程，但是农村转移人口分别增加 100 万和 200 万时，住房供给曲线是重合的。这可能与二者带来的增量占庞大存量的比例很低有关。

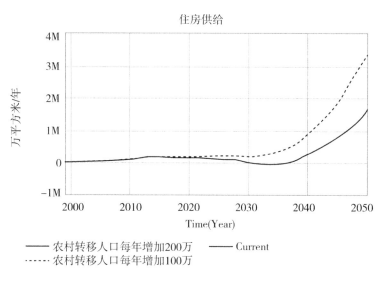

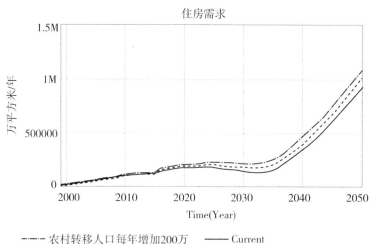

图 4-52　住房供需对中青年人口变动的响应

## 2. 住房市场对老年人口变动的响应

老年人口的变动展现出了与中青年人口变动情况相似的趋势特

征。但是从绝对值来看，老年人口对住房供给的促进作用要大于中青年人口，但在需求上要低于中青年人口。如图 4-53 所示。

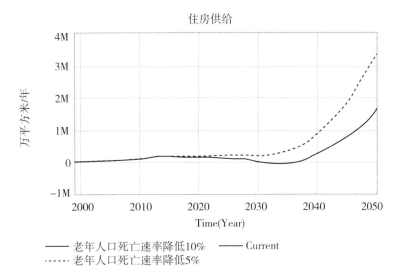

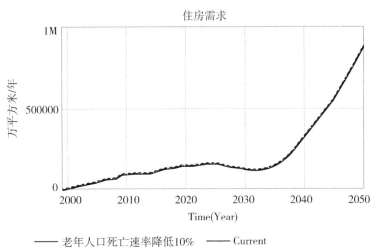

图 4-53　住房供需对老年人口变动的响应

## 3. 住房市场对城镇总人口变动的响应

城镇总人口对住房供需的影响是所有年龄结构人口效应的加

总。从图 4-54 中可以看出城镇总人口的增加能有效地促进住房需求的增加，不论是在短期需求还是在长期需求上。对住房供给的影响与中青年人口和老年人口相似，在短期内存在着供给极限的限制，但在长期内促进效果明显。

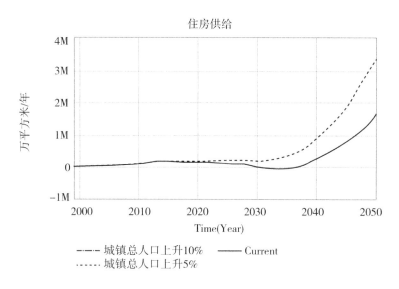

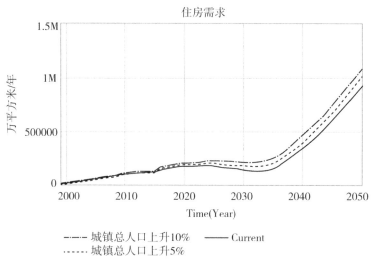

图 4-54　住房供需对城镇总人口变动的响应

# 第五节　本章小结

结合房地产制度改革来看中国房地产市场的发展历程，发现中国城镇房地产制度改革实现了从计划经济时期的实物福利制度向市场经济的商品制度的转变，并实现了从计划经济时期的实物房地产资源的行政分配机制向市场经济下的房地产资源的市场分配机制和弥补市场失灵的保障分配机制转换。目前我国城镇住宅已经跨越绝对短缺的阶段，基本供求平衡，甚至走向相对过剩；中国的商业地产已经足够，出现了相对过剩。

通过描述统计分析发现微观视角的家庭人口变动，例如户主年龄、世代、家庭规模、子女数量和性别、婚姻对住房数量、质量、自有住房、自有多套住房显著相关。住房面积、住房自有率、多套住房自有率随着户主年龄的增加呈现先增加后减少的趋势，住房质量随着年龄的增加而降低；住房面积随着户主世代的变化而变化，出生于 20 世纪 70 年代的户主住房面积最大，而出生于 20 世纪 80 年代及以后的户主住房面积最小，住房质量随着户主世代的推后而升高，住房自有率、多套住房自有率与户主世代呈现"倒 U 型"关系；家庭规模越大，住房面积越大，住房自有率越高，多套住房自有率也越高(城镇地区家庭规模为 5 人的家庭除外)，而住房质量则随着家庭规模的增加先上升后下降，其中，3 人家庭住房质量最高；子女数量越多，住房面积越大，住房自有率越高(农村地区 1 子家庭除外)，多套住房自有率也越高(城镇和农村地区 2 女及以上家庭除外)，而住房质量则随着子女数量的增加而降低，无子女家庭住房质量最高；城镇地区，已婚家庭的住房自有率、多套住房自有率最高，未婚家庭的住房自有率、多套住房自有率最低，丧偶家庭的住房面积最大，离婚家庭的住房质量最高，未婚家庭的住房面积最小且住房质量最低，农村地区已婚家庭的住房面积最大，多套住房自有率最高，未婚家庭的住房面积最小、住房质量最高、住房自有率最低，离婚家庭住房质量最低且多套住房自有率最低，丧偶家庭的住房自有率最高；60 岁以上的老年人随着年龄的上升，会出现人均住房面积、住房质量、住房自有率上升或相对稳定然后下降的阶段性变化趋势。

通过回归模型等实证分析微观视角的家庭人口变动和住房需求的关系，发现家庭规模、子女数量、收入、受教育程度、职业、中西部地区对住房面积需求有正的影响，而年龄的影响不显著；家庭规模、子女数量、中西部地区对住房质量需求有负的影响，收入、受教育程度、职业对住房质量需求有正的影响，而年龄的影响为正且统计显著；子女数量对自有住房需求有负的影响，年龄、家庭规模、收入、受教育程度、职业、中西部对自有住房需求有正的影响；子女数量、家庭规模、年龄、收入、受教育程度、职业、对自有多套住房需求有正的影响，中西部地区对自有多套住房需求有负的影响。因此，从微观视角来看，人口素质（收入、受教育程度、职业）、人口数量（家庭规模和子女数量）、人口结构（年龄）对住房需求有显著的影响，并且还受到地区差异、城乡差异等的影响。

通过描述统计分析发现宏观视角的人口变动和住房需求的关系，发现总人口规模、人口年龄结构、人口出生率、结婚率与总住房需求（销售面积）显著相关。总人口增加，住房销售面积增加，总人口增速下降，总住房销售面积增速下降；老龄化率上升，总住房销售面积增速下降；人口出生率、结婚率下降，总住房销售面积增速下降。

通过回归模型等实证分析宏观视角的人口变动和住房需求的关系，发现出生率、少儿抚养比、老年抚养比、家庭户平均规模、结婚率、性别比变动对住房需求（住房销售面积）有显著的影响，并且随着时间发生变化。出生率对住房需求的影响为负，可能是当期较高的出生率使得家庭支出更多地用于养育孩子，抑制了家庭的住房消费；少儿抚养比对住房需求的影响显著为正，体现了一些家庭度过了孩子刚出生时支出较高的时期后，需要更大的住房面积为子女提供学习、生活空间；老年抚养比对住房需求也存在正向影响，这可能是因为，老年人的住房自有率的升高以及对于养老地产的需求增加；家庭户平均规模对住房需求存在正向影响，这是因为随着家庭户规模的增加，家庭成员需要更大的生活空间；而结婚率、性别比对住房需求的影响为负(前者不显著，后者统计显著)，这可能是因为，现实中存在的大量单身户家庭在结婚时，使得住房资源可以得到更有效的配置，减少住房需求，同时，当性别比失衡时，住房成为男性在婚姻市场上的竞争条件，而高昂的房价抑制了这一行为，使得住房需求减少。

基于人口等变量自回归模型发现，从 2019 年到 2050 年住房销售面积呈缓慢增长的态势。然而这种预测没有考虑到供求关系的累积性变化。采取了供求关系的累积性变化之后的预测发现从 2019 年到 2050 年住房销售面积呈波动式下降的趋势。

通过回归模型等实证分析宏观视角的人口变动和非住宅房屋需求的关系，发现二者关系统计不显著。

通过描述统计分析宏观视角的人口变动和存量住房供给(二手房出售上市套数)的关系，发现人口总量变动、结构变动和存量住房供给高度相关。城镇人口总量增加，存量住房供给增加；人口总量增速、老龄化率的增速与存量住房供给增速正相关，二手住宅出售上市套数与人口密度呈现出"倒 U 型"特征。通过回归模型等实证分析宏观视角的人口变动和存量住房供给(二手房出售上市套数)的关系，发现城镇常住人口数量的影响显著为正，老龄化分年龄段与二手住宅出售呈现出了"J"型关系特征，影响不断增加，并且由负变正。

通过描述统计分析宏观视角的人口变动和增量住房供给(新房)的关系，发现人口总量变动、结构变动和增量住房供给高度相关。城镇人口总量增速增加，增量住房供给增速增加；老龄化率增速增加，增量住房供给增速增加；人口流入增速增加，增量住房供给增速增加。通过回归模型等实证分析宏观视角的人口变动和增量住房供给(新房)的关系，发现城镇常住人口数量的影响显著为正，老龄化分年龄段与新房销售呈现出了"倒 N 型"关系特征，影响不断增加，并且由负变正。

通过描述统计分析宏观视角的人口变动和非住宅房屋供给的关系，发现二者存在一定的相关性，人口规模增速、劳动年龄人口增速与非住宅房屋增量供给增速可能存在一定的正相关关系。但是回归分析的结果表明，人口变动对非住宅房屋供给的关系统计不显著。

基于系统动力学模型对人口变动与房地产供求关系的影响模拟和预测发现，2019—2050 年，随着我国的人口总量和年龄结构的变动，住房的供给（包括了新房和二手房）和需求均出现了明显的上升。其中住房供给发生较大增加的原因主要是新建住房的增加和老年人口退出市场。住房需求上升的原因主要是人均住房建筑面积的提升、住房需求意愿的提升（人口因素）、房价收入比的降低以及城市化进程的深化。人均住房建筑面积的提升是引起住房需求增加的主要原因，这与引起住房供给增加的原因相同。

仿真还发现，人口因素对房地产市场的供需均存在一定的影响，主要体现在：一是城镇人口总量的上升会促进住房供给和需求的增加；二是中青年人口的增加会促进住房供给和需求的增加；老年人口的增加会促进住房供给和需求的增加，但对住房供给的促进作用要大于需求。

随着人们生活水平的不断提高，居民对住房的需求也将会从满足基本的生存需要逐渐向追求更加舒适的生活环境转变。居民对住房质量的追求也会进一步提高，对户型及面积的偏好给房地产市场带来的机遇远大于挑战。

# 第五章 供求协同演化视角的人口变动对中国房地产业的影响

本部分旨在分析人口变动所引发的需求变动与作为供给方主体的房地产行业的响应之间的协同演化关系，并且分析它们的协同演化机制和过程，从而刻画出人口变动如何从微观层面影响到房地产企业运营模式和盈利模式，进而从宏观层面上影响到房地产业的结构、行为和绩效。

在供求协同演化的视角下，重新观察房地产企业的产品和服务的总量、结构、价格，生产经营模式和利润模式发生变化，刻画企业间存在的协同演化机制，可以帮助我们把握房地产行业未来发展的趋势。

此外，房地产业、建筑业以及与之密切相关的其他行业，也会发生协同演化，并且会存在房地产行业发展的阶段性差异、地区性差异、行业分化和企业的分化。此外，还可以通过国内外比较来说明演化机制的同异，判断中国房地产业和各子产业互动所处的阶段、模式和趋势。

## 第一节 人口与房地产业供求协同演化的机制

### 一、人口与房地产业供求协同演化的机制

人口作为消费者，房地产企业作为供给方，二者之间的关系并非简单的单向因果关系，而是复杂的、动态的、存在信息交换和相互学习过程的协同演化关系（肖静华，2014）。因此这里从消费者和企业协同演化的角度分析他们的协同演化机制。房地产市场环境

在不断地变化，并且给消费者和企业形成了压力，例如消费者面临着收入有限和房价上涨的压力，房地产企业面临着供给成本上升和产品销售价格下跌的压力。消费者会向企业传递支付能力和消费偏好的信息，企业则通过市场调研、广告、产品试销等方式来向消费者传递信息，双方通过信息的感知、接受和学习消化，转化为各自的知识，并用于各自的活动，从而更好地实现供需匹配。虽然不同类型的房地产企业受人口变动的影响不完全相同，但是他们和消费者之间的协同演化机制是类似的，如图 5-1 所示：

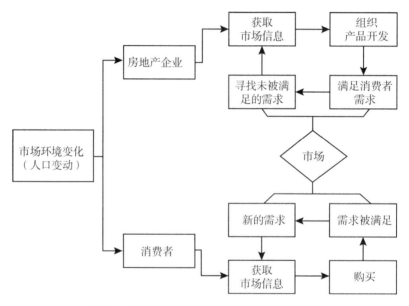

图 5-1　房地产企业与消费者的协同演化机制

当图 5-1 中的市场环境的变化主要体现为人口变动时，即是本章节所关注的人口与房地产业的协同演化关系。房地产开发企业和消费者之间通过市场作为信息交换的平台，供求变化作为信息交换的内容，利用市场竞争和淘汰，筛选出满足消费者需求的企业，从而形成企业与消费者之间的协同演化机制。

从消费者一方来看，消费者在市场上获取企业提供的商品信息，并进行甄别筛选，这个过程是消费者向企业学习的过程，同时甚至伴有引致需求的发生，也就是消费者原本没有的需求，被房地产开发企业提供的产品吸引所引发的需求。消费者根据掌握的信息进行选择、完成购买行为之后，需求获得了满足。但是这种需求的满足是暂时的，或是由于消费者本身对需求的认识不足，或是由于房地产产品本身的信息不对称，抑或是由于消费者的经验带来的需求变化，最终都会产生出新的需求，并向市场释放出相应的信息。同时消费者又回到了市场获取信息，对企业提供的信息进行甄别筛选的学习过程中，试图寻找到可以满足新需求的产品。这个循环就是消费者不断演化的过程。

而从房地产企业来看，房地产企业也需要在市场上获取消费者的需求信息，并根据掌握的信息组织产品的开发，以满足消费者的需求。而迫于竞争的压力，房地产企业还需要不断在市场上寻找未被满足的需求，进行各种各样的市场调查活动，这个过程也是企业向消费者学习的过程，企业根据在市场上掌握的信息调整产品的组织生产方式，迎合消费者新需求，从而完成企业演化的循环。

这两个循环通过市场实现信息的交换和产品的交付，不断相互学习、相互塑造，形成了房地产企业和消费者的协同演化机制。这一点可以从房地产开发企业最近出现的变化中找到印证之处。

一些开发商开始给消费者提供定制产品和服务。例如景瑞地产通过市场信息的收集和分析发现"80后""90后"在住房消费选择时表现出较强的个性化需求，同时企业也希望通过深入挖掘客户自我标签，让客户主动表达自己的需求，例如对户型设计、装修、家居和物业服务等关键要素的需求信息，然后提供个性化的定制产品和服务，例如智能化系统、健康除霾设备、儿童涂鸦墙等。

同样的，对于中介服务企业和物业管理企业，也存在类似的机制。并且由于中介服务和物业管理服务与消费者的接触更为直接和紧密，协同演化的节奏和速度也会更快。相比开发周期以数年计算的房地产开发企业来说，房地产中介服务企业和物业管理企业对消费者的服务频率要高得多，服务的种类也丰富得多。特别是物业管理企业，每天的工作内容都和消费者息息相关。因此，市场竞争以及人口变动带来的演化机制使得物业管理企业开始向现代服务业转型，在传统服务的基础上提供一些增值服务，为业主创造更多的价值、更好的体验，帮助业主实现对美好生活的向往。很多物业管理企业开发和应用了很多智能化的服务产品，应用大数据、云平台等现代科技提升物业服务水平和响应速度。比如苏宁银河物业，利用先进的网络技术优化服务，使得服务的标准化取得了明显的优势，也为进一步提高物业管理服务的质量，提供了技术手段和服务标准。经过对社区服务质量的稳定提升，使得业主幸福感和满意度也相对较高。又如万科物业，2013 年上线了"睿服务"平台，它由睿平台、服务中心、管理中心三大部分组成。借助"睿服务"平台，万科物业将物业管理流程数字化，极大地提升了管理效率。通过该平台，万科物业的员工、合作伙伴、关联企业都能直接感受到客户的需求，产生工作单和提供服务，并且按照统一的设施设备、服务标准、收费标准、支付标准来进行。而且这些业务受到平台的统一监管，实现了对员工、设备、房屋、财务的系统化管理和智能化管控。它成功解决了业主的不信任、劳动力成本的上升、移动互联网技术的应用、项目分散所带来的监控不到位等物业管理行业难题。物业管理企业的这些变化，都显示出了物业管理企业在面对市场环境变化时，利用市场进行信息交换，完成协同演化的趋势。[1]

与房地产开发企业类似，在房屋租赁市场也开始出现客户定制的产品。例如，贝客公寓通过对市场的调研，认为当前社会的人口结构在不断改变，越来越多的大学毕业生进入住房租赁市场，一些人选择租约期限较长和居住品质较高的租赁住房，提升了租赁住房需求，同时他们又有很多个性化的产品和服务需求，这就要求住房租赁企业在产品设计、服务提供方面供求匹配。因此针对这部分需求，企业开发了个性化、定制化的公寓租赁产品。

此外，房地产中介服务企业还创新性地出现了大量的新物种，例如：房多多、自如、链家等企业也都广泛地利用互联网和大数

---

① 君伟. 万科物业［EB/OL］.（2009-05-12）. https：//baike. baidu. com/item/%E4%B8%87%E7%A7%91%E7%89%A9%E4%B8%9A/2315393？fr＝aladdin.

据，为用户提供更加及时、快捷、个性化、标准化的服务。

## 二、中国房地产行业内部企业间的协同演化的微观机制

### (一)房地产开发企业与建筑企业之间的协同演化机制

房地产开发企业是房地产产品的服务提供者，属于服务业。但是其所提供的服务始终以房地产产品作为物质承载，而建筑企业是这种物质载体的生产者，属于制造业。所以我们说到房地产业时，很多时候是包含生产房地产产品的建筑企业的。但是在本文当中，为了明确房地产业的内部运行，房地产业、房地产开发企业所指的概念均不包含房地产建筑企业。

房地产开发企业和建筑企业之间的关系非常紧密，通常通过纵向一体化和专业分工合作联盟来实现。一类是只有房地产开发而没有建筑施工的企业，这类企业通常会有固定的建筑企业作为合作伙伴。例如万科建立了供应商评估管理体系，对施工总包、装修总包、景观园林、门窗、基础工程、材料设备七大类供应商进行了分级，在全国范围内选取了 1522 家供应商作为固定合作单位，又在这些供应商里面选取了 319 家 A 级供应商。其中，中建五局从 2011 年 5 月中标万科集团的第一个项目——唐山万科一期以来，又先后顺利承接秦皇岛万科、唐山万科二期、万科金域缇香、万科郭公庄五期、万科金域东郡、万科台湖 007 地块、万科台湖 020 地块、万科通州超高层、万科北七家等共 10 个项目。项目面积总计 178.47 万平米，合同额 36.38 亿元，现已成为万科(北京)最大的总承包单位。它和万科建立了长期、稳定的合作伙伴关系。① 该关系的建立很大一部分原因是因为房地产开发企业和建筑企业之间的交易成本过高，特别是施工过程中的监督成本以及伴随而来的风险难以化解，导致双方通常通过长期固定合作的方式，来降低交易成本，增加信息对称程度，利用长期博弈和信用积累的方式，来减少市场调配机制无法解决的交易成本过高的问题。

---

① 中国建筑第五工程局有限公司. [EB/OL]. (2016-11-11). http://www.cscec5b.com.cn/Article/xinheoa/201611/20161111091430.html.

另外一类是企业本身既有房地产开发企业也有建筑企业，在企业集团内部合作。这类企业直接将交易成本内部化，用内部协作替代市场机制的方式克服交易成本过高的问题。例如碧桂园、中海等。碧桂园控股有限公司以房地产开发经营为主营业务，同时拥有国家一级资质建筑公司、国家一级资质物业管理公司、甲级资质设计院等专业公司来进行规划设计、工程建设、装修、物业管理，并且还有酒店管理、配套的教育管理等来实现与房地产开发业务的内部合作。中海地产（以下简称"公司"）隶属于中国建筑集团有限公司，1979 年创立于香港，1992 年在香港联交所上市。中海地产公司拥有 40 年房地产开发与不动产运营管理经验，是从母公司建筑企业里面成长出来的，集建筑与房地产开发为一体的企业。①

由此可见，房地产开发企业和建筑企业之间的协同演化关系是建立在较高市场交易成本和信息不对称的基础之上的。这种信息不对称形成了两者之间特殊的协同机制，即通过建立固定的外部合作关系，减少交易成本，或者纵向一体化，将交易成本内部化。可以预见，在未来信息技术的不断升级和房地产市场不断完善的情况下，房地产开发企业和房地产建筑企业之间的信息不对称程度有进一步下降的可能性，当前的这种协同关系也可能迎来改变，市场化外部联盟合作方式和纵向一体化的模式会并存，前者会逐渐地、部分地替代内部化的合作方式，走向更专业化分工的模式。

**（二）房地产开发企业和物业管理企业之间的协同演化机制**

中国产业调研网基于多年针对客户需求的市场调研发现，市民购房意愿中，物业管理服务质量占比约为 16%。七成消费者表示，会将物业服务水平纳入购房决策的考虑范围之内。并且随着人们生活水平的不断提高，这一因素将变得越来越重要。

我国的房地产开发企业正是意识到了这一点，把物业管理当作了自己在市场中获得竞争优势的工具。大量一线房地产开发企业自己成立了物业管理服务公司或者子品牌子公司，对自己的房产项目

---

① 中海企业发展集团有限公司．［EB/OL］．（2009-05-12）．http：//www.coli688.com/corporate-profile/．

进行管理，而且通常不对其他房地产开发公司的物业提供服务，以此建立竞争壁垒。同时，物业管理服务还能为房地产开发企业带来持续的物业管理收入，在房地产开发业务下降时，为企业提供新的增长点。因此，房地产开发企业和物业管理企业之间其实存在着强关联关系，房地产开发企业将物业管理作为自己产品和服务的优势之一，增强企业的竞争力，并且利用自己的房地产开发项目来培育提升物业管理企业。从长期来看，新房开发量会出现逐渐下降的趋势，物业管理企业将会给房地产企业集团贡献更多的业务和利润。

例如，万科物业就是万科企业股份有限公司的控股子公司，专注于住宅物业服务、商业写字楼物业服务、开发商服务、资产服务、楼宇智能化服务和基于客户移动互联网终端六大业务单元。它在全国 69 个大中城市管理了 2356 个服务项目，管理的物业面积大约 4.6 亿平方米，涵盖了近 400 万家庭和约 1200 万人，管理的资产价值超过了 6 万亿元①。它在国内的物业管理行业享有良好的声誉，甚至成为了房地产项目宣传的卖点，增加了房地产项目的价值。万科甚至提出了"去地产化，要做美好生活的服务商"的口号，足以看出在市场环境的变化下，万科物业成为万科集团的核心之一，完成了与房地产开发企业之间的协同演化。

我们可以看出，这两类企业之间的协同演化机制更多的是通过纵向一体化方式形成的，即通过关联企业完成的。实际上，还有很多的房地产开发企业和物业管理企业采取长期合作的模式，例如一些开发商和房地产咨询行业的五大行建立长期合作关系，五大行包括了戴德梁行、第一太平戴维斯、高力国际、仲量联行、世邦魏理仕，北京银泰中心和第一太平戴维斯建立了固定的合作关系。

**(三)房地产开发企业和中介服务企业之间的协同演化机制**

随着房地产行业的迅猛发展，行业内专业分工日益细化，房地产开发业和房地产中介服务业开始分离。一些市场营销业务从房地

---

① 君伟，万科物业，百度百科，2023 年 5 月（更新），https：//baike. baidu. com/item/% E4% B8% 87% E7% A7% 91% E7% 89% A9% E4% B8% 9A/ 2315393？ fr＝aladdin.

产开发企业独立出来，成立了销售代理公司或者购进项目再转手买卖，或者自持租赁。还有些企业看到了市场上土地和房屋供需错配的机会，专门从事土地和房屋置换等业务。在这些业务活动中，还需要相应的融资、咨询、法律服务等，从而促进了中介服务企业的业务范围进一步拓展。专业化分工提高了行业的生产效率，并促进了新行业的不断发展和整个产业价值链的发展。中介服务的活跃会带来较为成熟的房地产二级和三级市场，而成熟的二级、三级市场会让市场信息更公开、透明、及时和准确，更有利于对房地产准确估价。简而言之，就是房地产开发企业促使房地产中介服务企业实现专业化提高效率，而房地产中介服务企业帮助房地产开发企业进行建设项目的高效决策。

例如，万科旗下的泊寓，就是一家专业化为青年群体提供房屋租赁服务的中介服务企业。其服务针对在大城市工作的青年群体，挖掘这部分群体的需求，有针对性地提供相应的服务，高效地帮助青年人在大城市解决居住的问题。它成功地成为了细分市场的专业服务者，获得竞争优势的同时也促进了行业的专业化分工和效率的提高。房多多作为一家以线上服务为特点的中介服务企业便是如此。它从开发商那里拿到新房项目，然后分发给房地产经纪人，而经纪人会将它定向推送给联系自己购新房或者二手房的客户，实现定向营销，从而提高销售效率。这使得房地产市场化、规范化程度提高，从而实现以二级市场拓宽一级市场，帮助房地产企业进行决策。

**（四）房地产中介服务企业和物业管理企业之间的协同演化机制**

面临不断增加的竞争和生存压力，突破现有经营模式、增加收入并提高行业地位是物业管理企业和房地中介服务企业都亟待解决的问题，也构成了两者合作和协同的基础。

随着行业内竞争的加剧和业主维权意识的提高，那些能够提供更好的服务，更现代化的管理的物业管理企业将占据更大的份额，也迫切需要物业管理企业提供更多的增值服务。房地产中介服务企业在获得有意向购买或者租赁住房的客户信息方面具有优势，并且能够提供融资、法律、代办等多方面的服务，收取更多的服务费用，产生更多的价值。它能帮助物业管理企业提高房屋和社区设施的利用率，减少房屋的空置。例如，物业管理公司可以和中介公司合作，了解房屋业主或租户的搬离或搬入时间，及时准确地提供相关的物业管理服务。了解二手房交易中市场对物业管理的需求，及时提供相应服务。它和中介服务公司合作，也为后者看房服务提供更便捷的方式等。

另一方面，房地产物业管理公司也能在房源信息、客户信息保密、佣金安全、减少人员成本方面为房地产中介服务公司提供帮助。例如，在防止房地产中介服务公司的经纪人员通过欺骗顾客或是利用公司资源"做私单"等问题上，通过与物业管理公司的合作，可以有效地降低这些问题带来的成本和损失。此外，和物业管理公司的合作还能获得更多的房源信息和更安全的交易环境。

同时，房地产中介服务企业又是房地产业中信息化程度最高的一个类型，拥有强大的数据库和数据分析能力。一方面，通过和房地产中介企业合作，促进了物业管理企业的信息化。另一方面，也使得房地产中介企业越来越注重和房地产物业管理企业的合作，从而完成市场资源的培育。

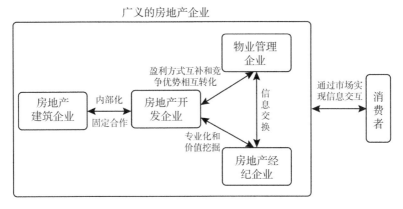

图 5-2　房地产行业内部的协同演化机制

**（五）同类房地产企业之间的协同演化机制**

我国房地产企业间的协同演化机制也是通过市场竞争和合作形成的。在具体的市场竞争当中也包含两种不同的竞争方式，分别是差异化的市场竞争方式和同质化的市场竞争方式。

在差异化的市场竞争方式当中，产品或者服务互补的企业可以通过合作来占据更大的市场。但是二者之间也可能会存在竞争，原本业务类似的同质企业为了获得竞争优势，就需要在市场中寻找适当的定位来实现差异化。这需要企业通过内部学习和外部学习才能实现。这样的定位包括了对房地产项目的定位、对市场的定位、对房地产企业自身的定位和对市场需求的定位。一旦准确完成了有效的定位就能获得在这个细分市场上的竞争优势，直到竞争对手提供出更具竞争力的产品以满足该细分市场。这时，本质上又使得该企业和其竞争对手成为了相对同质的企业，迫使该企业不得不重新寻找更能适应需求变化的市场定位。当这个竞争的循环过程不断累积，就会带来众多的异质的企业分别占据自己的细分市场，并且会带来盈利模式、盈利点的不断变化。也就形成了房地产企业之间的协同演化机制。

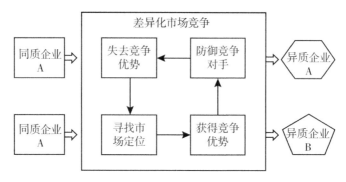

图 5-3　差异化市场竞争下房地产企业的协同演化机制

另一方面，当企业处于同质化的市场竞争时，由于房地产企业的成本受融资成本的影响较大，且融资成本体现出了比较明显的规模效应，及企业的规模越大，融资成本越低，因此小公司在同质化的成本竞争中难以和大公司抗衡，因此会出现明显的企业合并的趋势。

因此，房地产企业间的协同演化机制是以市场竞争为内在动力，以积累竞争优势为目标，以差异化和规模化为结果，体现出盈

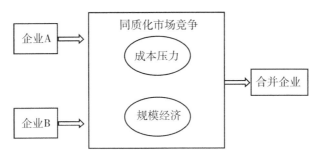

图 5-4 同质化市场竞争下房地产企业的协同演化机制

利模式不断变迁的动态系统。

在这些合并的方式中，既有同类型企业之间的合并，也有同一集团内部的纵向一体化合并。例如中国建筑股份有限公司把它下属的中建股份房地产事业部、中国中建地产有限公司及中建国际建设有限公司运营的房地产发展业务并入了它控股的中国海外发展有限公司(简称中海地产)，整合集团内部的资源，减少内部的业务交叉和竞争，提高企业的竞争力。

### 三、中国房地产业与关联产业的协同演化机制

这里利用国家统计局公布的 2000—2012 年的投入产出表和投入产出模型来分析房地产业与上游、下游、环向的产业之间的动态演化。投入产出理论、模型和系数的计算方法参考经典的投入产出分析教材(夏明，2013)。

#### (一)房地产行业和上游行业的协同演化机制

房地产行业的上游与钢铁、建材、化工、机械、有色金属等行业关联紧密，其中建材种类非常多，包括水泥、玻璃、涂料、砂石等行业。

房地产业对上游行业的拉动作用非常明显，并且房地产业涉及的行业众多，能够带动的经济产值巨大。而在房地产业和上游行业的关系中，房地产业更靠近消费者，更容易感受到市场的变化，因此市场动荡带来的筛选压力首先会影响到房地产业，房地产业应对市场变动而产生诸如更严格的成本约束、更新的建筑风格和材料、

更好的施工设计方案等都会对上游企业形成来自需求端的反向塑造、影响着上游诸多行业的发展。同样，上游企业的产量和技术水平也限制着房地产企业产品差异化或规模化的程度。

根据国家统计局的数据，使用投入产出法，分别计算了 2000 年、2002 年、2005 年、2007 年、2010 年、2012 年房地产业前向直接关联度，用以测算房地产行业与上游行业之间的联系。计算结果如表 5-1 所示。从结果来看，房地产业主要关联的上游行业中，建筑业、化工业、批发零售业等行业的关联程度较强且比较稳定，但是金融保险业出现了明显的上升态势，并自 2010 年开始占据所有行业第一位。这体现出我国房地产业对金融业的依赖越来越重。同时，2010 年前后也正是我国城市化速度最快的时期，大量人口涌入城市，使得城市房地产价格逐步上升，居民购买住房时不得不更多地依赖金融行业提供的如按揭等分期支付的方式，这使得房地产业的发展与金融行业的发展关系越发紧密。另一方面，商业对房地产业的影响则出现了明显的下降，这是因为我国电商的快速发展挤压了实体商业的生存空间，造成了商业对房地产业的影响减少。

表 5-1　2000—2012 年与中国房地产业前向直接关联度最大的
前十名产业（完全分配系数）①

| 位次 | 2000 年 | 系数 | 2002 年 | 系数 | 2005 年 | 系数 |
|---|---|---|---|---|---|---|
| 1 | 商业 | 0.160 | 公共管理和社会组织 | 0.110 | 公共管理和社会组织 | 0.056 |
| 2 | 建筑业 | 0.136 | 批发和零售贸易业 | 0.064 | 金融保险业 | 0.041 |
| 3 | 化学工业 | 0.124 | 金融保险业 | 0.049 | 通信设备、计算机及其他电子设备制造业 | 0.030 |

① 根据中国统计局 2000 年、2002 年、2005 年、2007 年、2010 年、2012 年投入产出表计算。（备注：这里的房地产业是狭义的房地产业。）

续表

| 位次 | 2000 年 | 系数 | 2002 年 | 系数 | 2005 年 | 系数 |
|---|---|---|---|---|---|---|
| 4 | 行政机关及其他行业 | 0.084 | 建筑业 | 0.031 | 化学工业 | 0.030 |
| 5 | 电气机械及器材制造业 | 0.080 | 化学工业 | 0.027 | 批发和零售贸易业 | 0.025 |
| 6 | 纺织业 | 0.076 | 其他社会服务业 | 0.022 | 建筑业 | 0.023 |
| 7 | 社会服务业 | 0.074 | 通信设备、计算机及其他电子设备制造业 | 0.022 | 租赁和商务服务业 | 0.020 |
| 8 | 机械工业 | 0.070 | 农业 | 0.017 | 通用、专用设备制造业 | 0.017 |
| 9 | 金属冶炼及压延加工业 | 0.060 | 交通运输及仓储业 | 0.016 | 交通运输及仓储业 | 0.017 |
| 10 | 电子及通信设备制造业 | 0.058 | 通用、专用设备制造业 | 0.016 | 居民服务和其他服务业 | 0.017 |
| 位次 | 2007 年 | 系数 | 2010 年 | 系数 | 2012 年 | 系数 |
| 1 | 批发和零售业 | 0.061 | 金融业 | 0.044 | 金融 | 0.110 |
| 2 | 化学工业 | 0.045 | 批发和零售贸易业 | 0.039 | 批发和零售 | 0.099 |
| 3 | 金融业 | 0.044 | 化学工业 | 0.038 | 建筑 | 0.045 |
| 4 | 建筑业 | 0.040 | 建筑业 | 0.037 | 房地产 | 0.044 |
| 5 | 通信设备、计算机及其他电子设备制造业 | 0.039 | 通信设备、计算机及其他电子设备制造业 | 0.032 | 化学产品 | 0.040 |

| 位次 | 2007 年 | 系数 | 2010 年 | 系数 | 2012 年 | 系数 |
|---|---|---|---|---|---|---|
| 6 | 金属冶炼及压延加工业 | 0.031 | 通用、专用设备制造业 | 0.029 | 金属冶炼和压延加工品 | 0.033 |
| 7 | 通用、专用设备制造业 | 0.030 | 金属冶炼及压延加工业 | 0.025 | 交通运输、仓储和邮政 | 0.030 |
| 8 | 交通运输设备制造业 | 0.024 | 交通运输设备制造业 | 0.024 | 通信设备、计算机和其他电子设备 | 0.029 |
| 9 | 纺织服装鞋帽皮革羽绒及其制品业 | 0.023 | 交通运输及仓储业 | 0.022 | 交通运输设备 | 0.024 |
| 10 | 交通运输及仓储业 | 0.022 | 电气、机械及器材制造业 | 0.022 | 居民服务、修理和其他服务 | 0.023 |

### (二) 房地产行业和下游行业的协同演化机制

房地产行业的下游与家具、家电、装饰、装潢、轻纺、电子通信、技术服务等行业相关，由市场变化带来的市场筛选压力会同时影响房地产行业和下游行业。房地产行业的发展会极大地推动下游行业的发展，促进下游行业的专业化分工和市场的细分，以满足消费者多样化的需求。同时下游行业的发展也会反向塑造房地产行业，如智能家装、智慧楼宇、电动车充电桩等下游产品和标准会对房地产的开发和运营提出新的要求，从而反向塑造房地产业的产品和竞争方向。

同样根据国家统计局的数据，使用投入产出法，分别计算了2000—2012 年房地产业后向完全关联度，计算结果如表 5-2 所示。从结果中可以看出，金融保险业同样是关联程度最高的行业。在 2007 年和 2010 年仅次于化工业，其他年份均排名第一位。值得注意的是信息传输、软件和信息技术服务行业，在 2012 年首次进入前十大后向关联行业就达到了第五名，体现出我国房地产业的发展对信息相关的行业有着非常旺盛的需求，这可能与现在的智慧建筑、智能家居等信息技术在房地产产品和服务中的迅速扩展有关。此外，建筑业对房地产业的后向关联程度正在迅速减弱，这体现出我国建筑业的增速在放缓，而房地产业仍处于服务需求增长阶段。建筑业通过新建的房地产产品拉动房地产业的发展，而房地产业还可以通过不断增加的房地产存量提供服务来发展，因此两者的发展趋势并不相同，在房地产供求平衡之后，建筑业增速放缓，而房地产业还会继续发展。房地产的运营管理中心还会催生对存量房地产的维修、改造、装饰等需求，带动建筑业的发展。

表 5-2　2000—2012 年与中国房地产业后向完全关联度最大的
前十名产业（完全消耗系数）①

| 位次 | 2000 年 | 系数 | 2002 年 | 系数 | 2005 年 | 系数 |
|---|---|---|---|---|---|---|
| 1 | 金融保险业 | 0.145 | 金融保险业 | 0.096 | 金融保险业 | 0.061 |
| 2 | 建筑业 | 0.086 | 租赁和商务服务业 | 0.046 | 租赁和商务服务业 | 0.048 |
| 3 | 化学工业 | 0.063 | 建筑业 | 0.045 | 金属冶炼及压延加工业 | 0.035 |
| 4 | 社会服务业 | 0.063 | 金属冶炼及压延加工业 | 0.039 | 化学工业 | 0.034 |
| 5 | 非金属矿物制品业 | 0.059 | 化学工业 | 0.035 | 电力、热力的生产和供应业 | 0.032 |
| 6 | 金属冶炼及压延加工业 | 0.053 | 交通运输及仓储业 | 0.032 | 通信设备、计算机及其他电子设备制造业 | 0.031 |

① 根据中国统计局 2000 年、2002 年、2005 年、2007 年、2010 年、2012 年投入产出表计算。（备注：这里的房地产业是狭义的房地产业。）

| 位次 | 2000 年 | 系数 | 2002 年 | 系数 | 2005 年 | 系数 |
|------|---------|------|---------|------|---------|------|
| 7 | 商业 | 0.042 | 通信设备、计算机及其他电子设备制造业 | 0.028 | 交通运输及仓储业 | 0.028 |
| 8 | 电力及蒸汽热水生产和供应业 | 0.042 | 批发和零售贸易业 | 0.026 | 建筑业 | 0.023 |
| 9 | 电子及通信设备制造业 | 0.031 | 通用、专用设备制造业 | 0.026 | 住宿和餐饮业 | 0.021 |
| 10 | 机械工业 | 0.028 | 交通运输设备制造业 | 0.023 | 非金属矿物制品业 | 0.021 |
| 位次 | 2007 年 | 系数 | 2010 年 | 系数 | 2012 年 | 系数 |
| 1 | 化学工业 | 0.049 | 化学工业 | 0.070 | 金融 | 0.077822 |
| 2 | 金融业 | 0.035 | 金融业 | 0.062 | 居民服务、修理和其他服务 | 0.062400 |
| 3 | 金属冶炼及压延加工业 | 0.033 | 租赁和商务服务业 | 0.047 | 批发和零售 | 0.057259 |
| 4 | 租赁和商务服务业 | 0.029 | 金属冶炼及压延加工业 | 0.038 | 房地产 | 0.044359 |
| 5 | 电力、热力的生产和供应业 | 0.025 | 电力、热力的生产和供应业 | 0.034 | 信息传输、软件和信息技术服务 | 0.037651 |
| 6 | 石油加工、炼焦及核燃料加工业 | 0.023 | 石油加工、炼焦及核燃料加工业 | 0.034 | 租赁和商务服务 | 0.026647 |
| 7 | 通信设备、计算机及其他电子设备制造业 | 0.020 | 交通运输及仓储业 | 0.030 | 文化、体育和娱乐 | 0.026381 |

| 位次 | 2007 年 | 系数 | 2010 年 | 系数 | 2012 年 | 系数 |
|---|---|---|---|---|---|---|
| 8 | 电气机械及器材制造业 | 0.019 | 住宿和餐饮业 | 0.027 | 公共管理、社会保障和社会组织 | 0.021060 |
| 9 | 住宿和餐饮业 | 0.017 | 电气、机械及器材制造业 | 0.025 | 住宿和餐饮 | 0.020723 |
| 10 | 交通运输及仓储业 | 0.017 | 食品制造及烟草加工业 | 0.024 | 科学研究和技术服务 | 0.020512 |

在后向关联的行业中，还出现一些新的热点和新趋势。近年来，为了开拓新的利润增长点，房企纷纷布局互联网家装行业。家装和社区一样，都是房地产上下产业链的重要环节，房企进军互联网家装的发展模式，主要还是依托自身在房源和客户上的资源优势，为客户提供定制化的装修服务，凭借这些天然优势，家装行业将成为房企培育新的盈利增长点的一个重要通道。

开发商进入家装行业的原因有很多。一是我国政府在提倡开发商向客户提供精装房，减少装修的污染和噪音等，但是为了规模经济，开发商通常提供很少的几个选择方案，很难满足消费者的个性化需求。通过进入家装领域，开发商就能更好地满足客户的需求。二是大型开发商实力雄厚，在快速获知客户需求信息，集中采购家具和装饰材料降以低成本，提供高品质的家装设计、施工管理和售后服务方面比分散弱小的家装企业强很多。此外，中国很多城市进入了存量房时代，存量房的交易远远超过了新房，这些二手房交易后通常需要重新装修；还有中国大力发展租赁市场，推出很多集中建设、集中改建的租赁住房，这些也对家装的需求增加。因此，大型开发商做好资源整合，家装很有可能成为他们新的利润增长点，会成为他们在房地产市场调整后续增长的新跑道。开发商成立自营家装品牌或与装修公司通过互联网思维进行整合已是大势所趋，市场变革的序幕即将拉开。互联网家装服务也是开发企业主动适应建筑节能减排和房地产业发展转型升级的要求，提升成品住宅开发的质量管理能力。未来在房地产产业链中的行业都会面临重新洗牌的过程，千亿房企提供家装服务，一些实力较弱的小装修公司未来有可能会被市场淘汰。

房地产行业发展趋势逐渐明朗，未来房地产开发增长空间有限，房地产企业需要谋求转型或多元化发展的道路。在楼市"新常态"下，房企们看到了转型的方向：向产业链纵深进军，包括加大商业服务、教育、养老等社区配套服务，开发长租公寓、投入互联网家装服务等。

### （三）房地产行业和环向关联行业的协同演化机制

除了和上下游企业的协同演化，房地产行业还和许多环向关联的行业存在协同演化机制。这些环向关联行业包括金融、保险、建筑、社会服务、商业等行业。这些行业和房地产业同时存在后向拉动和前向推动作用，相互之间的协同关系也更为密切。房地产业的繁荣和这些行业的繁荣之间存在双向因果的关系。例如，房地产业的繁荣需要金融业提供更多的支付方式作为支撑，才能撬动需求和促进供给；而房地产业的发展扩大，制造出更多房地产产品和服务，也会带动消费者进行金融消费，促进金融业的繁荣。另一方面房地产本身是优质的抵押资产，可以作为抵押物促进金融信贷业务的发生。

### （四）房地产业对其他行业和国民经济的带动效应

利用国家统计局的数据和投入产出法，计算房地产业的带动效应，计算结果如表5-3所示。从中可以看出我国房地产业对其他行业、对国民经济的带动效应经历了先下降后上升的过程，在2005年左右达到低谷后逐渐上升，总体趋势上依然呈下降趋势。

表 5-3　2000—2012 年中国房地产业的带动效应①

| 年份 | 完全后向关联作用 | 完全前向关联作用 | 总带动系数 |
|------|------|------|------|
| 2000 | 0.978 | 0.824 | 1.802 |
| 2002 | 0.658 | 0.581 | 1.239 |
| 2005 | 0.559 | 0.494 | 1.053 |
| 2007 | 0.487 | 0.683 | 1.170 |
| 2010 | 0.711 | 0.586 | 1.297 |
| 2012 | 0.624 | 0.774 | 1.398 |

　　针对具体行业，我们也可以利用投入产出法计算房地产业的消费和投资对其他各产业的影响。计算结果如表 5-4~表 5-7 所示，分别记录了房地产消费每增长 1% 对其他产业的影响和房地产投资每增长 1% 对其他产业的影响，以相对额和绝对额分别进行了记录。

　　可以看出房地产行业对众多相关行业都有很强的影响力，而且房地产业、建筑业、化工业、金属冶炼和压延加工品业、电力、热力的生产和供应业、通信计算机和其他电子设备业、电气机械和器材、交通运输设备、通用设备等多个行业之间的关系比较密切。这些行业在规模和影响程度上都存在重要而紧密的关联关系。但由于投入产出表中的行业分类相对粗略，不能为我们提供更为细致的结论，关于房地产业内部的一些变化和发展无法得到印证。

表 5-4　2012 年中国房地产业影响力系数前十名②

| 行业 | 影响力系数 |
|------|------|
| 通信设备、计算机和其他电子设备 | 1.374843 |

---

　　①　根据中国统计局 2000 年、2002 年、2005 年、2007 年、2010 年、2012 年投入产出表计算。备注：这里的房地产业是狭义的房地产业。

　　②　根据中国统计局 2012 年投入产出表计算。备注：这里的房地产业是狭义的房地产业。

续表

| 行业 | 影响力系数 |
|---|---|
| 电气机械和器材 | 1.327530 |
| 交通运输设备 | 1.285116 |
| 通用设备 | 1.268288 |
| 金属制品、机械和设备修理服务 | 1.268137 |
| 仪器仪表 | 1.265324 |
| 专用设备 | 1.259642 |
| 金属制品 | 1.252877 |
| 化学产品 | 1.219416 |
| 金属冶炼和压延加工品 | 1.206928 |

**表 5-5　2012 年中国房地产业感应度系数前十名①**

| 行业 | 感应度系数 |
|---|---|
| 化学产品 | 3.541371 |
| 金属冶炼和压延加工品 | 2.966591 |
| 电力、热力的生产和供应 | 1.982317 |
| 农林牧渔产品和服务 | 1.722821 |
| 通信设备、计算机和其他电子设备 | 1.666085 |
| 金融 | 1.637765 |
| 交通运输、仓储和邮政 | 1.56931 |
| 石油、炼焦产品和核燃料加工品 | 1.496675 |
| 石油和天然气开采产品 | 1.446718 |
| 批发和零售 | 1.395352 |

---

① 根据中国统计局 2012 年投入产出表计算。备注：这里的房地产业是狭义的房地产业。

表 5-6　2012 年中国房地产业最终消费增长 1%对其他各产业的影响(按相对额排序前十名)①

| 总产出增加最多的产业部门 | 总产出增加 | | 总产出增加最少的产业部门 | 总产出增加 | |
|---|---|---|---|---|---|
| | 相对额(%) | 绝对额(万元) | | 相对额(%) | 绝对额(万元) |
| 通信计算机和其他电子设备 | 1.37 | 8909148.095 | 废品废料 | 0.56 | 236657.6787 |
| 电气机械和器材 | 1.33 | 6638270.148 | 教育 | 0.58 | 1284136.813 |
| 交通运输设备 | 1.29 | 8309109.238 | 批发和零售 | 0.61 | 4413187.916 |
| 通用设备 | 1.27 | 5354243.639 | 金融 | 0.69 | 4062123.924 |
| 金属制品机械设备修理服务 | 1.27 | 119586.1573 | 公共管理 | 0.72 | 2424790.295 |
| 仪器仪表 | 1.26 | 692430.2303 | 农林牧渔产品和服务 | 0.72 | 6480940.975 |
| 专用设备 | 1.25 | 3929154.122 | 石油天然气开采产品 | 0.74 | 912617.4137 |
| 金属制品 | 1.25 | 4037583.7 | 文化,体育和娱乐 | 0.81 | 569506.7606 |
| 化学产品 | 1.22 | 14757927.32 | 居民服务修理服务 | 0.83 | 1305558.401 |
| 金属冶炼和压延加工品 | 1.21 | 13289884.47 | 煤炭采选产品 | 0.84 | 1883149.056 |

根据中国统计局 2012 年投入产出表计算。备注:这里的房地产业是狭义的房地产业。

表5-7　2012年中国房地产业最终消费增长1%对其他各产业的影响（按绝对额排序前十名）

| 总产出增加最多的产业部门 | 总产出增加 | | 总产出增加最少的产业部门 | 总产出增加 | |
|---|---|---|---|---|---|
| | 绝对额（万元） | 相对额（%） | | 绝对额（万元） | 相对额（%） |
| 建筑 | 15985298.42 | 1.15 | 金属制品机械设备修理服务 | 119586.1573 | 1.27 |
| 化学产品 | 14757927.32 | 1.22 | 水的生产和供应 | 148705.1333 | 0.87 |
| 金属冶炼和加工品 | 13289884.47 | 1.21 | 废品废料 | 236657.6787 | 0.56 |
| 电子设备 | 8909148.095 | 1.37 | 其他制造产品 | 300933.4635 | 1.20 |
| 食品和烟草 | 8664024.352 | 0.99 | 燃气生产和供应 | 305562.7938 | 0.98 |
| 交通运输设备 | 8309109.238 | 1.29 | 水利环境和公共设施管理 | 557738.4546 | 0.91 |
| 电气机械和器材 | 6638270.148 | 1.33 | 文化、体育和娱乐 | 569506.7606 | 0.81 |
| 农林牧渔产品和服务 | 6480940.975 | 0.72 | 非金属矿和其他采选产品 | 594087.7528 | 0.94 |
| 交通运输、仓储和邮政 | 5879963.761 | 0.95 | 仪器仪表 | 692430.2303 | 1.27 |
| 通用设备 | 5354243.639 | 1.27 | 石油和天然气开采产品 | 912617.4137 | 0.74 |

根据中国统计局2012年投入产出表计算。备注：这里的房地产业是狭义的房地产业。

表 5-8 2012 年中国房地产业投资增长 1%对其他各产业的影响（按相对额排序前十名）

| 总产出增加最多的产业部门 | 总产出增加 | | 总产出增加最少的产业部门 | 总产出增加 | |
| --- | --- | --- | --- | --- | --- |
| | 相对额（%） | 绝对额（万元） | | 相对额（%） | 绝对额（万元） |
| 化学产品 | 3.54 | 42859294.6 | 卫生和社会工作 | 0.35 | 724180.366 |
| 金属冶炼和压延加工品 | 2.97 | 32666118.3 | 教育 | 0.37 | 814177.221 |
| 电力、热力的生产和供应 | 1.98 | 9652569.07 | 公共管理 | 0.37 | 1245674.02 |
| 农林牧渔产品和服务 | 1.72 | 15405701.2 | 金属机械设备修理服务 | 0.37 | 35017.967 |
| 通信计算机和其他电子设备 | 1.67 | 10796426 | 水的生产和供应 | 0.38 | 64953.4442 |
| 金融 | 1.64 | 9665107.78 | 其他制造产品 | 0.40 | 99421.9762 |
| 交通运输、仓储和邮政 | 1.57 | 9724489.91 | 水利环境公共设施管理 | 0.41 | 254277.886 |
| 石油、炼焦产品和核燃料加工品 | 1.50 | 5988670.47 | 燃气生产和供应 | 0.42 | 131122.085 |
| 石油和天然气开采产品 | 1.45 | 1774243.95 | 文化体育和娱乐 | 0.43 | 299369.014 |
| 批发和零售 | 1.40 | 10068211.5 | 建筑 | 0.48 | 6695690.34 |

根据中国统计局 2012 年投入产出表计算。备注：这里的房地产业是狭义的房地产业。

表 5-9　2012 年中国房地产业投资增长 1%对其他各产业的影响（按绝对额排序前十名）

| 总产出增加最多的产业部门 | 总产出增加 | | 总产出增加最少的产业部门 | 总产出增加 | |
|---|---|---|---|---|---|
| | 绝对额（万元） | 相对额（%） | | 绝对额（万元） | 相对额（%） |
| 化学产品 | 42859294.6 | 3.54 | 金属机械设备修理服务 | 35017.967 | 0.37 |
| 金属冶炼和压延加工品 | 32666118.3 | 2.97 | 水的生产和供应 | 64953.4442 | 0.38 |
| 农林牧渔产品和服务 | 15405701.2 | 1.72 | 其他制造产品 | 99421.9762 | 0.40 |
| 食品和烟草 | 12039305.6 | 1.37 | 燃气生产和供应 | 131122.085 | 0.42 |
| 通信计算机和其他电子设备 | 10796426 | 1.67 | 废品废料 | 226727.983 | 0.54 |
| 批发和零售 | 10068211.5 | 1.40 | 水利、环境和公共设施管理 | 254277.886 | 0.41 |
| 交通运输、仓储和邮政 | 9724489.91 | 1.57 | 文化、体育和娱乐 | 299369.014 | 0.43 |
| 金融 | 9665107.78 | 1.64 | 仪器仪表 | 308827.094 | 0.56 |
| 电力、热力的生产和供应 | 9652569.07 | 1.98 | 非金属矿和其他矿采选产品 | 380425.739 | 0.60 |
| 建筑 | 6695690.34 | 0.48 | 卫生和社会工作 | 724180.366 | 0.35 |

根据中国统计局 2012 年投入产出表计算。备注：这里的房地产业是狭义的房地产业。

330

# 第二节　中国房地产业与人口变动的协同演化过程与阶段

## 一、中国房地产业与人口变动的协同演化过程

房地产业与人口变动之间是通过市场进行信息交换，并且以价格作为市场信号来协调供求平衡，从而相互影响以达到协同演化的。在此过程中，还会受到经济增长和宏观调控政策等的影响。

结合我国城镇化和房地产市场的发展历程，这里简要总结一下房地产企业与消费者的协同演化过程。

1978—1998 年是国内房地产业的起步阶段，由于我国还处在住房制度改革阶段，并且城镇居民住房紧缺，以单位建房分房为主，少数房地产企业从事代建住宅业务，以及向市场供应部分商品房，例如面向华侨，非国有企事业单位的个体户等。因此城镇人口的增加，对房地产企业的影响不大。

从 1998 年底开始，我国由全国范围逐步停止实物福利分房，进入市场化发展阶段。在此阶段，随着城镇人口的增加，住宅需求的不断增长，以及住宅价格的不断上涨，政府供应土地、开发商拿地开发的积极性不断增加，促进了住宅新开工、施工、竣工面积的不断增长，带来了住宅地产市场的快速发展。在此过程中，人口增长带来了需求增加，通过价格信号，引导了住宅供给增加。一些具有超前意识的开发商引进了国外的新型住宅产品设计，在引导消费升级方面也取得了成功。这一阶段住宅地产快速发展，而商业地产发展相对滞后。

然后，随着住宅地产的供给不断增加，住宅地产市场上的供求关系逐渐得到平衡。并且由于住宅地产的大量供给，使得集中在城市的人口也不断增加，对与各种生活配套相关的商业地产，例如便利店、超市、购物中心、餐厅、酒店、写字楼、休闲娱乐场所等的需求日益旺盛，并且其逐渐成为房地产业的重要开发内容和企业竞争的主战场。

最后，随着城市化进入中后期，城镇人口逐渐稳定，住宅地产和商业地产基本得到满足。随着城市人口消费力的不断上升，也迫于传统房地产行业同质化竞争的压力，一些满足特定人群，或高端或小众的细分市场开始受到房地产企业的重视。同时，伴随着我国城市化过程中的人口老龄化、家庭规模小型化、高学历化、少子化等特征，房地产行业出现了足以引起业内企业重视的细分市场差异化空间，例如养老地产、长租公寓、物流地产、共享办公等，下一步的主要竞争也将在这一领域展开(见图5-5)。

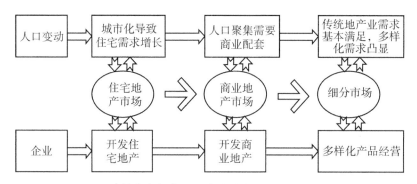

图 5-5　城镇化率提高过程中消费者-企业协同演化过程

在此背景下，多种新型房地产类型开始出现，成为市场关注的热点。随着新型城镇化的快速推进、人口老龄化的加剧、存量房时代的来临以及城镇居民收入水平的持续提高，针对新型地产的市场需求开始不断释放。

## 二、中国房地产业与人口变动的协同演化阶段

从更宏观的视角来看，根据人口变动趋势、城市化趋势和老龄化趋势来做出阶段划分，具体而言，按照人口增长划分为人口正增长和人口负增长阶段。然后在每个人口增长阶段里面按照城市化和老龄化进程划分为不同时期。

### (一)第一阶段：人口正增长阶段

按照前面的人口分析和预测，中国总人口大约在 2021 年出现

负增长。因此这里将 2021 年以前作为人口正增长阶段，在此之后作为人口负增长阶段。

1. 第一时期：城市化起步前时期（1978—1998 年）

结合中国的改革进程，特别是和住房制度改革的阶段联系起来，这里将 1998 年以前作为第一时期。此时的城市化率低于 30%，即将进入快速城市化阶段；老龄化率（65 岁以上）低于 7%，处于成年型社会向老龄化社会转变的阶段。

在这一时期，还在探索由计划经济向市场经济转型，经济发展水平较低，住房制度改革也在不断探索完善。城镇家庭数量增长缓慢，现代意义的住房市场并未建立，住房总数量需求随着城镇人口慢速增长；房价增长比较缓慢；房地产价值增长慢。由于市场机制还不完善，这一时期的房地产供给主要受国家行政指令和单位建设分配计划的控制，市场对消费者的协同机制相对不那么直接，价格对市场的信号机制不强。

2. 第二时期：城市化快速增长期（1999—2009 年）

在这一时期，城市化处于快速增长阶段，在 2010 年以前，城市化率快速上升，但是还没有达到 50%。与此同时，中国也开始进入了老龄化阶段，并且老龄化程度不断提高。

随着城市化率的快速上升，我国城镇家庭总量迅速增长，住房总数量需求随之快速增长；房价也出现了快速增长；相应的住房价值（住房总数量×单价）也出现了快速增长。因此，在此阶段，出现了城镇人口的快速增长驱动房地产需求的迅速增加，通过价格信号引导房地产供给的增加和房地产业高速发展，表现为人均住房面积也能稳步提高，房地产投资、新开工面积、施工面积、竣工面积都出现了较快增长。房地产业对国民经济的贡献很大，成为国民经济的支柱产业之一。

3. 第三时期：城市化慢速增长期（2010—2021 年）

这里按照人口总量增长和城市化率的变化情况，根据前面人口预测的情况，2021 年左右中国人口将出现负增长，城市化率将达到 70%，进入城市化平稳阶段。同时，此阶段是加速老龄化阶段。

在这一时期，城市化率相对稳定，城镇人口增长缓慢，由于家庭小型化，我国城镇家庭总量持续增长，住房总数量需求缓慢增长；由于供求相对平衡，房价增长缓慢，住房价值增长慢。

在此阶段，城镇人口对新房的需求依然在增长，但是增长速度在放缓；与此同时，由于房地产市场庞大的存量，并且随着时间的流逝，出现了质量、功能环境不能满足需求。这样就提出了改善居住质量，改善居住功能和环境的需求，例如城市更新、老旧小区改造等。房地产企业也必然要针对这些需求变化采取相应的措施，以适应市场，满足消费者的需求。这也正是现阶段房地产企业纷纷推出城市更新项目、青年公寓、定制装修、养老地产等细分市场产品的原因。

**(二) 第二阶段：人口负增长阶段**

根据前面的预测，我国在 2021 年左右出现人口的负增长。因此这里将 2022 年作为这一阶段的起点。

4. 第四时期：城市化平稳发展和加速老龄化时期 (2022—2040 年)

在 2022 年中国人口负增长之后，由于家庭小型化，预计我国将会在 2025 年左右出现家庭总量负增长。中国的城市化进入平稳发展阶段，预测到 2040 年达到 80% 左右。中国的人口老龄化继续加速，并将在 2050 年左右进入重度老龄化阶段，老龄化率达到 30% 左右。

预计在 2022—2040 年，家庭总量负增长和城市化率达到峰值。在这之前，由于城镇人口和家庭依然增长，住房需求在总数量上依然增长，但是增长缓慢；在此之后，由于城镇人口和家庭的数量减少，住房需求总数量减少，出现了新房投资减少，新房建设减少，与此同时，存量房地产的空置、废弃不断增加。房地产市场明确地向存量时代转型。房地产市场上的需求也会出现相应的变化，养老地产将会成为房地产市场的增长点。

5. 第五时期：城市化稳定和重度老龄化时期 (2041—2100 年)

在 2041 年以后，中国总体人口负增长，进入重度老龄化阶段，家庭总量负增长。城市化相对稳定，并且由于人口迁移出现了明显的地区分化，人口更多地向经济发达的城市群、都市圈集中。而在一些经济不发达的城市群、都市圈还会出现人口的减少。

在这一时期，我国家庭总数量和住房需求总数量仍然缓慢减少；但是由于收入的增长，对城市住房的质量需求缓慢增长，导致住房总价值需求相对稳定。与此同时，由于存量房地产的过剩越来越突出，存量房地产的空置、废弃不断增加，并且拆除量不断增加，而新建房地产数量降至低谷。存量房地产市场成为主体市场，房地产开发业占总体比例较低，而房地产中介服务业、物业管理业、住房租赁业、住房改造、维护和拆除成为主流。

# 第三节　中国房地产业与人口变动的协同演化效应

## 一、房地产行业升级：从第二产业转向第三产业为主

随着我国人口发展阶段的演变，房地产行业不断发生演化。在我国人口增长、城市化加速阶段，大量人口特别是年轻人进入城市，城镇人口总量也仍在持续增长，再加上以往住房的存量积累相对也不多，导致这一阶段房地产业以房地产开发业和房屋建筑业为主，产值贡献主要来自第二产业。而今后随着我国人口总量、家庭数总量的减少，年龄结构的老龄化，房地产市场的存量庞大，并且出现了供给过剩，对房地产的增量需求必然下降，主要是存量房地产的交易、维护、改造和拆迁，从而由第二产业为主向第三产业为主转移，即房地产租赁运营、中介服务业和物业管理服务业等为主。

现阶段我国现有的房地产存量规模较大，促进了房地产中介和物业管理等相关行业的发展。2018 年房地产经纪行业规模稳步增长、增速放缓；人员职业化水平大幅提高。截至 2018 年 12 月底，全国工商登记的房地产经纪机构共 232366 家，分支机构（门店）58572 家（王霞，2019）。在 2017 年，全国物业管理企业管理的物业面积大约是 246.65 亿平方米，从业人员数量将近 904.7 万人，

营业收入为6007.2亿元，占全国服务业增加值比重达到1.4%，从2014年以来物业面积和营业收入年复合增长率为13%左右，增长势头明显(房地产蓝皮书，2019)。

## 二、房地产企业运营模式：从增量生产转向存量服务为主

在人口增长和城市化快速增长阶段，房地产企业的运营模式以房地产开发和房屋建设为主；在人口逐渐减少、城市化进程逐渐趋缓、老龄化逐渐加深的发展态势下，房地产市场上增量住房需求减少，房地产企业逐渐转为存量住房服务的运营模式，房地产企业将以旧房维护、改造、修葺、管理、保洁、安保，以及交易、租赁、保险、抵押等服务为主要业务。

从住房租赁企业数量来看，2016年我国有9.49万家房地产开发企业和600家房地产租赁企业。但根据德国统计局数据，2016年德国有0.78万家房地产开发企业和8.76万家住房租赁企业(房地产蓝皮书，2019)。两相对比，我国房地产企业呈现出非常显著的增量生产模式。但是我国的房地产存量服务已经开始快速增长。2018年，住房租赁企业规模持续扩大，管理房源数量较2017年有大幅上升。如万科、旭辉、自如等企业的房源数量较2017年均增加了1倍以上，市场占有率大幅上升。目前，我国的平均住房租金回报率较低和租赁市场不完善，制约了租赁市场的发展。我国的平均住房租金回报率在2%左右，长期低于CPI和基准利率，也低于4%~6%的正常租金回报率，这说明我国的存量房的租赁市场仍不完善，有待进一步发展成熟。

## 三、房地产企业结构与行为：竞争与创新俱增

随着房地产市场上的刚性需求逐渐被满足，人均房地产占有水平的不断提高，房地产供给的快速增长和长期积累，房地产市场逐渐向买方市场转型，传统房地产企业面临的生存竞争压力逐渐变大，竞争将变得更加激烈。竞争使得房地产企业必然要经历合并和重组，从而调整市场供给的结构和提高集中度，实现效率的提升。

2017年，房地产开发行业的销售收入增长较快，并且进一步

向大型房企集中。碧桂园、恒大、万科三家头部企业销售收入超过了 5000 亿元，还有 17 家房地产开发企业销售收入超过了千亿元。蓄势冲击千亿的房企也不在少数，TOP20 房企销售额合计已达到 4.3 万亿元。房地产行业集中度相应地快速提升。TOP100 房企的市场占有率已达到 55.5%。而从各级梯队的门槛来看，销售门槛提升显著。规模房企内部也已经分化许久，强者恒强，甚至是"大象"跑得比"兔子"快。前列门槛的提升速度远远快于后排门槛的提升速度，TOP100 房企的门槛甚至 3 年几乎无变化。未来，毫无疑问，TOP100 房企的市场占有率会进一步提高，行业集中度也会继续上升(房地产蓝皮书，2019)。

在土地出让市场中，越来越多的房地产开发企业选择了几家企业合作拿地的方式，从而降低投资中自有资本的比例。2017 年，大于 50% 的年销售收入过百亿的房地产开发企业选择了几家企业合作拿地的方式(房地产蓝皮书，2019)。这意味着，在土地出让市场中，大型房企通过资金的优势逐渐挤出了中小型企业。

除此之外，还有一些大型房地产开发企业通过并购土地、并购项目的方式来扩张。例如阳光城 2016 年通过收购中泛置业进入长沙，收购中大集团资产包提升了杭州、成都的市场份额。根据 CRIC 数据，2017 年，年销售额 100 亿～500 亿元的房企并购金额在市场中占 14.6%，年销售额 500 亿～1000 亿元、1000 亿～5000 亿元的房企主导并购市场，占比分别为 50.8% 和 34.6%。并购在机制较为灵活的民企中的应用更为普遍，如融创、阳光城、泰禾收购土地的金额占全部买地金额的比例为 78.1%、76.7% 和 68.9%(房地产蓝皮书，2019)。

另一方面，房地产市场上的需求也出现了个性化、多样化和动态化的趋势，促进了细分市场的发展。例如"80 后""90 后"对互联网智能家居和公共交往空间的需求，老年人对养老设施和服务的需求等，使得房地产企业在产品供给上也要做出相应的调整，提供不同的产品来适应多样化的需求，从而实现差异化市场上的竞争，同时也鼓励着房地产市场上的创新。只有被市场检验过的、被消费者认可的创新才具有商业上的生命力，才能带来房地产市场的持续增长和繁荣。

很多房地产企业借助新技术进行了创新，例如贝壳找房、安居客、房天下等商业网站推出了网络平台，我爱我家、中原地产的官网都采用了 VR 技术，实现了虚拟现实看房。2018 年链家宣布成立贝壳找房，房地产经纪行业服务的网络平台由过去的 58 集团、搜房（现为房天下）两分天下发展成为三足鼎立之势，新兴的网络媒体——诸葛找房也已拥有自己的一席之地。从网站活跃的经纪人员用户来看，58 集团是当前用户数最多的网络平台，贝壳找房不到一年的时间发展迅猛，达到 30 万人。

表 5-10　2018 年底代表性房地产网络平台情况①

| 序号 | 平台简称 | 活跃经纪人员数量（万人） | 城市（个） |
| --- | --- | --- | --- |
| 1 | 58 集团 | 130 | 640 |
| 2 | 房天下 | 65 | 658 |
| 3 | 贝壳找房 | 30 | 90 |
| 4 | 诸葛找房 | 24 | 70 |

### 四、房地产企业绩效：与风险相关的利润平均化

在城镇化率快速上升的时期，城市房地产产品供给不能满足需求，房地产项目周边的配套差异也非常大，再加上区位的稀缺性不同，导致房地产企业的绩效存在较大差异，那些区位好、配套齐、服务佳、品质优的房地产产品可以实现非常可观的利润率，而条件相对较差的房地产项目利润水平低得多。从表 5-11 中可以看出，虽然 2018 年整体上房地产市场环境较差，房地产企业整体盈利水平下降，但是企业之间净利润率的差距较大。部分企业的净利润率仍然相当可观。

---

① 来源于实际调研及互联网。

表 5-11　2018 年房企净利润率排名①

| 房企名称 | 净利率(%) |
|---|---|
| 中海地产 | 27.24 |
| 新城控股 | 22.55 |
| 华润置地 | 22.51 |
| 龙湖集团 | 18.04 |
| 万科 | 16.55 |
| 中国恒大 | 14.27 |
| 融创中国 | 13.98 |
| 保利发展 | 13.44 |
| 碧桂园 | 12.81 |
| 绿地控股 | 4.6 |

随着城镇化率增长的下降，房地产市场转向存量市场和买方市场，市场竞争不断加剧，加之城市区位的相对成熟，城市边界的逐渐明确，房地产配套的不断完善，以及房地产企业向服务业转型和房地产企业合并、整合、集中度不断提高的趋势，使得房地产企业之间的核心能力差距越来越小。从前建立在拿地能力、融资能力、渠道能力基础上的开发竞争优势，在转型为存量市场服务之后，将变得不再明显。而企业提供服务的创新能力变成了核心竞争优势。但是在服务行业中的创新是极容易被模仿的，难以像制造业一样建立起牢固的护城河，形成壁垒。因此，房地产行业在进入存量时代以房地产服务业为主之后，必然出现利润的平均化。但是这种平均化并不意味着房地产行业的同质化，因为不同的企业会选择在不同的风险水平上进行创新，在不同风险水平上建立起相对应的利润水平。从图 5-6 中我们可以看出，2018 年 80 家上市房企的平均净利

①　来源于 CRIC，企业公告。

率的涨幅明显收窄，但是这一阶段利润率的变化很可能跟房地产企业轻资产化运营、总收入下降有关。从长期来看，房地产业的投资回报有着向平均利润回归的趋势。

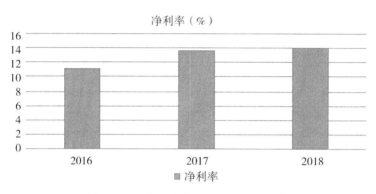

图 5-6　80 家上市房企平均净利润率①

## 五、中国房地产业的地区分化加剧

从四大地区来看，中国房地产业的地区差异很大。2018 年，中国东部、西部和东北地区的住宅投资增速明显提高，中部地区的增速则出现了降低的趋势，地区之间的分化开始加剧。从中部地区来看，不同的省之间的分化也开始越发的明显，比如说山西和湖南，出现了投资总量不高但是增速较快的特征。相反的，安徽、湖北、河南则出现了投资总额较大，但是库存压力也很大的特征（房地产蓝皮书，2019）。

从城市等级的角度来看，不同类型的城市冷热不均。中国社会科学院财经战略研究院发布的《中国住房市场发展月度分析报告》中的 2019 年 9 月份报告认为："我国一线城市、准一线城市、二线城市由于人口的继续增加会导致住房需求的继续增长，房价容易上涨难以下跌；三四线城市则由于人口持续流出，会导致供大于求，

---

①　数据来源于 CRIC，企业公告。

房价下跌。"①还有一些研究报告②认为：全国房地产市场供不应求的城市大约有 10 个，供需关系相对比较平衡的主要核心城市大约也有 10 个，因此全国范围内从供需关系来看就只有 20 个左右的城市具备房价上涨的空间。其他城市由于供需关系中供给相对高于需求，不足以支撑房价的进一步上涨。也就是说未来只有一线、二线的部分城市房价有可能出现继续上涨，而其他三四线城市和部分二线城市仍然处于供给过剩的阶段，因此房价不会迎来显著的上涨。

从未来的发展趋势来看，随着中国的人口进入负增长阶段，除了东部地区还会维持一段时间的正增长之外，东北、西部和中部地区会率先出现负增长。除了一些经济发达地区的城市群、都市圈还在人口正增长以外，一些东北、西部的城市群、都市圈也将率先出现负增长。这意味着不同地区、不同城市之间的分化将进一步加剧。

### 六、中国房地产业对人口变动的响应和适应

为了进一步研究房地产业和人口变动之间的关系，我们利用中国城市统计年鉴 2005 年至 2016 年间的数据，建立模型进行分析。

模型的自变量主要是度量人口变动的指标：（1）年末总人口数，作为衡量人口总量变动的指标，记为 TP；（2）人口自然增长率，作为衡量人口增长速度的指标，记为 PG；（3）人口密度，作为衡量人口密度的指标，记为 PD（4）私营及个体从业人数占全部从业人数比例，作为衡量人口职业结构的指标，记为 PR；（5）第三产业从业人员比例，作为衡量人口产业结构的指标，记为 TR。（6）市区人口占比，作为衡量人口城市化程度的指标，记为 CR。

模型的应变量主要是衡量房地产业发展的指标：（1）选取建筑业从业人数作为衡量建筑业发展的指标，记为 CP。（2）选取房地

---

① 中国住房市场发展月度分析报告［R］. ［2019 年 09 月］. https：//baijiahao. baidu. com/s？id=1645703003281824308&wfr=spider&for=pc.

② 资料来源于《2019—2024 年中国房地产行业商业模式创新设计与投资前景预测分析报告》。

产业从业人数作为衡量房地产业发展的指标，记为 HP。（3）选取城市建设用地占市区面积比重作为衡量房地产业用地的指标，记为 CSR。（4）选取房地产开发投资额作为衡量房地产开发的指标，记为 HI。（5）选取房地产开发投资额中的住宅投资额作为衡量住宅开发的指标，分别记为 DI。因此，本文设定的检验模型为：

$$Y = \alpha + \beta_1 TP_i^t + \beta_2 PG_i^t + \beta_3 PD_i^t + \beta_4 PR_i^t + \beta_5 TR_i^t + \beta_6 CR_i^t + u_i + \varepsilon_i^t$$

其中，$i$ 表示样本中的被观察城市，$t$ 为样本中的每个城市的观测时间，$u_i$ 表示不可观测的地区效应，$\varepsilon_i^t$ 表示随机扰动项。$Y$ 代表被解释变量，包括 CP、HP、CSR、HI 和 DI。

本文选择《中国城市统计年鉴》2005 年至 2016 年 12 年间，288个主要城市的相关数据作为研究对象。所有变量的数据来源于中国城市统计年鉴。各变量的具体统计性描述见表 5-12。

表 5-12　各变量统计性描述

| Variable | Obs | Mean | Std. Dev. | Min | Max |
| --- | --- | --- | --- | --- | --- |
| TP | 3,753 | 744.49 | 1378.418 | 0 | 11153.2 |
| PG | 3,726 | 7.434308 | 77.0743 | −8.9 | 4700 |
| PD | 3,453 | 414.0163 | 319.3732 | 4.7 | 2661.54 |
| PR | 3,671 | 15.76108 | 21.27304 | 0.050844 | 564.1444 |
| TR | 3,749 | 54.25684 | 96.52395 | 9.91 | 5909 |
| CR | 3,743 | 0.352238 | 0.320159 | 0.038247 | 13.55659 |
| CP | 3,749 | 22310.44 | 140205.7 | 0 | 4501900 |
| HP | 3,746 | 3088.161 | 20541.27 | 0 | 558403 |
| CSR | 3,694 | 11.62642 | 53.83886 | 0 | 2269.23 |
| HI | 3,743 | 3099199 | 7363087 | 4822 | 8.54E+07 |
| DI | 3,727 | 2163358 | 5053442 | 78 | 6.08E+07 |

为了解决模型存在的内生性问题，这里把所有自变量都选取滞后一期值。对静态面板数据采取的估计方法分为混合回归、固定效应模型估计和随机效应模型估计。本文同时使用三种方法对数据进行回归分析，估计结果对比如表 5-13：

根据表 5-13 的估计结果，实证分析结论如下：

第一，随着人口总数的增长，城市的建筑业从业人员、房地产业从业人员、房地产开发投资额以及其中的住宅投资额都会出现显著的增长，这与我们的预期相一致。但是城市建设用地占全市土地面积的比重并不会随着人口的增长而发生显著的变化。这与我国城市的土地供给受到政策影响有关，我国的土地政策对城市建设用地的约束性较强，使得城市建设用地不会随着市场的变化而出现及时改变。

第二，人口自然增长率对城市的建筑业从业人员、房地产业从业人员、城市建设用地占比、房地产开发投资额及其中的住宅投资额均没有显著的影响。这是因为人口自然增长率描述的是全区域的人口增长情况，由于计划生育政策的影响，我国的人口自然增长率明显偏低，但是区域人口越来越多地受到人口迁移的影响，导致一些城市低人口自然增长率和高人口迁入并存，而城市中的建筑从业人员、房地产从业人员、城市建设用地占比、房地产开发投资额及其中的住宅投资额等指标均与流入城市的人口高度相关。再加上人口变动对房地产业的影响通常存在时间上的滞后，因此，表现出来的回归系数均不显著。

第三，人口密度的增加会显著地提高房地产开发投资额和住宅投资额，这与一般的认知相符。但是建筑业从业人员数量、房地产业从业人员数量、城市建设用地占比和人口密度的关系并不明显。

第四，代表人口职业结构的私营和个体从业人员占比越高，建筑业从业人员和房地产业从业人员的人数就越低。但同时，该指标对房地产开发投资额却没有显著的影响。与其他行业类似，民营经济在房地产行业也存在着效率比国营企业高的特点。这也许意味着随着民营房地产企业的发展，建筑业从业人员和房地产业从业人员

表5-13 OLS、FE 和 RE 的估计结果

| 解释变量 | CP (1) OLS | CP (2) FE | CP (3) RE | HP (4) OLS | HP (5) FE | HP (6) RE | CSR (7) OLS | CSR (8) FE | CSR (9) RE | HI (10) OLS | HI (11) FE | HI (12) RE | DI (13) OLS | DI (14) FE | DI (15) RE |
|---|---|---|---|---|---|---|---|---|---|---|---|---|---|---|---|
| TP | 66.33 | 1191.18 | 66.33 | 12.65 | 262.24 | 12.65 | 0.00 | 0.13 | 0.00 | 6141.68 | 59257.70 | 6141.68 | 3949.23 | 37296.35 | 3949.23 |
|  | (0.00)*** | (0.00)*** | (0.00)*** | (0.00)*** | (0.00)*** | (0.00)*** | (0.34) | (0.12) | (0.34) | (0.00)*** | (0.00)*** | (0.00)*** | (0.00)*** | (0.00)*** | (0.00)*** |
| PC | -0.56 | -3.91 | -0.56 | 0.43 | 0.10 | 0.43 | 0.00 | 0.00 | 0.00 | -8.51 | 66.23 | -8.51 | -21.08 | 31.23 | -21.08 |
|  | (0.97) | (0.86) | (0.97) | (0.92) | (0.99) | (0.92) | (0.98) | (0.99) | (0.98) | (0.99) | (0.90) | (0.99) | (0.95) | (0.93) | (0.95) |
| PD | 10.47 | -117.25 | 10.47 | 6.80 | -12.56 | 6.80 | 0.04 | 0.00 | 0.04 | 1860.82 | -4041.69 | 1860.82 | 1222.45 | -2606.75 | 1222.45 |
|  | (0.13) | (0.00)*** | (0.13) | (0.00)*** | (0.14) | (0.00)*** | (0.00)*** | (0.98) | (0.00)*** | (0.00)*** | (0.00)*** | (0.00)*** | (0.00)*** | (0.00)*** | (0.00)*** |
| PR | -824.12 | -1848.14 | -824.12 | -94.33 | -321.40 | -94.33 | -0.09 | 0.12 | -0.09 | 9541.10 | 1325.16 | 9541.10 | 5383.59 | 86.10 | 5383.59 |
|  | (0.00)*** | (0.00)*** | (0.00)*** | (0.01)*** | (0.00)*** | (0.01)*** | (0.32) | (0.43) | (0.32) | (0.06)* | (0.80) | (0.06)* | (0.09)* | (0.98) | (0.09)* |
| TR | -3.19 | -0.17 | -3.19 | 0.91 | 0.08 | 0.91 | 0.00 | 0.00 | 0.00 | -121.38 | -121.89 | -121.38 | -97.75 | -86.26 | -97.75 |
|  | (0.82) | (0.99) | (0.82) | (0.80) | (0.99) | (0.80) | (1.00) | (1.00) | (1.00) | (0.79) | (0.78) | (0.79) | (0.74) | (0.75) | (0.74) |
| CR | 1.92E+04 | 4.89E+03 | 1.92E+04 | 6.20E+03 | 6.68E+02 | 6.20E+03 | 1.58E+00 | -1.03E-01 | 1.58E+00 | 1.08E+06 | 8.43E+04 | 1.08E+06 | 6.89E+05 | 5.60E+04 | 6.89E+05 |
|  | (0.00)*** | (0.53) | (0.00)*** | (0.00)*** | (0.74) | (0.00)*** | (0.65) | (0.99) | (0.65) | (0.00)*** | (0.65) | (0.00)*** | (0.00)*** | (0.64) | (0.00)*** |
| CONS | -1.24E+05 | -4.43E+05 | -1.24E+05 | -6.50E+03 | -1.05E+05 | -6.50E+03 | -7.34E+00 | -4.74E+01 | -7.34E+00 | -2.15E+06 | -2.28E+07 | -2.15E+06 | -1.29E+06 | -1.42E+07 | -1.29E+06 |
|  | (0.00)*** | (0.00)*** | (0.00)*** | (0.00)*** | (0.00)*** | (0.00)*** | (0.01)*** | (0.15) | (0.01)*** | (0.00)*** | (0.00)*** | (0.00)*** | (0.00)*** | (0.00)*** | (0.00)*** |
| R-sq | 0.10 | 0.08 | 0.10 | 0.08 | 0.05 | 0.08 | 0.05 | 0.01 | 0.05 | 0.43 | 0.33 | 0.43 | 0.46 | 0.35 | 0.46 |
| N | 1689 | 1689 | 1689 | 1686 | 1686 | 1686 | 1663 | 1663 | 1663 | 1688 | 1688 | 1688 | 1663 | 1663 | 1663 |

的劳动效率在增加，以更少的从业人数完成了相同的房地产开发投资额。

第五，代表人口产业结构的第三产业从业人员比例的变化对城市建筑业从业人员数量、房地产业从业人员数量、城市建设用地占比、房地产开发投资额及其中的住宅投资额都没有显著的影响。也就是说当城市发展第三产业，增加第三产业就业的时候，不会对房地产业带来明显的冲击。

第六，代表人口城市化水平的市区人口占比越高，建筑业从业人员数量、房地产业从业人员数量、房地产开发投资额及其中的住房投资额都会出现越高的趋势。这与我们的预期一致。反映出人口进入城市以后带来的市场需求的变动，以及房地产业对这种需求变动的响应。

第七，建筑业从业人员和房地产业从业人员数量受人口变动的影响是相似的，在所有的回归当中，都显示出相同的趋势，即同时受到显著的影响或同时都没有受到显著的影响，且符号也相同，也就是说受到影响的趋势相同。

# 第四节　本章小结

人口变动与房地产业协同演化的机制包括：企业与消费者的协同演化机制，房地产行业内部企业间的协同演化机制，房地产业与关联产业之间的协同演化机制。

企业与消费者的协同演化机制是，房地产市场环境在不断地变化，并且给消费者和企业带来了压力。消费者会向企业传递支付能力和消费偏好的信息，企业则通过市场调研、广告、产品试销等方式来向消费者传递信息，双方通过信息的感知、接受和学习消化，转化为各自的知识，并用于各自的活动，从而更好地实现供需匹配。由于房地产企业提供给消费者的终端房地产产品和服务，存在着定制产品和服务、高频率面对面接触、快速反馈等渠道，二者的协同演化十分明显。

中国房地产行业内部企业间的协同演化的微观机制是，行业内部不同类型的企业通常是通过纵向一体化和专业分工合作联盟来实现紧密合作和协同演化，相同类型的企业通常通过市场竞争和合作形成的。中国房地产业与关联产业之间由于投入产出关系，也存在协同演化机制。

　　从更宏观的视角来看，根据人口变动趋势和城市化趋势、老龄化趋势来做出阶段划分，具体而言，按照人口增长划分为人口正增长和人口负增长阶段。然后在每个人口增长阶段里面按照城市化和老龄化进程划分为不同时期。中国总人口在 2021 年左右出现负增长。因此这里将 2021 年以前作为人口正增长阶段，在此之后作为人口负增长阶段。第一阶段包括：城市化起步前时期(1978—1998年)，城市化快速增长期(1999—2009 年)，城市化慢速增长期(2010—2021 年)；第二阶段包括了城市化平稳发展和加速老龄化时期(2022—2040 年)，城市化稳定和重度老龄化时期(2041—2100年)。在这些时期，随着人口的变动，房地产市场和房地产业发生了相应的变化。

　　中国房地产业与人口变动的协同演化效应有：房地产行业升级，从第二产业转向第三产业为主；房地产企业运营模式从增量生产转向存量服务为主；房地产企业结构与行为为竞争与创新俱增；房地产企业绩效是与风险相关的利润平均化；中国房地产业的地区分化加剧。房地产业会对中国人口变动适应和响应。

# 第六章　人口变动与房地产业协同
## 发展的国际借鉴

本部分旨在进行国内外比较说明人口变动与房地产业发展的演化机制的同异，并为中国的人口变动与房地产业发展提供借鉴。

## 第一节　人口变动与房地产业协同发展
### 阶段的划分

### 一、现有房地产业发展阶段划分方式

众多学者和机构根据各自研究目的，从房地产业与宏观经济周期关系、供求特征、投资规律、产业特征等各类视角入手，提出了众多房地产业发展阶段划分方式。当前，主要的划分标准有如下6类：

（1）根据经济发展阶段划分。美国经济史学家罗斯托（Rostow）在经济发展阶段论（Theory of the Stages of Economic Growth）中，将经济增长的阶段划分为传统、为起飞创造前提、起飞、成熟、高额群众消费和追求生活质量六个阶段。一些房地产研究机构在此基础上提出房地产行业发展对应的4个阶段，分别为启动、快速发展、平稳发展和减缓发展四个阶段。如表6-1所示。

（2）根据房地产需求演进划分。如将房地产需求的发展历程总结为从注重数量增加，到关注质量提升，再到强调功能环境综合优化提升的三个阶段。

表 6-1　经济发展阶段与房地产业发展特征

| 发展阶段 | 启动阶段 | 快速发展阶段 | 平稳发展阶段 | 减缓发展阶段 |
|---|---|---|---|---|
| 人均 GDP（美元） | 800~3000 | 3000~4000 | 4000~8000 | 8000 以上 |
| 需求特征 | 生存 | 生存、改善 | 改善为主 | 改善为主 |
| 发展特征 | 超速发展；单纯数量型 | 快速发展；以数量为主、数量与质量并重 | 平稳发展；以质量为主；数量与质量并重 | 缓慢发展；综合发展 |

资料来源：根据世联行的市场分析报告进行绘制。

（3）根据房地产投资规律划分。如前文综述中提到的 SATO 倒 U 型曲线，即随着经济的不断增长，房地产投资先后经历由快速增长向慢速增长的转变，房地产行业投资占 GDP 比重同样呈现先增加后下降的倒 U 型变化规律。

（4）根据房地产业演进规律划分。如曹振良（2002）提出房地产业的分工程度由粗放—精细—专业化分工合作演变；崔裴（2010）提出房地产企业的商业模式，一般经历由建筑产品开发领域向服务业演进，资产模式从销售向持有经营演进的发展过程。

（5）根据房地产市场供求关系来划分。如邓郁松（2016）提出的供不应求阶段、供求平衡阶段、供大于求三个阶段。

（6）根据房地产业价值链划分。迈克尔·波特（2005）认为基本活动和辅助活动构成了企业开发的基本面，进而提出房地产业发展会遵循由横向一体化向纵向一体化、横向一体化和纵向一体化协同发展的演变路径。

## 二、世界主要国家人口总量增长与结构老龄化趋势

如图 6-1 所示，根据世界银行发布数据，可知 20 世纪 60 年代以来世界人口总量的变化呈现为一条平滑上升的曲线。1950 年世界总人口为 25 亿，随后 1968 年增加到 35 亿、1979 年到 45 亿、1992 年到 55 亿，到 2004 年全球人口约为 65 亿，到 21 世纪中期将逼近 100 亿人口。联合国 2019 年 6 月 17 日公布的《2019 年世界人

口展望》报告预测，"未来 30 年全球人口总数将增长 20 亿，最终达到 97 亿，到本世纪末，全球人口或达到 110 亿"①。从增长速率看，1960 年至 1965 年世界人口平均增长率为 1.91%，1965 年至 1995 年的世界人口平均增长率均高于 1.50%。而 2010 年至 2015 年、2015 年至 2020 年的增长率分别为 1.18% 和 1.09%②，说明世界总人口的增长趋势总体呈现趋缓状态，而在人口基数日益增大的条件下，全球人口总数仍将实现巨量增长。

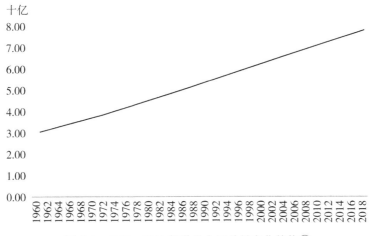

图 6-1　1960—2018 年世界人口总量变化趋势③

由表 6-2 可知，1960 年以来美国、日本、英国、德国等发达国家人口总量普遍处于稳定状态，世界人口主要增长来源于印度、中

　　① 王培安. 维护计划生育和生殖健康权利促进人口与经济社会可持续发展——在《2018 世界人口状况报告》发布活动上的致辞[J]. 人口与计划生育，2018，256(12)：8-9.

　　② United Nations. World Population Prospects 2019 [EB/OL]. (2019-6-17) [2019-10-20]. https：//population. un. org/wpp/Publications/Files/WPP2019_Highlights. pdf.

　　③ World Bank. Population, total[DB/OL]. [2019-10-01]. https：//data. worldbank. org/indicator/SP. POP. TOTL.

国等发展中国家，而其中中国、印度两国人口增长总量最大，58年来各自人口增加数量分别为 7.26 亿和 9.02 亿。《2019 年世界人口展望》报告显示，未来 30 年全球新增人口中约半数集中在印度、尼日利亚、巴基斯坦、刚果(金)、埃塞俄比亚、坦桑尼亚、印度尼西亚、埃及和美国九个国家①。联合国同时预测，到 2027 年左右印度将超越中国，成为世界上人口最多的国家，并在 2060 年达到 16 亿人口的峰值。由此可见，未来人口增长主要出现在撒哈拉以南非洲的大多数国家、亚洲和拉丁美洲的部分国家和地区。根据研究的需要，这里主要分析了人口超过 5000 万的发达国家。

**(一)世界主要发达国家人口总量低增长：符合人口转变理论**

人口转变理论指出一国或地区的人口会从"高出生、高死亡、低增长"阶段到"高出生、低死亡、高增长"阶段，然后过渡到"低出生、低死亡、低增长"阶段。西欧以及西欧以外的其他发达国家，例如美国、日本等基本符合这一规律，不同的是全球的移民对美国的影响很大，造成美国人口一直持续增长，而日本则开始出现了人口持续减少的阶段。

**(二)世界主要国家的年龄结构：逐渐趋向老龄化**

在人口结构方面，世界人口总体老龄化趋势明显，且近年来速度加快。1950 年，世界 65 岁以上人口占总人口的比重仅为 5.07%，1990 年该占比为 6.16%，平均每年上升 0.027%。而近年来，世界人口老龄化速度明显加快，2010 年 65 岁以上人口占总人口的比重高达 7.57%，仅 5 年后达到 8.23%，平均每年上升 0.132%，是 1950 年至 1990 年年平均增速的 4.9 倍。

1960 年至 2018 年世界人口老龄化排名前 10 的国家见表 6-3。可以看出 58 年间，人口老龄化排名前 10 的国家主要有奥地利、瑞典、意大利、德国、比利时、英国、丹麦、挪威、法国、德国、意大利、瑞士、卢森堡、葡萄牙、希腊、芬兰、瑞典等欧洲发达国

---

① UNITED NATIONS.World Population Prospects 2019[EB/OL].(2019-6-17)[2019-10-20].https://population.un.org/wpp/Publications/Files/WPP2019_Highlights.pdf.

表 6-2 1960—2018 年人口总量排名前十二国家（单位：亿人）

| 排名 | 1960 | 1970 | 1980 | 1990 | 2000 | 2010 | 2012 | 2014 | 2018 |
|---|---|---|---|---|---|---|---|---|---|
| 1 | 中国<br>（6.67） | 中国<br>（8.18） | 中国<br>（9.81） | 中国<br>（11.35） | 中国<br>（12.63） | 中国<br>（13.38） | 中国<br>（13.51） | 中国<br>（13.64） | 中国<br>（13.93） |
| 2 | 印度<br>（4.51） | 印度<br>（5.55） | 印度<br>（6.99） | 印度<br>（8.73） | 印度<br>（10.57） | 印度<br>（12.34） | 印度<br>（12.66） | 印度<br>（12.96） | 印度<br>（13.53） |
| 3 | 美国<br>（1.81） | 美国<br>（2.05） | 美国<br>（2.27） | 美国<br>（2.50） | 美国<br>（2.82） | 美国<br>（3.09） | 美国<br>（3.14） | 美国<br>（3.18） | 美国<br>（3.27） |
| 4 | 俄罗斯<br>（1.20） | 俄罗斯<br>（1.30） | 印尼<br>（1.47） | 印尼<br>（1.81） | 印尼<br>（2.12） | 印尼<br>（2.42） | 印尼<br>（2.48） | 印尼<br>（2.55） | 印尼<br>（2.68） |
| 5 | 日本<br>（0.93） | 印尼<br>（1.15） | 俄罗斯<br>（1.39） | 巴西<br>（1.49） | 巴西<br>（1.75） | 巴西<br>（1.96） | 巴西<br>（1.99） | 巴西<br>（2.03） | 巴基斯坦<br>（2.12） |
| 6 | 印尼<br>（0.88） | 日本<br>（1.04） | 巴西<br>（1.21） | 俄罗斯<br>（1.48） | 俄罗斯<br>（1.47） | 巴基斯坦<br>（1.79） | 巴基斯坦<br>（1.87） | 巴基斯坦<br>（1.95） | 巴西<br>（2.09） |
| 7 | 德国<br>（0.73） | 巴西<br>（0.95） | 日本<br>（1.17） | 日本<br>（1.24） | 巴基斯坦<br>（1.42） | 尼日利亚<br>（1.59） | 尼日利亚<br>（1.67） | 尼日利亚<br>（1.76） | 尼日利亚<br>（1.96） |

续表

| 排名 | 1960 | 1970 | 1980 | 1990 | 2000 | 2010 | 2012 | 2014 | 2018 |
|---|---|---|---|---|---|---|---|---|---|
| 8 | 巴西 (0.72) | 德国 (0.78) | 孟加拉 (0.80) | 巴基斯坦 (1.08) | 孟加拉 (1.28) | 孟加拉 (1.48) | 孟加拉 (1.51) | 孟加拉 (1.55) | 孟加拉 (1.61) |
| 9 | 英国 (0.52) | 孟加拉 (0.64) | 德国 (0.783) | 孟加拉 (1.03) | 日本 (1.27) | 俄罗斯 (1.43) | 俄罗斯 (1.43) | 俄罗斯 (1.44) | 俄罗斯 (1.44) |
| 10 | 意大利 (0.50) | 巴基斯坦 (0.58) | 巴基斯坦 (0.781) | 尼日利亚 (0.95) | 尼日利亚 (1.22) | 日本 (1.28) | 日本 (1.28) | 日本 (1.27) | 日本 (1.27) |
| 11 | 孟加拉 (0.48) | 尼日利亚 (0.56) | 尼日利亚 (0.73) | 墨西哥 (0.84) | 墨西哥 (0.989) | 墨西哥 (1.14) | 墨西哥 (1.17) | 墨西哥 (1.20) | 墨西哥 (1.26) |
| 12 | 法国 (0.47) | 英国 (0.557) | 墨西哥 (0.70) | 德国 (0.79) | 德国 (0.822) | 菲律宾 (0.94) | 菲律宾 (0.97) | 菲律宾 (1.01) | 埃塞俄比亚 (1.09) |

资料来源：世界各国人口总数统计［EB/OL］.［2019-10-20］. https://www.kylc.com/stats/global/yearly_overview/g_population_total.html.

表6-3　1960—2018年人口老龄化排名前10国家老年人（65岁及以上）占总人口比重（单位：%）①

| 排名 | 1960 | 1970 | 1980 | 1990 | 2000 | 2010 | 2015 | 2018 |
| --- | --- | --- | --- | --- | --- | --- | --- | --- |
| 1 | 奥地利（12.15） | 奥地利（13.97） | 瑞典（16.32） | 瑞典（17.82） | 意大利（18.28） | 日本（22.50） | 日本（26.02） | 日本（27.58） |
| 2 | 比利时（11.87） | 瑞典（13.70） | 德国（15.65） | 挪威（16.36） | 瑞典（17.30） | 德国（20.55） | 意大利（21.95） | 意大利（22.75） |
| 3 | 英国（11.77） | 德国（13.60） | 奥地利（15.20） | 英国（15.75） | 日本（16.98） | 意大利（20.43） | 德国（21.22） | 葡萄牙（21.95） |
| 4 | 瑞典（11.76） | 比利时（13.44） | 英国（14.95） | 丹麦（15.60） | 比利时（16.87） | 希腊（19.15） | 希腊（20.82） | 芬兰（21.72） |
| 5 | 法国（11.65） | 英国（13.03） | 挪威（14.73） | 比利时（14.99） | 西班牙（16.67） | 葡萄牙（18.66） | 葡萄牙（20.76） | 德国（21.46） |
| 6 | 德国（11.47） | 法国（12.85） | 比利时（14.45） | 奥地利（14.92） | 保加利亚（16.59） | 瑞典（18.22） | 芬兰（20.24） | 保加利亚（21.02） |

①世界各国老年人（65岁及以上）占总人口比重［EB/OL］.［2019-10-20］.https://www.kuaiyilicai.com/stats/global/yearly/g_population_65above_perc/2015.html.

续表

| 排名 | 1960 | 1970 | 1980 | 1990 | 2000 | 2010 | 2015 | 2018 |
|---|---|---|---|---|---|---|---|---|
| 7 | 爱尔兰（11.25） | 挪威（12.85） | 丹麦（14.43） | 德国（14.91） | 德国（16.49） | 拉脱维亚（18.18） | 保加利亚（20.02） | 希腊（20.59） |
| 8 | 挪威（11.04） | 卢森堡（12.56） | 法国（13.92） | 意大利（14.87） | 希腊（16.45） | 保加利亚（18.08） | 瑞典（19.61） | 克罗地亚（20.45） |
| 9 | 卢森堡（10.82） | 丹麦（12.30） | 瑞士（13.85） | 瑞士（14.59） | 葡萄牙（16.27） | 奥地利（17.80） | 拉脱维亚（19.52） | 马耳他（20.35） |
| 10 | 丹麦（10.60） | 捷克（12.11） | 卢森堡（13.64） | 法国（14.04） | 法国（16.06） | 克罗斯亚（17.56） | 克罗地亚（19.25） | 瑞典（20.10） |

资料来源：同前。

家，以及亚洲的日本。从发展趋势看，2000 年前排名第一的为奥
地利、瑞典和意大利三个欧洲国家，2010 年至 2018 年都为日本。
同时，从比例变化看，排名第一位的国家 65 岁以上人口比重从
12.15%增长到 27.58%，后者约为前者的 2.27 倍。总体来看，
1960 年 65 岁以上人口比例排名前 10 的国家中，该比例一般在
11%到 12%，而到 2018 年该比例已经超过 20%，最高达 27.58%。
另一方面，相关研究表明主要国家人口老龄化趋势将进一步加深，
如联合国有关部门预测，日本 2050 年将面临将近 4000 万的老年人
口(65 岁以上)压力；德国联邦统计局预测德国本世纪 30 年代人口
老龄化程度将达 36.2%，到本世纪中叶则将超过 40.9%；意大利
也出现了 2018 年人口比上年减少，老龄化程度提高到 22.8%。

### 三、世界主要国家的人口分布：城市化

城市化指标中，城市人口占总人口比重最为理论和实践界认可
和广泛使用，而用这一指标进行城市化水平描述时，早期的地理学
家注意到城市化进程具有某种典型的 Logistic 函数曲线特征(陈彦光，
2005)。在此基础上，Northam(1979)将城市化水平划分为三个阶段，
分别为早期阶段、中期(加速)阶段和后期阶段(见图 6-2)。

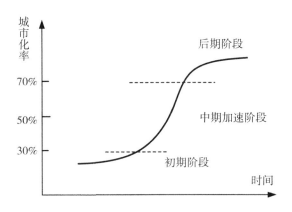

图 6-2 城市化发展的诺瑟姆 S 型曲线图

　　一国人口城市化率低于 30% 时，该国处于城市化发展的初期阶段。该阶段内，国内人口有超过 70% 居住在农村地区，且主要从事第一产业生产。国民经济以农业为主，发展缓慢，在长期内难以产生过剩产品（粮食），因此"外围"农村地区难以维持太多人口集聚形成"核心"城市。由图 6-2 可知，人口城市化率在 30% 处缓慢攀升，图形较为平缓。

　　一国人口城市化率高于 30% 且低于 70% 时，一般认为该国处于城市化发展的中期阶段。城市人口集聚到达一定程度，将通过马歇尔外部性、雅各布斯外部性等的综合作用，极大地促进城市劳动力生产率提高。进而，名义工资差异等因素引致大量农村剩余劳动力进入城市，进入正在蓬勃发展的第二产业和第三产业就业。同时根据现代区域经济理论，这种"核心-外围"模式会持续自我强化，一国内部，众多不同规模的城市将不断涌现，使得城市化水平不断攀升加速。

　　一国人口城市化率高于 70% 时，该国处于城市化发展的后期阶段。首先，第二阶段的快速城市化带来的城市住房问题、交通恶化等问题导致城市生活成本升高，城市居民效用降低，促使部分人口回流至城市郊区地带。其次，这时期城市特别是大城市内部工业体系已经转向资本密集和劳动力密集型，对一般劳动力的需求降低，对高技能人口需求提升。这使得原有城市内部一部分第二产业劳动力向第三产业转移。最后，城市发展带动了农业现代化，使得农产品附加价值极大提升，同时交通体系的逐步完善，使得城市-农村体系内人口结构更加稳定，人口流动更加频繁高效。此外，城市人口的生活所需和生产技术水平限制，使得城市化水平有一定上限（王建军，2009），即必须有一定人口从事农业生产以保障国民生存基本需求。而陈彦光（2005）通过修正和改进 Northam 曲线，得到了一个四阶段的划分结果，并且利用指数定律为初期阶段与加速阶段、后期阶段与减速阶段的 30% 和 70% 作为阶段划分临界值提供了理论依据。

　　世界主要国家早期城市化进程见表 6-4 所示。1800 年至 1940 年，世界城市化水平由 3.2% 增加值至 24.8%，其中 1900 年至

1940 年以来增加 10% 左右。英国、西德和法国等三个传统欧洲强国，城市化进程基本一致，在 1800 年至 1957 年分别由 32% 上升至78.4%，由 25% 上升至 74.7%，由 20.5% 上升至 72.1%。美国城市化进程最为迅速，由 1800 年的 6.1% 激增到 1950 年的 64%，前后超 10 倍，最为明显的是 1900 年到 1950 年的陡然上升，上升30% 仅用了半个世纪时间。

表 6-4　世界部分国家早期城市化进程变化（单位：%）

| 全世界 | | 英国 | | 西德 | | 法国 | | 美国 | |
|---|---|---|---|---|---|---|---|---|---|
| 年份 | 城市化率 | 年份 | 城市化 | 年份 | 城市化 | 年份 | 城市化 | 年份 | 城市化 |
| 1800 | 3.2 | 1800 | 32.0 | 1800 | 25.0 | 1800 | 20.5 | 1800 | 6.1 |
| 1850 | 6.9 | 1850 | 44.0 | 1850 | 35.0 | 1850 | 28.5 | 1850 | 15.3 |
| 1900 | 14.0 | 1880 | 56.0 | 1880 | 45.0 | 1880 | 34.8 | 1880 | 28.2 |
| 1920 | 19.4 | 1900 | 65 | 1900 | 54.3 | 1900 | 40.1 | 1900 | 39.6 |
| 1925 | 21.0 | 1950 | 77.9 | 1950 | 70.9 | 1950 | 55.4 | 1950 | 64.0 |
| 1930 | 21.8 | 1955 | 78.2 | 1955 | 73.6 | 1955 | 58.9 | 1960 | 69.8 |
| 1940 | 24.8 | 1957 | 78.4 | 1957 | 74.7 | 1957 | 60.2 | 1965 | 72.1 |

资料来源：焦秀琦. 世界城市化发展的 S 型曲线［J］. 城市规划，1987（2）：34-38.

　　世界主要国家 1960 年至 2018 年的城市化进程如表 6-5、图 6-3所示。首先，通过观察图形可知，1960 年大多数的西方发达国家城市化率基本都已经超过 60%，随后至 2018 年整体变化都较为平稳，如英国、瑞士等部分国家变化幅度甚至很小，且城市化率的峰值在 80% 左右。而 20 世纪 60 年代所统计的主要发展中国家或亚洲部分发达国家（如韩国），除中国外城市化水平基本在 30% 左右，随后 58 年间伴随着经济全球化等趋势的推动，都以较高的速率实现增长。我国具有独特的户籍制度对人口进行管理，在 1985 年左右才开始放宽针对城乡间、城市间人口流动的限制，随后城市化水平才开始快速上升。美国在 19 世纪初期城市化率仅为 6.1%，发展将近 90 年，城市化率才逼近 30%，而从 30% 到 60% 仅仅用了 50年左右时间，1960 年至今仅增长了 12.3%。俄罗斯在 1960 年城市化率在 32.4%，仅用了 25 年便增长至 61.8%，而 1985 年至 2018年仅增长至 78.6%。意大利在 1960 年的城市化率为 59.4%，随后58 年间仅增长到 70.4%。

**表 6-5 1960 年至 2018 年世界部分国家部分年份城市化率变化(单位:%)**

| 国家 | 1960 | 1965 | 1970 | 1975 | 1980 | 1985 | 1990 | 1995 | 2000 | 2005 | 2010 | 2015 | 2018 |
|------|------|------|------|------|------|------|------|------|------|------|------|------|------|
| 美国 | 70.0 | 71.9 | 73.6 | 73.7 | 73.7 | 74.5 | 75.3 | 77.3 | 79.1 | 79.9 | 80.8 | 81.7 | 82.3 |
| 法国 | 61.9 | 67.1 | 71.1 | 72.9 | 73.3 | 73.7 | 74.1 | 74.9 | 75.9 | 77.1 | 78.4 | 79.7 | 80.4 |
| 英国 | 78.4 | 77.8 | 77.1 | 77.7 | 78.5 | 78.4 | 78.1 | 78.4 | 78.7 | 79.9 | 81.3 | 82.6 | 83.4 |
| 日本 | 63.3 | 67.9 | 71.9 | 75.7 | 76.2 | 76.7 | 77.3 | 78.0 | 78.6 | 86.0 | 90.8 | 91.4 | 91.6 |
| 加拿大 | 69.1 | 72.9 | 75.7 | 75.6 | 75.7 | 76.4 | 76.6 | 77.7 | 79.5 | 80.1 | 80.9 | 81.3 | 81.4 |
| 澳大利亚 | 81.5 | 83.1 | 84.0 | 84.8 | 85.6 | 85.6 | 85.4 | 84.9 | 84.2 | 84.6 | 85.2 | 85.7 | 86.0 |
| 德国 | 71.4 | 72.0 | 72.3 | 72.6 | 72.8 | 72.7 | 73.1 | 73.9 | 75.0 | 76.0 | 77.0 | 77.2 | 77.3 |
| 瑞士 | 70.9 | 72.4 | 73.8 | 74.2 | 74.5 | 74.2 | 73.9 | 73.7 | 73.4 | 73.5 | 73.6 | 73.7 | 73.8 |
| 俄罗斯 | 32.4 | 38.1 | 44.0 | 50.6 | 56.5 | 61.8 | 66.0 | 67.9 | 70.0 | 72.4 | 74.7 | 77.2 | 78.6 |
| 瑞典 | 72.5 | 77.1 | 81.0 | 82.7 | 83.1 | 83.1 | 83.1 | 83.8 | 84.0 | 84.3 | 85.1 | 86.6 | 87.4 |
| 韩国 | 27.7 | 32.4 | 40.7 | 48.0 | 56.7 | 64.9 | 73.8 | 78.2 | 79.6 | 81.3 | 81.9 | 81.6 | 81.5 |
| 荷兰 | 59.8 | 60.8 | 61.7 | 63.2 | 64.7 | 66.7 | 68.7 | 72.8 | 76.8 | 82.6 | 87.1 | 90.2 | 91.5 |
| 墨西哥 | 50.8 | 54.9 | 59.0 | 62.8 | 66.3 | 69.0 | 71.4 | 73.4 | 74.7 | 76.3 | 77.8 | 79.3 | 80.2 |
| 意大利 | 59.4 | 61.8 | 64.3 | 65.6 | 66.6 | 66.8 | 66.7 | 66.9 | 67.2 | 67.7 | 68.3 | 69.6 | 70.4 |
| 中国 | 16.2 | 18.1 | 17.4 | 17.4 | 19.4 | 22.9 | 26.4 | 31.0 | 35.9 | 42.5 | 49.2 | 55.5 | 59.2 |
| 巴西 | 46.1 | 51.0 | 55.9 | 60.8 | 65.5 | 69.9 | 73.9 | 77.6 | 81.2 | 82.8 | 84.3 | 85.8 | 86.6 |
| 土耳其 | 31.5 | 34.2 | 38.2 | 41.6 | 43.8 | 52.4 | 59.2 | 62.1 | 64.7 | 67.8 | 70.8 | 73.6 | 75.1 |

资料来源:根据世界银行发布数据整理。

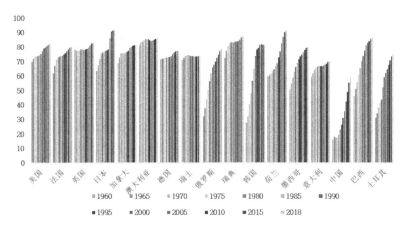

图6-3　1960年至2018年世界主要国家部分年份城市化率变化(单位:%)

因此,从世界各国的发展历程看,尽管因国情、所处地理环境和社会体制等因素的差异而造成的一定偏差,但基本上遵循城市化发展的 Northam 规律。总体来看,世界城市化共有三次高潮阶段:首先,第一次浪潮是以英国为代表的欧洲各国的城市化,时间约为18世纪中期至19世纪前期;其次,是以美国为代表的北美地区,从早期殖民地开始逐步发展,约从19世纪中期至20世纪中期;最后是拉美和亚洲部分国家及地区,始于20世纪70年代末期。随着全球经济一体化和生产力水平的不断提高,后发国家城市化进程被极大压缩了,使得其面临的 Northam“S”型曲线变得更为狭长。

## 四、世界主要国家人口变动与房地产业协同发展的阶段划分

人口变动与房地产市场发展有着密不可分的联系。从以上理论和历史资料归纳来看,人口增长与城市化发展在历史脉络上有着较为明显的对应关系。在人口增长过程中,出现了城市化的不同阶段。而城市化的快速发展,带来了科学技术进步和生育观念的转变,相应出现了人口总量增长趋缓,甚至减少,结构上的老龄化。

在人口增长和城市化发展的进程中，大量的人口向城镇转移，增加了对城市的房地产需求，促进了房地产业的发展。而正规房地产的供给不足，则会催生非正规房地产的供给，例如棚户区、小产权房等，影响到城市化的进程和人口的婚育。这些则会进一步影响到正规房地产的供给，并影响到房地产政策。而在人口减少的阶段，通常是城市化的成熟阶段，伴随老龄化的加速，则会相对减少房地产的需求，促进房地产业从增量房地产开发向存量房地产维修、改造和运营服务转变。

根据以上分析，本文将结合人口变动和房地产业协同发展的阶段进行划分。首先人口变动是更为基本的因素，通过对上述世界主要国家的人口发展脉络进行梳理，可按人口总量变动特征划分为增长阶段、稳定及减少阶段；其次，考虑城市化因素，进一步将每个阶段划分为不同的时期。具体结果如下：

（1）人口增长阶段。人口增长阶段又分为城市化起步时期（30%以下）、城市化快速增长时期（30%～50%）、城市化慢速增长时期（50%～70%）、城市化成熟时期（70%以上）。从起步至成熟阶段的推进通常伴随人口老龄化的逐步提升。而在不同的时期，房地产市场和房地产业的发展有所不同，并且不同国家采取了相应的政策。

（2）人口稳定及减少阶段。大多数发达国家的人口稳定及减少阶段同时是城市化成熟阶段，中度或重度老龄化阶段。该阶段人口总量出现缓慢减少，除了一些移民国家依然保持人口增长；城乡变动较为稳定，老龄化程度较高；房地产市场趋于饱和，逐渐向城市更新、养老地产等方向发展。

本章拟从主要国家人口总量、年龄结构、城市化和房地产市场及产业发展互动的视角，基于相关典型国家各个历史时期数据或案例，对每个时期的相关特征进行归纳。此外需要说明的是，本章对房地产市场、产业和政策梳理侧重于其与人口变动互动演化的方面，而非强调与金融、宏观经济等相关的视角。

# 第二节　人口增长与房地产业协同发展各阶段的国际借鉴

## 一、人口增长、城市化起步阶段与房地产业协同发展

### (一) 人口变动特征

该阶段人口变动特征为总量缓慢增长、老龄化率较低、城市化正处于起步阶段。18 世纪中期的第一次产业革命是近现代人口变动与房地产业协同演进发展的开端，世界各国在随后的产业革命升级浪潮中，皆基本在更短的时间维度下 "重复" 最初的发展演变特征。这一时期，以英国为代表的欧洲大陆各国，开始进入以工业化为动力的城市化发展的初级阶段。世界其他地区，如北美地区和亚洲地区尚处于早期殖民地和封建社会。

18 世纪的欧洲大陆频繁战争、瘟疫流行，大量人口非自然死亡，人口总体增长缓慢。具体来看，产业革命以前受长期的战争和疾病影响，英国、德国、法国、意大利等欧洲国家人口增长基本处于停滞甚至衰退的状态；同时资本主义虽有一定前期积累，但此时以类似 "后院经济" 为主的个体和家庭农业手工业为主的产业形式仍为各国社会经济运行的支撑基础，总体发展尚处于较低水平。贯穿 14 至 16 世纪的欧洲黑死病问题，给欧洲的人口增长带来了严重阻碍。如英国仅 14 世纪的黑死病就使英国 1/3 的人口丧生，饥荒和瘟疫使得英国人口长时期处于停滞状态 (黄光耀，1993)；1377 年英国有人口约 223 万，到 16 世纪 20 年代也仅 222 万左右 (Hatcher，1984)。在 18 世纪中叶，以英国为发源地所产生的产业革命，极大地促进了社会经济的发展，人口增长速率也逐渐加快。如英国在 18 世纪 40 年代以前的人口年均增长速率为 0.25% 左右，而到 18 世纪 80 年已经攀升至约 0.6% 至 0.8% 水平；40 年代至 50 年代初的 10 年，年均增长率约为 3.5%，随后至 60 年代初的 10 年人口又增长约 43 万。又如法国在 1725 年有 400 万左右城市人口，城市化率为 16.7%；80 年代末期的城市人口为 500 万，城市化率

361

上升到 18% 左右(卢少鹏,2011)。同时,分析英国情况可知,工业化起步阶段内,城市里面的资本家对劳动力大量需求和市民对住房、医疗等福利公共设施供给缺位间的矛盾,迫使工人生育策略的改变,早婚、早育和多育态势不断显化,人口总体年龄结构偏向青年化。表 6-6 为 1700—1801 年英国结婚率和出生率时间序列数据(王章辉,1986)。此外,17 世纪初有大量移民由英入美,由初期的 40 万左右原住民增加至 18 世纪 40 年代的百万人口,独立战争前夕达到 250 万人,年平均增长率达 3.5%(李仲生,2011)。

表 6-6　1700—1801 年英国结婚率和出生率(‰)

| 年代 | 1700 | 1710 | 1720 | 1730 | 1740 | 1750 | 1760 | 1770 | 1780 | 1790 | 1801 |
|------|------|------|------|------|------|------|------|------|------|------|------|
| 结婚率 | 10.81 | 7.52 | 10.36 | 11.48 | 11.62 | 10.50 | 10.10 | 11.06 | 10.72 | 12.51 | 13.42 |
| 出生率 | 35.55 | 31.61 | 35.29 | 36.25 | 38.35 | 37.96 | 36.22 | 40.32 | 40.67 | 46.29 | 41.07 |

资料来源:王章辉. 英国工业革命中的人口问题[J]. 世界历史,1986(4):11-18.

从城市化发展角度看,这一时期的英国是世界城市化发展的先锋。产业革命前,英国的殖民掠夺和农业、商业革命等为其城市化发展积蓄了大量资金和社会动力。自产业革命开始,伴随生产力提升、"圈地运动"和国内交通设施建设等的推动,英国城市化进程领先全球开始起步发展,至 1800 年英国城市化率已经超过 30%,进入人口城市化发展的第二阶段。其经验教训为后来欧美等各个国家提供了有力借鉴。美国建国初期很长一段时期有近九成以上的人口居住在农村地区,1790 年农村人口占比为 94.9%,1830 年占比约 91.2%,到 1840 年城市化率才突破 10%,约为 10.2%。

(二)房地产市场特征

该阶段的房地产市场总体呈现供需缓慢增长特征。近现代工业化进程中带来了产业结构升级,人口由农村地区迁移至城市,由从事第一产业向第二产业迁移。地理空间上的转移催生了对城市的房地产需求,也导致了迁入地的原有"地主"租售土地以提供房屋的行为，因此房地产市场开始形成并发展。城镇人口的增长造成了房地产需求的缓慢增加，而房地产供给则极大地由城市土地数量、区位和功能划分状态等因素决定。

在人口增长和城市化起步阶段，需求供给皆处于缓慢增长状态。房地产市场需求受限于缓慢的人口增长、较低的经济发展水平以及尚未存在或较小的房地产信贷，人们购买住房意愿和对价格的预期皆较低。供给方面的影响因素主要有价格、开发成本和城市内土地的供给特征等（葛沕沕，2013）。一方面，该阶段内的房地产行业尚为雏形，专业化分工和在此基础上的生产规模效应皆未成形，因此开发建设成本较高；另一方面，"政府"主导住房建设和城市土地管制等因素的影响明显，导致土地供给缓慢。如在18世纪80年代末法国大革命爆发前的欧洲，土地是带有阶级属性的和不作为市场交易的商品出现，属于"领主永久管业财政"，房产和地产多属于贵族和教会财产。土地所有权流转方式较为固定，一般为继承、占领等，使得土地长期掌握在少数家族和宗教组织手中。产业革命前的英国主要是以农业经济为主，其城镇规模以中小型为主，住房供需求规模较小、变动迟缓；但随着城市化的推进，加之圈地运动等独特历史事件的影响，城市发展带来的新需求和土地资源稀缺性的凸显，推动着供给也缓慢增加。

### (三)房地产业特征

该阶段的房地产业特征主要为房地产业尚未成熟，经验不足导致发展问题凸显。如上文所述，这一时期以房地产开发为主的社会专业化分工尚处于萌芽阶段，相关企业和机构数量较少。同时，在相关经验欠缺的情况下，住房市场内部矛盾问题也较为突出。此外，工业化时代早期城市的发展主要功能在于生产与交易，且人口限制和城市承载力上限等因素制约了需求的提升速度，开发建设以满足基本生活需要为主，因此新兴城市往往对住房和商业物业的需求更为旺盛。

18世纪前，以"家族价值"为核心的封建贵族和宗教观念主导着欧洲国家社会系统。这一历史时期下的房地产业，也主要表现为被家族占有地产和决定利用用途。这一时期对土地利用是建立在维护家族利益及政治地位的诉求之上，而非用于生产以实现经济价值提升。而工业革命的发生以及相应阶级斗争成果，使得这一固化状态逐渐缓解转变，慢慢催生出房地产行业。以英国为例，工业革命初期，英国城市以小型城镇为主，18世纪60年代伦敦为人口10万以上的唯一城市，该状态持续到19世纪初（庄解忧，1984）。而行业发展经验不足且国家政策干预缺位，英国房地产行业问题较为明显。如物业所有权被少数贵族和富人群体占有，私人自主建房售价奇高；土地不合理垄断环境下产生了租金价格随意确定，市场管理严重滞后等问题。

**（四）房地产政策特征**

该阶段房地产政策的主要特征为以鼓励新增供给为主，且因国家实际情况呈现差异变化。一国工业化与城市化初期，人口由乡村地区迁入以工业生产集聚地或现有城市聚居区的速度，要大于土地供给及住房建设速度，住房供给严重滞后。一方面是因为两者固有差异，另一方面与社会制度和土地所有权变迁相关，即原有封建阶级严格把控土地供给。因此，从历史来看，各国在该阶段都尝试各种方式以增加土地供给，衍生出各类房地产相关政策。而各国在初期房地产政策上都有一定的差异性，这也是由与国情差异相关的各国社会制度变革特征决定的。同时，从英国开始，后发国家往往会借鉴和学习先发国家的政策经验，从而不断丰富和完善自身制度和政策体系。此外，这一时期的房地产政策往往也与城市规划相关，如英国在全球率先制定了"城市规划法"，建立了"田园城市"和"卫星城"，实现了郊区城市化等，实行城市社会保障体系（纪晓岚，2004）。18世纪英国创办了房地产按揭贷款的机构——建筑社团。通过按揭贷款的方式刺激房地产市场的需求和供给。

## 二、人口增长、城市化快速增长阶段与房地产业协同发展

### （一）人口变动特征

该阶段人口变动特征为总量增长、老龄化率较低，城市化进程加速。这一时期，伴随工业化进程进一步推进，在社会总体财富的上升同慢慢积累起来的政府管制经验、住房市场发展基础等交织作

用下，城市能够容纳更多人口进行生产、生活，在人口总量增长、老龄化程度较低的情况下，更多的年轻人或家庭单位等由乡村地区迁入城市地区，城市化进程开始进入加速阶段。

18世纪中期至19世纪中叶，以英国为开端的产业革命影响欧洲和美国等地，全球范围内的第一次工业革命浪潮蓬勃推进。英国率先在19世纪30年代完成工业革命转变（纪晓岚，2004），并进一步推动了农业现代化和商品化发展、医疗水平进步等，为人口增长和城市化发展提供了更为强劲的动力。18世纪中期，英格兰、威尔士总人口约为615万，到80年代年增长至750万左右，而在19世纪初期突破1000万人，60年间人口增长近68%。法国的工业革命约从18世纪60年代开始，是最早开始工业化发展的欧陆国家之一。有资料显示，17世纪中期至18世纪中期，法国人口年平均增长仅为3%，死亡率高达30‰以上；而1800年开始，该国死亡率逐渐下降至27‰，出生率则维持在32‰的水平，人口增长率提升至5%。与法国接壤的德国，因其自身历史原因，其工业化进程相对滞后。德国的工业革命始于19世纪初期，随后人口总量同样加快上升，如多特蒙德人口在1850年至1970年，从12700人激增至51400人（萧辉英，1998），提升近4倍。美国同时期总体人口与外来移民有着决定性关系，表现为人口总量的短时间快速增长，如资料显示，1780年到1790年人口增长了41%，随后每十年至1850年人口增长率基本维持在35%至36%。在移民中，青壮年劳动人口居多，为美国的经济发展提供了大量廉价的劳动力资源（廖跃文，1997），有效加快了美国工业化进程，如1800年至1860年，美国工业和农业经济活动人口增加到1040万人。这一阶段，工业革命带来生产力的提升，使各国出生率都有所提升，同时相关医疗和社会保障体系的缺位和不成熟，使各国人口年龄结构偏年轻化。而英国、法国因为起步较早，经济和医疗卫生以及社会福利保险等有了较大的提高，老龄化率有低幅上升趋势。

在城市化方面，人口城市化迅速发展阶段是在19世纪工业革命开始之后的一段时期。工业化使得产业升级，从而在工业活动集聚的地点产生新增就业机会，吸引人口向其集聚，这一集聚不断自我强化，新的城市不断建立，这类新兴城市也促进了交通运输业、服务业的发展，从而地位得到巩固。如英国第一工业革命时期就有大量农村劳动力进入城镇和工矿区，新兴城市逐渐取代以封建制度为基础建立的传统城市，廖跃文（1997）以 1841 至 1901 年间的 14 个英国城市为研究对象，发现期间 7 个传统城市人口增长仅为 2 倍，而新兴城市这一数值达到 48 倍，两者相差 24 倍。因此，从英国开始，资本主义工业化在各国土壤下，逐步使法国、德国、美国等国家产业结构和社会结构得到质的飞跃，人口城市化在全球范围内逐步进入加速阶段，美国也是如此。19 世纪开始，在城市化"引擎"全面启动的推动作用下，西方发达国家相继出现相比传统城镇来讲人口规模巨大的城市。英国在该时期人口城市化最为迅速，1800 年左右英国有 106 个城市，它们的居住人口均在 5000 人以上，城市化水平约为 32%；到 1850 年左右，城市数量激增到约 265 个。

**（二）房地产市场特征**

该阶段的房地产市场特征为供需端均呈加快增长态势，房地产市场进入加速发展阶段。在人口增长和城市化加速阶段，城市更高的生产水平、人口流动加速、城市基础设施完善和交通体系的加速完善，使得人们对居住于城市获得更高的生产报酬的意愿提升，能够获得住房的预期得到优化，同时在政府推动和日渐成熟的房地产行业兴起作用下，供给住房能力大幅度提升。此外，这一时期房地产物业除满足人们基本居住需求外，其资产属性也逐步显现，推动了一定的投资需求上升。工业革命的推进使得以交通设施为主的基础设施体系不断发展成熟，为都市圈形成奠定了基础。以英国为例，伦敦地区在 18 世纪 70 年代在贸易总额方面占全国比例近七成（Stephen，1998），是当时开始工业化的国家中的第一个多样化的"现代化"城市（Barnett，1998）；同时期，伯明翰、曼彻斯特相继成为其钢铁和棉纺织工业中心，至 1820 年左右，两市人口已经超过 10 万人，随后逐渐增长近 50 万人（Williamas，2007）。专业化城市和多样化城市在这一时期相继出现，城市规划也逐渐重视怎样供给住房、供给怎样的住房和怎样更好地利用土地等问题，并做出了一系列努力。

### (三) 房地产业特征

该阶段的房地产业特征为房地产企业明显增多，相关业务以开发住宅和商业物业等为主。需求和供给的快速增长促进了房地产业发展。一方面，城市人口的增加，促进了住房需求的增加；另一方面，城市居民的收入和受教育程度的提高，想要居住品质更高的住宅。这些都刺激了住房供给。在此阶段住宅开发的模式是分期建设和销售（预售），资金回收比较快，开发商所需的自有资金占比较低。此外，由于住宅开发符合国家住房政策和产业政策以及开发技术成熟等特点，此阶段住宅开发对于房地产投资商具有较大的吸引力。另外，由于英国、法国、德国等欧洲国家的城市化进程普遍是由中心城市向周边城市辐射蔓延，这造成了很多城市都进行了商业地产开发，并且通常选址在城市的中心，形成了中央商务区（CBD），以及在一些城市的次中心形成了新的商业区。因此，在城市化的加速阶段，存在大量的房地产投资商和运营商等等，主要以开发住宅和商业房地产项目为主。

### (四) 房地产政策特征

该阶段的房地产政策特征主要是鼓励新增供给，发展住房保障，且国家间有差异。从国际经验看，城市化率在30%到50%的发展阶段，人口向城市地区集聚的速度基本大于住房供给的速度。人口的激增和快速集聚使得总体住房和投资需求都较大。此时，城市管理者最为关注的是工业和经济发展，但对需求激增所致的住房供给侧压力以及随后引发的一系列城市社会问题，往往缺乏预期且反应滞后。此阶段前期，如英国、法国、德国等欧洲国家皆未对住房负担问题有足够的重视。房地产政策大方向是鼓励新增供给，但是普遍注重"数量"而并非"质量"；后期社会矛盾显化促使住房保障问题得到重视。

19 世纪前期，英国政府认为住房补助会增加民众对政府的依赖。弱化对家庭及工作的应担义务，因此基本对市场发展不加干预（杨辉，2015）；此外，因无先例可借鉴，19 世纪英国城镇发展缺乏规划控制，使得住宅建设多是资本逐利结果。同时，城市化的加速造成城市人口增长速度远超住房建设速度，进而在无规制的粗糙的建设下产生了以"工人住宅"为代表的系列严重问题（陆伟芳，2009）。由此，在该类问题引发的动乱和威胁以及对稳定有效劳动力供给的双重要求下，英国住房政策开始得到发展。从 19 世纪 30 年代开始，政府为愿意接受低于市场回报率且为工人阶级建造房屋的投资者，建立了对应的住房项目，即"公益和百分之五（Philanthropy and 5 percent）"（陆伟芳，2009）。总体来看，此时的住房供应形式主要有二：公益信托（charitable trust）和利润受限模式的住房公司（Limited-profit model dwelling companies），前者由伦敦的乔治·皮博迪（George Peabody）以及伦敦和都柏林的爱德华·吉尼斯（Edward Guinness）等富裕的人们捐赠成立，后者由伦敦的悉尼沃特洛（Sydney Waterlow）建立的工业房屋改造公司负责，通过发行股份和债券募集资金，并支付低于市场回报的红利（Malpass，1998）。此外，相关政策有 1842 年艾德昌·查德威克发表的《英国劳动人口的卫生情况报告》、1848 年颁布的《公共卫生法》、1860 颁布的《卫生法》以及《工人阶级住宅法》（孙东波，2005），针对贫民窟问题和城市卫生给出各项规定，使工人住宅、住房拥挤等问题得到了缓解。1860 年前后，德国地区城市化率约为 40%，普鲁士开始出现住房合作社。这类合作社是一类非营利性团体，资金来源为社员缴纳、国家贷款和补助，主要业务为保障性住房建设。所建物业两权分离，产权归集体所有，使用权由社员享有。而政府也大力支持这类组织发展，具体通过对其实施低息贷款、土地价格优惠、税费减免和租金补贴等方式，间接支持国内保障性住房建设。在法国，为应对工业革命后城市人居环境加快恶化等问题，政府于 19 世纪中期通过了一系列与住房相关的法律政策，具体聚焦住房卫生标准的规范。此时，法国社会住房为由企业或慈善家出资建设的工人住宅，政府并未参与具体保障性住房建设工作。

### 三、人口增长、城市化慢速增长阶段与房地产业协同发展

#### （一）人口变动特征

该阶段人口变动特征主要为总量增长、老龄化率上升；城市化进程放缓，个别国家可能仍呈现加速特征。19 世纪中叶至 20 世纪中叶，欧美主要发达国家人口仍呈总量增长情况，而增速明显放缓且老龄化程度提升。

英国在 18 世纪第二个十年的人口增长率为 1.8%，40 年代增长率下降为 1.1%，而到 1980 年仅仅回升至 1.45%（黄光耀，1993）。到 20 世纪初，英国经济放缓迹象明显，人口增长率随之进一步下降，人口从 3800 万增至 4604 万，增长率仅仅为 0.67%。此外，人口增长放缓与向外移民有关，据 20 世纪前 30 年，共有约 240 万人离开本土迁往加拿大、美国和澳大利亚等原殖民地（李仲生，2011）。同时期，法国在出生率方面呈持续下降趋势，1872 至 1875 年水平为 26.2‰，1896 至 1900 年则仅为 21.9‰，同期人口自然增长率由 3.8% 减少到 0.3%。此外，出生率在 1921—1925 年维持在 19.3‰ 的低水平，1926—1930 年又降至 18.2‰。总之，1920—1930 年，人口数量的自然增长保持在极低水平，1921—1925 年平均每年增长 8.4 万人，1926—1930 年平均每年增长 5.8 万人。因外来移民推动和人均资源丰富，美国出生率长期偏高，19 世纪初期约为 55‰，随后伴随工业化和城市化的不断发展而逐渐下降，到 19 世纪末几乎减半。虽在 1910 年美国全国出生率依然保持在 30‰ 以上，但随后经济大萧条，使得移民数量和出生水平锐减，1933 年的出生率仅为 18.4‰（李仲生，2011）。

在人口结构方面，社会财富积累以及福利制度的完善，降低了人口死亡率，进而提升了人口老龄化的程度。日本在 1935 年老年人口占总人口的比重为 4.66%，之后一路攀升到 1955 年的 5.32%。德国 1871 年总人口中 0~15 岁者占 34.3%，15~65 岁者占 61.0%，

65 岁以上者占 4.6%。到了 1900 年，0~15 岁者占 34.8%，15~65 岁者占 60.3%，65 岁以上者上升到 4.9%（迈克尔，1987）。美国 1900 年 65 岁以上老年人口占比为 4.08%，到 1950 年占比为 8.14%，短短 50 年其老年人口占比翻了一倍。表 6-7 为美国 1900—1960 年的人口老龄化程度。

**表 6-7　美国的人口老龄化程度**

| 年份 | 总人口（千人） | 65 岁及以上老年人口 | | 年龄中位数 |
| --- | --- | --- | --- | --- |
| | | 人口（千人） | 占总人口比重（%） | |
| 1900 | 75994 | 3099 | 4.08 | 22.9 |
| 1910 | 91972 | 3986 | 4.33 | 24.1 |
| 1920 | 105711 | 4929 | 4.66 | 25.3 |
| 1930 | 122755 | 6705 | 5.46 | 26.5 |
| 1940 | 131669 | 9031 | 6.86 | 29.0 |
| 1950 | 152271 | 12397 | 8.14 | 30.2 |
| 1960 | 180671 | 16675 | 9.23 | 29.4 |

资料来源：Soldo B J，Agree E M. America's Elderly[J]. Population Bulletin，1988，43(3)：1-53.

　　1920 年至 1960 年，美国处于城市化的慢速增长阶段。在这一阶段，城市化率由 51.2% 变化至 69.9%，平均每年增加 0.4675%，略低于前一阶段，基本遵循城市化发展的 Northam 规律（王微，2018）。20 世纪 10 年代以后，英国的人口城市化进程一度处于停滞状态，1911 年，全国城市人口比重达到 76%，此后增长率非常缓慢，大约每 10 年上升 2%。此外，法国、德国、日本在 19 世纪中叶至 20 世纪中叶阶段其城市化依旧处于快速发展的阶段。由于日本和德国属于后工业化国家，其城市化进程相比英国、美国等老牌资本主义国家有所滞后。如日本的城市化快速发展阶段在 19 世纪初期左右。在明治维新之后，工业化速度有所加快，工业开始向大城市为中心的工业地区集聚。在这一过程中，随着以纤维工业和食品工业等轻工业为中心的近代工业化的兴起，农村的年轻劳动力为了寻求就业机会纷纷流向城市，加速了城市化的进程。据统计，在 1920 年日本全国城市人口比重仅为 18%，此后增长迅速，到 1940 年增至 37.7%。德国 1871 年总人口中农村居民占 63.9%，1890 年这一比例调整为 57.5%，1900 年农村人口下降到 45.6%，成为国家的少数居民。1950 年，英国达到 79% 的城市化水平，美国当时的城市化水平为 64.2%，德国为 64.7%，加拿大为 60.9%，法国为 55.2%，瑞典为 65.7%（周跃辉，2013）。总体来说，这一阶段的一国城市化水平增速有所减缓，并且"过度"城市化导致交通、环境质量的恶化，逆城市化现象开始出现。

### （二）房地产市场特征

该阶段的房地产市场特征为需求继续增长，供给增加缓慢。房地产市场供求呈现以上特征的主要原因一方面是城市居民对住宅质量要求提升，另一方面是因为欧美国家公共住房尚未大规模推动建设。此外，还有战争的影响。第一次和第二次工业革命所带来的社会生产力提升，极大地改善了欧美主要发达国家人民的收入状况，从而引致其对包括居住环境质量在内的生活品质的更高诉求。同时，该阶段欧美各国对住房问题的关注仍不充分细致，如 19 世纪英国房地产市场处于无政府管制状态，新迁入工人等无房产群体基本依赖租用私有产权住房解决居住问题。

数据显示，1914 年英国城市住房出租率高达 90%（Gauldie，1974）。此阶段英国政府住房政策，主要是从总体和城市规划管理角度对居住卫生条件和居住环境进行改善，而对为应对日益增长的城市人口增加一定质量的新建住房数量却不够重视。穷人、工人阶级对发现自己挤在贫民窟和拥挤的公寓住房中的强烈抗议，迫使其不得不对原有"劣质"住房进行拆除，并增加有限新房予以补充。仅 1910 年至 1914 年间，拆毁原有住宅 7427 套，获批政府贷款建设的新房数量为 6780 套。大量的拆除和相对较少的新建数量，反而加剧了住房供给短缺的困境（吴铁稳，2013），使得一系列相关措施显得无力。有关资料显示，1913 年英国 2700 个教区中的 1400

个存在严重的住房紧缺，共需 12 万套新住房才能缓解短缺（Burnett，1986）。而"一战"期间，英政府对建筑材料在内的军需品实行管制，同时建筑工人也多被拉入军工生产，住房建设一度停滞。同时期，德国也因为战争导致新增住房供给停滞，1914 年 8 月到 1918 年 2 月的 4 年间有 80 万间的缺额，住房建设仅 18 万套，略高于 1913 年全年的建造量。战后，短期内的士兵返乡、复员及其相应提升的婚配率，导致住房市场需求进一步增多，加剧了供给短缺问题。德国在 20 世纪初经历了一次家庭结构变革——大家族解体，拆分成小型家庭成为当时趋势。从 1910 年到 1925 年，德国家庭户均人数从 4.5 人降低至 4.1 人；1910—1912 年，49% 的夫妇养育 3 个及以上的孩子；而在 1919 年到 1921 年间，该比例相应下降到了 37%，而没有孩子或只有 1 个孩子的家庭则对应从 29% 上升到了 39%（孟钟捷，2011）。

### （三）房地产业特征

该阶段的房地产行业特征为以政府为主导的公共建设增多，新建与存量维护更新并重。19 世纪中叶至 20 世纪中叶，家庭规模小型化、士兵返乡复员等因素导致欧美国家在此期间处于供不应求的"房荒"危局之中。住房矛盾的激化使得英、德、法等国逐渐开始以政府主导方式建设公共住房（即保障性住房）。1919 年英国颁布了《住房与城镇规划法》，政府开始基于法律和政策的方式规范和干预住房市场；同时，中央政府也通过财政货币补贴等方式，支持和推动各地方政府参与或自主建设公共住房，以解决当地住房问题。数据显示，英国在"二战"结束后至 1952 年的 8 年间，共建住房约 85 万套，在战后百废待兴、物资特别是建筑材料匮乏的情况下，缓解了民众住房问题（汪建强，2014），为经济复苏和社会稳定打了一剂强心针。从 1918 年到 1922 年，德国公益性建筑合作社数量从 1402 家增长至 3064 家，增长有 2 倍之多；1922 年，为进一步解决公益性住房建设资金问题，德意志住房银行成立。20 世纪 20 年代，德国六成左右的新建住房被政府资助。19 世纪末，法国公共住房仅约 3000 套，到 1913 年则有约 40000 套，相差 13.3 倍。

至 20 世纪 30 年代末，法国公共住房达 30 万套，能够解决约 90 万人的住房问题，约 2% 的人口受益（廖了，2018）。此外，城市环境和卫生条件的恶化，使各国纷纷通过发布公共卫生法律、清理贫民窟等措施改善城市环境和住房质量。1868 年英国出台了《托伦斯法》，授权地方政府有拆除不合格住房的权利。1875 年颁布的《工人阶级住房法》，允许地方政府购买和清理不合格住房，并在清整的区域重新建设住房。在新法案的指导下，政府开始将贫民窟清理与住房重建并重。

### （四）房地产政策特征

该阶段的房地产政策特征为以租金管制、公共住房建设推动及存量更新为主导，国家间有差异。在 20 世纪 50 年代之前，因战争、经济萧条等原因，欧美主要发达国家住房政策和法律处于起步和摸索阶段，尚未成熟。

这一时期，在以萨伊定律为基础的市场经济理论指导下，住房市场投机泛滥、租金价格飙升，由此促使各国租金管制政策的制定发布。1915 年，英国发布《房租及按揭利率（战时限制）增长法》，对小型住宅租金及按揭贷款利率的无限制上涨予以制约。德国的做法则更为强硬，1920 年出台的《抵制住房紧缺法》命令房主必须开放空置住房予以租售，并赋予政府权力以将其分配给尚无住房的人口，如地方住房署可在必要情境下强迫房主提供空置住房，此外还禁止住宅用途的"民转商"；1922 年出台的《国家租借法》，要求所有建设于 1918 年 7 月 1 日前的住房实施房租管制，新房租借费应根据通货膨胀的程度及建材的实际支出而定，旧房必须严格按照租赁合同实行，不得随意涨价（孟钟捷，2011）。

由于家庭规模趋于小型化以及战士的返乡归员，欧州国家普遍出现"住房荒"。为缓解住房的压力和矛盾，英国、德国、法国等国家政府开始大规模干预住房市场，兴建公共住房。如英国政府 1919 年颁布《住宅和城镇规划法》（*Housing Planning Act*）发展公共住房（保障性住房）。1892 至 1894 年，法国通过并创立了《施格弗莱德法案》（*la loi Siegfried*），供应"廉价住宅（*Habitations à bon marché* )" 是法国最早的公共住房政策。根据该政策，法国政府通过减免税收的方式支持私营部门修建公共住房。1953 年法国出台了"固巷"计划（Courant），政府开始了高强度、全面集中建设公共住房阶段，并确定了 5 年内修建 24 万套公共住房的政策目标。后来，在 1958 年法国政府又提出"优先城市化区域"（ZUP：Zone à urbaniser en Priorité）政策，确定了优先和重点发展的区域，并提出在 15 年内，在 220 个新区修建 220 万套公共住房。在 1953 年以来的公共住房大规模修建过程中，法国政府出台法律和政策，通过资金补贴、征地和修建公共住房的方式促进了公共住房 30 多年的蓬勃发展，解决了战后的住房紧张问题（廖了，2018）。在 19 世纪初期以及中期，由于先后爆发了第一次世界大战和第二次世界大战，导致欧洲国家的住房和建筑普遍受到不同程度的损坏。此外，由于贫民窟地区经常引发一系列扰乱社会秩序问题，因此存量和维护更新就变得很重要。如英国伦敦议会承担建造了 7 处公有住宅区，到 1914 年，在伦敦有 10 万租房户安居在由政府建立的清洁卫生的住宅（吴铁稳，2008）。1949 年美国出台了《瓦格纳-塔夫特-艾琳德住房法案》（*Wagner-Taft-Ellender Housing Act*），提出了"通过贫民窟和衰败地区的清理，减少非标准住宅，解决严重的住房短缺问题"，将城市更新和公共住房发展联系在一起统筹考虑。表 6-8 为英国 1866—1939 年颁布的主要住房法律。

**表 6-8 英国 1866—1939 年主要的住房政策及法律梳理**

| 年份 | 法律及主要内容 |
| --- | --- |
| 1866 | 《劳动阶级住房法》：允许公共工程贷款委员会提供年利率 4% 和 40 年还款期限的贷款，给私人、地方政府、慈善组织和模范住房公司等用来购买土地、建设住房或者是改善工人阶级住房 |
| 1868 | 《托伦斯法》：授权给地方政府拆除不合格住房权利 |
| 1875 | 《工人阶级住房法》：授权给地方政府购买和清理不合格住房，并在清整的区域建设住房 |

| 年份 | 法律及主要内容 |
|---|---|
| 1915 | 《租金和按揭利率(战争时期限制)增长法》：租金和按揭利率维持在 1914 年 8 月的水平 |
| 1919 | 《住房和城镇规划法》(《艾迪生法》，Addison Act)；向各地政府住房建设提供财政补贴，让他们能维持隔夜拆借债务，其余的债务由财政补贴来承担，1921 年被撤销 |
| 1919 | 《住房法(附加法)》：政府为工人建设住房的私人建筑商提供补贴 |
| 1920 | 《租金和按揭利率增长法(战争限制条例)》：延续了前面条例的管制规定，并允许一定程度的上浮 |
| 1923 | 《住房法》(《张伯伦法》，Chamberlain Act)：规定财政补贴的派发必须与相应的财政义务联系在一起，但没有强制性要求有所贡献，主要用来鼓励私人建筑商，1929 年被取消 |
| 1923 | 《租金和按揭利率限制增长法》：规定方式租金管制，并带来了租赁制度的变化 |
| 1924 | 《住房(金融供给)法》(《惠特利法》，Wheatley Act)：引入了一项新的、更高额度的财政补贴，但必须与强制性的财政贡献联系在一起。1933 年被取消 |
| 1930 | 《住房法》(《格林伍德法》，Greenwood)：提供补贴推动贫民窟的清理和重建；补贴按照改造区需要重建住房的人数来计算；政府有权制定租金折扣 |
| 1933 | 《住房(金融供给)法》：除贫民区改造，取消对其他所有房屋建设的补贴。要求所有政府制订为期 5 年的改造计划，租金和按揭利率限制(修正)法案：扩展了放松管制的相关内容 |
| 1935 | 《住房法》：发送新的补贴，以缓解住房拥挤问题。要求各地政府成立住房收益账户(Housing Revenue Account)，并允许地方政府归集租金和补贴 |
| 1936 | 《住房法》：主要巩固以前的法案 |
| 1938 | 《住房法》：新设一项为每平方英尺提供 5.10 英镑的补贴，推动贫民窟改造和减轻住房拥挤问题 |

| 年份 | 法律及主要内容 |
|------|------|
| 1939 | 《租金和按揭利率限制法》：重新提出对除高价值房产外的所有住房实现租金管制 |

资料来源：吴铁稳. 论第一次世界大战与英国住房政策转变[J]. 理论界，2013（4）：126-128.

## 四、人口增长、城市化成熟阶段与房地产业协同发展

### （一）人口变动特征

该阶段的人口变动特征为总量增长、老龄化程度明显增加，城市化速率相对稳定。20 世纪 50 年开始，世界各国在"二战"中的废墟中重新发展，已有积累和人才储备的优势使得欧美各国在 60 年代至 70 年代经济迅速恢复，并高速增长。经济增长和社会的加速进步使得全球人口迅速增多。如美国在"二战"结束后至 60 年代中期，共出生 7590 万名新生儿，这一代人也被称为美国的"婴儿潮"一代。日本在"二战"结束后至 50 年代末的时期，人口出生率均高于 20‰，这一代人被称作日本的"团块世代"（田香兰，2008），如表 6-9 所示。

这一时期，西方主要发达国家老年人口占比也持续上升。20世纪 30 年代中期，日本老龄化率为 4.66%，而到 50 年代中期则升至 5.32%。战后复苏前期，老龄化率加速上升，至 70 年代初为7.07%。90 年代后期，日本老龄化程度达到较高程度。1995 年老龄化率在 14.54%，而仅仅两年到 1997 年变为 15.66%。相比于 20世纪 30 年代至 50 年代，它 20 年才增长 1 个百分点来讲，老龄化加速趋势已经较为明显。1997 年，日本老年抚养比从 70 年代的10.20% 上升到 22.7%，翻了一番。而部分地区老龄化则更为严重，如秋田、山形、长野、鸟取、岛根、山口、德岛、高知、鹿儿岛等地 1997 年老龄化率已超 20%（尹豪，1999）。1900 年，美国 65 岁及以上人口比在 4% 左右，仅 300 万人口；20 世纪 70 年代初期，老龄化率突破 10%，65 岁以上人口数也增至 2000 万以上；到 1987

年，老龄化率达到 12.5% 左右。英国卫生经济学办公室发布的资料显示，20 世纪中期至 21 世纪初的 50 年间，英国老龄化率一直处于上升状态，数值从 1951 年的 11% 上升至 2001 年的 16%，研究预测到 2031 年可能达到 23% 的水平。

表 6-9　1945—1954 年日本的人口出生率(‰)

| 年份 | 1945 | 1946 | 1947 | 1948 | 1949 | 1950 | 1951 | 1952 | 1953 | 1954 |
|---|---|---|---|---|---|---|---|---|---|---|
| 出生率 | 33.5 | 33.0 | 34.3 | 33.5 | 33.0 | 28.1 | 25.3 | 23.4 | 21.5 | 20.0 |

资料来源：世界各国历年总和生育率统计［EB/OL］.［2019-10-21］. https：//www.kuaiyilicai.com/stats/global/yearly_per_country/g_population_fertility _perc/fra.html.

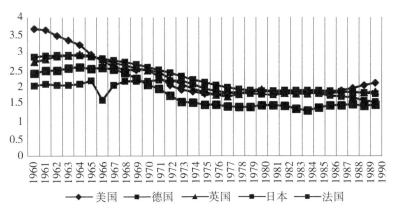

图 6-4　1960—1990 年英、德、法、美日的总和生育率统计①

　　城市化方面，此阶段因人均收入水平提高、生产能力提升带来的现代交通运输方式(小汽车)在民众中的普及，如美国城市人口郊区化趋势较为明显。一方面，全球化和经济发展使得大型的都市

---

① Statistics Bureau of Japan. Historical Statistics of Japan：Chapter 2 Population and Households［DB/OL］.［2019-10-21］. http://www. stat. go. jp/ english/data/chouki/02.html.

圈进一步蔓延，形成城市群；而在城市群内部，核心城市普遍出现人口往其周边的郊区、卫星城扩散的现象。20 世纪 40 年代开始，美国进入大都市区时代。而在 70 年代城市郊区人口超过市区人口，美国进入了郊区城市化的时代。20 世纪 20 至 60 年代，美国城市化水平从 51.2% 上升到 69.9%，每年增速为 0.4675%。而在随后的 70 年代，城镇化率达 73.6%，进入城市化的后期阶段，伴随其中的便是人口向郊区大规模迁移的现象，此时城市郊区人口约为城市人口的 54%（王微，2018）。1990 年，美国城市化率缓慢上升到75.2%（王旭，2000）。从 1955 年到 1965 年，日本的城市化率从56.1% 上升至 67.9%，城市人口从 5053 万人增加到 6736 万人。到了 1970 年，日本的城市化率上升至 72.1%（顾杨妹，2006），1975年跃升至 75.9%，1977 年后日本城市化进程放缓，20 世纪 90 年代中期城市化率为 78%。20 世纪 60 年代，英国开始出现郊区化现象，人口开始由中心城区向城市郊区迁移，在大城市边缘地带聚居，形成大大小小的卫星城市。众多城市出现了内城空洞化问题。20 世纪 60 年代，英国伯明翰人口减少了 8%，伦敦人口减少了 54万人。与此同时，英国逆城市化势头出现。到 1971 年，3/4 的加拿大人住在城市里，70 年代后城市人口的增长相对停滞，1986—1991 年，城市人口比重仅仅上升了 0.1%（高鉴国，2000）。

**（二）房地产市场特征**

该阶段的房地产市场特征为供需两端缓慢增加并且皆相对稳定。城市化、郊区化带动了房地产特别是住宅需求的提升；郊区大量的闲置土地资源，为房地产供给提供了大量潜力。20 世纪中叶至 20 世纪末，婴儿潮一代与城市郊区化相互影响。婴儿潮一代属于出生在物质条件较为丰沛的时代，其住房需求和消费价值观念与前代人不同。第二次世界大战后，青年家庭更倾向土地空旷，环境优美的郊区。由于婴儿潮一代成长在郊区，其消费价值观念受到郊区深刻的影响，如全面使用信用卡，透支未来收入用来消费。20世纪 80 年代，美国婴儿潮人群进入婚嫁阶段，美国政府成立了房利美、房地美、吉利美三大政府支持的抵押贷款机构，通过信贷支持私人自有住房，还通过《社区再投资法》等法律以财政补贴的方式鼓励家庭购买住房，促进了房地产市场的繁荣发展（曹炎，2016）。

在住房供给方面，由于大规模的住房干预导致政府财政支出的负担过重，因此 20 世纪 50 年代后，欧美国家通过公共住房建设和鼓励私人投资建设两条路线提供住房。如德国，从大规模的住房建设到有针对性的住房供给。20 世纪 50 年代，战争的创伤余温尚存，各国住房供给量严重短缺。为缓解住房压力，这一阶段各国住房建设主要是由政府主导，有意识地增加公共保障性住房建设。如表 6-10 所示，1950 年至 1955 年德国新建住房中公共住房所占比例均高于 50%。1956 年《第二部住房建设法》颁布实施，代替了 1950 年的《第一部住房建设法》。该方案的核心在于鼓励私人住宅投资，充分利用社会上的闲散资金减轻政府的财政支出压力。1991—2001 年私人家庭住房建设占德国住房建设比例见表 6-11，可知私人住房投资在总住房量的占比越来越高，并且在 1999 年超过 50%。总之，在这一阶段需求增长和供给增加相对稳定，由之前的供不应求阶段逐渐向供需均衡状态过渡。

**表 6-10　德国 1950 年至 1955 年新建住房中公共住房所占比例**

| 年代 | 总量 | 公共住房建造完成情况 | 占比% |
|------|------|-------------------|-------|
| 1950 | 371. 924 | 254. 990 | 68. 5 |
| 1951 | 425. 405 | 295. 580 | 69. 4 |
| 1952 | 460. 848 | 317. 500 | 68. 8 |
| 1953 | 539. 693 | 304. 240 | 56. 3 |
| 1954 | 571. 542 | 309. 502 | 54. 1 |
| 1955 | 568. 403 | 288. 988 | 50. 7 |

资料来源：Gruber, Wolfram. Sozialer Wohnungsbau in der Bundesrepublik: Der Wohnungssektor Zwischen Sozialpolitik und Kapitalinteressen [M]. Pahl-Rugenstein Verlag Nachfolger-GmbH, 1981.

表6-11　1991年至2001年间私人家庭住房建设占德国住房建设比例

| 年代 | 批准建设住房总量 | | | 私人家庭住房所占比重(%) | | |
|---|---|---|---|---|---|---|
| | 西德 | 东德 | 德国 | 西德 | 东德 | 德国 |
| 1991 | 84057 | 9916 | 93973 | 38.2 | 23.2 | 36.6 |
| 1992 | 83421 | 25052 | 108474 | 40.2 | 49.3 | 42.3 |
| 1993 | 106426 | 43916 | 150343 | 37.1 | 50.4 | 41.0 |
| 1994 | 99078 | 62943 | 162021 | 40.2 | 37.8 | 39.2 |
| 1995 | 88282 | 55422 | 143704 | 38.3 | 43.3 | 40.2 |
| 1996 | 76527 | 44441 | 120968 | 41.8 | 48.3 | 44.2 |
| 1997 | 69256 | 38234 | 107490 | 44.4 | 42.6 | 43.7 |
| 1998 | 52133 | 30626 | 82759 | 50.8 | 47.6 | 49.6 |
| 1999 | 42924 | 19381 | 62305 | 59.3 | 58.8 | 59.2 |
| 2000 | 33766 | 10662 | 44428 | 61.4 | 79.1 | 65.7 |
| 2001 | 33644 | 4764 | 38408 | 66.6 | 78.1 | 68.0 |

资料来源：李超君，张鸣．从大规模公共住房建设到有针对性的住房供给——"二战"后德国公共住房政策的发展和演进[C]//中国城市规划学会．2008中国城市规划年会论文集，2008.

### (三)房地产业特征

该阶段房地产企业业务由以建设开发为主转向资产经营管理等为主，由新建为主改为新建与存量维护更新并重。"二战"以后，在政府前期主导和引导下，欧美各国住房短缺问题逐渐得到解决。在住房市场供不应求情况逐渐缓解的情况下，通过开发-销售模式赚取利润的市场总体规模萎缩，开发商对新增物业的开发建设速率逐渐放缓。由此，持有现有建筑物业进行经营性资产管理成为这一时期房地产企业谋求生存的新领域，因此多数企业均选择住房新建、存量更新并重的发展模式。

该时期欧美发达国家城市更新趋势是推动以上房地产企业业务转变的主要原因。相比于简单重建重修，城市更新更加关注以焕发城市经济社会发展潜力或保护城市历史文脉等为目的，通过科学的城市规划对城市内衰败地区进行重新改造，以引导特定产业和人口的再次分布集聚。其中，对建筑物业的重建或修缮为重要的环节之一，且在市场机制作用下推动了该时期房地产业发展。如美国部分城市在推动更新运动期间，为刺激城市经济发展，针对社区尺度大力推动了以商业物业代替居住物业的转变。法国则分别以卫生状况较差街区和闲置土地为对象，以及住房改造和建设为内容，推动城市更新。20世纪70年代，巴黎社区内民众生活质量和环境质量成为社会关注的焦点。这一时期，对城市历史文脉、人文情怀的关注在巴黎这个浪漫之都逐渐复苏，以往在"现代城市主义"主义指导下的推倒重建模式遭到广泛批判。

在20世纪六、七十年代的城市郊区化时期，人口由大城市核心区域向市外郊区迁移成为普遍的趋势；郊区人口逐渐超过城区人口，而为解决"卧城"问题以及对集聚经济的认识加深，在交通能力发展成熟的背景下，各国城市内产业也纷纷向郊区转移，进而带动郊区住宅和商业地产需求增加，促进房地产市场规模的扩大。如美国小汽车广泛进入了家庭，全国范围内推进了高速公路的建设，这使得很多城市人口大量向外迁移到郊区，促进了郊区的开发。与此同时，追随人口的移动，制造业，商业零售业、服务业，甚至金融机构也纷纷搬到了郊区(亨德森，2012)。

**(四)房地产政策特征**

该阶段房地产政策特征以鼓励城市更新、发展养老地产为方向，国家间有差异。20世纪50年代以来，人口快速增长、产业升级迭代等与满目疮痍、百废待兴的城市建设间矛盾激化，使得城市重建与更新先后成为西方发达国家城市发展的核心关键领域。前期，城市重建主要由政府推动进行，在较短时间内得以缓解住房供应困局。但因缺乏规划和相关经验，一些较大城市内部出现了犯罪率上升、种族隔离和空间错配等问题，环境日益恶劣的中心城区与普及的小汽车双重推动下，城市郊区化不断深化发展，使得各国部分大城市出现了严重的空心化趋势，城市功能难以支撑经济进一步发展。因此，美国、法国、英国等国在这一时期纷纷推动城市更新运动，以改善城市的基础设施和社会生态环境，保留城市底蕴、焕发城市活力。

1949 年美国出台了《住房法》，成为有史以来美国联邦政府最大规模的城市计划，推动了城市更新，这比欧洲国家要早。20 世纪 50 年代是美国城市更新的起始阶段，前期为振兴城市经济和解决住房短缺，主要推动中心区改造和清理贫民窟，后期逐步转向为以商业设施建设为主。随后 60 年代，美国城市更新进入发展阶段，此时的更新活动更加集中在大型城市，并开始重视基于城市整体发展的目标进行综合规划设计。20 世纪 70 年代美国《国家环境政策法》《住房与社区开发法》相继出台，"社区开发基金"等金融支持计划也逐渐丰富，随后美国城市更新转向小规模、渐进式的微观更新阶段，实施也由中央政府主导转向地方城市政府、市场和社会三方共同推进。20 世纪 70 年代中后期，基于对文化传统保护、城市历史文脉修复和居住条件改善等的考虑，法国也开始通过一系列政策、规划和项目开展城市更新运动。该时期，德国主要则主要针对原有历史核心区、旧制造业工业区、旧城市基础设施及原军事设施用地等，优先推动以此类闲置土地再利用为内容的城市更新项目。20 世纪 50 年代中期，联邦德国提出若干"整修翻新旧区（更新历史性的市镇中心）的适当措施"的设想，在 50 年代后期开始推动以试点方式重修历史性市镇中心。同时，重视对尚未建设的城市边缘地区的规划组织。20 世纪 70 年代后，英国从单纯以居住性物业更新改造为主，逐渐转变为由房地产导向的城市中心区的更新。前期大量推动公共住房建设使得政府面临财政危机，因此不得不逐渐放权和缩减支出，引入私有资本参与住房建设和更新活动，逐步促成以房地产业为主导力量的城市中心区更新模式。此阶段，英国有两个旗舰型的城市政策：企业区（enterprise zone）和城市开发公司（Urban development company），其目的是利用政府的公共投资、提供税费减免来带动私人投资参与城市开发，从而增加新的就业岗位，减少失业，缓解旧城的环境问题。

此外，因人口老龄化趋势越发明显，各国纷纷发展养老地产予以应对。美国养老地产发展时间较长，行业市场化程度较高且成熟。从主体来看，美国养老机构以私人性质居多，政府则充当为退休者提供基本养老保障的角色。从形式看，太阳城模式、持续护理退休社区模式（简称 CCRC）以及房地产信托投资基金（REITs）是美国养老地产三大模式。人口老龄化问题在日本尤为严重，因此也逐渐形成了较为成熟合理、完善多样的住宅保障体系，著名项目有横滨太阳城、日医学馆、SECOM 成城项目等。20 世纪 70 年代末，丹麦正式推进"原宅养老"政策实施，逐步形成了以原宅养老为核心、由政府提供扶持保障的养老住房制度（万江，2013）。从内容来看，规定年满 67 岁的公民可以领取政府养老金，政府用养老金补贴 60 岁至 67 岁的老人的工资收入；政府政策支持修建和管理老年人住宅，并提供 24 小时医疗服务和家庭服务。

## 第三节　人口稳定及减少阶段与房地产业
## 协同发展的国际借鉴

### （一）人口变动特征

此阶段人口变动的特征主要表现在人口总量稳定或减少、老龄化率明显上升且程度较高，城市化率相对稳定。随着生活水平的提高和社会福利制度、养老制度的日臻完善，以及逐渐升高的抚养、教育子女成本，使"早生、多生"的传统生育观逐渐被"晚生、少生、优生"的生育观取代。20 世纪 90 年代以后，欧盟各国人口增长速度普遍趋向缓慢态势，从主要欧盟成员国的人口发展来看，进入 90 年代，法国每年自然人口增长数在欧洲遥遥领先，人口增长率也高于欧洲主要发达国家的水平，见表 6-12。英国、意大利的年平均人口增长率处于欧洲主要发达国家中的领先水平。2006 年到 2015 年人口负增长的国家有日本、德国、爱沙尼亚、拉脱维亚、立陶宛、匈牙利、罗马利亚、保加利亚。其中，日本人口的负增长现象在近年来尤为明显，20 世纪 90 年代以来，日本持续表现出出生率和死亡率的"双低"模式，人口增长极其缓慢，进入相对静止阶段，如 2010 年人口为 12806 万人，2015 年下降至 127095 万人，截至 2019 年 10 月，日本的人口总量减少至 12675 万人。

表 6-12　欧盟各国的人口变动

| 国别 | 总人口/千万人 | | | | | | 年平均人口增长率/（%） | | | |
|---|---|---|---|---|---|---|---|---|---|---|
| | 1990 | 1995 | 2000 | 2005 | 2010 | 2015 | 1991—2000 | 2001—2005 | 2006—2010 | 2011—2015 |
| 德国 | 7.940 | 8.170 | 8.22 | 8.250 | 8.180 | 8.170 | 0.350 | 0.070 | -0.170 | -0.020 |
| 法国 | 5.820 | 5.950 | 6.09 | 6.320 | 6.500 | 6.660 | 0.460 | 0.760 | 0.570 | 0.490 |
| 英国 | 5.720 | 5.800 | 5.89 | 6.040 | 6.280 | 6.510 | 0.300 | 0.510 | 0.790 | 0.730 |
| 意大利 | 5.670 | 5.68 | 5.69 | 5.800 | 5.930 | 6.070 | 0.040 | 0.390 | 0.450 | 0.470 |
| 西班牙 | 3.890 | 3.970 | 4.06 | 4.370 | 4.660 | 4.640 | 0.440 | 1.530 | 1.330 | -0.090 |
| 荷兰 | 1.500 | 1.550 | 1.59 | 1.630 | 1.660 | 1.690 | 0.600 | 0.500 | 0.370 | 0.360 |
| 希腊 | 1.020 | 1.060 | 1.08 | 1.100 | 1.110 | 1.080 | 0.590 | 0.370 | 0.180 | -0.540 |
| 比利时 | 0.997 | 1.010 | 1.03 | 1.050 | 1.090 | 1.130 | 0.330 | 0.390 | 0.760 | 0.730 |
| 葡萄牙 | 0.998 | 1.000 | 1.03 | 1.050 | 1.060 | 1.040 | 0.320 | 0.390 | 0.190 | -0.380 |
| 瑞典 | 0.856 | 0.883 | 0.89 | 0.903 | 0.938 | 0.980 | 0.360 | 0.360 | 0.780 | 0.900 |
| 奥地利 | 0.768 | 0.795 | 0.80 | 0.823 | 0.836 | 0.864 | 0.430 | 0.550 | 0.320 | 0.670 |
| 芬兰 | 0.499 | 0.511 | 0.52 | 0.525 | 0.536 | 0.548 | 0.380 | 0.270 | 0.420 | 0.450 |
| 丹麦 | 0.514 | 0.523 | 0.53 | 0.542 | 0.555 | 0.568 | 0.390 | 0.300 | 0.480 | 0.470 |
| 爱尔兰 | 0.351 | 0.361 | 0.38 | 0.416 | 0.456 | 0.470 | 0.850 | 1.840 | 1.920 | 0.610 |

续表

| 国别 | 总人口/千万人 | | | | | | 年平均人口增长率/(%) | | | |
|---|---|---|---|---|---|---|---|---|---|---|
| | 1990 | 1995 | 2000 | 2005 | 2010 | 2015 | 1991—2000 | 2001—2005 | 2006—2010 | 2011—2015 |
| 卢森堡 | 0.038 | 0.041 | 0.04 | 0.047 | 0.050 | 0.057 | 1.580 | 1.360 | 1.280 | 2.800 |
| 爱沙尼亚 | 0.157 | 0.144 | 0.14 | 0.135 | 0.133 | 0.132 | -1.080 | -0.710 | -0.300 | -0.150 |
| 塞浦路斯 | 0.077 | 0.086 | 0.09 | 0.103 | 0.111 | 0.116 | 2.210 | 1.910 | 1.550 | 0.900 |
| 拉脱维亚 | 0.266 | 0.249 | 0.24 | 0.224 | 0.210 | 0.198 | -1.090 | -1.100 | -1.250 | -1.140 |
| 立陶宛 | 0.370 | 0.360 | 0.35 | 0.330 | 0.310 | 0.290 | -0.540 | -1.140 | -1.210 | -1.290 |
| 匈牙利 | 1.040 | 1.030 | 1.02 | 1.010 | 1.000 | 0.984 | -0.190 | -0.200 | -0.200 | -0.320 |
| 马耳他 | 0.035 | 0.038 | 0.04 | 0.040 | 0.042 | 0.045 | 1.140 | 0.510 | 1.000 | 1.430 |
| 捷克 | 1.030 | 1.030 | 1.03 | 1.020 | 1.050 | 1.050 | 0.000 | -0.190 | 0.590 | 0.000 |
| 斯洛伐克 | 0.530 | 0.536 | 0.54 | 0.537 | 0.539 | 0.542 | 0.170 | -0.070 | 0.070 | 0.110 |
| 波兰 | 3.810 | 3.860 | 3.83 | 3.82 | 3.800 | 3.800 | 0.050 | -0.050 | -0.100 | 0.000 |
| 斯洛文尼亚 | 0.200 | 0.199 | 0.20 | 0.200 | 0.205 | 0.206 | -0.050 | 0.100 | 0.500 | 0.100 |
| 罗马尼亚 | 2.320 | 2.270 | 2.24 | 2.130 | 2.020 | 1.980 | -0.340 | -0.980 | -1.030 | -0.400 |
| 保加利亚 | 0.872 | 0.841 | 0.82 | 0.766 | 0.740 | 0.718 | -0.630 | -1.250 | -0.680 | -0.590 |

资料来源：世界各国人口总数统计［EB/OL］．［2019-10-25］．https://www.kylc.com/stats/global/yearly_overview/g_population_total.html.

在人口结构方面，20 世纪末以来，世界人口结构总体趋于老龄化，其中日本、意大利、德国的老龄化程度最为严重。2005 年，日本 65 岁以上人口占比为 19.7%，2010 年上升到 22.7%，2017 年则达到 27.1%；德国 2005 年 65 岁以上人口占比为 18.8%，2010 年上升到 20.4%，2017 年则达到 21.5%；意大利 2005 年 65 岁以上人口占比为 20.0%，2010 年上升到 20.4%，2017 年则达到 23.0%。由图 6-5 可知，世界人口老龄化程度排名前三的国家日本、意大利、德国人口老龄化程度在不断加深。

在城市化方面，欧美日等发达国家在 20 世纪末前基本都已经完成了城市化建设，并且出现了郊区城市化的现象。由图 6-6 可以看到，除俄罗斯、日本、荷兰在 1990—2018 年城市化率有所上升之外，美国、法国、英国、加拿大等国家的城市化率基本稳定不变。此外，这些国家在 2018 年的城市化程度已经非常深入，均高于 70% 以上，其中荷兰、日本的城市化率更是高达 90% 以上。

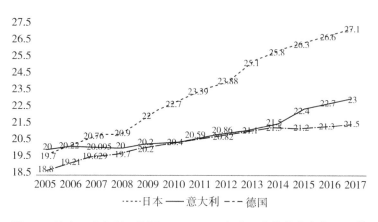

图 6-5　日本、意大利、德国 2005—2017 年人口老龄化率变化(%)①

① 世界各国老年人（65 岁及以上）占总人口比重［EB/OL］.［2019-10-25］. https://www.kylc.com/stats/global/yearly_overview/g_population_65above_perc.html.

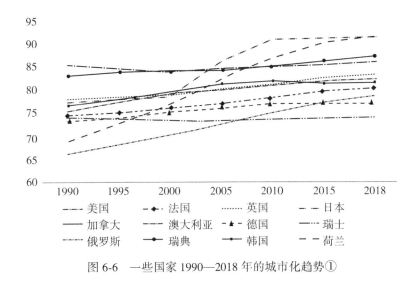

图 6-6　一些国家 1990—2018 年的城市化趋势①

### (二) 房地产市场特征

该阶段的房地产市场特征为需求多样化和对居住环境的要求日益增高，供给形式相应多样化发展，更新改造类市场繁荣。首先，城市化达到成熟程度后，城乡间扩散与集聚能力达到平衡，区域空间一体化水平同时达到成熟水准。这时，由于交通基础设施体系的完善、城乡工资差距缩小等原因，造成城乡间人口流动达到某种动态均衡状态。因此，由城乡间流动人口迁移推动的新建类型的住房市场发展逐渐趋于稳定，主要表现为需求长期平稳变化、波动较小，同时投资规模逐渐减小；而同时人口老龄化的大趋势可能造成新房市场投资规模的进一步缩水。其次，经济社会的成熟发展使得人们对美好生活的向往有了更加强烈的预期，表现为对居住环境要求的日益提高；同时，各年龄阶段、不同文化背景、教育背景的人群对住房的要求日益多样化。因此，催生出新的住房需求。在这样的双重背景下，一方面供给因需求的推动同样向着多样化发展，新

---

① World Bank. Urban Population [EB/OL]. [2019-10-01]. https://datacatalog. worldbank. org/urban-population-4.

需求不断催生新供给，房地产市场整体稳定发展；另一方面，房地产进入存量房时代，通过存量房升级改造，促进城市更新：部分城市通过"填充式"发展实现"城市更新"或"都市再生"。

近年来，美国房地产市场中"存量交易"部分占八成以上。2012 年，美国全国房地产经纪人协会发布存量房销售 465 万套，而根据美国商务部数据新房实际销量约为 36.7 万套，两者比例约为 1∶9。而在城市化最为发达的地区，如纽约，新建住宅比例不足 1%。同时以租赁等供给形式达成的交易比例在逐渐上升。如 21 世纪初，美国大约 32% 的家庭租赁住房；英国约 30% 的家庭租赁住房，其中，10% 的居民租住私房，20% 左右的居民租赁地方政府所有的公共住房。

(三)房地产业特征

该阶段的房地产业特征为房地产企业由开发为主转向资产经营管理等为主，行业的现代服务能力显著提升，更加注重科技创新等；在行业项目内容方面，由新建为主改为存量维护更新为主，特别注重对城市历史文脉、社区营造等人文内容的塑造。在人口后增

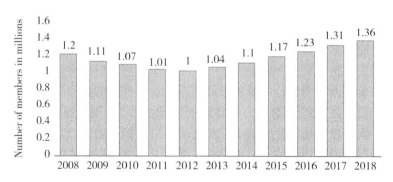

图 6-7　2008—2018 年美国全国房地产经纪人协会会员数量(百万人)①

①　Statista Database. Number of National Association of Realtors members in the United States from 2008 to 2018 [DB/OL]. (2019-8-09) [2019-10-23]. https：//0-www-statista-com. oasis. lib. tamuk. edu/statistics/196269/us-national-association-of-realtors-number-of-members-since-1910/.

长时代，房地产开发规模较小，房地产经纪、物业管理、资产管理和存量房维护改造成为主流。多项研究已显示，房地产经纪人对房地产搜寻、匹配和议价等效率的提升有着显著影响（Han，2015）。如图6-7所示，美国在城市更新时代房地产经纪行业总体呈现缓慢上升趋势。如图6-8所示，以绿色建筑为代表的新住房形式等也在近年来得到了加速发展。2000年以后，英国多数城市内部以文化为导向的城市更新理念成为主导，城市越来越应当作为为文化创意、人文情怀而构造的空间。因此，催生出一系列对旧有工业厂房等棕地的改造项目，以建成新的文化设施，如伦敦的国王十字街区更新项目，将粮仓改造为伦敦艺术大学。

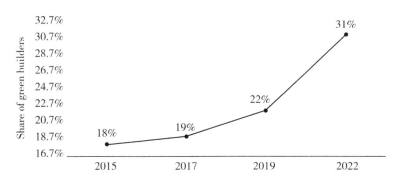

图6-8 2015—2022年（估计）美国可持续发展的独户
房屋建筑商所占份额（%）①

### （四）房地产政策特征

该阶段的房地产政策特征为鼓励城市更新，避免房屋过度拆除和继续推动养老地产发展，国家间有差异。相比城市更新发展前期政府的大面积强行干预，后城市更新时代更注重鼓励私人投资进入

① Statista Database. Share of Sustainable Single Family Home Builders in the U. S. from 2015 to 2022［DB/OL］.（2018-3-29）［2019-10-23］. https：//0-www-statista-com. oasis. lib. tamuk. edu/statistics/791009/sustainable-single-family-home-constructors-in-the-us/.

房地产市场，以推动多样化和创新发展。如 20 世纪 70 年代之前，英国中央和地方政府在城市更新中都扮演着主导作用，出台政策主要推动了贫民窟清理和福利社区更新，而且城市更新的资金绝大部分来源于公共部门。到 20 世纪 80 年代，公私合作方式成为了城市更新中最大的特点。此外，后期的城市更新政策放弃关注使用物质手段去改造城市面貌的鼓励和控制，更注重对城市的综合治理以及注重人居环境的社区综合复兴。如日本则通过土地规划和旧城改造来进行城市更新。旧城改造并不是只有单纯的物质更新，而是要在可持续发展的思想指导下，考虑旧城功能的定位。日本旧城改造最典型的案例是六本木新城开发计划。在改造前，它有点像东京市的城中村，楼房破旧衰败，街道狭小，交通拥堵，没有什么产业。改造后的六本木新城居住环境得到很大的美化和区域发展大为改善。2000 年以后，日本的城市更新发生了很大变化，将城市更新作为国家战略，在区域价值提升的同时，重视可持续发展，鼓励自下而上的"街道建设"活动和小规模有机更新。2001 年后，日本实施了"城市复兴政策"，首先将东京、横滨、名古屋和大阪这四大城市作为城市更新的重点，然后又在全国设立了 14 个城市再生区。而且日本的城市复兴政策的核心不是仅限于物质环境的更新，而是将它和城市的转型发展紧密联系在一起（王萌，2018）。总之，自 20 世纪 90 年代开始，城市更新的新潮流逐渐出现，它依然延续了前期的公私合作和鼓励私人投资，同时更新的内容从开发商主导的物质环境更新扩展到经济、社会、环境等多目标的综合更新（张更立，2004）。

在养老地产方面，日本通过财政补贴和金融支持的方式大力发展老年住宅，凡是居民建造或购买的国家规定标准内的住宅，均可向住宅金融公库申请低息贷款（吴士君，2004）。此外，它还对老年人实施补助。新加坡作为投资主体，参与养老设施的建设，推行"双倍退税"的政策对养老机构各项服务运行成本提供相应的津贴，鼓励它的建设运营（柴志峰，2013）。

# 第四节　人口变动与房地产业协同发展的国家案例

针对英国、美国和日本的三个典型发达国家案例，本节将先按前文所划定的人口、城市化水平阈值，确定各国各阶段的大致历史时间范围，并在此基础上总结相应人口变动、房地产市场、房地产业以及相关房地产政策情况。

## 一、英国

### （一）英国人口变动情况

英国人口变动和房地产业协同发展各阶段的大致时间范围划分如下：18 世纪中叶至 19 世纪初为人口增长与城市化起步阶段；19 世纪初至 19 世纪中叶为人口增长与城市化快速增长阶段；19 世纪中叶至 20 世纪初为人口增长与城市化慢速增长阶段；20 世纪初至 20 世纪中叶为人口增长与城市化成熟时期；20 世纪中后期至今逐步进入人口稳定及减少阶段。

1. 人口总量的变化

图 6-9 为英国 1800—2021 年人口总量的历史变化情况。

在城市化发展的起步阶段，英国 1400—1800 年期间人口增长基本呈现缓慢趋势。但相比于法国、荷兰和意大利等其他西欧国家，英国人口增长速度较快。18 世纪初期到中期，因黑死病等原因英国年平均死亡率高达 33‰~37‰，此时人口增长陷入停滞，人口数量基本上徘徊在 580 万~600 万人之间。18 世纪中期开始，英国步入第一次工业革命时期，在很长一段时间内充当世界城市化和工业化的先驱，在产业升级、社会生产力水平提升的背景下，人口总量特别是城市人口总量开始迅速提升。

在人口增长与城市化发展的快速增长阶段，19 世纪初期以后的英国人口迅速增长，直到 19 世纪中叶增长趋势才有所减缓。在 19 世纪 20 年代以后，与工业革命推进的同时，英国人口在起飞高峰过后依然呈现持续增长态势。随后，英国进入 19 世纪中叶到末期的人口增长与城市化慢速发展阶段，人口总量依旧处于增长的状态，但是增速有所减缓。

进入 20 世纪，1900 年英国城市化率就达到了 77%，而直到 21 世纪的第一个十年才达到 80%。这一时期内，英国总人口数量也在不断上升。在城市化发展成熟阶段内，因两次世界大战和经济大萧条影响，英国人口增长缓慢，特别在 20 世纪 30 年代至 40 年代增长趋势明显趋缓。在"二战"后至今的城市化发展稳定阶段内，因经济复苏、科技进步等原因，英国人口又有了进一步的攀升增长。图 6-10 为 1956—2016 年英国人口出生、死亡以及自然增长情况。19 世纪中叶以来，人口出生率经历了两次低谷，分别在 1976 年和 2001 年左右。此外，人口的死亡基本保持较为稳定的水平，人口总量的增长基本由新出生人口所决定。总体来看，英国的人口总量在 20 世纪末增长幅度较小，21 世纪初增长幅度又有所提升。

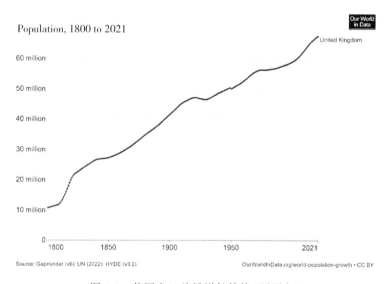

图 6-9 英国人口总量增长趋势(百万人)

2. 人口年龄结构的变化

由前三节可知，作为全球工业化和城市化发展的先驱国家，20

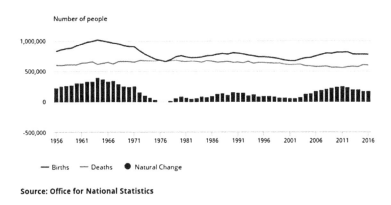

Source: Office for National Statistics

图 6-10 1956—2016 年英国人口出生、死亡以及自然增长情况

世纪前的英国人口年龄结构均偏向年轻化。自 20 世纪以来,英国进入城市化发展的后期阶段,城市发展和人口总体稳定,老龄化程度也在不断加深。

一方面,人的平均寿命在更为发达的社会下继续增长。20 世纪的 100 年间,英国每年出现的百岁老人由 74 名增长至 3000 人;在预期寿命方面,英国男性出生时预期寿命从 1901 年的 51 岁增长至 1991 年的 76 岁,女性从 58 岁增长至 81 岁(Thane,2010)。另一方面,老龄人口占比逐渐增大。如图 6-11 所示,1950—2020 年,65 岁以上人口所占比重在不断提高,19 岁以下未成年人口所占的比重却在不断地下降。

3. 城市化发展阶段的变化

由前文可知,城市化发展是人口变动、经济发展及房地产业间的复杂协同互动的主要结果。人口城市化率则是划定各国人口变动与房地产业协同互动过程中各主要阶段的基本标尺。

1800 年英国城市化率达到 32%,进入城市化发展的加速阶段。英国人口普查数据显示,1851 年城市人口占总人口的比重已升至 50% 以上,成为世界上城市人口比重第一个超过农村人口的国家,到 19 世纪末,其城市化比重进一步升至 75% 左右。20 世纪 10 年代以后,由于世界性的经济危机和两次世界大战的影响,英国的人

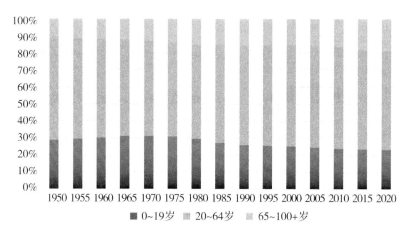

图 6-11　1950—2020 年英国人口年龄结构①

口城市化进程一度处于停滞状态，1911 年，全国城市人口比重达到 78.1%，此后增长非常缓慢，大约每 10 年上升 2%，1961 年达到 78.4%，到 2001 年基本稳定在这一水平。2001 年后，城市化水平有所缓慢地提升，2011 年城市化达到 81.6%，2018 年则达到 83.4%。

表 6-13　英国人口和城市化进程相关数据

| 年 Year | 总人口 Total Population | 城市人口 Urban Population | 占比 Per cent of Total(%) |
|---|---|---|---|
| 1851 | 17927609 | 8990809 | 50.2 |
| 1861 | 20066224 | 10960998 | 54.6 |
| 1871 | 22712266 | 14041404 | 61.8 |
| 1881 | 25794439 | 17636646 | 67.9 |
| 1891 | 29002525 | 20895504 | 72.0 |

① UNITED NATIONS.World Population Prospects 2019[EB/OL].[2019-10-11]. https://population.un.org/wpp/Publications/Files/WPP2019_Highlights.pdf.

续表

| 年 Year | 总人口 Total Population | 城市人口 Urban Population | 占比 Per cent of Total（%） |
|---|---|---|---|
| 1901 | 32527843 | 25058355 | 77.0 |
| 1911 | 36070492 | 28162936 | 78.1 |
| 1961 | 52800000 | 41379360 | 78.4 |
| 1971 | 55896223 | 43056861 | 77.0 |
| 1981 | 56333829 | 44272756 | 78.6 |
| 1991 | 57424897 | 44854587 | 78.1 |
| 2001 | 59119673 | 46556742 | 78.8 |
| 2011 | 63258918 | 51600299 | 81.6 |
| 2018 | 66488991 | 55451818 | 83.4 |

资料来源：Genealogy Supplies（Jersey）.UK Census Online［EB/OL］.［2019-10-20］.https://ukcensusonline.com/.世界各国人口总数统计［EB/OL］.［2019-10-20］.https://www.kylc.com/stats/global/yearly_overview/g_population_total.html.

### （二）相关阶段房地产政策的变化

19世纪初，英国政府受经济自由主义思想的影响，对住房市场调控没有给予足够的重视。随着工业革命的迅速发展，带来了一系列的环境污染、城市卫生问题。为了改善城市中的卫生条件，19世纪中叶英国先后出台了《公共卫生法》《劳工阶级房屋租赁法》以及《劳工阶级住宅法》等相关法律法规。在这一时期，政府只是简单地对存量住房进行了维护和改善，没有介入新增住房供给的管控。接下来进入维多利亚女王时代，英国开始对住房政策进行了各种各样的尝试，如建立"公益和百分之五"项目等。1945年之后，英国的住房政策进入成熟发展的阶段，通过政府主导、私人投资的方式基本实现了从供不应求向供需均衡的转变。

进入20世纪以后，英国的房地产政策主要划分为以下几个发展时期：政府干预加强期（1915—1945年）、政府主导期（1945—

1979 年)、公房私有化期(1979—1997 年)、国家干预与市场调节结合期(1997 年至今)。

在政府干预加强期,由于两次世界大战对住房等建筑的破坏,这一阶段的住房主要处于供不应求的状态。英国政府为了缓解住房的压力,采取了租金管制、社会住房、贫民区拆迁、资助贫困家庭等政策。在 1945 年至 20 世纪 70 年代末期间,随着人口的激增以及战士返乡复员,住房压力和矛盾不断凸显,住房成为了当时最严重的内政问题。此时的英国政府认为自由放任的市场经济不能解决这个问题,从此政府开启了大规模干预住房市场的时代。如在 1945—1952 年,公共住房共建成 85.3 万套。1946—1976 年,地方政府年均建造 14.3 万套。1979—1997 年的住房政策主要是在连续执政的英国保守党的推动下形成,如采取促进自有住房的增长、私有化、放松管制和逐渐市场化住房供给方式的政策。与此同时,这一阶段结束了英国典型的住房政策体制,重新确立了住房的后福利制度。例如,1980 年实施了住房法和租户权益法,提出了"购屋权"的规定以及租户的权利等;1982 年,英国通过了社会保障和住房福利法,建立了住房福利制度;1996 年实施了住房补贴法、建设和更新法等。在 1997 年 5 月,英国保守党执政结束,工党上任后对住房政策进行了一系列的改革。从 1997 年布莱尔首相的首个执政期开始,政府重视过度放任住房市场化带来的问题,并通过加大公共住房政策的制定和执行力度来解决这些问题(颜莉,2016)。如在 2000 年,英国工党政府制定了住房绿皮书(DETR,2000),分别在选择范围拓展、租金调整和住房福利三个领域进行了改革。2011—2015 年,英国开始推行可支付住房计划等住房改革措施,改变原有的中央政府筹资方式,由地方政府征税来补贴可支付住房建设和租赁(颜莉,2016)。

**(三) 当前阶段内的房地产市场和房地产业发展情况**

前文已对人口增长阶段内英国的发展情况进行了对应论述。英国、美国和日本皆处于人口稳定或减少的发展阶段。本小节以及与本小节对应的日本和美国案例分析中,分析重点皆在于总结各国当前所处阶段的房地产市场和房地产业情况。

1. 房地产市场发展运行情况

第一，近年来英国住房新房市场与租赁市场均得到平稳发展。英国早在 20 世纪中后期开始进入城市化成熟阶段。2000 年后，在人文导向城市更新浪潮、新建设技术发展和全球产业升级的综合推动下，英国住房市场发展得到平稳推进。如图 6-12 所示，根据 Statista 数据库发布的统计和预测结果，英国 2000 年的私人住宅新增价值约为 94.8 亿英镑，到 2021 年增加到约新增 408 亿英镑，这说明从线性趋势线来看，住房市场产值缓慢增长。同时如图 6-13 所示，2000—2020 年英国新建公共住房建筑业产出指数也在不断上升。从住房租赁市场来看，在供求机制下，英国总体房租价格水平不断上升。如图 6-14 所示，我们发现从 2008 年开始至 2020 年，英国平均房租支出水平从每月 616 英镑上涨至每月 821 英镑。

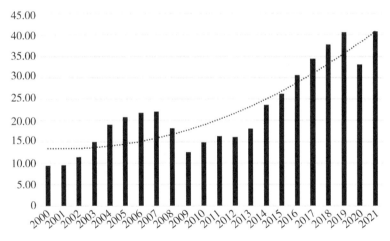

图 6-12 2000—2021 年英国新建私人住宅建设产值(十亿英镑)①

① Statista Database. Construction Output Value of New Private Housing in England, Scotland and Wales from 2000 to 2021[DB/OL]. (2018-5-24)[2019-09-10]. https://www-statista-com.libproxy1.nus.edu.sg/statistics/296668/great-britain-construction-output-value-new-private-housing-monthly/.

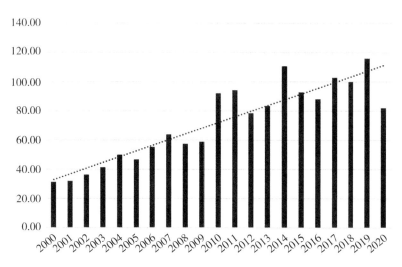

图 6-13　2000—2020 年英国新建公共住房建筑业产出指数①

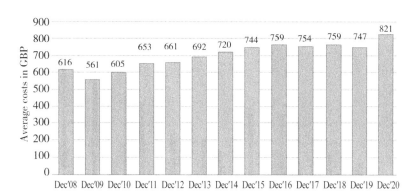

图 6-14　2008—2020 年英国（UK）的平均每月房屋租金水平（英镑）②

①　Statista Database.Construction Output Index：New Public Housing in Great Britain 2000-2020［DB/OL］.（2019-2-08）［2019-09-10］.https：//www-statista-com. libproxy1. nus. edu. sg/statistics/296335/great-britain-construction-output-new-public-housing-y-on-y/.

②　Statista Database. Average Monthly Home Rental Payments in the United Kingdom（UK）from 2008 to 2020 （in GBP）［DB/OL］.（2019-2-08）［2019-10-10］. https：//www-statista-com. libproxy1. nus. edu. sg/statistics/295967/halifax-average-monthly-costs-of-buying-and-renting-a-property/.

第二，家庭购房支出平稳上升，购房者年龄分布与住房购买方式和获取住房所有权能力有一定关系。首先，如图 6-15 所示，2000—2020 年各年总的英国家庭住房支出水平不断上升，2020 年水平约为 2000 年的两倍。如图 6-16 所示，以英格兰地区为例①，年龄越大的人群可能越有能力或意愿获得自己所有的住房，可以看出英国完全获得住房所有权的人群中有 63.7% 年龄在 65 岁以上且低于 65 岁的人群中随着年龄提升，这一比例缓慢提升。其次，在住房还设定抵押贷款的人群中，45 岁到 54 岁人群所占比例最高，为 32.5%，且类似于正态分布形式，偏离这一年龄段的人群所占比例随着年龄差距增大而减小。

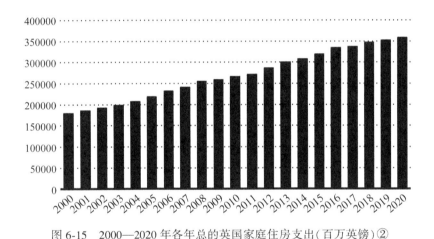

图 6-15　2000—2020 年各年总的英国家庭住房支出（百万英镑）②

第三，从 20 世纪以来，英国整体房价呈现波动上升的变化趋

---

① 因为英格兰地区从地理面积和住房市场规模方面在英国都占据绝对优势，同时考虑到数据限制，我们使用英格兰的统计资料来分析英国购房者的行为特征。

② Statista Database. Household Expenditure on Housing in the United Kingdom（UK）from 2000 to 2020（in million GBP）[DB/OL].（2019-08-22）[2019-10-10]. https://www-statista-com. libproxy1. nus. edu. sg/statistics/532949/consumer-spending-on-housing-in-the-united-kingdom-uk/.

图6-16 2017—2018年按房屋融资类型和年龄划分英格兰
（英国）的房屋所有者分布①

势。英国城市化率在1900年为56%，处于城市化加速阶段，在1960年已经达到78.4%，进入城市化发展的后期阶段，到2018年仅上升到83.6%。如图6-17和图6-18所示，根据Katharina Knol等人（2017）的研究，自1899年以来，英国房屋价格上涨了380%（Knoll，2017）。1953年前英国虽处于城市化加速阶段但房价变化较为平稳，两次较为明显的攀升出现在两次世界大战期间。从1899年到1938年，英国的房价平均每年下降1%（Knoll，2017）。"二战"后，英国房价在70年代开始明显增长，在1990年代末和2000年代末以特别高的价格升值持续上涨。

2. 建筑业和房地产业发展情况

第一，从产值和产业结构看，建筑业增加值受经济周期影响明显，建筑业内私人住宅建设所占份额最高。如图6-19所示，2006—2008年，因经济危机影响，英国建筑业增加值从约886亿英镑下降到771亿英镑左右，随后在经济复苏和国家干预扶持作用下，建筑业发展稳定攀升，至2016年增加至1047亿英镑左右。如

① Statista Database.Distribution of Homeowners in England（UK）in 2017/2018,by type of home financing and Age［DB/OL］.（2019-08-22）［2019-10-10］. https://0-www-statista-com. oasis. lib. tamuk. edu/statistics/321097/distribution-of-home-owners-in-england-uk-by-type-of-home-financing-and-age/.

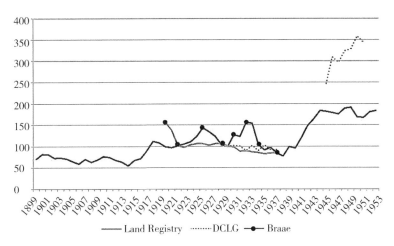

图 6-17　1899—1953 年英国各类名义房价指数走势图（1930＝100）①

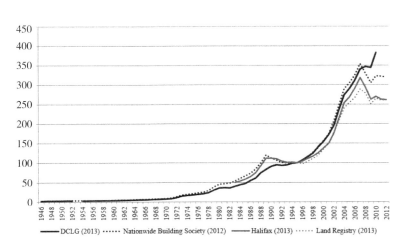

图 6-18　1946—2012 年英国各类名义房价指数走势图（1995＝100）②

① Knoll K，Schularick M，Steger T . No price like home：global house prices，1870-2012[J]. American Economic Review，2017，107（2）：331-353.

② Knoll K， Schularick M， Steger T . No Price Like Home： Global House Prices， 1870-2012[J]. American Economic Review， 2017， 107（2）： 331-353.

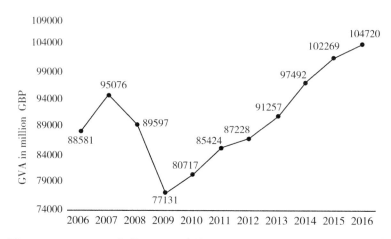

图 6-19　2006—2016 年英国(UK)建筑业的总增加值(GVA)(百万英镑)①

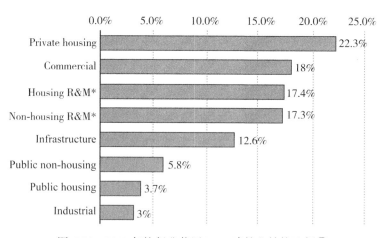

图 6-20　2018 年按行业英国(UK)建筑业结构比例②

①　Statista Database. Gross value added (GVA) of the Construction Industries in the United Kingdom (UK) from 2006 to 2016[DB/OL].(2019-10-17)[2019-10-27] https∶//0-www-statista-com. oasis. lib. tamuk. edu/statistics/540236/gross-value-added-construction-industry-gva/.

②　Statista Database. Structure of the construction industry in the United Kingdom (UK) in 2018, by share per sector[DB/OL].(2019-08-19)[2019-10-10] https∶//0-www-statista-com. oasis. lib. tamuk. edu/statistics/565511/construction-industry-structure-uk/.

图 6-20 至图 6-22 所示，建筑业总体在增加值的上升波动主要来自私有住房部分。2018 年私有住房建设占建筑业的 22.3%，其次为商业地产占 28%，这说明上文所述的由人文导向的城市更新大趋势为房地产行业带来了新的市场发展前景，同时从产业发展来看，商业等服务业发展为房地产开发提供了新动力。

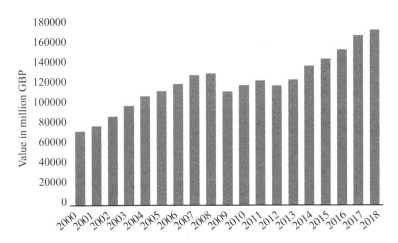

图 6-21　2000—2018 年英国所有新建（all work①）的建筑产值（百万英镑）②

第二，建筑业和房地产行业企业数、就业人数均缓慢增长。如图 6-23、6-24 和表 6-14 所示，2006—2016 年，英国房地产行业企业数目和就业人数总体呈现根据经济周期波动的态势，2008 年前有下降变化，随后逐年平稳上升。另一方面，从总体来看，房地产行业的企业数和就业数都较建筑行业少，但其产值远大于建筑业总体产值。

---

　①　注："all work（所有工作）"说的是公私部门的新建住房、基础设施以及维修保养。

　②　Statista Database. Construction Output Index of All Work in Great Britain from 2010 to 2018［DB/OL］.（2019-05-03）［2019-10-10］. https://0-www-statista-com. oasis. lib. tamuk. edu/statistics/296663/great-britain-construction-output-value-all-work-y-on-y/.

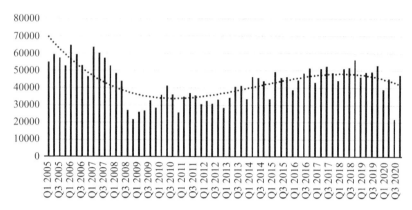

图 6-22 2005 年第 1 季度至 2020 年第 3 季度英国新房开工数量(套)①

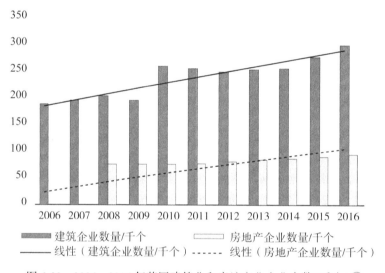

图 6-23 2006—2016 年英国建筑业和房地产业企业个数(千个)②

① Statista Database.Construction Industry In the United Kingdom (UK)[DB/OL].(2018-11-29)[2019-10-10].https://www-statista-com.libproxy1.nus.edu.sg/search/? q=Construction+industry+in+the+United+Kingdom+%28UK%29&qKat=search&newSearch=true.

② Office of National Statistics (UK).Annual Business Survey[EB/OL].(2018-8-24)[2019-10-8].https://www.ons.gov.uk/businessindustryandtrade/business/businessservices/methodologies/annualbusiness.

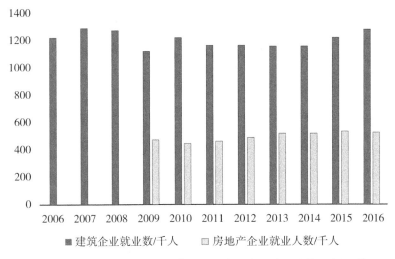

图 6-24　2006—2016 年英国建筑业和房地产业就业人数( 千人) ①

## 二、美国

美国人口变动和房地产业协同发展各阶段的大致时间范围可划分如下：18 世纪中叶至 19 世纪 80 年代为人口增长与城市化起步阶段；19 世纪 80 年代至 20 世纪 20 年代为人口增长与城市化快速增长阶段；20 世纪 20 年代至 20 世纪 60 年代为人口增长与城市化慢速增长阶段；20 世纪 60 年代至今为人口增长与城市化成熟时期，同时也是人口稳定阶段。

### ( 一) 美国人口变动情况

1. 人口总量的变动

15 世纪以前，北美大陆在原有以印第安人为主的人口体系下，人口数量长期维持在极少水平。到 1492 年，美国地区人口增至约

①　Investment Property Forum. The Size and Structure of the UK Property Market：End—2016 Update [ EB/OL] . [ 2019-10-12] . http：//www. ipf. org. uk/asset/ D5B0BD3A-BD54-4A03-AC7979AA9E725806/.

表6-14 2006—2016年英国建筑业和房地产业相关数据汇总

| 年份 | 2006 | 2007 | 2008 | 2009 | 2010 | 2011 | 2012 | 2013 | 2014 | 2015 | 2016 |
|---|---|---|---|---|---|---|---|---|---|---|---|
| 建筑业产值/百万英镑 | 75313 | 81391 | 79689 | 65881 | 72800 | 78102 | 69681 | 74920 | 85240 | 92257 | 99267 |
| 房地产业产值/十亿英镑 | 859 | 839 | 639 | 602 | 664 | 695 | 688 | 729 | 838 | 926 | 883 |
| 建筑企业数量/千个 | 186.1 | 192.3 | 202.4 | 194.0 | 256.4 | 253.1 | 247.1 | 250.9 | 251.6 | 273.8 | 296.1 |
| 房地产企业数量/千个 | / | / | 74.9 | 74.6 | 75.3 | 75.8 | 79.2 | 83.2 | 85.6 | 88.9 | 93.5 |
| 建筑企业就业数/千人 | 1215.3 | 1286.3 | 1266.3 | 1114.4 | 1222.2 | 1159.8 | 1154.1 | 1151.8 | 1151 | 1218.9 | 1274.7 |
| 房地产企业就业人数/千人 | / | / | / | 480.5 | 445.7 | 459.4 | 493 | 524.5 | 519.2 | 534.8 | 527.7 |

资料来源：参考 Office of National Statistics（UK）. Annual Business Survey［EB/OL］.（2018-8-24）［2019-10-8］.https://www.ons.gov.uk/businessindustryandtrade/business/businessservices/methodologies/annualbusiness.和 Office of National Statistics（UK）.All Data Related to Employment and Employee Types［EB/OL］.［2019-10-8］. https://www.ons.gov.uk/employmentandlabourmarket/peopleinwork/employmentandemployeetypes/datalist,和 Investment Property Forum. The Size and Structure of the UK Property Market: End-2016 Update［EB/OL］.［2019-10-12］. http://www.ipf.org.uk/asset/D5B0BD3A-BD54-4A03-AC7979AA9E725806/.

80 万。而从 17 世纪开始，在移民因素推动下，美国人口开始爆炸式地增长。18 世纪 90 年代初，美国总人口约 460 万，其中非印第安人 393 万。

伴随工业化和城市化推进和移民的进一步涌入，19 世纪 20 年代人口达到 964 万人、60 年代增至 3151 万人。"一战"爆发时，美国人口已接近 1 亿人，到 1950 年总人口增至 1.51 亿人（李仲生，2011）。随后，在经济发展和社会稳定的历史大背景下，美国人口从 20 世纪中期进一步稳定增长。如图 6-25 和图 6-26 所示，1959 年至 2018 年，美国总体人口变化呈现平稳增长的趋势，从最初的 1959 年的 1.78 亿元到 2018 年的 3.27 亿人，平均每年增长 252.54 万人。

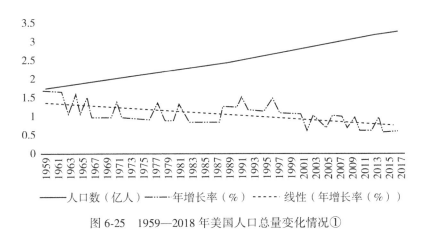

图 6-25 1959—2018 年美国人口总量变化情况①

从年增长变化率看，基本围绕年增长 1%的水平波动，60 年代水平基本在 1%以上，平均约为 1.36%；七八十年代则在 1%附近向下变化，平均水平为 0.99%，其中在 70 年代末 80 年代初经历了一次较高增长，分别为 1978 年的 1.36%和 1982 年的 1.31%。随后 90 年代，经历了人口较快增长，平均水平约为 1.21%，这一时期

① American Census Bureau. Tables of Population［DB/OL］.［2019-11-01］https：//www. census. gov/data/tables. html.

的大幅度增长与移民人口流入、生育率提高以及预期寿命延长有着密切关系(吴艳文,2014);2000 年至今增速逐渐放缓,平均水平约为 0.84%。在进入 2008 年后,人口增长速率明显放缓,由 0.95%下降至 0.8%以下,2017 年首次下降到 0.65%以下。从增速的线性趋势线看,人口增长逐步放缓。

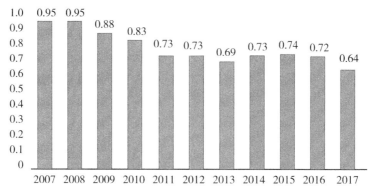

图 6-26　美国 2007—2017 年人口环比增长率变化情况(单位:%)①

2. 人口年龄结构的变化

在人口结构方面,具体见表 6-15、图 6-27 和图 6-28 所示。1820 年总人口、男性、女性的年龄中位数分别是 16.7 岁、16.7 岁、16.8 岁,到 2017 年,总人口、男性、女性的年龄中位数则变成 38.1 岁、36.8 岁、39.4 岁,涨幅分别为 128%、120%、135%。在总和生育率逐年降低和预期寿命不断提高的双重作用下,美国老年人口数量及比重不断提高。1950 年,美国 65 岁及以上人口的比重近 8.3%;而到 20 世纪 70 年代中期,该比重达到 10.5%;2010 年,该比例变化至 13.1%,其中年龄在 80 岁及以上人口所占比重为 3.8%。从数量看,65 岁及以上人口从 1300 万变化至 4053 万,其中 80 岁以上人口从 180 万增长至 1182 万人(吴艳文,2014)。从

---

① American Census Bureau. Tables of Population[DB/OL].[2019-11-01] https://www.census.gov/data/tables.html.

中位年龄数看，从 1960 年 29.5 岁变化至 2010 年的 37.2 岁。另一
方面，出生率的降低导致中位年龄后移，进而挤压低龄组人口比
例，使其不断下降，表现为 18 岁及以下人群从 60 年代的 35.9% 下
降到 2010 年人口普查时的 24%，程度极为明显。

**表 6-15　美国 1820—2017 年总人口、男性、女性年龄中位数**

| Year | Median age of the total population | Median age of males | Median age of females |
|------|------|------|------|
| 1820 | 16.7 | 16.7 | 16.8 |
| 1830 | 17.2 | 17.2 | 17.3 |
| 1840 | 17.8 | 17.9 | 17.8 |
| 1850 | 18.9 | 19.2 | 18.6 |
| 1860 | 19.4 | 19.8 | 19.1 |
| 1870 | 20.2 | 20.2 | 20.1 |
| 1880 | 20.9 | 21.2 | 20.7 |
| 1890 | 22 | 22.3 | 21.6 |
| 1900 | 22.9 | 23.3 | 22.4 |
| 1910 | 24.1 | 24.6 | 23.5 |
| 1920 | 25.3 | 25.8 | 24.7 |
| 1930 | 26.5 | 26.7 | 25.2 |
| 1940 | 29 | 29.1 | 29 |
| 1950 | 30.2 | 29.9 | 30.5 |
| 1960 | 29.6 | 28.7 | 30.4 |
| 1970 | 28.1 | 26.8 | 29.8 |
| 1980 | 30 | 28.8 | 31.2 |
| 1990 | 32.9 | 31.7 | 34.1 |
| 2000 | 35.3 | 34 | 36.5 |
| 2010 | 37.2 | 35.8 | 38.5 |
| 2017 | 38.1 | 36.8 | 39.4 |

资料来源：American Census Bureau. Tables of Population［DB/OL］. ［2019-
11-01］https：//www. census. gov/data/tables. html.

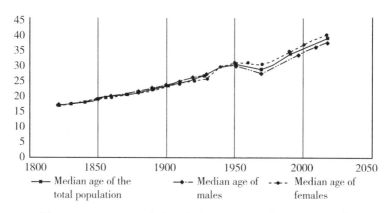

图 6-27　1800—2017 年主要年份美国人口年龄中位数变化①

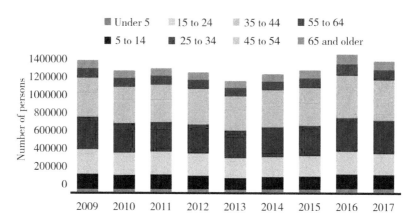

图 6-28　2009—2017 年获得美国绿卡的永久居民人口年龄结构②

①　American Census Bureau. Age & Sex Tables［DB/OL］.［2019-11-01］.
https：//www. census. gov/topics/population/age-and-sex/data/tables. html.

②　Statista Database. U. S. Immigration/Migration［DB/OL］.（2019-04-29）［2019-10-10］. https：//0-www-statista-com. oasis. lib. tamuk. edu/topics/805/immigration-migration/.

### 3. 城市化发展阶段的变化

美国在建国初期是典型的农业国家，1790 年进行第一次人口普查时，城镇人口只有 20.2 万人，占总人口的 5.1%。但此后城镇人口比重不断上升，1820 年增长到 7.2%，1860 年上升到 19.8%，并于 1870 年达到 25.7%，初步实现了城市化。

南北战争以后，随着工业化和城市化的发展，城镇人口比重持续上升，1890 年增至 38%，1920 年达到 51.2%，2000 年又增至 77.2%（李仲生，2011）。由图 6-25 可知，美国城市化在 1790—1930 年期间速度最快，呈"J 形"曲线增长，1930 年以后，城市化的速度有所减缓，但是依然在推进，并且在 2010 年的城市化率达到 80.70%。

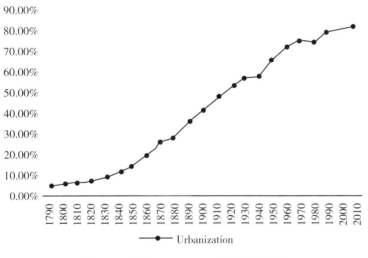

图 6-29　美国 1790—2010 年城市化率①

### 4. 人口流动与地理分布情况

相比于英国而言，美国作为移民国家且疆域广阔，人口流动现

①　American Census Bureau. Tables of Population［DB/OL］. https：//www. census. gov/data/tables. html.

象更为显著，且从历史看，人口对美国整体社会经济发展产生着重
要影响，造成了流入区的房地产需求增加，流出区的房地产需求减
少。美国 1950—2018 年人口流动比重和相关类型情况，见表 6-16
和图 6-30。流动人口每年占总人口的比重在 10%~20% 之间，总体
呈现下降趋势。其中，主要为美国国内不同居住者的流动，国外移
动人口只占 0.5% 左右。在国内流动方面，主要集中在州内的移
动，比重在 6%~7%。人口地理分布方面，当前美国人口主要分布
在东部、东北部、五大湖区、东南部的佛罗里达州、南部的得克萨
斯州和西南的加利福尼亚州。

**表 6-16　美国人口流动年比重( % )**

| Mobility period | Total | non-movers | Total movers | Different residence in the United States | | | | | Movers from abroad |
|---|---|---|---|---|---|---|---|---|---|
| | | | | Total | Same county | Different county | | | |
| | | | | | | Total | Same state | Different state | |
| 2017—2018 | 100.0 | 89.9 | 10.1 | 9.8 | 6.2 | 3.6 | 2.0 | 1.5 | 0.4 |
| 2016—2017 | 100.0 | 89.0 | 11.0 | 10.6 | 6.8 | 3.8 | 2.1 | 1.7 | 0.4 |
| 2015—2016 | 100.0 | 88.8 | 11.2 | 10.7 | 6.9 | 3.9 | 2.4 | 1.5 | 0.4 |
| 2014—2015 | 100.0 | 88.4 | 11.6 | 11.1 | 7.3 | 3.8 | 2.1 | 1.6 | 0.5 |
| 2013—2014 | 100.0 | 88.5 | 11.5 | 11.2 | 7.6 | 3.6 | 2.1 | 1.5 | 0.4 |
| 2012—2013 | 100.0 | 88.3 | 11.7 | 11.4 | 7.5 | 3.8 | 2.3 | 1.6 | 0.3 |
| 2011—2012 | 100.0 | 88.0 | 12.0 | 11.6 | 7.7 | 3.9 | 2.2 | 1.7 | 0.4 |
| 2010—2011 | 100.0 | 88.4 | 11.6 | 11.2 | 7.7 | 3.5 | 1.9 | 1.6 | 0.4 |
| 2010—2011 | 100.0 | 88.4 | 11.6 | 11.3 | 7.7 | 3.5 | 2.0 | 1.6 | 0.4 |
| 2009—2010 | 100.0 | 87.5 | 12.5 | 12.1 | 8.6 | 3.5 | 2.1 | 1.4 | 0.3 |
| 2008—2009 | 100.0 | 87.5 | 12.5 | 12.1 | 8.4 | 3.7 | 2.1 | 1.6 | 0.4 |
| 2007—2008 | 100.0 | 88.1 | 11.9 | 11.5 | 7.8 | 3.7 | 2.1 | 1.6 | 0.4 |

续表

| Mobility period | Total | non-movers | Total movers | Different residence in the United States | | | | | Movers from abroad |
| --- | --- | --- | --- | --- | --- | --- | --- | --- | --- |
| | | | | Total | Same county | Different county | | | |
| | | | | | | Total | Same state | Different state | |
| 2006—2007 | 100.0 | 86.8 | 13.2 | 12.8 | 8.6 | 4.2 | 2.5 | 1.7 | 0.4 |
| 2005—2006 | 100.0 | 86.3 | 13.7 | 13.3 | 8.6 | 4.7 | 2.8 | 2.0 | 0.4 |
| 2004—2005 | 100.0 | 86.1 | 13.9 | 13.2 | 7.9 | 5.3 | 2.7 | 2.6 | 0.6 |
| 2003—2004 | 100.0 | 86.3 | 13.7 | 13.3 | 7.9 | 5.3 | 2.8 | 2.6 | 0.4 |
| 2002—2003 | 100.0 | 85.8 | 14.2 | 13.7 | 8.3 | 5.4 | 2.7 | 2.7 | 0.4 |
| 2001—2002 | 100.0 | 85.2 | 14.8 | 14.2 | 8.5 | 5.7 | 2.9 | 2.8 | 0.6 |
| 2000—2001 | 100.0 | 85.8 | 14.2 | 13.5 | 8.0 | 5.6 | 2.7 | 2.8 | 0.6 |
| 1999—2000 | 100.0 | 83.9 | 16.1 | 15.4 | 9.0 | 6.4 | 3.3 | 3.1 | 0.6 |
| 1998—1999 | 100.0 | 84.1 | 15.9 | 15.4 | 9.4 | 5.9 | 3.1 | 2.8 | 0.5 |
| 1997—1998 | 100.0 | 84.0 | 16.0 | 15.6 | 10.2 | 5.4 | 3.0 | 2.4 | 0.5 |
| 1996—1997 | 100.0 | 83.5 | 16.5 | 16.0 | 10.5 | 5.5 | 3.0 | 2.4 | 0.5 |
| 1995—1996 | 100.0 | 83.7 | 16.3 | 15.8 | 10.3 | 5.6 | 3.1 | 2.5 | 0.5 |
| 1994—1995 | 100.0 | 83.6 | 16.4 | 16.1 | 10.8 | 5.3 | 3.1 | 2.2 | 0.3 |
| 1993—1994 | 100.0 | 83.3 | 16.7 | 16.3 | 10.4 | 5.8 | 3.2 | 2.6 | 0.5 |
| 1992—1993 | 100.0 | 83.0 | 17.0 | 16.5 | 10.7 | 5.8 | 3.1 | 2.7 | 0.6 |
| 1991—1992 | 100.0 | 82.7 | 17.3 | 16.8 | 10.7 | 6.0 | 3.2 | 2.9 | 0.5 |
| 1990—1991 | 100.0 | 83.0 | 17.0 | 16.4 | 10.3 | 6.1 | 3.2 | 2.9 | 0.6 |
| 1989—1990 | 100.0 | 82.1 | 17.9 | 17.3 | 10.6 | 6.6 | 3.3 | 3.3 | 0.6 |
| 1988—1989 | 100.0 | 82.2 | 17.8 | 17.2 | 10.9 | 6.3 | 3.3 | 3.0 | 0.6 |
| 1987—1988 | 100.0 | 82.2 | 17.8 | 17.3 | 11.0 | 6.2 | 3.3 | 3.0 | 0.5 |
| 1986—1987 | 100.0 | 81.4 | 18.6 | 18.1 | 11.6 | 6.5 | 3.7 | 2.8 | 0.5 |

续表

| Mobility period | Total | non-movers | Total movers | Different residence in the United States | | | | | Movers from abroad |
| --- | --- | --- | --- | --- | --- | --- | --- | --- | --- |
| | | | | Total | Same county | Different county | | | |
| | | | | | | Total | Same state | Different state | |
| 1985—1986 | 100.0 | 81.4 | 18.6 | 18.0 | 11.3 | 6.7 | 3.7 | 3.0 | 0.5 |
| 1984—1985 | 100.0 | 79.8 | 20.2 | 19.6 | 13.1 | 6.5 | 3.5 | 3.0 | 0.6 |
| 1983—1984 | 100.0 | 82.7 | 17.3 | 16.8 | 10.4 | 6.4 | 3.6 | 2.8 | 0.5 |
| 1982—1983 | 100.0 | 83.4 | 16.6 | 16.1 | 10.1 | 6.0 | 3.3 | 2.7 | 0.4 |
| 1981—1982 | 100.0 | 83.0 | 17.0 | 16.6 | 10.3 | 6.2 | 3.3 | 3.0 | 0.5 |
| 1980—1981 | 100.0 | 82.8 | 17.2 | 16.6 | 10.4 | 6.2 | 3.4 | 2.8 | 0.6 |
| 1975—1976 | 100.0 | 82.3 | 17.7 | 17.1 | 10.8 | 6.4 | 3.4 | 3.0 | 0.6 |
| 1970—1971 | 100.0 | 81.3 | 18.7 | 17.9 | 11.4 | 6.5 | 3.1 | 3.4 | 0.8 |
| 1969—1970 | 100.0 | 80.9 | 19.1 | 18.4 | 11.7 | 6.7 | 3.1 | 3.6 | 0.8 |
| 1968—1969 | 100.0 | 81.0 | 19.0 | 18.3 | 11.7 | 6.6 | 3.2 | 3.4 | 0.7 |
| 1967—1968 | 100.0 | 80.5 | 19.5 | 18.8 | 11.8 | 7.0 | 3.4 | 3.6 | 0.7 |
| 1966—1967 | 100.0 | 81.0 | 19.0 | 18.3 | 11.6 | 6.7 | 3.3 | 3.4 | 0.7 |
| 1965—1966 | 100.0 | 80.2 | 19.8 | 19.3 | 12.7 | 6.6 | 3.3 | 3.3 | 0.5 |
| 1964—1965 | 100.0 | 79.3 | 20.7 | 20.1 | 13.4 | 6.8 | 3.5 | 3.3 | 0.5 |
| 1963—1964 | 100.0 | 79.9 | 20.1 | 19.6 | 13.0 | 6.6 | 3.3 | 3.3 | 0.5 |
| 1962—1963 | 100.0 | 80.0 | 20.0 | 19.4 | 12.6 | 6.8 | 3.1 | 3.6 | 0.6 |
| 1961—1962 | 100.0 | 80.4 | 19.6 | 19.1 | 13.0 | 6.1 | 3.0 | 3.1 | 0.5 |
| 1960—1961 | 100.0 | 79.4 | 20.6 | 20.0 | 13.7 | 6.3 | 3.1 | 3.2 | 0.6 |
| 1959—1960 | 100.0 | 80.1 | 19.9 | 19.4 | 12.9 | 6.4 | 3.3 | 3.2 | 0.5 |
| 1958—1959 | 100.0 | 80.3 | 19.7 | 19.2 | 13.1 | 6.1 | 3.2 | 3.0 | 0.5 |
| 1957—1958 | 100.0 | 79.7 | 20.3 | 19.8 | 13.1 | 6.7 | 3.4 | 3.3 | 0.5 |

续表

| Mobility period | Total | non-movers | Total movers | Different residence in the United States | | | | | | Movers from abroad |
| | | | | Total | Same county | Different county | | | | |
| | | | | | | Total | Same state | Different state | | |
| 1956—1957 | 100.0 | 80.1 | 19.9 | 19.4 | 13.1 | 6.2 | 3.2 | 3.1 | | 0.5 |
| 1955—1956 | 100.0 | 78.9 | 21.1 | 20.5 | 13.7 | 6.8 | 3.6 | 3.1 | | 0.6 |
| 1954—1955 | 100.0 | 79.6 | 20.4 | 19.9 | 13.3 | 6.6 | 3.5 | 3.1 | | 0.6 |
| 1953—1954 | 100.0 | 80.7 | 19.3 | 18.6 | 12.2 | 6.4 | 3.2 | 3.2 | | 0.6 |
| 1952—1953 | 100.0 | 79.4 | 20.6 | 20.1 | 13.5 | 6.6 | 3.0 | 3.6 | | 0.5 |
| 1951—1952 | 100.0 | 79.7 | 20.3 | 19.8 | 13.2 | 6.6 | 3.2 | 3.4 | | 0.4 |
| 1950—1951 | 100.0 | 78.8 | 21.2 | 21.0 | 13.9 | 7.1 | 3.6 | 3.5 | | 0.2 |
| 1949—1950 | 100.0 | 80.9 | 19.1 | 18.7 | 13.1 | 5.6 | 3.0 | 2.6 | | 0.3 |
| 1948—1949 | 100.0 | 80.8 | 19.2 | 18.8 | 13.0 | 5.8 | 2.8 | 3.0 | | 0.3 |
| 1947—1948 | 100.0 | 79.8 | 20.2 | 19.9 | 13.6 | 6.4 | 3.3 | 3.1 | | 0.3 |

资料来源：American Census Bureau. CPS Historical Migration/Geographic Mobility Tables［DB/OL］.［2019-11-01］. https：//www. census. gov/data/tables/time-series/demo/geographic-mobility/historic. html.

### (二)不同人口发展阶段的房地产政策

1920 年之前，在人口增长与城市化起步以及人口增长与城市化快速发展的两个历史时期内，美国联邦政府在住房方面的态度和英国类似，采取自由放任的态度。随着城市化的发展，以人口因素为主导的住房问题引发的矛盾显化，并日益得到美国政府的重视。1929 年，世界性的经济危机席卷了美国，为了解决严重的住房短缺问题，美国联邦政府制定公共住房建设计划，来增加可支付住房的供应。在 1937 年，美国联邦政府颁布了第一部住房法案，它也是第一部关于公共住房的法案，增加给低收入家庭的公共住房的供应和居住品质的提升，这意味着美国公共住房建设进入了实质性的发展阶段（樊雪，2005）。该法案正式确定了"联邦拨款资助+地方具体实施"的公共住房政策运作的方式，即联邦政府拨款资助地方政府，为低收入家庭建设适宜标准的公共住房，入住者向地方公共住房管理机构支付比市场价格低的房租（张梁，2011）。

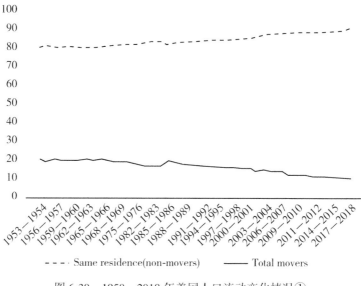

图 6-30　1950—2018 年美国人口流动变化情况①

1949 年之后，美国中心城市的衰败问题逐渐凸显，再加上战士的返乡复员以及军工企业裁员等，住房市场依旧处于严重的供不应求状态，因此联邦政府颁布了 1949 年住房法，实施了"城市更新"计划，以缓解战后的住房危机。该法案授权地方城市政府征收土地，"定点清除"萧条的住宅区和衰败的工厂区，并将清除后的土地整治重建，并限定为主要面向住房的再开发项目（李莉，

---

①　American Census Bureau. CPS Historical Migration/Geographic Mobility Tables［DB/OL］.［2019-11-01］. https：//www. census. gov/data/tables/time-series/demo/geographic-mobility/historic. html.

2007）。"城市更新"的前期主要为城市中心区改造和贫民窟清理，目的是振兴城市经济和解决住宅匮乏问题，后期逐渐发展成为了大规模的商业开发。截至20世纪50年代末，美国的城市更新运动依然没有从根本上解决中心城市的破旧衰败问题（张淑玲，2012）。因此在这一时期美国采取新的综合城市治理政策。在1968年，美国国会通过了《住房与城市发展法》，通过低息补贴的方式为公共住房的建设环节提供资金，来激励私人开发商或非营利机构参与公共住房建设与供应。此外，该法案包括两项针对低收入阶层的住房补贴计划（张淑玲，2012）。

20世纪60年代结束时，美国经济出现了"滞胀"现象，凯恩斯政府干预的思想受到了质疑。此外，由于公共住房建设需要大量的财政支出，70年代美国出现了严重的财政危机，因此政府主导的大规模公共住房建设难以为继。在此背景下，1974年美国联邦政府出台《住房法和社区发展法》，停止了正统的公共住房计划。在住房财政补贴方面，将联邦住房补贴的对象由住房供应者转向住房需求者，即从补砖头过渡到补人头（张淑玲，2012），标志着联邦住房政策由增加住房供应向补贴住房需求的重大转变。20世纪80年代，美国住房政策更加趋于保守，虽然不断提出一些新的住房政策与公共住房计划，但是基本政策都是在1974年住房法案的基础上制定的。

**（三）当前阶段内的房地产市场和房地产业发展情况**

1. 房地产市场发展运行情况

20世纪70年代至今，美国城市化率从73.6%逐渐增长至82.06%，每年上涨约0.18%。伴随城市人口的逐渐增多，住宅数量同样呈现缓慢增长的变化情况，由图6-31可知，从1975年的7800万套，按照平均每年新增139万套的增长速度，增加至2018年的13845万套，43年间共增加近5963万套。在房地产价格方面，从1965年的单套21000美元，变化至1985年的100800美元，2005年后逐渐逼近单套300000美元。由图6-32所示，除2005年有明显突增外，房价总体上呈现的逐年缓慢增长的规律与城市化率、人口增长和住宅数量的变化相一致。

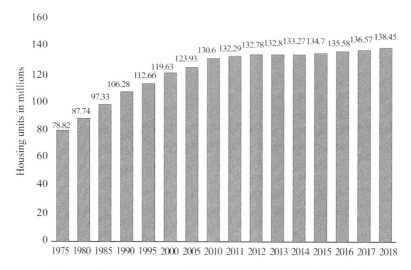

图 6-31 美国 1975—2018 年住宅数量变化基本情况(千套)①

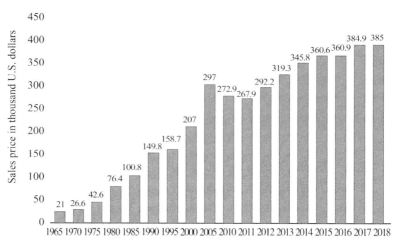

图 6-32 1965—2018 年新房价格变化(千美元)②

① Statista Database. Residential Construction in the United States [ DB/OL]. [ 2019-10-18 ]. https://0-www-statista-com. oasis. lib. tamuk. edu/study/40922/residential-construction-in-the-united-states-statista-dossier/.

② Statista Database. Housing Market in the United States [ DB/OL]. [ 2019-10-18 ]. https://0-www-statista-com. oasis. lib. tamuk. edu/study/10748/residential-housing-in-the-us-statista-dossier/.

如图 6-33 所示，1975—2018 年住宅年销售数量变化呈现先增后降的规律。1975 年，待售数量为 59.1 万套，1985 年左右达到 100.6 万套的水平，进而增长至 2010 年的峰值 198 万套，最近 9 年逐渐下降到 2018 年的 119.3 万套。

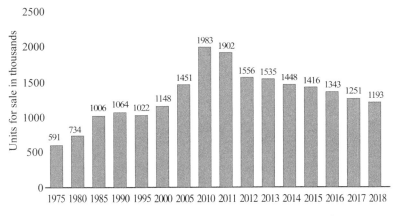

图 6-33　1975—2018 年住宅待销售数量变化(千套)①

如表 6-17 和图 6-34 所示，细看 2006—2016 年的私人住宅建设和销售情况，总体来看，新开工、在建数量和竣工数量总体变化趋势相似，且都大于销售数量，呈现 2006—2010 年的快速下降，和 2010 年后逐步"抬头"的总体趋势。

表 6-17　2006—2016 年美国私人住宅施工与销售情况

| 年份 | 私人住宅新开工套数 / 千套 | 私人住宅在建数量/千套 | 竣工住宅量/千套 | 新房销售套数/千套 |
|------|------|------|------|------|
| 2006 | 1800.9 | 1204.9 | 1979.4 | 1051 |
| 2007 | 1355 | 1025 | 1502.8 | 776 |

---

① Statista Database. Housing Market in the United States[DB/OL].[2019-10-18]. https://0-www-statista-com. oasis. lib. tamuk. edu/study/10748/residential-housing-in-the-us-statista-dossier/.

续表

| 年份 | 私人住宅新开工<br>套数/千套 | 私人住宅在建<br>数量/千套 | 竣工住宅<br>量/千套 | 新房销售<br>套数/千套 |
|------|------|------|------|------|
| 2008 | 905.5 | 780.9 | 1119.7 | 485 |
| 2009 | 554 | 495.4 | 794.4 | 375 |
| 2010 | 586.9 | 411.0 | 651.7 | 323 |
| 2011 | 608.8 | 417.7 | 584.9 | 306 |
| 2012 | 780.6 | 523.5 | 649.2 | 368 |
| 2013 | 924.9 | 688.7 | 764.4 | 429 |
| 2014 | 1003 | 806.6 | 883.8 | 437 |
| 2015 | 1111.8 | 950.8 | 968.2 | 501 |
| 2016 | 1173.8 | 1039 | 1059.7 | 561 |

资料来源：Statista Database.Residential construction in the United States［DB/OL］.［2019-10-18］.https：//0-www-statista-com.oasis.lib.tamuk.edu/study/40922/residential-construction-in-the-united-states-statista-dossier/.

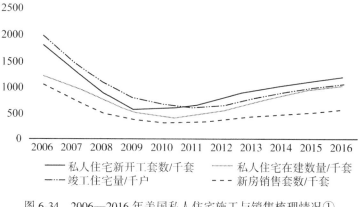

图 6-34　2006—2016 年美国私人住宅施工与销售梳理情况①

————————

①　资料来源：根据表 6-17 中的数据绘制。

2. 建筑业和房地产业发展情况

如图 6-35 所示，2006 年以来，建筑业增加值占美国国民生产的比重在 3.4% 到 4.9% 之间，具有较重要的地位。在 2012 年前，该比重逐渐降低，随后缓慢回升。如图 6-36 所示，新私有住宅投入价值和支出方面，同样表现为在 2005 年至 2010 年有较大幅度的下降，而 2010 年后的经济复苏、投资回暖，投入价值水平逐渐回升。行业发展、投资推动和消费支出的拉动作用，也同样反映在建筑业的雇佣和就业水平上。美国建筑业工人水平从 2006 年的 956.1 万人，下降到 2011 年左右的 696.3 万人，最后逐步回升到 2018 年的 883.4 万人的水平。

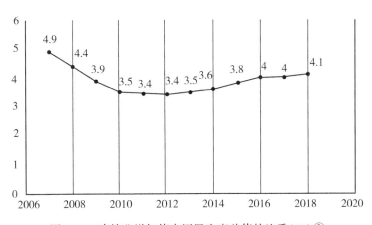

图 6-35　建筑业增加值占国民生产总值的比重(%)①

3. 人口流动与美国房地产业发展

(1)国际移民与房地产业发展

美国是世界第一大移民国家。外来移民人口不仅仅是美国人口增长的主要动力之一，也是推动和支撑房地产市场发展的重要力

———————

① American Census Bureau. Service Annual Survey Historical Tables[EB/OL].[2019-11-01]. https://www.census.gov/data/tables/2017/econ/services/sas-naics.html.

量。1990 年以来获得永久居住证的人口数量从 20 世纪 90 年代初期最高将近每年 190 万人的水平，陡然下降到 1995 年的 70 万，1995 年至 2008 年这一时期经历了较为剧烈的波动变化，随后步入平稳期。首先，新移民有一定的购房能力，如图 6-40 所示，以2017 年数据为例，虽然新移民中大部分为没有工作的人群，但学生、儿童以及其他各类职业人群均具有一定购房能力或潜力。有研究显示，2002—2003 年美国购房者中移民所占比例接近 20%。

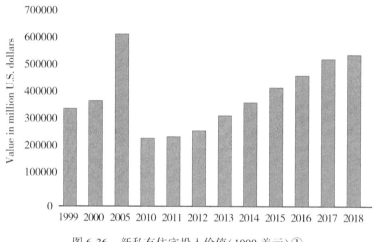

图 6-36　新私有住宅投入价值(1000 美元)①

其次，美国移民人口来源地多为亚洲或北美，其所代表的家庭购房能力和意愿均较为强烈。2004 年，60% 的亚裔移民拥有自己的住宅；在亚裔移民聚集的地区，则可达到 50%，最高甚至达到70%。如图 6-41 所示，2017 年获得美国合法永久居民身份的人口数量，亚裔为 424743 人，而来自北美洲的则为 413650 人。

① Statista Database. Residential Construction in the United States［DB/OL］.［2019-10-18］. https://0-www-statista-com. library. scad. edu/study/10748/residential-housing-in-the-us-statista-dossier/.

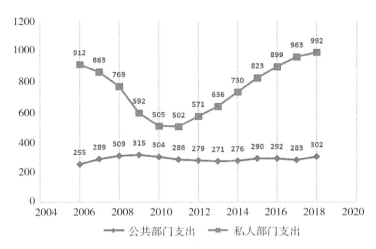

图 6-37  美国建设支出(construction spending)/十亿美元①

图 6-38  建筑业就业人数 construction worker(千人)②

①  American Census Bureau. Service Annual Survey Historical Tables[ DB/ OL]. [ 2019-11-01 ]. https://www. census. gov/data/tables/2017/econ/services/sas-naics. html.

②  American Census Bureau. Business and Workforce Dynamics [ DB/ OL]. [ 2019-11-01 ]. https://www. census. gov/topics/business-economy/dynamics. html.

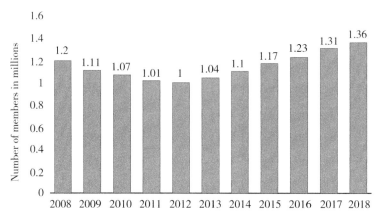

图 6-39 2008—2018 年美国全国房地产经纪人协会会员数量(百万)①

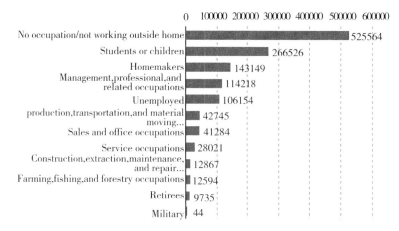

图 6-40 2017 年按职业划分的获得合法永久居民身份数量(人)②

① Statista Database. Housing market in the United States[DB/OL].[2019-10-18]. https://0-www-statista-com. oasis. lib. tamuk. edu/study/10748/residential-housing-in-the-us-statista-dossier/.

② Statista Database. U. S. Immigration/Migration [DB/OL]. (2019-04-29)[2019-10-10]. https://0-www-statista-com. oasis. lib. tamuk. edu/topics/805/immigration-migration/.

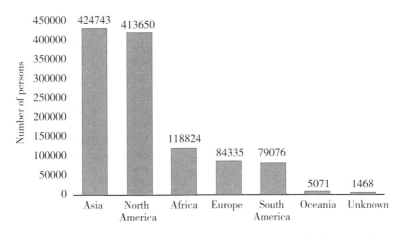

图 6-41　2017 年按来源地划分的获得合法永久居民身份数量(人)①

（2）国内移民与房地产业发展

国内人口迁移必定会造成居住区位的重新选择，无论是重新购房或是选择租房，都会引发住房需求提升，从而推动或支撑房地产业发展。因美国并没有如我国的户籍制度，因此从总量来看其人口跨区流动常年保持在一个较高水平。早期，美国人口因地区经济发展差距、改善生活需求等原因，从最初的东北部逐渐往南部和西部迁移，从西海岸向内陆地区迁移。家庭性地理空间转移，带动迁入地区住宅及配套设施类物业市场的蓬勃发展。同时，伴随产业迁移和地方分工的深化，全美范围内城市建设均趋于成熟，美国家庭性迁移逐渐放缓。如图 6-42 所示的 2018 年 7 月 1 日全美住房分布情况，静态来看总体人口、非老年人口和住房分布密度基本保持一致（65 岁及以上人口主要分布在中部地区）。同时，如图 6-43 所示，新移民人口也多是迁入人口密集的地区，进而该类地区人口集聚效应进一步得到加强，推动房地产市场发展。

而从人口流动的年龄结构看，"年轻人"更加希望迁移。根据

① Statista Database. U. S. Immigration/Migration ［DB/OL］. （2019-04-29）［2019-10-10］. https://0-www-statista-com. oasis. lib. tamuk. edu/topics/805/immigration-migration/.

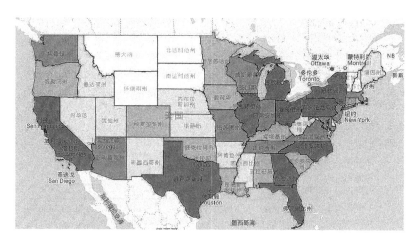

图 6-42　2018 年 7 月 1 日美国住房数量分布①

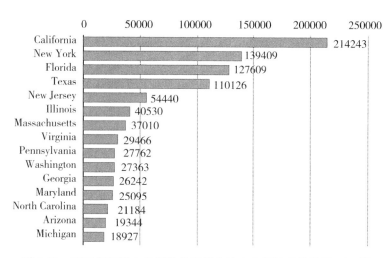

图 6-43　2017 年按迁入地划分的获得合法永久居民身份数量(人)②

①　American Census Bureau. Housing Units[EB/OL]. (2018-6-01)[2019-11-01].https://www.census.gov/quickfacts/fact/map/US/HSG010218.

②　Statista Database. U. S. Immigration/Migration [DB/OL]. (2019-04-29)[2019-10-10]. https://0-www-statista-com. oasis. lib. tamuk. edu/topics/805/immigration-migration/.

American Census Bureau 发布的《迁徙意愿和居住流动性：2010—2011 年》(*Desire to Move and Residential Mobility*：2010—2011)的报告中，近 9.6% 的美国家庭认为对目前的住房、社区和当地安全或公共服务不满意，以至产生搬家的想法；年龄较小、收入较低的人群更希望搬家，同时租房者比房主更愿意搬家。如图 6-44 所示，这次调查显示，任何理由下选择迁移的人口中，年龄在 16～34 岁的比重最高，其次为 35～54 岁。

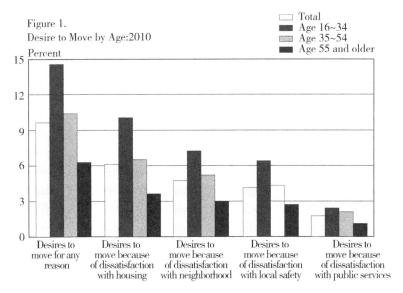

图 6-44　按年龄结构划分的人口居住迁移意愿调查情况①

## 三、日本

日本人口变动和房地产业协同发展各阶段的大致时间范围可划分如下：20 世纪 30 年代以前为人口增长与城市化起步阶段；20 世

---

① American Census Bureau. Desire to Move and Residential Mobility：2010-2011[EB/OL].（2019-03-19）[2019-10-23]. https：//www. census. gov/library/publications/2015/demo/p70-140. html.

纪 30 年代至 20 世纪 50 年代为人口增长与城市化快速增长阶段；
20 世纪 60 年代至 20 世纪 70 年代为人口增长与城市化慢速增长阶
段；20 世纪 70 年代至今为人口增长与城市化成熟时期，同时也是
人口稳定及减少阶段。

（一）人口变动情况

1. 人口总量的变动

人口总量方面，明治维新后，随着资本主义经济的发展，人口
逐渐增长。1872 年（明治五年）日本人口为 3481 万人。从 19 世纪
末期到 20 世纪 10 年代中叶，人口缓慢上升。1920 年日本进行第
一次人口普查，人口总数约为 5547 万人，随后持续增长，增长率
在 1926 年至 1930 年创造最高纪录。"二战"后初期的 1947—1949
年，人口总数迅速增长，3 年间出生人数每年高达 270 万人。1950
年以后人口年增长数略减，随后到 20 世纪 70 年代末期人口增长率
基本上停留在 1% 左右。据 2000 年的人口普查，日本总人口数为
12692 万，比日本战败时的 1945 年增长了 0.76 倍，这一时期的年
平均增长率为 1.03%（李仲生，2011）。2005 年人口总量达到
12777 万，2015 年达到 12710 万。截至 2019 年 10 月，日本的人口
总量为 12675 万人。总之，20 世纪 90 年代以来，日本呈现出低出
生率、低死亡率的模式，人口增长极其缓慢，进入了相对静止阶
段，特别在 2010 年后，人口呈现负增长趋势。2022 年 8 月 9 日，
日本总务省官网公布的统计结果显示，截至 2022 年 1 月 1 日，该
国人口为 123223561 人，较去年同期减少约 62 万人，连续 13 年出
现人口下降。同时，东京 26 年来首次出现人口数量下滑。

2. 人口年龄结构的变化

在人口结构方面，当前的日本是典型的老龄化国家。1960 年
代，日本 65 岁及以上人口仅占 5.7%，1970 年则达到 7%，进入
"高龄化社会"。1995 年 65 岁及以上人口超越 14%，进入"高龄社
会"（侯宇峰，2015）。2006 年，65 岁以上人口占比达到 20.18%，
2010 年达到 22.5%，2018 年则达到 27.58%。此外，除了人口趋于
老龄化，日本人口结构还呈现出少子化的特点。据统计，2000 年
出生人数仅为 117.2 万人，比 1973 年减少 44%。由表 6-18 可知，

0～14 岁的人口占比从 1935 年至 2015 年迅速减少也较好地反映了这一特点。1935 年，0～14 岁人口占比为 36.9%，2000 年则减少到 14.6%，2015 年其人口占比仅为 12.6%，减少了将近 3 倍。

表 6-18 1935—2015 年日本人口总量以及年龄结构

| 年份 | 总人口/万人 | 年龄百分比（%） | | |
| --- | --- | --- | --- | --- |
| | | 0～14 | 15～64 | 65+ |
| 1935 | 6925.4 | 36.9 | 58.5 | 4.7 |
| 1940 | 7307.5 | 36.1 | 59.2 | 5.7 |
| 1945 | 7199.8 | 36.8 | 58.1 | 5.1 |
| 1950 | 8411.5 | 35.4 | 59.6 | 4.9 |
| 1955 | 9007.7 | 33.4 | 61.2 | 5.3 |
| 1960 | 9430.2 | 30.2 | 64.1 | 5.7 |
| 1965 | 9920.9 | 25.7 | 68.0 | 6.3 |
| 1970 | 10466.5 | 24.0 | 68.9 | 7.1 |
| 1975 | 11194 | 24.3 | 67.7 | 7.9 |
| 1980 | 11706 | 23.5 | 67.3 | 9.1 |
| 1985 | 12104.9 | 21.5 | 68.2 | 10.3 |
| 1990 | 12361.1 | 18.2 | 69.5 | 12.0 |
| 1995 | 12557 | 15.9 | 69.4 | 14.5 |
| 2000 | 12696.2 | 14.6 | 67.9 | 17.3 |
| 2005 | 12776.8 | 13.7 | 65.8 | 20.1 |
| 2010 | 12805.8 | 13.2 | 63.7 | 23.1 |
| 2015 | 12709.5 | 12.6 | 60.7 | 26.6 |

资料来源：Statistcs Bureau of Japan. Japan Statistical Yearbook 2016［EB/OL］.（2018-4-17）［2019-10-22］. https：//www. stat. go. jp/english/data/nenkan/.

### 3. 人口和家庭情况未来变化趋势分析

近年来，人口总量减少、老龄化加快等问题逐渐成为日本经济社会发展所面临的重大发展挑战。该趋势是否会延续？将会带来怎样的实际困境？利用何种措施有效应对？这样一系列亟待研究的问题，已成为日本乃至与其他进入后增长社会时代的国家所关注的首要研究课题之一。以下根据野村综合研究所 2016 年发布的研究结论，对日本人口和家庭情况的未来变化趋势做出分析。

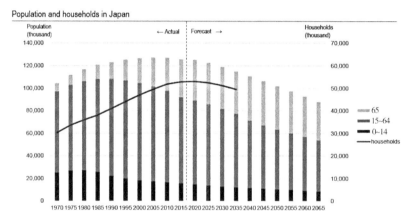

图 6-45　按年龄结构划分的日本人口总量变化和家庭数量变化预测①

如图 6-45 所示，2015 年日本人口普查中，人口的负增长现象凸显。以 2015 年人口普查数据为基础，对人口总量和各年龄群组人口变化进行预测，可见 65 岁及以上人口数目预计将在 2025 年趋于平稳，并在 2040 年左右年下降；14 岁及以下人口将缓慢下降；而处在 14~64 岁年龄范围内的人口数目将面临较为显著的下降。同时，伴随人口总量下降而至的是家庭数量的下降。如图 6-46 所

① Nomura Research Institute（NRI）. The Japanese Real Estate Market 2018［EB/OL］.［2019-11-01］. https：//www. nri. com/-/media/Corporate/jp/Files/PDF/knowledge/report/cc/industry_trends/japanreport2018_en. pdf？ la = ja-JP& hash = AA6BC8E0BCFEF2B34812BE9E951E8B65B6F83C22.

示，日本家庭结构的未来变化方面，自 2010 年以来，单身家庭（single-person household）就已占据主要比重，预计到 2030 年将超过 2000 万。夫妻有子女类型家庭数目总体将减少，而夫妻无子女类型家庭数则预计会呈现增长趋势。

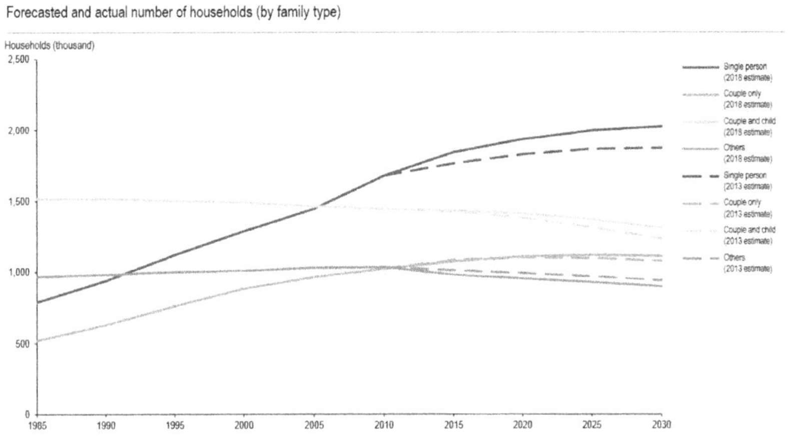

Forecasted and actual number of households (by family type)

图 6-46　按家庭结构划分的日本未来家庭数量变化趋势预测①

人口地理分布方面，如图 6-47 所示，2010—2015 年日本人口增长的地区仅为大东京地区（Greater Tokyo）、爱知县、福冈县和冲绳县等几个地区。人口变化主要来源于国内的变化贡献，且基本集中在大东京地区。且可从侧面看出，2010—2015 年人口可能进一步向东京大都市圈集聚。在外国移民变动方面，5 年间东京地区外国移民明显增多，其次在拥有区域性中心城市的县（prefecture）内，也有少量增加。可初步认为，未来在人口总量递减和老龄化大环境下，日本人口向东京都市圈集聚现象将得到稳固。

---

① Nomura Research Institute （NRI）. The Japanese Real Estate Market 2018［EB/OL］.［2019-11-01］. https：//www. nri. com/-/media/Corporate/jp/Files/PDF/knowledge/report/cc/industry_trends/japanreport2018_en. pdf？ la = ja-JP&hash = AA6BC8E0BCFEF2B34812BE9E951E8B65B6F83C22.

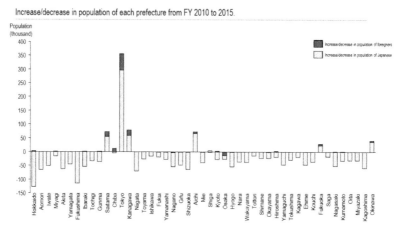

图 6-47 2010—2015 年日本各地区人口增减变化情况①

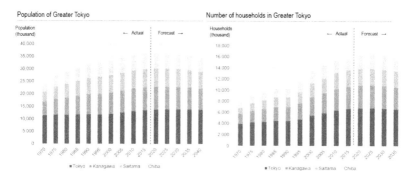

图 6-48 东京地区和其他地区人口总量和家庭数目未来变化趋势预测②

① Nomura Research Institute (NRI). The Japanese Real Estate Market 2018 [ EB/OL ]. [ 2019-11-01 ]. https：//www. nri. com/-/media/Corporate/jp/Files/PDF/knowledge/report/cc/industry_trends/japanreport2018_en. pdf？la = ja-JP&hash = AA6BC8E0BCFEF2B34812BE9E951E8B65B6F83C22.

② Nomura Research Institute (NRI). The Japanese Real Estate Market 2018 [ EB/OL ]. [ 2019-11-01 ]. https：//www. nri. com/-/media/Corporate/jp/Files/PDF/knowledge/report/cc/industry_trends/japanreport2018_en. pdf？la = ja-JP&hash = AA6BC8E0BCFEF2B34812BE9E951E8B65B6F83C22.

如图 6-48 所示，未来东京人口总量和家庭数量将在一段时间内呈现同步增长态势。按照野村综合研究所的观点，两者分别会在 2020 年、2025 年达到各自峰值，并随后进入下降阶段。因此，对于东京地区而言，国内移民和外国移民的流入效应将不断减弱，全国范围内人口总量减少、家庭少子化趋势最终将占据主导地位。如图 6-49 所示，从老龄化趋势看，与日本全国变化趋势一样，东京地区未来 14 岁及以下、15 至 65 岁工作年龄人口将逐渐减少，而 65 岁人口数量将有着明显提升。

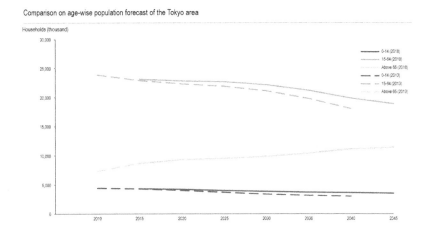

图 6-49　按年龄结构划分的东京地区人口数量未来变化趋势预测①

### 4. 城市化发展阶段的变化

同其他发达国家一样，日本也经历了工业化和城市化。而从城市化初期阶段发展至成熟阶段的时间范围明显较短。第一次世界大战后，随着重工业和化学工业的发展，日本逐渐形成了京滨、中京、阪神、北九州四大工业地带，使得城市化加速。据统计，在

　　①　Nomura Research Institute（NRI）. The Japanese Real Estate Market 2018［EB/OL］.［2019-11-01］. https：//www. nri. com/-/media/Corporate/jp/Files/PDF/knowledge/report/cc/industry_trends/japanreport2018_en. pdf？la = ja-JP&hash=AA6BC8E0BCFEF2B34812BE9E951E8B65B6F83C22.

1920年日本全国城市人口比重仅为18%，但此后迅速增长，到1940年增至37.7%。从1955年到1965年，日本的城市化率从56.1%上升至67.9%，城市人口由5053万增加到6736万人。到1970年，日本的城市化率上升至72.1%（顾杨妹，2006）。由图6-50可知，日本1960—2018年期间的城市化进程呈现出阶梯上升的特点。1960—1975年期间处于城市化快速上升的阶段，1975—2000年的城市化增长速度放缓，2000—2010年城市化速度又进一步提升，2010年之后，城市化保持稳定，城市化率基本在91.5%左右。

图6-50　日本1960—2018年城市化率①

### （二）不同人口发展阶段的房地产政策

在1945年"二战"结束之时，日本的住房短缺数量大约为420万套。为了加强住房供给来弥补缺口，日本通过立法，出台了政府、民间机构、个人共同出资建设的政策，并形成了两大住宅供应体系。一种是在中央政府的资助下由地方政府和公共团体建造的住

---

① World Bank. Urban Population［EB/OL］.［2019-10-01］. https：//datacatalog. worldbank. org/urban-population-4.

宅，制定了公营、公团、公库住宅三种主要公有制度。另外一种是由私人或民间企业集资建设的住宅(丁士泓，2008)。

日本的住房建设可以分为三个阶段：经济复兴时期(1945—1954年)、高速增长期(1955—2001年)、存量交易期(2002年至今)。"二战"期间美国的轰炸使日本三分之二的房屋倒塌，战后住宅存在严重的不足。为此，1950年日本颁布了《住房金融公库法》，通过设立住房金融公库为建设和购买住房提供长期低息贷款(张伟，2018)。1951年日本通过了《公营住宅法》，开始正式建设公营住宅。1955年颁布了《住房公团法》，依法成立住房公团，向大都市地域的中等收入者提供借贷住房、按揭住房和宅地。这样，住房金融公库、公营住宅和住房公团相继成立并成为日本公共住房政策的三大支柱。在此制度基础上，日本基本形成了国家、市场、社会之间分工协作的住房供应主体(张伟，2018)。1954年日本颁布了《土地区划整理法》，开始制定了住宅建设十年计划，提出每年建设25万户住宅的目标。随着日本的经济振兴，1961年又制定了新的住宅建设五年计划来实现户均一套住宅的目标。到了1966年，才开始制定正式意义上第一个住宅建设五年计划(丁士泓，2008)。到了1968年，日本的住房基本实现了每户拥有一套住宅的目标。因此在1971年的第二个住宅建设五年计划中提出了一人一房间的口号(丁士泓，2008)。然后，住房政策目标逐渐由数量型转向质量型发展。1976年拟定了第三个住宅建设五年计划，制定了最低居住标准和平均住宅居住标准，随后的住房政策目标转向重视居住环境。1981年，第四期的住宅建设五年计划制定了居住环境标准。1986年和1991年，分别制定了第五个和第六个住宅建设五年计划。1996年，制定的第七期住宅建设五年计划加强对老龄社会的关注，提出了老年人居住水平和居住环境的要求。2001年，日本制定了第八期住宅建设的五年计划，支持少子化和老龄化的社会发展，加强无障碍设施，增强地域活力，同时成立了国土交通省。总之，日本的"住宅建设的五年计划"政策和公营住房、住房公团、住房金融公库政策在20世纪对日本的住房保障发挥了重要的作用。由于日本社会的少子化、老龄化趋势更加明显，经济增速放缓，住房存量能满足需求，2006 年日本政府通过了《居住生活基本法》取代了重在住房数量的《住房建设规划法案》，旨在推动住房政策目标由增加住房数量向提升住房质量和居住环境的转变（张伟，2018）。根据这个法案，日本政府编制的《日本居住生活基本计划（2006—2015 年)》确定了城镇住房发展的四个基本原则："一是通过供给、建造、改善和管理高质量住房和配套设施来提高当前和今后日本居民的居住生活标准；二是塑造令居民引以为荣的优质居住环境；三是保护和提升购房自住人群的利益；四是关注有特殊住房需求人群的住房供给"（张伟，2018）。

**（三）当前阶段内的房地产市场和房地产业发展状况**

1. 房地产市场发展运行情况

（1）住房存量、建设和使用历史变化情况

20 世纪 50 年代后，日本年住宅新开工数量逐年增长，1973 年达 190.7 万户。20 世纪 70 年代至 90 年代初，呈现先减后增的变化情况，如 1983 年为 113 万户，而 1990 年为 170.7 万户。20 世纪 90 年代后至今，伴随日本房地产泡沫破灭，新开工量呈现波动下降趋势，如 2010 年为 81.3 万户。人口结构变动与住宅建设动工两者间具有较为明显的关系。1951—2011 年日本社会抚养比①与住宅开工量的变化基本呈现反向相关关系，两者的"谷底"与"峰顶"基本在某一较短时期内交替出现。如图 6-51 所示。

住宅竣工数量与开工数量变化情况基本相同。从 20 世纪 60 年代开始至 90 年代，日本每年住宅竣工数量迅速增长。从图 6-52 可知，竣工量在 60 年代之前一直处于较低水平。60 年代至 70 年代，是日本经济复苏和腾飞发展的主要时期，此时在普遍向好的社会发展预期以及投机心理导致的高涨需求的影响下，供给端的日本住宅建设数量也迅速增长。到 90 年代，日本房地产市场泡沫彻底破裂，竣工套数增长速度逐年放缓，并在 21 世纪后开始呈现下降趋势。如

---

①　抚养比又称抚养系数，是指在人口当中，非劳动年龄人口对劳动年龄人口数之比。抚养比越大，表明劳动力人均承担的抚养人数就越多，即意味着劳动力的抚养负担就越严重。

图 6-53 所示，从住宅总量的变化情况看，快速的经济复苏、人口增长带来了住宅总量的同步攀升，从战后的不足 1000 万户增长到 20 世纪末的 5000 万户，进入 21 世纪之后，住宅总量增长缓慢，这与前文对住宅竣工套数和新开工面积的分析结果基本一致。此外，空置率随着住宅总量增长而缓慢增长，近年来稳定在 13% 左右。

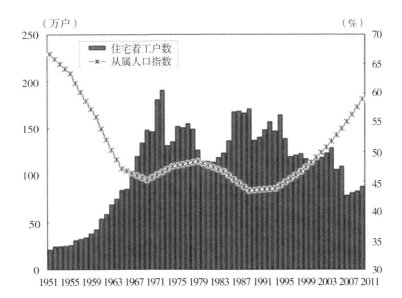

图 6-51 住宅新开工数量与社会抚养比①

（2）房价历史变化情况

如图 6-54 和图 6-55 所示，1880—1942 年，日本房屋价格有两次攀升，第一次在 20 世纪 10 年代，第二次在 30 年代左右。"二战"结束后，日本在 1974—1990 年间房屋价格指数一路飙升，但随后房地产泡沫破灭后，房价一直出现下降趋势。20 世纪 50 年代以来，全球范围内主要国家房价最主要的影响因素皆为土地价格（Knoll，2017）。

---

① 森祐司. 高齢化と不動産市場：高齢化？人口減少による地価への影響［J］. 九州共立大学研究紀要，2014，Vol. 4（No. 2）：61-70.

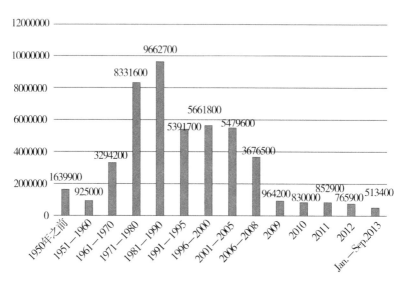

图 6-52　各竣工年代日本住宅的套数①

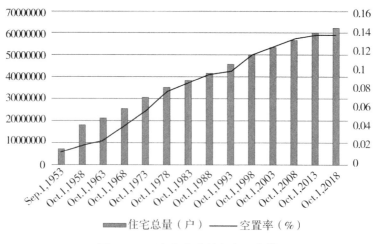

图 6-53　日本住宅总量与空置率②

　　① 三井不動産 . 不動産関連統計集［DB/OL］.［2019-10-22］. https://www. mitsuifudosan. co. jp/realestate_statics/.

　　② 三井不動産 . 不動産関連統計集［DB/OL］.［2019-10-22］. https：//www. mitsuifudosan. co. jp/realestate_ statics/.

日本房地产价格变化、房地产泡沫成因及其影响等长期以来是理论和实践界共同关注的话题，其房价虚高、泡沫化等原因并非是简单的市场供需关系结果，而与货币资金、投机心理和政府试图用房地产业带动经济等原因有密切关系。1976—1990 年，日本房地产市场虚假繁荣，楼市出现了巨大的房地产泡沫，大量投机者利用增长迅速的股票带来的账面利润转而去对房地产进行投资，而过度投资导致了短期内房地产价格的巨幅上涨。随后，政府接连出台了一系列的强力加息政策，使得股市与房地产市场的泡沫接连崩溃，致使虚高房价发生"断崖式"下滑，日本房地产市场进入低迷时期，至 2008 年金融危机期间处于房地产周期的低谷。随后，伴随危机影响逐渐消失和经济复苏，日本房地产市场逐步回暖。

2. 建筑业和房地产业发展情况

如表 6-19、图 6-56 至图 6-59 所示，日本建筑行业和房地产行业

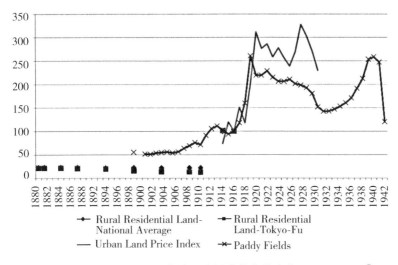

图 6-54 日本 1880—1942 年名义房屋价格指数变化（1915＝100）①

① Knoll K, Schularick M, Steger T . No price like home：global house prices，1870-2012[J]. American Economic Review，2017，107(2)：331-353.

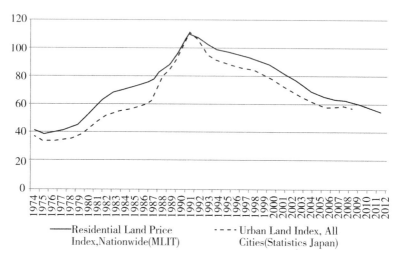

图 6-55　日本 1974 年至 2012 年日本名义房屋价格指数变化（1990 = 100）①

整体发展较为平稳。首先从数量变化看，同英国不同，日本房地产业企业数量要多于建筑企业数量；同时，房地产业企业逐年平稳增多，而建筑业企业数量近年来波动下降趋势明显。其次，从就业人数看，2006 年以来日本建筑行业企业就业人数呈现下降趋势，在2010 年后有明显增多后，近几年雇佣人数有所下降。最后，从投资额、利润率和销售收入来看，投资额受经济危机影响在 2008 年左右有一次明显下降，但随后恢复平稳；同时，2006—2015 年，日本房地产行业销售收入处于缓慢上升的阶段，而利润率则呈现波动上升的变化情况，从 2006 年的 11% 上升至 2016 年的 11.5%。说明近年来日本房地产业发展基本平稳，这可能归功于经济发展环境良好以及政策调控，但在未来人口老龄化和人口负增长压力下，房地产业和建筑业是否能再就业、利润和市场等方面仍然持续稳定发展，仍具有很大的不确定性。

---

① Knoll K, Schularick M, Steger T. No price like home: global house prices, 1870-2012[J]. American Economic Review, 2017, 107(2): 331-353.

表 6-19　日本建筑业和房地产相关指标数据

| 年份 | 2006 | 2007 | 2008 | 2009 | 2010 | 2011 | 2012 | 2013 | 2014 | 2015 | 2016 | 2017 |
|---|---|---|---|---|---|---|---|---|---|---|---|---|
| 房地产投资额(10 亿日元) | 51328 | 47696 | 48152 | 42965 | 41928 | 43292 | 45291 | 51298 | 51141 | 50983 | 53570 | 56020 |
| 建筑企业数量 | 191984 | 178047 | 204711 | 182722 | 175933 | 190939 | 180848 | 193606 | 178477 | 178996 | 164655 | / |
| 房地产企业数量 | 288638 | 293330 | 297586 | 299818 | 301004 | 302939 | 304000 | 306280 | 310413 | 315542 | 321361 | / |
| 建筑企业就业人数(千人) | 3297 | 3078 | 3191 | 2893 | 2880 | 3124 | 3179 | 3200 | 2847 | 2788 | 2859 | / |
| 房地产营业利润率 | / | 11 | 8.8 | 9.3 | 12.1 | 11.7 | 9.9 | 11 | 12.6 | 11.6 | 11.5 | / |

资料来源：Ministry of Land, Infrastructure, Transport and Tourism (Japan). White Paper on Land, Infrastructure, Transport and Tourism in Japan[EB/OL]. [2019-11-02]. http://www.mlit.go.jp/en/statistics/white-paper-mlit-index.html.

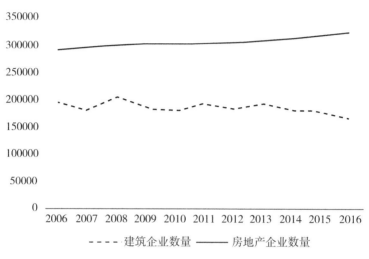

图 6-56 2006—2016 年建筑企业和房地产企业数量变化趋势(个)①

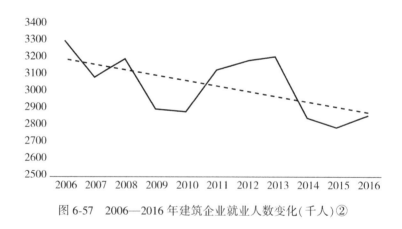

图 6-57 2006—2016 年建筑企业就业人数变化(千人)②

3. 人口负增长和老龄化趋势与日本房地产业发展

由上述分析可知,日本在 1995 年就已进入"高龄社会",人口负增长现象则始于 2010 年。因此,日本早在 10 年前就基本已经处

_____

① 资料来源:根据表 6-19 中的数据绘制。

② 资料来源:根据表 6-19 中的数据绘制。

于这种特殊的"双压叠加"阶段，而"后增长时代的人口变动如何影响房地产市场和行业发展"也成为当前和未来一段时期内的研究热点。如图 6-60 所示，2010 年开始，日本主要地区内住宅、商业、物流、零售等类型房地产的收益率（cap rate）统一呈现下降趋势。同时，2000 年以来，住宅开工数量、建筑企业雇佣人数和住房价格总体缓慢下降，而空置率等则逐渐上升。

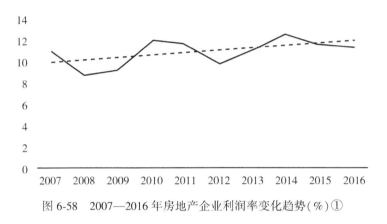

图 6-58　2007—2016 年房地产企业利润率变化趋势（%）①

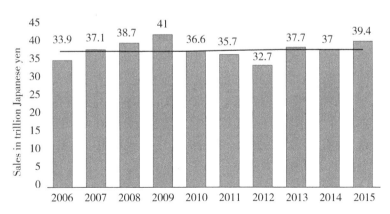

图 6-59　2006—2015 年度日本房地产行业的销售收入（万亿日元）②

---

① 资料来源：根据表 6-19 中的数据绘制。

② Statista Database.Real Estate in Japan［DB/OL］.［2019-10-23］.https://0-www.statista-com.oasis.lib.tamuk.edu/study/59860/real-estate-in-japan/.

Cap rates in Japan for major investment areas

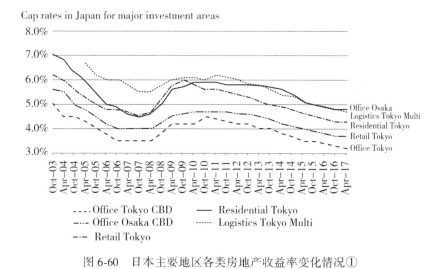

图 6-60　日本主要地区各类房地产收益率变化情况①

　　未来情况将会如何？长期来看，人口因素是房地产市场需求的源泉，人口总量和购买意愿的下降必将对市场和行业发展产生冲击。其中，地价和房价作为市场主要信号，成为各界所关注的重点，而有研究显示地价是 20 世纪以来影响房价的最主要因素②。根据森祐司(2014)的研究，日本人口减少和老龄化趋势可能对土地价格产生负面影响。即使地价变化不一定是人口所致，但实证检验表明即使令人口变动以外的因素保持中立，日本未来人口变化趋势也会对地价产生负向影响。同时，预计日本各都道府县的住房和商业地产价格都将会受到负面影响，且这种影响在城市圈与地方圈中有差异性。森祐司(2014)进而提出以土地利用、经济发展等为基本思想的一系列应对策略，如提出在各都、道、府、县的都市区

　　①　Nomura Research Institute (NRI). The Japanese Real Estate Market 2018 [EB/OL]. [2019-11-01]. https://www.nri.com/media/Corporate/jp/Files/PDF/knowledge/report/cc/industry_trends/japanreport2018_en.pdf? la = ja-JP& hash = AA6BC8E0BCFEF2B34812BE9E951E8B65B6F83C22.

　　②　Knoll K, Schularick M, Steger T. No Price Like Home: Global House Prices, 1870-2012[J]. American Economic Review, 2017, 107(2): 331-353.

域进一步推动土地利用重组，以提高效率和产出水平；基于"紧凑城市"的构想，在人口减少的过程中，尽量通过将居住地、医疗、教育等设施和建筑布局于更加紧凑的地理空间内等；针对老龄人群的生活，要规划建设以便利性指标为重要考虑的城市。

另一方面，根据 Yosuke Hirayama（2010）等的研究，长期以来日本一致致力于构建以促进住宅财产所有权拥有为重点的住房制度，以实现"居者有其屋"的社会福利愿景。然而，当下代际间矛盾及其产生的不平等现象等不断对这一制度形成挑战，而人口减少和老龄化趋势加剧了挑战的严峻性。具体来看，自20世纪90年代以来，经济低迷和发展不确定性使年轻一代很难拥有房屋所有权；而在年龄较大的人群中，与房屋所有权有关的经济条件已明显不同，导致老年人之间的分层程度很高。如图6-61所示。

Housing ownership rate in Japan by age group

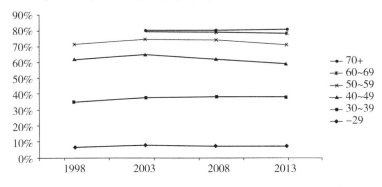

图 6-61　1998 至 2013 年各年龄阶段人群住房拥有率情况①

因此，在人口减少、老龄化"双压叠加"的环境下，日本未来房地产业的稳定发展首先需要依靠通过优化土地利用而产生的人口

①　Nomura Research Institute（NRI）. The Japanese Real Estate Market 2018［EB/OL］.［2019-11-01］. https://www. nri. com/-/media/Corporate/jp/Files/PDF/knowledge/report/cc/industry_trends/japanreport2018_en. pdf? la = ja-JP& hash = AA6BC8E0BCFEF2B34812BE9E951E8B65B6F83C22.

集聚效益，以及经济发展带来的财富增长等来支撑；其次，要考虑老年人群的生活情况，在"紧凑城市"框架下通过规划调整和城市更新等措施，保障老年人群的稳定生活；最后，要及时调整现有住房制度，以缓解老龄化背景可能带来的社会矛盾的进一步深化，可通过增加保障性住房供给、房地产税征收改革等具体方式推进相关工作。

## 第五节　本章小结

本部分归纳了世界主要国家的人口变动与房地产业发展的协同演化的过程和效果，以及相应的政策，从而为中国的人口变动与房地产业发展提供借鉴。

一是在人口增长阶段。人口增长阶段又分为城市化起步时期（30%以下）、城市化快速增长时期（30%~50%）、城市化慢速增长时期（50%~70%）、城市化成熟时期（70%以上）。从起步至成熟阶段的推进通常伴随着人口老龄化的逐步提升。而在不同的时期，房地产市场和房地产业的发展有所不同，并且不同国家采取了不同的政策。

在城市化起步时期，该阶段人口变动特征为总量缓慢增长、老龄化率较低、城市化正处于起步阶段，房地产市场总体呈现供需缓慢增长特征，房地产业特征主要为房地产业尚未成熟，经验不足导致发展问题凸显。房地产政策的主要特征为以鼓励新增供给为主，且因国家实际情况呈现差异变化。

在人口增长、城市化快速增长时期，人口变动特征为总量增长、老龄化率较低，城市化进程加速；房地产市场特征为供需端均呈加快增长态势，房地产市场进入加速发展阶段；房地产业特征为房地产企业明显增多，相关业务以开发住宅和商业物业等为主；房地产政策特征主要是鼓励新增供给，发展住房保障，且国家间有差异。

在人口增长、城市化慢速增长阶段，人口变动特征主要为总量增长、老龄化率上升、城市化进程放缓，个别国家可能仍呈现加速特征；房地产市场特征为需求继续增长，供给增加缓慢；房地产行业特征为以政府为主导的公共住房建设增多，新建与存量维护更新并重；房地产政策特征为以租金管制、公共住房建设推动及存量更新为主导，国家间有差异。

二是在人口稳定及减少阶段。大多数发达国家的人口稳定及减少阶段同时是城市化成熟阶段，中度或重度老龄化阶段。该阶段人口总量出现缓慢减少，除了一些移民国家依然保持人口增长；城乡变动较为稳定，老龄化程度较高；房地产市场趋于饱和，逐渐向城市更新、养老地产等方向发展。

在人口增长平稳、城市化成熟阶段，人口变动特征为总量增长、老龄化程度明显增加，城市化速率相对稳定；房地产市场特征为供需两端增加并且皆相对稳定；房地产企业业务由以建设开发为主转向资产经营管理等为主，由新建为主改为新建与存量维护更新并重；房地产政策特征以鼓励城市更新、发展养老地产为方向，国家间有差异。

在人口稳定及减少阶段，人口变动的特征主要表现在人口总量稳定或减少、老龄化率明显上升且程度较高，城市化率相对稳定；房地产市场特征为需求多样化和对居住环境要求日益增高，供给形式相应多样化发展，更新改造类市场繁荣；房地产业特征为房地产企业由开发为主转向资产经营管理等为主，行业的现代服务能力显著提升，更加注重科技创新等；在行业项目内容方面，由新建为主改为存量维护更新为主；房地产政策特征为鼓励城市更新，逐渐避免房屋过度拆除和继续推动养老地产发展，国家间有差异。

# 第七章 促进中国人口与房地产业
# 协同发展的政策建议

本章主要是在测算结果的基础上探讨政策未来可供选择的调整方向。本章将依据《国务院关于促进房地产市场持续健康发展的通知》(国发 2003 年 18 号文)提出的"房地产供求总量基本平衡、结构基本合理、价格基本稳定",建立房地产政策的评估和决策模型,评价中国现有房地产政策体系的效果,总结提炼房地产业与人口变动发展的政策方案并进行决策模拟分析,为政府调控房地产市场、发展住房保障和促进房地产业健康发展提出相应的政策建议。

## 第一节 结论和讨论

### 一、结论

在研究问题方面,研究发现,中国房地产业在经过快速发展之后,由供不应求转变为供求平衡和结构性过剩,它的未来去向众说纷纭;中国人口变动大势将是影响经济社会发展的重要趋势,其对中国房地产业发展产生的影响引起了广泛关注。现有研究对此争议较大,还有很多不足。

在中国人口和家庭分析和预测方面,研究发现,中国人口变动的重要趋势有:人口总量将出现先增长然后下降的趋势,峰值将出现在 2021 年左右(中方案);人口结构变动趋势为少子化和老龄化;人口分布变动趋势为城镇化,城镇人口峰值将出现在 2040 年左右(中方案);生育政策调整后的出生人口、总人口、城镇人口比政策调整前略有增加,总体趋势不会变化,并且存在明显的地区分化。由于家庭的小型化，家庭的变动趋势比人口的变动趋势要滞后。中国家庭的总趋势有：实施全面二孩政策之后，我国未来家庭户数将比不实施该政策时略多；家庭户总量分别于 2025 年左右达到峰值年份（中方案），城镇家庭户总量于 2047 年前后达到峰值（中方案）；二人核心家庭、多子女核心家庭为主，拓展家庭占比呈现下降趋势；中国家庭户将出现明显的地区分化。

在中国人口变动影响住房需求的微观机制方面，研究发现，人口变动影响了家庭收入和房地产消费偏好，进而影响了房地产需求；而偏好和家庭规模、结构、家庭生命周期、个体大事件和社会大事件有关，不同世代的住房需求会有所不同；需求通过价格和销售周期来影响增量住房供给；人口变动还会通过影响存量房地产供给并作用于增量房地产供给；需求和供给的互动会形成房地产市场的动态调整，并形成了动态的均衡。描述统计分析发现微观视角的家庭人口变动，例如户主年龄、世代、家庭规模、子女数量和性别、婚姻对住房数量、质量、自有住房、自有多套住房显著相关。控制多变量的回归分析发现人口素质（收入、受教育程度、职业）、人口数量（家庭规模和子女数量）、人口结构（年龄）对住房需求有显著的影响，并且还受到地区差异、城乡差异等的影响。其中人口数量会影响住房数量、自有多套住房需求，而人口素质会影响住房面积、质量、自有住房、自有多套住房的需求。

在中国人口变动对房地产需求的宏观效应方面，研究发现，住房需求的变动与收入增长、人口总量变动、家庭规模小型化、人口结构老龄化、城镇化有密切的关系。此外，人口变动还会通过劳动力供给、宏观经济变动来间接影响房地产市场，基于 OLG 模型的模拟表明，人口老龄化将带来住房价格、房地产业就业占比先降后升，建筑业就业占比先升后降；生育率的上升将有利于住房价格的上升，及建筑业和房地产业的就业上升。根据中国的数据模拟，在中期，人口老龄化和生育率下降将带来住房价格、房地产业就业占比先降后升，建筑业就业占比先升后降；在长期，住房价格、建筑业和房地产业就业占比将从升到降。人口变动对非住宅房屋市场的宏观效应受到了技术进步等方面的影响，通常是正相关，但未必是线性关系。描述统计分析发现，总人口规模、人口年龄结构、出生率、结婚率与总住房需求（住房销售面积）显著相关。回归模型分析发现，少儿抚养比、老年抚养比、家庭规模对住房需求有正的影响。供求关系的神经网络模型预测发现，2019—2050 年，每年住房销售面积将呈波动式下降趋势。而人口变动对非住房需求的关系看起来相关，但回归分析统计不显著。

在中国人口变动对住房存量供给（二手房出售上市套数）的宏观效应方面，研究发现，描述统计分析结果表明人口总量变动、结构变动和存量住房供给高度相关。城镇人口总量增加，存量住房供给增加；人口总量增速、老龄化率的增速与存量住房供给增速正相关，二手住宅出售上市套数与人口密度呈现出"倒 U 型"特征。通过回归模型等实证分析宏观视角的人口变动和存量住房供给（二手房出售上市套数）的关系，发现城镇常住人口数量的影响显著为正，老龄化分年龄段与二手住宅出售呈现出了"J 型"关系特征，影响不断增加，并且由负变正。

在中国人口变动对住房增量供给（新房销售面积）的宏观效应方面，研究发现，描述统计分析结果表明人口总量变动、结构变动和增量住房供给高度相关。城镇人口总量增速增加，增量住房供给增速增加；老龄化率增速增加，增量住房供给增速增加；人口流入增速增加，增量住房供给增速增加。通过回归模型等实证分析发现，城镇常住人口数量的影响显著为正，老龄化分年龄段与新房销售呈现出了"倒 N 型"关系特征，影响不断增加，并且由负变正。通过描述统计分析宏观视角的人口变动和非住宅房屋供给的关系，发现二者存在一定的相关性，人口规模增速、劳动年龄人口增速与非住宅房屋增量供给增速可能存在一定的正相关关系。但是回归分析的结果表明，人口变动对非住宅房屋供给的关系统计不显著。

基于系统动力学模型对人口变动与房地产供求关系的影响模拟和预测发现，2019—2050 年，随着我国的人口总量和年龄结构的变动，住房的供给（包括了新房和二手房）和需求均出现了明显的上升。其中住房供给发生较大增加的原因主要是新建住房的增加和老年人口退出市场。住房需求上升的原因主要是人均住房建筑面积的提升、住房需求意愿的提升（人口因素）、房价收入比的降低以及城市化进程的深化。人均住房建筑面积的提升是引起住房需求增加的主要原因，这与引起住房供给增加的原因相同。仿真还发现，人口因素对房地产市场的供需均存在一定的影响，主要体现在：一是城镇人口总量的上升会促进住房供给和需求的增加；二是中青年人口的增加会促进住房供给和需求的增加；老年人口的增加会促进住房供给和需求的增加，但对住房供给的促进作用要大于需求。

在中国房地产业对人口变动的响应和适应方面，房地产供给会通过误差修正、主动预测来适应和响应需求的变动。在人口变动过程中，会发生房地产行业的演化和发展，而在消费者与企业间、同行业不同类型企业间、同行业同类企业间、关联行业间存在不同的演化机制。在长期演化过程中，将产生以下效果：房地产行业升级，从第二产业转向第三产业为主；房地产企业运营模式从增量生产转向存量服务为主；房地产企业结构与行为表现为竞争与创新加剧；房地产企业绩效是与风险相关的利润平均化。并根据人口变动趋势、城市化趋势和老龄化趋势来做出阶段划分，具体而言，按照人口增长划分为人口正增长和人口负增长阶段。然后在每个人口增长阶段里面按照城市化和老龄化进程划分为不同时期。中国总人口大约在 2021 年左右出现负增长。因此这里将 2021 年以前作为人口正增长阶段，在此之后作为人口负增长阶段。第一阶段包括：城市化起步前时期（1978—1998 年），城市化快速增长期（1999—2009年），城市化慢速增长期（2010—2021 年）；第二阶段包括了城市化平稳发展和加速老龄化时期（2022—2050 年），城市化稳定和重度老龄化时期（2051—2100 年）。在这些时期，随着人口的变动，房地产市场和房地产业发生了相应的变化。

在国际借鉴方面，归纳了世界主要国家的人口变动与房地产业发展的协同演化的过程和效果，以及相应的政策，从而为中国的人口变动与房地产业发展提供借鉴。

一是在人口增长阶段。人口增长阶段又分为城市化起步时期（30%以下）、城市化快速增长时期（30%~50%）、城市化慢速增长时期（50%~70%）、城市化成熟时期（70%以上）。从起步至成熟阶

451

段的推进通常伴随着人口老龄化的逐步提升。而在不同的时期，房地产市场和房地产业的发展有所不同，并且不同国家采取了相应的政策。

在城市化起步时期，该阶段人口变动特征为总量缓慢增长、老龄化率较低、城市化正处于起步阶段，房地产市场总体呈现供需缓慢增长特征，房地产业特征主要为房地产业尚未成熟，经验不足导致发展问题凸显。房地产政策的主要特征为以鼓励新增供给为主，且因国家实际情况呈现差异变化。

在人口增长、城市化快速增长时期，人口变动特征为总量增长、老龄化率较低，城市化进程加速；房地产市场特征为供需端均呈加快增长态势，房地产市场进入加速发展阶段；房地产业特征为房地产企业明显增多，相关业务以以开发住宅和商业物业等为主；房地产政策特征主要是鼓励新增供给，发展住房保障，且国家间有差异。

在人口增长、城市化慢速增长阶段，人口变动特征主要为总量增长、老龄化率上升、城市化进程放缓，个别国家可能仍呈现加速特征；房地产市场特征为需求继续增长，供给增加缓慢；房地产行业特征为以政府为主导的公共住房建设增多，新建与存量维护更新并重；房地产政策特征为以租金管制、公共住房建设推动及存量更新为主导，国家间有差异。

二是在人口稳定及减少阶段。大多数发达国家的人口稳定及减少阶段同时是城市化成熟阶段，中度或重度老龄化阶段。该阶段人口总量出现缓慢减少，除了一些移民国家依然保持人口增长；城乡变动较为稳定，老龄化程度较高；房地产市场趋于饱和，逐渐向城市更新、养老地产等方向发展。

在人口增长平稳、城市化成熟阶段，人口变动特征为总量增长、老龄化程度明显增加，城市化速率相对稳定；房地产市场特征为供需两端增加并且皆相对稳定；房地产企业业务由以建设开发为主转向资产经营管理等为主，由新建为主改为新建与存量维护更新并重；房地产政策特征以鼓励城市更新、发展养老地产为方向，国家间有差异。

在人口稳定及减少阶段，人口变动的特征主要表现在人口总量稳定或减少、老龄化率明显上升且程度较高，城市化率相对稳定；房地产市场特征为需求多样化和对居住环境要求日益增高，供给形式相应多样化发展，更新改造类市场繁荣；房地产业特征为房地产企业由开发为主转向资产经营管理等为主，行业的现代服务能力显著提升，更加注重科技创新等；在行业项目内容方面，由新建为主改为存量维护更新为主；房地产政策特征为鼓励城市更新，避免房屋过度拆除和继续推动养老地产发展，国家间有差异。

## 二、讨论

### （一）人口变动趋势之间的内在联系

中国人口变动趋势包括总量由增加到减少、结构的少子化老龄化、分布城市化、婚姻去制度化。这里主要讨论了人口总量的变化和结构的少子化和老龄化，对于家庭的小型化和城市化，则是将家庭规模和城市化作为自变量，分析了家庭户的总数和城市化对住房需求的影响，以及在住房需求测算的时候，假定他们的变化规律设定了参数来分析。

这里研究的时间节点截至 2050 年。在此节点之前，中国的总人口大约在 2021 年左右达到了峰值（中方案），2025 年左右家庭户总数达到了峰值（中方案），由于城市化的影响，城镇人口在 2040 年左右达到了峰值（中方案），城镇家庭户在 2047 年左右达到了峰值（中方案）。这就意味着，在 2040 年之前，尽管存在着总人口的负增长和部分地区人口的负增长，但是作为城镇人口总体还没有出现负增长。并且由于家庭的小型化，城镇家庭户在 2047 年左右才达到峰值开始减少，因此人口负增长、少子化和老龄化对房地产的供求的负面影响需要在此之后才能显现出来。

人口作为房地产的消费者，它对住房的需求，包括对住房数量（住房套数、总住房面积、人均住房面积、同质住房需求数量）、住房质量、居住环境等多维度的需求。微观视角的房地产需求的影响因素包括消费者的收入和消费偏好等。显而易见的是，随着经济的增长，消费者的收入不断提高。而后出生的世代比以前的世代受教育水平更高，因而可能会有不同的偏好。因此，从微观视角来看，收入的增长和消费偏好的变化，例如后出生的世代偏好大房子、高质量和好的居住环境，也会促进房地产需求的增长，即使家庭人口数量没有发生变化。宏观视角的房地产总需求的影响因素有家庭户数、家庭户的收入和消费偏好等。在人口总量减少的时候，由于家庭规模小型化，还会出现家庭户数增长的情况。因此家庭规模小型化部分抵消了人口负增长的态势。而家庭户的收入增长，家庭户偏好的变化，例如后出生的世代偏好大房子、高质量和好的居住环境，也会促进房地产总需求的增长，尽管户均住房套数、套均住房面积可能相对稳定。而且这里还是没有考虑国际移民的情况。如果考虑到很多国家，例如日本、德国等，为了改善人口结构和增加劳动力和人才的流入，采取了吸引国际移民的政策，从而增加了中青年劳动力，这样也会部分抵消人口负增长的影响。

人口作为生产者，通过老年人口退出住房市场来增加供给，通过为建筑和房地产行业提供劳动力来影响房地产产品和服务的供给，通过宏观经济的增长来影响房地产市场和房地产业发展。随着健康服务业的发展，老年人更健康更长寿，实际上延迟了退出住房市场的时间，减少了住房的供给。随着人口受教育程度的提高，以及现代 AI 技术的发展，实际上提高了劳动者的效率，部分弥补了劳动力数量减少带来的不足。而现代科学技术的发展，即使在人口出现负增长和老龄化，依然会推动宏观经济的发展，从而也减少了人口负增长和老龄化的负面影响。

### (二) 房地产市场变动趋势之间的联系

这里研究的时间节点截至 2050 年。在此节点之前，本文分析和预测城镇住房市场会出现数量提升、质量改善、居住功能和环境的提高。人口对住房的需求包括了住房数量(住房套数、总住房面积、人均住房面积、同质住房需求数量)、住房质量、居住环境等多维度的需求。这些需求之间可能存在一定的替代关系，例如在收入有限的情况下，一些家庭牺牲住房质量来换取足够的数量，不购买住房采取租赁较大的住房，选取郊区面积较大和房价较低的住房代替市区面积小和价格高的住房。随着经济的增长，总需求和总供给都会出现数量的提升、质量和功能环境的改善。这既来自居民的收入提高，也来自政府的政策推动。从国际经验来看，在户均一套、人均一间实现以后，套均住房面积（套型中建筑面积）也会相对稳定在 100~120 平方米。这样住房的数量需求就会相对稳定，但是对住房质量、居住环境的需求随着收入的提升在不断增加。

此外，还需关注到科技的进步，造成了居住空间的内涵、数量、质量、功能环境的维度都可能发生变化。例如可以拆卸、自由组合的空间，可以远程运输快速抵达的产品和服务替代了原有的附近的功能设施和服务等。

同样，非住宅房屋同样受到了人们偏好、科技进步的影响。例如一些无人驾驶汽车开始推出了车上的卧室和办公室，实际上替代了酒店、会议室、写字楼等空间。

而在人口和家庭总量逐渐减少的时候，例如日本 2010 年以后，会出现房屋空置、闲置上升等问题，一些房屋毁损和被废弃，还有一些被拆除。这些实际上是无效的供给。这些问题在房地产市场供大于求以后，会经常发生。而在后人口增长时代，将成为常态。但是另一方面，还会出现一些新的房屋建设，因为家庭和企业需要品质更高和功能更齐全的房屋。

## 第二节　政策分析和模拟

为了建立房地产政策的评估和决策模型，这里基于房地产政策的网络分析的理论框架，研究该领域的"政府部门—职能"关系，研究政策制定环节中的中央部门间网络结构和跨部门合作机制，分析在政策执行环节中中央政府与地方政府间的合作（非合作）博弈；其次，通过专家访谈和打分构建主客观指标对现有政策进行评估；最后，借鉴典型国家的经验或地区的政策实践，基于政策网络分析法总结提炼房地产业和环境协调发展的政策方案并进行决策模拟分析，提出优化的改革策略建议。

## 一、人口变动与房地产业协同发展的政策分析框架

一些学者将政策网络理论引入房地产政策研究，发现政策网络的存在会影响政策主体的行为和政策后果，例如高原(2013)和朱亚鹏(2008)。这里采用玛希和罗茨(1992)提出的政策网络分类方法，将人口和房地产政策的众多参与者分为政策共同体、专业网络、府际网络、生产者网络和议题网络等几大类进行分析。

### (一)政策制定环节

政策制定是由政策共同体作出的，通常是由负责政策制定的相关中央部委来决定的，并且相互之间协作联合发文。这些参与者在政策网络中利用各自的资源和获取资源的渠道，来确认政策问题，形成具体的政策议题，选择政策方案，颁布政策方案，并且督促下一级政府部门来执行。然而不同部门之间也可能存在利益冲突、部门目标不一致、争夺政策资源等问题。因此通过政策网络把相关的部门联合起来，更好地协调政策制定和执行(见图7-1)。

自2000年以来，我国发布了很多房地产政策。其中很多重要的政策是多个中央部委联合发文。其中的核心部门是住房和城乡建设部、自然资源部(原来的国土资源部)，涉及的其他中央部委还包括国家发展改革委员会、财政部、中国人民银行、银保监会(原来的银监会、保监会合并后成立)、税务总局等。在涉及财政税收政策时，通常由财政部、国家税务总局联合住房和城乡建设部等部门发文。例如2016年2月19日，财政部、国家税务总局、住房城乡建设部联合发布的《关于调整房地产交易环节契税营业税优惠政策的通知》(财税〔2016〕23号文)，提出下调非一线城市房地产交易环节契税、营业税。在涉及金融政策时，通常由中国人民银行、银保监会联合住房和城乡建设部等部门发文。例如2015年3月30日，中国人民银行、住房和城乡建设部、银监会联合发布《中国人民银行住房城乡建设部中国银行业监督管理委员会关于个人住房贷款政策有关问题的通知》提出"缴存职工家庭使用住房公积金委托贷款购买首套普通自住房，最低首付款比例为20%"。

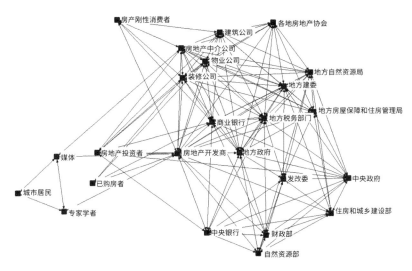

图 7-1 房地产调控政策网络

人口政策也是如此。其中很多重要的政策是由多个中央部委联合发文。其中核心部委是国家卫生健康委员会（原来的人口与计划生育委员会并入此机构）、发展与改革委员会，涉及的其他中央部委还包括公安部、民政部、人力资源和社会保障部等（见图 7-2）。例如中组部、人口计生委、监察部、文化部、人事部、工商总局、广电总局、体育总局、中国文联、全国青联、全国工商联联合发布的《关于加强人口和计划生育工作若干政策措施的通知》（国人口发〔2007〕83 号文）提出要认真执行人口和计划生育的政策。

为实现人口的良性发展，还需要相应的土地、房屋政策的支持。国家发展改革委员会联合自然资源部（原名为国土资源部）、住房和城乡建设部联合发文。如国土资源部、国家发展改革委、公安部、人力资源社会保障部和住房城乡建设部联合发布《关于建立城镇建设用地增加规模同吸纳农业转移人口落户数量挂钩机制的实施意见》（国土资发〔2016〕123 号文）为城镇新增人口落户提供用地保障，提出"2018 年基本建立人地挂钩机制，2020 年全面建立科学合理的人地挂钩机制政策体系"。2017 年，住房城乡建设部会同国家发展与改革委员会、公安部、财政部、国土资源部、人民银行、税务总局、工商总局、证监会等八部门联合印发了《关于在人口净流入的大中城市加快发展住房租赁市场的通知》(建房〔2017〕153 号)，要求"在人口净流入的大中城市，加快发展住房租赁市场"。

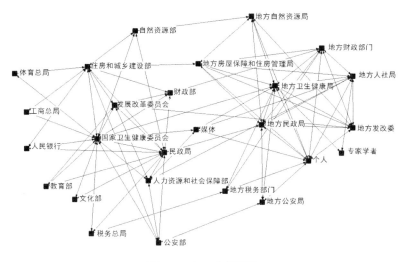

图 7-2　人口政策网络

### (二) 政策执行环节

在中国的政策执行环节，通常是由府际网络、生产者网络来完成的。在房地产政策的府际网络通常由各省市政府及其职能部门组成，如规划与自然资源局(规划局和国土局合并组成的，各地叫法不一)、住房和城乡建设委员会(有的城市房屋管理局、住房保障管理局单列)。在人口政策的府际网络通常由各省市政府及其职能部门组成，例如卫生健康委员会、发展与改革委员会等。在人口政策的生产者网络通常由医院、健康服务企业等组成。

府际网络中的行动者与政策共同体、生产者网络之间既相互依赖，又可能存在一些利益冲突。作为政策执行层面的府际网络与政策制定层面的政策共同体从理论上都是以公共利益为目标，但是由于不同层级政府间的财权、事权不对等，以及利益取向不同，例如中央政府从全民利益出发，府际网络多从地方利益出发，还有些多从部门利益出发，这样造成了二者之间的冲突。中国是一个地区差异很大的大国，中央制定的政策需要地方政府发挥积极主动性去执行，并且制定一些适合地方的细则，来取得好的效果。但是二者冲突的结果是，中央制定的政策在地方层面没有得到有效的执行。生产者网络多是追求个体利益最大化，因而也可能会与府际网络和政策共同体相冲突。有时候还会出现生产者联合府际网络，变相抵制中央政策的情况，造成政策效果的弱化。另一方面，中央政府在政策制定的过程中，通常会征求地方政府、企业的意见，从而更好地制定政策，更有利于政策的执行。因而地方政府和企业也是决策的重要参与者。

### (三) 政策评估和调整环节

在政策执行后，还会出现政策效果的偏差，以及出现新的情况，需要进行政策评估和政策调整。政策评估是构成公共政策不可缺少的重要步骤，关系到政策的执行和终止。很多国家都要求开展政策评估。例如英国政府内阁认为评估是制定政策的核心 (Cabinet Office，2003)，并要求对政府的政策项目进行多层面的独立评估。在美国，住房与城市发展部门 (HUD) 同样要求将经费投入综合评估模型的建立，并划拨一部分经费正式应用到评估环节，要求住房管理当局与专门从事住房评估研究的学术机构合作 (Renger 等，2003)。在我国，从中央到地方都开展了一些政策评估。党的十八届三中全会明确提出了全面深化改革的总目标就是要实现国家治理体系和治理能力的现代化。政策评估将提高政府绩效管理，加强政府能力建设，从而完善国家治理体系。

一些研究机构、专家学者、媒体、非营利组织和普通老百姓也会参与政策的制定、执行、监督和评估，并且组成了相对比较松散的议题网络。

在政策评估的基础上促进政策的优化。首先，需要借鉴其他国家和地区的经验教训，打破现有封闭的政策网络，让更多的利益相关者和政策相关者参与政策决策过程，改进政策结果。其次，增加政策制定过程的公开性和透明度，促进政策网络中这些行动者之间的沟通与协商。

鉴于中国人口将出现总量减少，结构的少子化和老龄化，一些专家提出了全面放开计划生育、鼓励生育等政策来缓解人口数量下降和劳动力减少的现状。例如，未来将生育权回归到家庭，最终实现完全放开计划生育（任远，2017），中国社科院人口所（2016）也指出，"全面二孩不是终点，未来或需取消生育限制"①。

与中国人口的形势相对应，房地产供求关系发生了很大变化。因此中国住房政策需要"建立现代化市场体系，提升居住品质，实现经济社会与住房协调发展，全面提高防范住房市场系统性风险的能力和水平"（邓郁松等，2019）。

## 二、人口变动与房地产业协同发展的政策方案

### (一)政策方案目标

国外的房地产政策目标通常包括提高房地产市场效率和促进社会公平，此外还包括资源节约利用和环境可持续发展。如美国联邦政府住房政策目标是：保障一定水平的住房质量，解决住房拥挤现象；减少种族隔离和社会群体的隔离，帮助社会发展；通过刺激新建造活动和维护改造活动来增加住房供给；稳定住房价格，稳定市场周期；保持居民家庭进行储蓄和投资的动机。英国政府的住房政策目标与这个也比较相似，增加了防范金融风险和保护历史文化名城和环境两项目标。

借鉴国外的房地产政策目标，结合我国以往的政策实践，提出

①　社科院报告：全面二孩不是终点，未来或需取消生育限制［EB/OL］．［2016-11-30］．http：//finance. sina. com. cn/chanjing/cyxw/2016-11-30/doc-ifxyawmp0686442. shtml.

以下目标：

一是从房地产是人类的生产、生活和生态空间及服务出发，以人为本，实现房地产供求总量基本平衡、结构基本合理、价格基本稳定。这要求根据人口变动的情况，提供符合人的需要的空间和服务，房地产供给的总量、结构与人的需求的总量和结构相匹配，以及房地产价格需要与人的可支付能力相匹配。

二是从房地产业是国民经济的重要行业出发，促进房地产业与社会经济、资源环境协调发展。这要求，一是改善房地产市场运行的效率，维护市场平稳发展；二是弥补市场失灵，提供公平的住房机会，推进房地产节能和低碳开发，为资源节约型和环境友好型社会建设做出重要贡献。

**(二)政策方案原则**

这些原则包括：

1. 坚持市场化的基本方向。进一步明确并完善商品性房屋在供应体系中的主体地位，以更好地发挥市场在资源有效配置中的基础性作用，促进供求互动。

2. 充分发挥政府职责。一方面，建立多层次住房供应体系，有效区分市场和政府的职责边界，合理确定政府住房保障力度，对不同收入水平的家庭实行不同的住房政策，满足各层次家庭的住房需求，为全面实现住房小康目标奠定坚实的基础。另一方面，改革和完善房地产市场调控体系，综合运用经济、法律和必要的行政手段，规范房地产市场运行，防止房地产市场的大起大落，防范房地产金融风险，保证房地产市场平稳健康发展。利用规划和公共政策缓解市场失灵，实现社会公平。

3. 节约资源和保护环境。中国人口众多，土地资源、水资源等比较短缺，低于世界平均水平。因此，必须注重土地的集约利用，解决好房屋的空间布局，努力减少建筑的能耗，以提高资源的人口承载力。

**(三)政策分析和模拟方案内容概括**

政策分析和模拟方案的内容包括：一是促进人口健康发展政策

对房地产市场的影响模拟，包括生育友好型政策，促进健康老龄化的政策，优选移民的政策，然后探讨促进人口健康发展的房地产政策；二是与人口变动相适应促进房地产市场和住房保障健康发展的政策，以及促进房地产业健康发展的政策。这些政策的内容需要根据人口变动形势和房地产供求关系进行调整。具体内容见下文。

人口是房地产需求的主体，因此鼓励人口数量增长、素质提高和结构改善的政策也将影响到房地产需求，进而影响到房地产供给，作用于房地产业发展。

### 三、生育友好型政策对房地产市场的影响分析和模拟

在西方很多国家出现了人口减少的现象，为了鼓励生育，出台了很多生育友好型的政策，包括一些房地产政策措施。联合国人口基金前技术顾问 Ralph Hakkert 将东欧各国应对低生育率的政策措施总结为七大类，包括了带薪产假/陪产假、一次性生育津贴、周期性的儿童补助金、住房补贴、免费或补贴式的托儿服务、不孕不育治疗服务、弹性的工作时间（张现苓，2017）。其中的住房政策提出对有子女的年轻夫妇提供住房补贴，或优先申请和分配公共住房。

在人口负增长大势所趋的情况下，中国政府和学术界也在探讨生育友好型的社会政策。包括现有的带薪产假和陪产假政策，以及2018年底刚推出的个人所得税扣减子女教育支出等政策，正在呼吁推出的政策还包括三岁以下的儿童托幼服务、一次性生育补贴、周期性儿童补助金、住房补贴等政策（张现苓，2017）。王培安（2019）认为解决好托幼问题，人口出生率可增加10%[①]。为了鼓励生育，多地出台了鼓励生育的减税和补贴政策。其中，2018年湖北省咸宁市出台政策鼓励生两孩政策，包括发展妇幼健康服务机

---

① 专访王培安：解决好托幼问题，人口出生率可增10% [EB/OL]. [2019-03-15]. http://china. caixin. com/2019-03-15/101392514. html.

构、教育机构、婴幼儿照护服务机构、母婴设施等。在咸宁鼓励生育的房地产政策方面，包括了以下内容：在执行农村"一户一宅"政策、审批个人建房用地时，对计划生育家庭给予优先审批办证，依法保护妇女的房屋宅基地等继承权和土地承包权益；对实行计划生育的贫困家庭，申请农村危房改造和保障性住房且符合相关政策规定的，同等条件下给予优先安排；政策内生育两个及以上孩子的家庭，对于符合保障性住房申请条件的家庭，在保障性住房分配时优先分配；对于确因生活困难无力承担公租房房租的，经民政部门审核，给予一定资金减免；无论是本地或异地居民，凡在咸宁市内首次购买普通商品住房或购买家庭第二套改善性住房的，给予一定的购房补贴，并放宽住房公积金购房贷款和提取政策①。

生育政策可以通过影响居民的生育意愿，进而影响出生率，最终改变人口的总量，乃至改变人口的年龄结构，从而对住房的供需状况形成冲击。这里假定生育友好型政策对生育的影响，然后采用SD模型进行仿真，来研究生育政策变动对住房供需的具体影响。我们假设生育政策在2020年开始调整，使出生率的速度每年分别上升10%和下降10%，来看生育政策对住房供给和需求的效果。模拟结果如图7-3所示。

从生育政策变动对住房供给影响的图中可以看到：在短期内，随着生育政策的放松，住房供给从没有变化到供给逐渐增加，且生育政策放松对住房供给的促进作用大于目前状况，目前的生育政策对住房供给的促进作用大于生育率降低的情况；在长期内，不论是生育政策的放松亦或是收紧，均会促进住房供给的增加，且生育政策放松对住房供给的促进作用要大于生育政策收紧时的状况，生育政策收紧对住房供给的促进作用要大于生育政策不变时的状况。可能的原因是，当政策放松时，人口出生率增加，但这不会立刻对住

① 湖北咸宁出台政策鼓励生两孩：产假延长至半年，弹性工作制，买房给补贴[EB/OL]．［2018-08-06］．https：//baijiahao. baidu. com/s？ id = 16080 33075531315609&wfr = spider&for = pc.

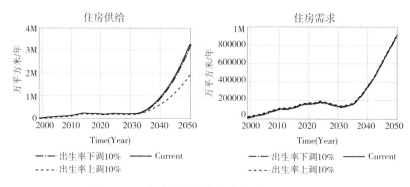

图 7-3 生育政策变动与住房供需变化趋势图

房市场产生影响，在新生婴儿成年后，对住房供给的促进作用开始显现，这时候住房供给的增加主要来自于新建住房。当政策收紧时，未来人口总量降低，有效需求不足，这时供给出现过剩，导致市场上的住房供给大幅度增加。

从生育政策变动对住房需求影响的图中可以看到：不论是在长期还是短期，生育政策的放松能促进住房需求的增加，政策的收紧减少住房需求的增加。表明新增人口能够有效地促进住房需求的增加，人口越多住房需求越大。这个和第三章 OLG 模型预测的出生率上升将促进住房供求和供给的上升相一致。第四章的实证也表明，少儿抚养比则促进住房需求和供给。

因此，从房地产市场的健康发展角度来看，采取生育友好型的房地产政策，结合其他的鼓励生育政策是很有必要的。

四、促进健康老龄化的政策对房地产市场的影响分析和模拟

2016 年，世界卫生组织发布的《中国老龄化与健康国家评估报告》指出："中国人口老龄化进程要明显快于其他中低收入国家；老年人的寿命提高；中国传统的养老模式将发生改变；中国的疾病谱已经开始从传染病转向非传染性疾病；亟需基于公平获得和利用照护服务的原则开展及时和合理的政策干预，以满足中国老年人的

照护需求，提高照护人员和照护对象的生活质量"①。全国老龄办
预测："到2020年，中国将有超过4200万失能老人和超过2900万80
岁以上老人，将来还会继续增长。这部分人如果在养老机构养老，
必须要有医疗支撑"②。这些研究呼吁发展支持健康老龄化的政策。
还有的研究呼吁建立长期护理保障制度（黄枫，吴纯杰，2012），采
取医养结合的政策会增加养老基本生活服务和医疗投入，使老年人
的平均寿命延长，老年人死亡率降低。根据2017年《中国人口与就
业统计年鉴统计》，发现2014年、2015年和2016年我国65岁及以
上老年人死亡率分别为3.16%、3.40%和3.06%，呈逐年下降趋势。

　　为了促进健康老龄化，我国也出台了一系列医养结合的政策。
2018年9月，国家卫生与健康委员会的内设机构中，新增了老龄
健康司，它负责组织拟订并协调落实应对老龄化的政策措施，包括
医养结合的政策、标准和规范，建立和完善老年健康服务体系等。
医养结合养老模式不仅向入住养老结构的老人提供基本生活服务和
经济供养，还提供医疗服务。我国出台了一系列的医养结合的政
策。这里面也包括一系列健康养老用地用房支持及监管政策，例如
国土资源部发布的《养老服务设施用地指导意见》（国土资厅发
〔2014〕11号文），住房和城乡建设部、国土资源部、民政部等四部
门发布的《关于加强养老服务设施规划建设工作的通知》（建标
〔2014〕23号文），国土资源部、住房和城乡建设部发布的《关于优
化2015年住房及用地供应结构促进房地产市场平稳健康发展的通
知》（国土资发〔2015〕37号文），卫生计生委、民政部、国土资源
部等部门发布的《关于推进医疗卫生与养老服务相结合的意见》（国
办发〔2015〕84号文），民政部、发展和改革委、国土资源部等部门
发布的《关于支持整合改造闲置社会资源发展养老服务的通知》（民

---

　　①　WHO中国老龄化与健康国家评估报告〔EB/OL〕.（2016）.
13AA1DFEE62696AEC10373850A8684D3BA7DFCB4.pdf（jiankang121.cn）.
　　②　全国老龄办：4年后我国失能老人将达4200万80岁以上高龄老人
2900万〔EB/OL〕.（2016-10-26）.http://www.xinhuanet.com/politics/2016/10/26/
c_1119794196.htm.

发〔2016〕179 号文），卫生计生委、民政部、国土资源部等部门发布的《关于印发"十三五"健康老龄化规划的通知》（国卫家庭发〔2017〕12 号文），国土资源部发布的《2017 年全国土地利用计划》、《关于加快推进养老服务业放管服改革的通知》（民发〔2017〕25 号文），民政部、国土资源部等四部门联合印发的《关于推进城镇养老服务设施建设工作的通知》（民发〔2014〕116 号文），国办转发卫生计生委、民政部、国土资源部等部门《关于推进医疗卫生与养老服务相结合的意见》（国办发〔2015〕84 号文），① 中共中央、国务院印发《乡村振兴战略规划（2018—2022 年)》等都提出了医养结合用地用房的政策措施。

　　这里通过政策模拟的方法来分析，医养结合政策降低了老年人死亡和延长了预期寿命，从而对住房市场的影响。这里是通过改变 SD 模型中的某些政策变量来分析政策对系统的影响。本模拟的设计思路是通过政府养老政策的变化，如医养结合政策增加医疗投入等养老手段，使老年人的平均寿命延长，老年人死亡率降低，从而观察模型中住房供需的变化情况。为探讨政府养老政策变动对住房供需的具体影响，我们分别做出了政府养老系数下调 10%（养老保障政策的力度降低）和上调 10%（政府养老保障政策的力度提升）后住房供需变化趋势图（如图 7-4 所示）。

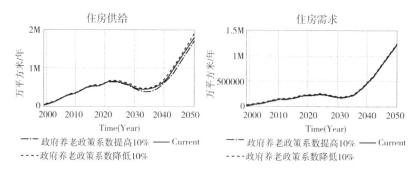

图 7-4　政府养老政策变动与住房供需变化趋势图

---

　　①　养老产业土地优惠政策，国土资源部 8 个文件权威解答！［EB/OL］.［2018-12-17］.http://www.sohu.com/a/282628147_737016.

从政府养老系数变动对住房供给影响的图中可以看到，政府养老保障政策的变化对住房供给影响的差异较明显。主要体现在当政府养老保障力度降低时，相比于正常情况，住房供给出现了增加；而当政府养老保障力度增加时，相比于正常情况，住房供给降低。原因在于当政府养老保障力度不足时，老年人死亡率上升，因而释放出了大量住房，促进了住房的供给。表明养老保障政策的完善对住房的存量供给释放具有延缓作用。

从政府养老系数变动对住房需求影响的图中可以看到，无论在长期还是短期，住房需求总会随着养老保障力度的增强而增加，减弱而降低，但他们的差异不太大。表明因养老保障政策的完善导致的老年人口总量的增加（或死亡减缓），有利于住房市场需求的增加（或减少），这种需求主要来自老年人的个性化需求。由于老年大部分有自有住房，因此他们的变化对住房需求的变化影响不明显。

### 五、优选国际移民政策对房地产市场影响的分析和模拟

国际移民成为很多国家增加人口数量、改善人口结构和提升人口素质的重要来源。据国际移民组织（IOM）2018 年发布的国际移民报告称，2015 年全世界的国际移民人数大约为 2.44 亿，相当于全球人口的 3.3%[1]。在过去的 10 年间，有超过 7.5 万中国人拿到了相关国家的黄金签证[2]。2019 年，德国贝塔斯曼基金会委托德国联邦劳动局下设就业市场与职业研究所（IAB）和科堡应用科学大学的学者共同完成的研究报告认为："截至 2060 年，德国每年需要引进至少 26 万名外国移民，以满足就业市场对具有专业技能的人

---

[1]　《世界移民报告 2018》发布 移民占世界人口比重相对稳定［EB/OL］.（2018-05-10），https://finance.ifeng.com/c/7clpDioybBx.

[2]　移民的中国人有多少,过去十年超 5.7 万人获得国外黄金签证！［EB/OL］.（2019-09-03） https://c. m. 163. com/news/a/EO563I9505169D4A. html?spss = newsapp&spssid = 0a6f9fee083ade75e41f117c18f3b07d&spsw = 3&from = time line&isappinstalled = 0.

才的需求"①。中国第六次人口普查的数据表明，被统计的在华外国人和港澳台居民规模已达到 102 万人，由于中国边境线比较长，周边很多国家的经济社会发展水平远低于中国，实际的移民数量可能比这高很多，中国已成为国际移民的移民目标国家（宋全成，2013）。

托马斯·汉默（Tomas Hammar，1985）撰写的《欧洲移民政策比较研究》最早把移民政策内容分为移民迁入政策（或称移民控制政策）和针对移民者政策。前者是对入境移民进行选择和允许他们入境进行管理，包括控制移民在境内逗留、居住的时间等限制，以及就业许可等。在移民准入政策方面，现在很多国家都采取选择性移民政策。例如美国 1990 年移民法生效后，分为家庭团聚类、技术类及"其他类"等（李芳田，2009），对不同类型的移民采取了不同的准入政策。德国则通过蓝卡移民、创业移民等方式吸引高素质人才和企业家②，并为合法居住的移民提供各种生产生活条件，例如工作、住房、社会福利、受教育机会以及文化事务等。此外，还有一些国家出台了面对侨胞的政策。例如面向中国海外移民及国内归侨侨眷的侨务政策和侨务立法，是中国特色的移民政策法规。

一些国家还采取了优选国际移民的房地产政策。目前国际上采取买房移民的政策有希腊、西班牙、葡萄牙、塞浦路斯、阿联酋等。希腊的购房移民条件是年满 18 岁，25 万欧元购房，购买全家医疗保险，就可以获得永居卡③。西班牙的购房移民条件是年满18 岁以上，没有犯罪记录，50 万欧元购房就可以获得居留权④。

①　德国政府称每年急需 26 万移民人口，移民德国最佳时机！［EB/OL］．（2019-07-24）https：//baijiahao. baidu. com/s？id = 1639909949258680452&wfr = spider&for = pc.

②　环球移民专家解析如何移民德国，移民德国途径有哪些？［EB/OL］．（2019-07-26）https：//www. globevisa. com. cn/deguo/news/62287. html.

③　兆龙移民. 希腊移民［EB/OL］. http：//www. zhaolong. net/plus/list. php？tid = 34.

④　兆龙移民. 西班牙移民［EB/OL］. http：//www. zhaolong. net/xby/.

一些国家为吸引国际优质劳动力提供购房许可、购房补贴、住房保障政策。例如在爱尔兰的国际移民，如果付不起房租，并且在租金标准以内，政府可以提供减免。

中国的国际移民政策也引起了广泛关注。第十三届全国人民代表大会第一次会议审议并通过的《国务院机构改革方案》提出组建国家移民管理局。2004 年 8 月，中国开始实施了《外国人在中国永久居留审批管理办法》，确立了外国人来华永久居留证制度。2018 年 1 月 22 日，中国公安部宣布推出 8 项出入境便利措施，其中包括"为外籍华人提供签证、居留便利，对在当地工作、学习、探亲以及从事私人事务需长期居留的外籍华人，可按规定签发有效期 5 年以内的居留许可"。从 2008 年到 2017 年，我国 13 批次的"千人计划"，目前共引进人才 7 千余人，中国各地共引进高层次人才、留学人才 5.39 万人①。在引进国际人才规模上，中国比发达国家明显落后。在国际知识和技能、国际人才发展方面，与其他中等收入国家相比，中国也低于平均水平②。

中国现有的房地产政策主要是为了抑制外资炒作房地产，还没有优选国际移民的房地产政策。为了促进房地产市场健康发展，抑制外资投资炒房，建设部等六部委发布《关于规范房地产市场外资准入和管理的意见》（建住房〔2006〕171 号），国家外汇管理局、建设部发布《关于规范房地产市场外汇管理有关问题的通知》（汇发〔2006〕47 号），国家外汇管理局综合司发布《关于下发〈资本项目房地产项下外汇业务操作规程〉（银行版、外汇局版）的通知》（汇综发〔2007〕3 号等。很多城市相应出台了《关于规范境外机构和境外个人购买商品房的通知》，规范外商投资房地产市场准入，严格境外机构和个人的购房管理，防止外资进入市场投机炒作，拉高房价。例如深圳市发布的《关于规范境外机构和境外个人购买商品房

---

① 《世界移民报告 2018》发布 移民占世界人口比重相对稳定［EB/OL］.（2018-05-10），http://finance.ifeng.com/c/7clpDi0ybBx.

② 《世界移民报告 2018》发布 移民占世界人口比重相对稳定［EB/OL］.（2018-05-10），http://finance.ifeng.com/c/7clpDi0ybBx.

的通知》(深国房〔2007〕254 号)文等。2010 年住房和城乡建设部与国家外汇管理局联合下发了《中华人民共和国住房和城乡建设部国家外汇管理局关于进一步规范境外机构和个人购房管理的通知》(建房〔2010〕186 号)要求"境外个人在境内只能购买一套用于自住的住房。在境内设立分支、代表机构的境外机构只能在注册城市购买办公所需的非住宅房屋。法律法规另有规定的除外"。《关于调整房地产市场外资准入和管理有关政策的通知》(建房〔2015〕122 号)对此进行了调整,规定"境外机构在境内设立的分支、代表机构(经批准从事经营房地产的企业除外)和在境内工作、学习的境外个人可以购买符合实际需要的自用、自住商品房"。

根据人口的变动趋势,中国在 2021 年左右(中方案)以后,会出现人口负增长和老龄化加速,出现劳动力的短缺。为了吸引劳动力、人才和资本的流入,可以采取优选移民的政策。而它的原理和第四章住房市场对中青年人口的响应一样,会增加住房市场的供给和需求。

## 六、适应人口变动的房地产供给侧政策分析和模拟

### (一)旧房改造政策变动对住房供需的影响

"旧房改造"指对房屋局部进行一定的翻新改造,大部分原有的住房因为规划不合理,无法满足人们的居住需求,其改造主要包括空间重新划分以及部分功能区的重新布局。旧房改造出现了个人(家庭)改造、单位(企事业单位、房管部门)改造以及政府大力推动的棚户区改造、城市更新、老旧小区改造等。对于旧房改造的政策模拟,用旧改系数衡量政策的推行力度。为了适应人口的变动,中国现在采取棚户区改造、城市更新、老旧小区改造等方式提高居住质量和功能环境。而在未来人口减少的时候,存在一些房屋的毁损废弃,还需要拆除。如图 7-5 显示,旧改系数上调表示旧房改造政策的推行力度加大(这里设置为翻新改造的旧房比例上调 10%),旧改系数下调表示旧房改造政策的推行力度减弱(这里设置为翻新改造的旧房比例下调 10%)。

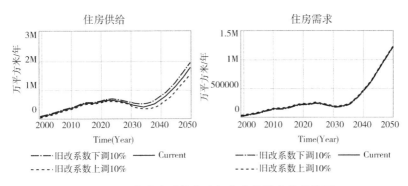

图 7-5　旧房改造系数变动与住房供需变化趋势图

从旧房改造系数变动对住房供给影响的图中可以看到，当旧房改造推进力度加大时，相对于正常情况住房供给会上升；而当旧房改造推进力度减小时，住房供给相对于正常状态会减少。原因是，当旧房改造推进时，通过增加住房投资对老旧危房进行翻新或拆除新建而使住房供给增加。当旧改政策收紧时，老旧房屋的继续使用会对新建房屋供给的增加产生一定的负向影响。

从旧房改造系数变动对住房需求影响的图中可以看到，不论是在长期还是短期，住房需求会随着旧房改造的推进而增加，随着住房改造力度的降低而减少，只是该政策的变化对需求的影响甚微。表明该政策的推进会促进住房需求的上升，且该需求主要来自于对居住条件改善的需要。

**（二）土地供应政策变动对住房供需的影响**

政府土地面积供应不足是房地产价格居高不下的主要原因之一。因此在人地挂钩机制下，人口增长的地区需要增加土地供应，而在人口减少的地区需要减少土地供应。从中国总体来看，在人口增长阶段，需要增加土地的供应，而在人口减少阶段，则需要减少土地的供应，并且需要将部分毁损废弃的房屋拆除，将土地还原为生态绿地等。

因此在进行土地政策模拟实验时，主要有调整住宅用地供应量和改变地价这两种设计思路。本模型将主要通过土地供应政策的收紧与放松进行政策模拟，观察住房供需的变动趋势。模拟结果如图7-6所示。

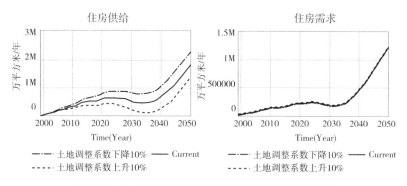

图 7-6　土地供应政策变动与住房供需变化趋势图

从土地供应政策变动对住房供给影响的图中可以看到，随着土地供应政策的放松，住房供给相较于正常状况出现增加，当土地供应政策收紧时，住房供给相较于正常状况出现缩小。原因是，住房供给的首要限制因素是建设用地的供给，当土地供应量下降时，可以直接影响到住房供给。

从土地供应政策变动对住房需求影响的图中可以看到：不论是在长期还是短期，土地供应政策对住房需求的影响都是同向的，这表明，随着土地供应的增加，或者说新建住房的增加，能够促进住房需求的增加，这部分需求可能主要来自于改善性住房需求，但是从数值上看土地供应政策的放开和收紧对住房需求的影响变化比较微小。

政策模拟的主要结论：（1）养老政策变动对住房市场的供需影响不同。对供给的影响是住房供给随着政府养老保障政策力度的增加而缩小，随着其降低而增加。而对住房需求的影响是，随着政府保障政策力度的增加而增加，随着其减少而降低。这对我们的启示是：不断完善养老保障制度对住房市场的稳健发展有着重要意义。

（2）宽松的生育政策对房地产市场的长期发展是有一定的促进

作用的。虽然收紧生育政策和放松生育政策对住房供给影响的趋势在研究年限内相近，但是，收紧生育政策后的住房供给的增加会给住房市场带来更多的问题。生育水平的提高无论是在住房供给还是需求增加上，都具有积极的作用。这对我们的启示是：逐步推行放开计划生育和鼓励生育政策，能够为房地产市场注入新的活力。

（3）旧房改造主要影响住房供给，而对住房需求的作用欠佳，且旧房改造的推进会促进住房供给相对于当前状况的增加。这对我们的启示是：在中国城市化进入中后期以后，需要加大旧房改造（棚户区改造、老旧小区改造）的力度，提高居住质量和改善居住环境，同时对稳定房地产市场有重要的作用。

（4）土地供应是影响住房供给的最重要的因素。土地供应量的细微变化会引起住房供给的显著变化，但对住房需求的影响很微小。这给我们的启示是：合理规划土地供应，是促进房地产市场均衡发展的重要保障。在中国城市化进入中后期以后，对于一些人口大量流失和老龄化严重的地区，需要减少土地的供应，更有利于稳定房地产市场。

（5）政策的变动对住房市场的影响并不是简单的随着政策收紧或放松而相对于目前情况出现增长或降低，而是存在着更深层次的机制差异。因此，观测政策实施效果一是要从长期进行考察，二是要深刻分析政策实施后所产生效果的原理，从而合理进行政策的调整。

# 第三节　促进人口健康发展的房地产政策建议

## 一、发展生育友好型的房地产政策

习近平总书记在党的十九大报告中提出："促进生育政策和相关经济社会政策配套衔接，加强人口发展战略研究。"这一要求对适应我国人口与经济社会发展新形势，顺应人民群众需求，具有十分长远的战略指导意义。近30年来我国一直居于低生育水平国家行列，一个显著特点是育龄人口生育意愿降低，妇女总和生育率低于更替水平，不少年份的总和生育率甚至低于1.5，面临跌入低生育率陷阱的风险。因此应该采取生育友好型的社会经济政策。

从国际经验来看，很多国家在总和生育率低于更替水平之后，采取了更为积极的经济社会配套政策来提升生育水平，防止生育水平持续下滑，防止陷入低生育率陷阱。从很多国家的政策实践来看，采取这些政策带来了一定的效果，尽管它不能扭转低生育率的大趋势。

可以采取的和房地产相关的生育友好型政策有：一是鼓励市场推出多子女家庭的房型，和他们的需求相匹配；二是在全国范围内出台政策降低多子女家庭的住房成本，发放住房补贴，增强他们的住房可得性，优先申请保障房。例如生育多孩家庭优先申请保障房，并给予更高的租房补贴或购房补贴；在第一次购买普通商品房或者购买改善型住房时候提供购房补贴。三是在全国范围内出台政策在用地用房方面支持妇幼健康服务机构、婴幼儿照护服务机构、教育机构、母婴设施等发展，并且降低它们的成本，使他们能够免费或者低价使用。四是鼓励地方政府在此基础上出台一些更优惠的发展政策，特别是一些总和生育率较低的地区。

## 二、发展促进健康老龄化的房地产政策

为了促进健康老龄化，我国也出台了一系列医养结合的政策、标准和规范，建立和完善老年健康服务体系，而且还出台了一系列健康养老用地用房支持及监管政策。在我国老龄化程度不断上升的趋势下，需要完善当前的老年健康服务用地用房政策。一是做好老年健康服务用地用房规划，依法及时办理用地用房手续等，允许集体建设用地、城镇非住宅用地等用来发展健康养老设施，并降低用地成本。二是在整体房地产供大于求的情况下，出台政策鼓励现有住房、非住宅房屋改造为健康养老用房，发展医养结合的设施。三是需要出台财政、金融政策等降低老年健康服务用地用房成本，例如提供财政补贴、贷款贴息等。四是监测现有社区老人的数量、年龄和生活自理能力，加强现有住房和社区的适老化改造，建设全生命周期住房，以及提供相应的健康养老服务。

### 三、推出优选国际移民的房地产政策

在中国人口总量将出现负增长，结构少子化和老龄化逐步上升的背景下，需要引进国际劳动力、国际人才来增加我国的劳动力供给、增加资本、技术和创新能力，促进经济社会发展。因此，中国应根据我国人口变化态势和劳动力供求关系，借鉴国际经验，重点发展劳务移民、投资移民、创新创业移民、人才移民等类型，控制家庭亲属类、难民与政治庇护类移民。

在我国劳动力不断下降的趋势下，需要制定优选国际移民的房地产政策。一是在准入阶段，重点发展投资移民，并且允许资金的一部分投资到房地产，例如购买自住房，开展工商业活动购置工商业房地产等；重点发展创新创业移民和人才移民，并且参照各地的人才政策，只要有相应的就业合同和创业证明，不受入境日期和纳税等限制，准许他们购买自用、自住商品房；对于其他类型的移民准入许可，需要评估他们在中国的独立生活能力和纳税贡献来决定，部分特殊群体除外，例如依据国际法接受的难民。二是在准入后的国内居住阶段，公平对待国际移民，并且对创新创业移民和人才移民参照各地的人才政策，给予购房补贴和人才住房等支持，对于劳务移民，要求大型用工单位提供集体宿舍，并给予用地和税费方面的支持。

## 第四节　促进房地产市场和住房保障健康发展的政策建议

### 一、新建商品房市场：警惕投资萎缩和价格大幅波动

（1）建立人口与房地产市场监测预警的长效机制

我国地区差异大，因此需要密切加强对各地区的人口变动态势进行监控。在我国人口变化过程中，即使在 2021 年左右人口开始负增长之前(中方案)，全国农村、部分城镇其实已经出现了人口负增长。而在我国人口开始负增长之后，将会有更多的中小城镇出

现人口的负增长，一些大中城市也会出现负增长。因此人口急剧减少区域将会呈现不断增加的趋势，以及人口老龄化加速的区域也将是增长的趋势。在人口急剧减少区域，将对应出现房地产市场过剩、空置率上升，毁损废弃房屋上升，相应的这些地区的房价可能会出现下行态势。在人口老龄化加速的区域，将出现普通住宅小区适老化改造需求增加和养老服务增加，退出住房市场和结构养老的需求增加，从而带来市场的变化。因此对于全国和区域的人口和房地产市场进行监测，防患于未然，很有必要。

这就要求建立全国、分区域的人口和房地产的数据收集、处理、分析系统，同时建立监测和预警机制。将分散于不同部门的人口出生、死亡、迁移、健康、社会保障、政策等信息进行有机整合，以及将分散于不同部门的房地产开发、测绘、交易、租赁登记备案、权属登记、档案等管理环节的市场信息进行有机整合，建立人口与房地产信息系统。该系统还需建立全面、准确、及时的信息披露制度，为政府部门、企业和个人全面理性分析提供决策支持，并在此基础上建立监测和预警机制。

同时，充分利用大数据的收集和处理方法，例如手机信令、App等实时监控人口的变化，利用灯光数据、传感器等监测小区活力的变化，利用水电气等大数据监测房屋利用情况的变化。在此基础上设立预警体系，及时提醒区域可能存在的房地产市场风险，例如房地产投资大幅度下降和价格大幅度波动，并提出应对预案。

（2）根据人口变动趋势做好住房和房地产建设规划

根据我国人口变动的趋势，按照人地房挂钩的要求，需要做好住房建设、存量房维护、拆除和综合整治规划，并且使人口变动带来的房屋需求能够得到充分的供应。在我国人口增长、城市化慢速增长时期（城市化率50%~70%），新建与存量维护更新并重。在人口增长平稳、城市化成熟阶段（城市化率70%以上），新建较少，以存量维护更新为主，需要加强城市更新和养老地产的开发。在人口稳定及减少阶段，减少土地供应、减少新增房地产投资，加大旧房维护改造、拆除等城市更新工作，提升居住质量、功能和环境。

在此过程中，还存在明显地区差异。在人口继续增长的都市圈、城市群区域，需要增加土地和房屋的供应，以及相应的基础设施和公共服务。在人口不断减少的区域，需要执行精明收缩战略，减少土地和基础设施、公共服务的供应。在老龄化不断增加的区域，需要执行老年友好型社区战略，加强小区适老化改造和健康养老服务的供应，以及加强养老机构的用地用房供给和监管。

住房发展规划应该从数量提升逐渐转到质量和功能环境完善。建议出台社区发展法，出台政策来完善社区的住宅、基础设施、公共服务，不断提高社区的居住质量和功能环境。

（3）加强预售管理，逐步减少期房销售，推广现房销售

在我国房地产市场发展中，预售制度起到了提供开发资金、提前确定需求、促进滚动开发等作用，但是也存在着预售资金被挪用、开发商资金断裂、楼盘烂尾等风险。在不取消预售制度的情况下，应该加强预售管理。而在未来新房的开发越来越少的情况下，应该推广现房销售，实现"所见即所得"，减少因前期规划、营销与实际提供的产品和服务的偏差而造成的消费者的不满意和纠纷。

## 二、存量房市场：规范发展

（1）加强二级市场的规范发展

在新房供给量逐步减少的情况下，存量房市场将成为市场的交易主体，因此建议政府加强对房地产经纪市场、物业管理市场的监管，尽快出台二级市场相关的法律法规和政策体系，形成对二级市场有效的监管体系。这包括明确存量房的改建标准、产权产籍登记、交易管理等。

（2）促进存量房的运营维护和居住品质提升

存量房的运营维护、拆除整治将成为房地产市场的主要业务，并且需要通过功能和环境的改善来提高居住品质。建议出台"城市更新条例"，加强房屋质量、社区环境的监管，明确政府、服务提供者和业主的权利义务关系，共同分担存量房运营维护和居住品质提升的成本。

（3）规范租赁市场

除了部分新建的租赁商品房以外，大部分租赁房来自存量房。

应在清理现行法规的基础上完善房屋租赁管理法规体系，全面实施房屋租赁合同备案制度，并通过备案环节加强税收征管及土地收益的收缴，同时可及时收集市场租金水平等信息，经分析处理后向社会发布。租赁市场通常以个人出租为主，机构租赁很少。因此应该出台租赁法，鼓励房地产租赁企业发展，提高经营行为的规范性和经营效率。并且需要大力发展 REITS，让更多的人投资房地产金融产品然后收购存量房地产，将实物房地产出租，物尽其用。尽快出台租赁法等规范房东和租户的权利义务关系，形成稳定的租赁关系。

### 三、非住宅房屋市场：品质提升和功能转换

在我国人口增长、城市化慢速增长时期（城市化率 50%～70%），非住宅房屋新建与存量维护更新并重。在人口增长平稳、城市化成熟阶段（城市化率 70%以上），新建较少，以存量维护更新为主，需要加强城市更新。在人口稳定及减少阶段，则会出现大量拆除和少量新建等。

然而技术进步将对非住宅房屋的供求发挥很大的作用。根据麦肯锡的研究报告预测，关乎人类未来发展的 12 项硬科技已经进入了我们的视野，或者以往只能想象的状态已经出现被破解实现的征兆。它们是：移动互联网、人工智能、物联网、云计算、机器人、自动化交通工具/新型能源存储技术、3D 打印、新材料、基因组技术、非常规油气勘探技术、可再生能源。这些科技的发展，将使无人工厂、电商和居家办公将占据较高的比例。

这就意味着，在我国的人口变化过程中，一方面，需要新建一些新的高品质的工商业房地产来满足新的需求。另一方面，现有的一些工厂、商场和写字楼一部分需要根据技术的进步和新的需求进行品质提升，另外一部分将不再需要被迫进行功能转换或者拆除。在现阶段租赁住房供不应求而非住宅房屋供大于求的情况下，2018年国务院办公厅印发《关于加快培育和发展住房租赁市场的若干意见》允许改建房屋用于租赁。一些地方政府也有类似的规定，例如

478

2019 年广州市规划和自然资源局和广州市住房和城乡建设局联合印发《广州市商业、商务办公等存量用房改造租赁住房工作指导意见》(以下简称《意见》),也允许非住宅房屋改建为租赁住房。而从长远来看,市场将更动荡,因此需要出台鼓励有弹性的规划设计、在建设和运营阶段经过审批可以修改房地产用途的政策。

## 四、土地市场:转换用途

在我国人口增长、城市化慢速增长时期(城市化率 50% ~ 70%),还需要供应土地用于新房建设。这阶段需要通过《民法典》等修改,允许农村集体经营性建设用地上市建设住房、非住宅房屋;允许现有大量存量用地在符合城市规划的前提下,经过审批可以更改用途用于开发市场短缺的房地产;允许土地资源的跨区域平衡。例如国家发展与改革委员会发布的《2019 年新型城镇化建设重点任务》提出深化"人地钱挂钩"等配套政策,全面落实城镇建设用地增加规模与吸纳农业转移人口落户数量挂钩政策,在安排各地区城镇新增建设用地规模时,进一步增加上年度农业转移人口落户数量的权重,探索落户城镇的农村贫困人口在原籍宅基地复垦腾退的建设用地指标由输入地使用;在符合土地用途管制前提下,允许都市圈内城乡建设用地增减挂钩节余指标跨地区调剂;在符合空间规划、用途管制和依法取得前提下,允许农村集体经营性建设用地入市,允许就地入市或异地调整入市①。

在人口增长平稳、城市化成熟阶段(城市化率 70% 以上),新建较少,需要供应的土地较少,以存量维护更新为主。在人口稳定及减少阶段,则会出现大量拆除和新建等,然后将这些土地改做生态绿地等。在人口总量减少的情况下,收缩性城市、空心村将更加严重。例如国家发展与改革委员会发布的《2019 年新型

---

①　国家发展改革委关于印发《2019 年新型城镇化建设重点任务》的通知[EB/OL].(2019-03-11). https://www.ndrc.gov.cn/xxgk/zcfb/tz/201904/t20190408_962418_ext.html.

城镇化建设重点任务》提出："收缩型中小城市要瘦身强体，转变惯性的增量规划思维，严控增量、盘活存量，引导人口和公共资源向城区集中"①。《乡村振兴战略规划 2018—2022 年》提出要循序渐进撤并一些衰退村庄②。

在人口稳定及减少阶段，处于房屋供大于求阶段，建议废除限购政策，废除农村房屋购买的限制，实现城乡一体化的房地产市场；在流转环节减少交易环节税费，加强房屋流转；在使用环节减征房地产税费，鼓励空置、闲置房屋的再利用。

### 五、与人口变动相适应的住房保障

中国人口变动，包括总量由增加到减少、结构少子化老龄化、分布城市化、婚姻去制度化将是影响经济社会发展的重要趋势。由于家庭的小型化，家庭的变动趋势比人口的变动趋势要滞后。在人口出现负增长之后，家庭总量还会增长一段时间，然后减少。

这意味着：一是住房保障的需求总量将先增后减；二是住房保障的人群将出现很大的变化，例如老年人、多子女的家庭、不结婚同居的人群；三是住房保障的需求空间分布发生变化，由于人口更多地从农村前往城市，并且向大城市、都市圈和核心城市群集中。这意味着人口迁入的热点地区保障房需求增加，而人口迁出的地方保障房需求大量减少。

住房供给通常与住房需求相匹配。而在需求由增加到减少的时候，这意味着住房供给出现了过剩。住房保障的供给思路也发生了改变：一是由新建为主，改为以利用现有存量住房为主；二是加强

---

① 国家发展改革委关于印发《2019 年新型城镇化建设重点任务》的通知［EB/OL］.（2019-03-11）. https://www.ndrc.gov.cn/xxgk/zcfb/tz/201904/t20190408_962418_ext.html.

② 乡村振兴战略规划(2018—2022 年)系列图解之总揽［EB/OL］.（2018-12-03）. http://www.moa.gov.cn/ztzl/xczx/mlxc_24717/201812/t20181203_6164195.htm.

存量保障房的运营维护和更新。

### (一) 根据人口变动调整住房保障对象和住房保障产品定位

城镇住房保障通常有明确保障对象，即城镇中低收入住房困难家庭。不同国家在不同的阶段会对住房保障对象进行调整，例如有的会纳入城市运行服务关键人员、公务员等。在明确住房保障对象的基础上，通常将住房保障产品定位为保障型福利品。不同国家在不同的阶段，会对住房保障产品定位进行调整，例如将单位自建房、高端人才公寓纳入住房保障房等。

根据前面的人口变动分析，一是住房保障需求总量会发生很大变化。在人口和家庭户减少的时候，住房市场供大于求，空置率上升，这时候政府要减少新建保障房，通过给被保障对象发放货币补贴为主的方式来支持他们到市场购买或者租赁住房。供求关系还会出现很大的空间差异。由于人口更多地从农村前往城市，并且向大城市、都市圈和核心城市群集中，会出现这些人口流入城市的住房保障需求增加，供应压力大，而人口流出城镇和乡村的需求减少。对于人口流入的热点城市，在住房供不应求的情况下，还需要增加住房供应。对于后者，不仅要采取货币补贴的方式，还需要拆迁部分废弃的住房。

二是住房保障的人群将出现很大的变化，例如老年人、多子女的家庭、不结婚同居的人群。这意味着住房保障的准入条件需要调整，并且要提供和他们需求相匹配的产品和服务。第一，人口的老龄化加剧，会导致申请保障房的老年人增加，而他们对住房会有一些适老性要求，并要求提供一些老年人需要的服务。第二，生育政策的调整，会出现多子女的家庭，现有的住房面积限制和房型设计也需要相应调整。第三，探讨同居关系申请保障房的可行性。目前中国的同居关系不能共同申请保障房。例如网上的问答：没有结婚，同居关系，生有一孩可不可以申请公租房？回答是：不可以共同申请公租房。但是如果当地没有要求公租房一定要婚后才能申请，那你们可以双方中的任一人申请一间公租房①。

①　https://zhidao.baidu.com/question/13886634882142730340.html.

在美国，尽管美国的住房和城市发展部（HUD）早在 1977 年提出"两人及以上有证据表明有稳定的家庭关系"可以申请公租房①，也就是允许同性恋、非婚同居伴侣申请公租房，并且由公租房管理机构或者私人出租房用于公租房的房东来决定。而在租赁房市场，这部分人群则可能会受到歧视，因为美国的《联邦公平住房法》（Federal Fair Housing Acts）虽然禁止以肤色、宗教、国籍、家庭是否有小孩或孕妇、身体残疾等因素歧视他人，但是婚姻状态不在其列。

**（二）根据人口变动趋势制定住房保障长远建设规划**

以往保障房建设任务由中央到地方逐级下达，各地政府再根据 GDP 对所辖区域住房保障任务进行再分配，这种并非基于居民住房需求的任务分配方式，容易造成住房供给的区域错配。住房保障规划应根据城镇化发展规律，结合城市人口迁移和增长趋势、住房保障需求和政府财政实力等因素综合决定。城市住房保障规划应在对人口迁移趋势进行有效预测的基础上，根据住房保障需求进行编制。在人口出现负增长的时候，地区之间的人口分布不均更加严重。因此更需要根据人口总量的变动趋势和人口结构特征来编制地方的住房建设规划和保障房规划。

**（三）根据发展阶段提供合适的保障方式**

各国解决中低收入居民住房问题的通行做法，主要是通过住房补贴的形式帮助低收入家庭获得与其支付能力相适应的、相对体面的住房。住房保障有两种形式：一是向低收入家庭提供租赁补贴，俗称"补人头"；二是向住房建设者或非盈利机构提供补贴，促进保障房的建设和供给，即"补砖头"。"补砖头"与"补人头"政策各有利弊，应根据住房发展阶段和政府财政能力综合使用两种政策。租赁补贴比实物补贴更加公平和透明，也更有针对

---

① HUD to Allow Gays, Unmarried Couples In Public Housing, By Judy Burke, May 28, 1977, https://www. washingtonpost. com/archive/politics/1977/05/28/hud-to-allow-gays-unmarried-couples-in-public-housing/bf28808f-14a2-46af-a256-11cf4f075860/.

性和灵活性，但存在管理工作复杂、不能有效增加出租住房供应，以及可能给住房租金带来上升压力等问题。实物补贴能有效增加出租住房供给，但也存在一些缺陷：一是补贴的整体效率较低。根据美国公共政策评估，政府每补贴 100 美元给住房建设者，低收入家庭能获得的服务仅为 37 美元。二是补贴范围难以确定。由于保障房租金难以调整，补贴过高可能形成对低收入家庭的过度保障，补贴过窄则影响保障范围，具有产生贫民窟的风险。三是增加政府长期债务负担和信用风险。发达国家在城市化和住房市场发展的不同阶段，两种补贴方式的政策力度有较大差异，大多经历了从"补砖头"为主向"补人头"为主的转变。值得注意的是，租赁补贴和实物型保障房不能相互替代，只提供一种保障形式是不合适的。

在人口增速减缓阶段，减少土地供应、减少新增保障房投资，加大旧保障房维护改造、拆除等城市更新工作，提升居住质量、功能和环境，适应人口结构的变化，加大老年人公租房、多子女家庭公租房及共有产权住房的供应。在人口总量减少阶段，房屋供大于求阶段，鼓励租赁和购买现有的房屋作为保障房，并且鼓励现有的租户购买公租房。因此，建议住房保障方式从"补砖头"为主向"补人头"为主转变，由当地政府根据本地实际确定具体的保障方式和不同保障方式的比例。

**（四）根据人口变动健全住房保障的财政投入和转移支付机制**

地方的住房保障投入依赖于地方财政实力和中央的财政转移支付。各级政府财权事权不匹配、缺乏持续稳定的财政投入是住房保障面临的重要问题。而且人口总量负增长和人口迁移流动带来的部分区域的人口负增长和部分地区人口正增长更会带来住房保障供求关系问题，也会造成部分人口流失地区经济发展缓慢和地方财政负担能力不够的问题。中央政府住房保障转移支付机制不健全是住房保障水平不均衡的重要原因，这就要求住房保障转移支付应该与地方住房保障群体数量和需求特征挂钩。英国等西方国家住房保障经验表明，中央政府持续资助地方政府，鼓励和支持社会力量兴建住宅是成功解决中低收入家庭住房问题的重要因素。美国和英国政府住房开支占各级政府住房支出的 83% 和 72%~79%。政府财政投入是不同阶段住房保障发展的重要保障。1944—1953 年，英国政府将住房补贴配额和建设完成量挂钩，增大财政补贴，充分调动地方政府建设社会住房的积极性；1954 年以后，政府财政补贴从社会住房建设转移到贫民区清拆；1974 年后，资助住房协会成为社会住房建设主体。

**（五）根据人口变动调整住房保障的申请审核机制**

有效的准入机制是政策公平性的基础，应建立严格的住房保障准入机制，重点做到程序公开、信息透明、审核严格、监管有效、惩罚严厉。住房保障准入标准要明确申请者住房、收入和其他资产状况的量化指标，在保护申请人隐私的情况下定期公布辖区住房保障申请和审核情况。成立跨部门的收入审查机构，利用跨部门信息对申请人的资产和收入情况进行核对，确保审核资料的真实性。此外还应规范审核程序并公开审核流程，严格规定从受理、初审、再审到配屋整个轮候程序，实现住房保障申请和资格审核动态化。此外，还应建立该住房保障信息公开与共享机制。

应根据人口变动趋势调整住房保障准入标准，一是需要公平对待非婚姻同居伴侣，在存在稳定的家庭关系的时候，允许他们申请保障房；二是需要根据老龄化的趋势，在老年人越来越多的情况下，鼓励老年人及其子女共同申请，相邻居住。

**（六）根据人口变动调整住房保障的退出机制和产权归属与流转机制**

需要根据人口变动趋势和住房市场供求状况完善住房保障有序退出机制，加强和完善违规惩罚机制。

国际上有几种相对成熟的保障房退出机制。例如，新加坡规定每人名下只能拥有 1 套组屋，新组屋住满 5 年、转售组屋住满 2 年后才能卖或者出租；英国采取私有化形式鼓励租户购买所居住的公屋。

在人口和家庭负增长以后，全国及部分城市住房供大于求的情况下，借鉴国际经验，应该减少产权性保障房建设，逐步建立以货币补贴和租赁房为主的住房保障体系，在保障产品的设计上以满足基本居住需求为标准；允许公租房转换为共有产权住房，即现有租户可以分批购买住房的产权份额，并将公租房转换为租户自有部分股份的共有产权住房；在住房供大于求的形势下，还可以将共有产权住房转换为商品房退出。

### （七）根据人口变动健全住房保障的社区服务机制

建议尽快加强对保障性住房小区的综合管理。我国各类保障性住房极大改善了中低收入住房困难人群的居住条件，但也要认识到，从发达经济体保障性住房的发展历程看，中低收入人群的集中居住也会带来潜在的风险，因此要抓紧做好现有保障性住房的后续管理。保障房的性质使政府在社区管理中不能缺位。第一，更加重视现有保障性住房的日常维护，防止保障性住房的品质下降；第二，更加重视完善综合配套，提升保障性住房社区周边的教育医疗公共交通等条件，着力提高居民生活工作出行的便利性，为保障性住房社区提供更好的日常生活环境，通过完善综合配套，使一般城市家庭与保障对象共享城市公共服务，消除社会阶层之间的隔阂，促进社会和谐稳定发展；第三，更加重视保障性住房的社区建设，鼓励引导居民参与社区的日常管理，通过有效的管理，不断提升保障性住房社区的综合服务水平，建立技能培训中心，帮助保障性住房社区居民提高就业技能，并给予就业指导和职业介绍，组织积极健康的文化生活，形成乐观向上的文化氛围。

随着人口变动，大量的老年人社区将会出现，他们对社区的服务有一些特殊的要求，因此社区服务的供给也要有针对性。此外，针对一些城市、社区人口减少的趋势，需要利用大数据、互联网等提供多个社区共享服务和服务快速传输机制。

# 第五节　促进房地产业健康发展的政策建议

目前中国房地产行业监管还存在以下问题：一是法律体系还不完善。房地产相关的法律立法地位有待提升，部门规章的实施细则有待完善，地方管理制度较多，实施效果不尽如人意，缺乏有效的惩处机制。二是地方政府缺乏共同监管的平台。城市及区县住房和城乡建设委员会是房地产行业的主管部门，而工商行政管理局、发展和改革委员会等部门也对房地产行业负有相应的管理职责。由于缺少共同监管的平台，这些部门之间的协调较弱，造成了监管乏力。三是行业组织的作用有待加强。房地产行业协会作为行业组织，发展尚未成熟，专职管理人员不足，协会在行业中的地位有待提升，职能管理相对较弱。此外，房地产企业在不断创新，这也给行业监管带来了困难。

人口变动大趋势以及同时发生的科技进步将给房地产行业监管带来很多新的挑战。这包括：人口变动带来的总人口减少，会造成总体需求减少和供给过剩，需要处理企业推出转型带来的社会风险问题；人口结构的老龄化带来了新空间和新服务的需求，并催生了新供给新业务，提高了监管难度。例如人口老龄化带来的养老院的需求增加，以及老年人护理需求增加，而远程护理、AI 护理等新技术的出现，将给养老院的设计标准和服务监管带来新的挑战。

为此本研究提出以下建议。

## 一、制定与人口变动趋势相适应的中国房地产行业发展规划

根据国民经济和社会发展规划刚要制定与房地产密切相关的建筑业发展规划、房地产业发展规划等。例如建设部在关于《建设部住宅与房地产业司（建设部住房制度改革办公室）机构职能设置的通知》（建房综字〔1998〕47 号）里面提出设立住宅建设与房地产开发处，并负责指导城乡住宅建设和住房供应政策的实施，提出住宅建设与房地产业的中长期规划、科技发展战略和产业政策等。后来

该机构撤销，建设部提出了全国住房建设规划。住房和城乡建设部
2017 年发布《建筑业发展"十三五"规划》，明确提出了市场规模目
标、产业结构调整目标、技术进步目标、建筑节能及绿色建筑发展
目标、建筑市场监管目标、质量安全监管目标等，并且提出了深化
建筑业体制机制改革、推动建筑产业现代化、推进建筑节能与绿色
建筑发展、发展建筑产业工人队伍等任务和相应的政策措施。建议
制定与人口变动趋势相应的建筑业发展规划、房地产业发展规划
等。例如在人口由增长到负增长的转变阶段，开始减少房地产开发
投资，规范房地产经纪行业和物业管理行业的发展，增加存量房屋
的运管维护，以及废弃房屋的拆除、土地整治和再开发利用等。

## 二、加强中国房地产行业监管立法

在立法方面，主要有法律法规、行政法规、部门规章和地方性
法规及规范文件等。法律法规是房地产行业机构及从业人员从事房
地产交易活动的依据，并在一定程度上约束其行为。再者，行业法
规的制定也是实现行业有效管理的基础。目前，我国与规范房地产
交易有关的法律主要有《城市房地产管理法》、《物权法》、《合同
法》等，而这些都将囊括在《民法典》当中。

相关部委还制定了房地产交易、房地产从业机构、从业人员、
服务规范等方面的行政法规和部门规章。例如《商品房销售管理办
法》是原建设部于 2001 年颁布的。《商品房屋租赁管理办法》是
2010 年第 12 次住房和城乡建设部常务会议审议通过的，对不得出
租房屋的条件、租赁合同的内容、出租房屋的面积、租金以及承租
人转租、出租人出售、房屋租赁登记备案等做了规定。

一些地方政府还出台了一些地方性法规及规范文件来规范房地
产机构备案管理及房地产从业人员资格管理、信用管理、合同管
理、存量房网上签约备案和资金监管制度、服务收费管理、房地产
行业的动态监管、房地产纠纷投诉管理等。

这里提出以下建议。首先，提升法制地位。做好房地产行业立
法工作，完善市场监管重点领域立法，将房地产行业管理中的制度
从部门规章修订上升为行政法规，全面提升加强房地产行业监管的

法律支撑，确立房地产市场监管的基本法律制度。另外，加快出台关键性规章的执行细则。其次，系统整合并更新地方性的规章制度。推进依法行政，强化执法能力保障，确保市场监管有法可依。加强立法过程中的部门协调，积极发挥人大等专业立法部门在房地产市场监管立法中的作用。通过立法规定住房和城乡建设部门及其他相关管理部门的职责分工。加强相关配套规定的制定、修改工作，加大市场监管技术标准的制定力度，推进部门间市场监管标准的统一化，实现监管的专业化、精细化，丰富行业监管和执法手段。适应市场经济的要求，市场监管中增加市场进入等经济手段。建立奖惩结合的市场监管机制，通过对守法守规企业给予信贷，市场准入方面的便利条件，鼓励企业遵守市场规则的行为。

在立法方面，需要考虑人口变化带来的问题，例如制定公平对待外国移民和本国公民、结婚家庭和非婚同居伴侣的公平住房法，废弃房屋的处理办法和老人去世房地产遗产无人继承的处置办法等，以及行业发展重点转向房地产经纪、租赁和物业管理等。

### 三、完善中国房地产行业管理

中国大部分地方房地产行业实行政府部门监管和行业自律，以行政管理为主、行业自律为辅的管理模式。各部门的管理职责相对比较清晰，各司其职。各地房地产行业行政主管部门是住房和城乡建设委员会，另外，还有其他管理部门，如工商行政管理局、发展和改革委员会等部门。行业组织则主要是房地产业协会、房地产中介行业协会和经纪人协会等。

在加强行业监管方面，提出以下政策建议。

一是要主管部门发挥协调作用，加强各政府部门之间的联动性，实现既有分工又有合作，提高齐抓共管的能力。其中各城市住房和城乡建设委员会要在多部门中发挥协调作用。

二是要建立多部门共同监管的平台，实现信息共享。通过统一的平台，各管理部门根据自身的管理职责，针对房地产交易活动的不同环节进行管理，有效避免监管漏洞及重复监管。

三是依托全国信用信息共享平台和国家企业信用信息公示系

统，健全部门间信息共享交换机制，健全信用约束和失信联合惩戒机制，建立市场主体准入前信用承诺制度。实行跨部门信用联合惩戒，加大对失信企业惩治力度，对具有不良信用记录的市场主体，在金融、税收、土地、工程招投标、政府采购、资质审核等方面依法予以限制或禁止。通过房地产信用体系建设，在房地产企业间形成竞争机制，约束企业行为。公开房地产企业信息评级报告、项目信息，消除消费者同开发商之间的信息不对称，利用房地市场约束房地产开发主体的行为；通过对房地产项目信息的整合，建立执法预警机制，有效地加大执法力度，节约执法成本。

四是推行行政管理与行业自律并重的监管模式，划清政府与协会的职权界限，通过简政放权，结合实际管理和业务需要，逐步完善行业协会的自律组织职能，通过制定行业标准和自律规范，建立行业诚信体系，充分发挥行业自律组织的自我监管的作用。并且通过社会共治立法来完善行业自治，加强社会公众、新闻媒体等对市场秩序的监督。

# 第六节 研究存在的不足和研究展望

本章的这些研究结果还值得深入讨论，存在以下不足：一是本章的数据是根据家庭户来分类的，然而随着婚姻去制度化，非婚同居住户会逐渐增加，这会导致现有数据的分析结果存在偏差。二是由于第六次人口普查数据、2020年人口普查抽样调查数据没有公布，尽管作者尝试去相关部门实验室运行了部分结果，但是受到了许可的限制，导致对集体户的住房需求分析不够深入；三是本章的研究无法预料到科学技术的进步带来的变化，例如互联网对生产和生活的影响，AI技术对就业的冲击，疫情、医疗健康技术对老年人寿命的冲击。

本书认为以下领域值得进一步研究：一是人口负增长对房地产市场的影响的机理、时空演化过程和效应。由于中国目前还没有出现全国的人口负增长，限于本研究的时间节点，这里没有深入研究，然而根据前面的预测，很可能在2020—2030年发生，距今不远，而它的影响将很深远，因此很有必要研究。虽然全国层面还没有发生，而全国很多区域、城市和农村已经出现了人口负增长，因此可以重点研究国内部分区域的人口负增长对房地产市场的影响的机理、时空演化过程和效应，并且研究日本、德国等已经出现了人口负增长国家的情况，从而更深入地理解人口负增长对房地产市场的影响。二是深入分析婚姻去制度化对房地产市场的影响。现在的婚姻生育模式相对于传统模式，发生了很大改变，并且非婚同居、同性恋模式在中国也越来越多，它的影响如何，本研究没有深入，希望下一步更加深入。三是科学技术等对房地产市场的影响。现代科学技术不仅改变了需求，例如消费者可以通过远程办公、VR 技术等实现远程交流，减少对酒店等的需求；现代科学技术还改变了供给，通过提供无人驾驶汽车，消费者可以在车上办公和睡觉，实际上替代了办公楼和酒店的供给。本书虽然提及这些内容，但是下一步的研究需要进行更深入的分析。

# 参 考 文 献

[ 1 ]ALCHIAN A A. Uncertainty, evolution, and economic theory [ J ]. Journal of Political Economy, 1950, 58 ( 3 ) : 211-221.

[ 2 ]ALBERT S. On local housing supply elasticity[ J ]. Eres, 2008, 125.

[ 3 ]ABERNATHY, UTTERBACK. Patterns of innovation in technology [ J ].Technology Review, 1987 ( 7 ) : 40-47.

[ 4 ]ALLAIS M. Économie, intérêt : présentation nouvelle des problèmes fondamentaux relatifs au rôle économique du taux de l'intérêt et de leurs solutions[ M ]. Librairie des publications officielles, 1947.

[ 5 ]ANNEZ, PHILIPPE, WHEATON, et al. Economic development and the housing sector : a cross-national model [ J ]. 1984, 32 ( 4 ) : 749-766.

[ 6 ] SKABURSKIS A. Rental residential rehabilitation decisions [ J ]. Housing Studies, 2007, 4 ( 1 ) : 58-71.

[ 7 ]BALL M. Spatial regulation and international differences in housebuilding industries[ J ].Journal of Property Research, 2013, 30 ( 3 ) : 189-204.

[ 8 ]BALL M. Markets and the structure of the housebuilding industry : an international perspective [ J ]. Urban Studies, 2003, 40 ( 5-6 ) : 897-916.

[ 9 ]BURNS L S, GREBLER L. Resource allocation to housing investment : a comparative international study [ J ]. Economic Development & Cultural Change, 1976, 25 ( 1 ) : 95-121.

[ 10 ]BERNT . partnerships for demolition : the governance of urban renewal in east germany's shrinking cities[ J ]. International Journal

of Urban and Regional Research,2009,33(3):754-769.

[11] BONGAARTS J. The projection of family composition over the life course with family status life tables [ J ]. Family Demography Methods & Their Application,1987,585(1):531-538.

[12] BAKSHI G S,CHEN Z. Baby boom,population aging,and capital markets[J]. Journal of Business,1994,67(2):165-202.

[13] CHESNAIS J C. Demographic transition patterns and their impact on the age structure [ J ]. Population and Development Review, 1990:327-336.

[14] CLARK W A V,DIELEMAN F M. Households and housing:choice and outcomes in the housing market [ M ]. New Jersey: New Brunswick,1996.

[15] CLARK W A V,DIELEMAN F M. Households and Housing[ J ]. Journal of Architectural & Planning Research,1996:86-888.

[16] CHI P S K. Family structure and housing consumption:a study of Chinese families in taiwan[ J ]. Lifestyles,1988,9(1):55-72.

[17] CHEN M C,KAWAGUCHI Y,PATEL K. An analysis of the trend and cyclical behaviours of house prices in the asian markets[ J ]. Journal of Property Investment and Finance,2004,22(1):55-75.

[18] CHRISTOPHER A. Manning: the determinants of intercity home building site price differences[ J ]. Land Economics,1988,64(1): 1-14.

[19] WILLIAMAS C. Companion to nineteenth-century britain [ M ]. Oxford:Blackwell Publishing,2007.

[20] MARSH D, RHODES R A W. Policy networks in british government [ M ]. Oxford:Clarendon Press,1992.

[21] Dipasquale D. Why don't we know more about housing supply? [ J ]. Journal of Real Estate Finance & Economics,1999,18(1): 9-23.

[22] DAVIS O A,WHINSTON A B. The economics of urban renewal [ J ]. Law & Contemporary Problems,1961,26(1):105-117.

[23] DIELEMAN F M, EVERAERS P C J. From renting to owning: life course and housing market circumstances[J]. Housing Studies, 1994,9(1):11-25.

[24] DEURLOO M C, CLARK W A V, DIELEMAN F M. The move to housing ownership in temporal and regional contexts [J]. Environment and Planning A, 1994,26(11):1659-1670.

[25] DENG L, CHEN J. Market development, state intervention, and the dynamics of new housing investment in China[J]. Journal of Urban Affairs, 2018:1-25.

[26] BARNETT D. London, hub of the industrial revolution: a revisionary history 1775-1825[M]. Tauris Academic Studies, 1998.

[27] DIJKSTERHUIS M S, VAN DEN BOSCH F A, VOLBERDA H W. Where do new organizational forms come from? Management logics as a source of coevolution[J]. Organization Science, 1999:569-582.

[28] DAN S R, WANG H. Regional housing supply elasticity in China 1999-2013: a spatial equilibrium analysis[J]. Economics Working Paper, 2016.

[29] DASGUPTA, BASAB, LALL, SOMIK V, GRACIA L, Nancy. Urbanization and housing investment[J]. Social Science Electronic Publishing, 2014.

[30] DOLING J. Housing policy trends[J]. International Encyclopedia of Housing & Home, 2012:596-605.

[31] DIAMOND P A. National debt in a neoclassical growth model[J]. The American Economic Review, 1965,55(5):1126-1150.

[32] EICHHOLTZ P, LINDENTHAL T. Demographics, human capital, and the demand for housing[J]. Journal of Housing Economics, 2014,26:19-32.

[33] GAULDIE E. Cruel habitations: a history of working-class housing 1780-1918[M]. Barnes & Noble, 1974.

[34] EDGAR O. Olsen: a competitive theory of the housing market[J]. American Economic Review, 1969,59(4):612-622.

[ 35 ] ELDER G H. The life course as developmental theory [ J ]. Child development, 1998, 69( 1 ) : 1-12.

[ 36 ] ELDER G H. Children of the great depression [ M ]. Chicago: University of Chicago Press, 1974.

[ 37 ] ELDER G H. The life course and aging: some reflections [ J ]. Distinguished Scholar Lecture, 1999, 10.

[ 38 ] FITZ P M, VAREY R J, GRÖNROOS C, et al. Relationality in the service logic of value creation [ J ]. Journal of Services Marketing, 2015, 29( 6/7 ) : 463-471.

[ 39 ] FANG Y. Consumption over the life cycle: how different is housing? [ J ]. Review of Economic Dynamics, 2009, 12 ( 3 ) : 423-443.

[ 40 ] FORREST R, LEATHER P. The ageing of the property owning democracy [ J ]. Ageing and Society, 1998, 18( 1 ) : 35-63.

[ 41 ] FIELDING A J. Migration and social mobility: South East England as an escalator region [ J ]. Regional studies, 1992, 26( 1 ) : 1-15.

[ 42 ] FEIJTEN P, Mulder C H. The timing of household events and housing events in the Netherlands: a longitudinal perspective [ J ]. Housing studies, 2002, 17( 5 ) : 773-792.

[ 43 ] GRUBER W. Sozialer Wohnungsbau in der Bundesrepublik: Der Wohnungssektor Zwischen Sozialpolitik und Kapitalinteressen [ M ]. Pahl-Rugenstein Verlag Nachfolger-GmbH. 1981.

[ 44 ] GOBBI P E. A model of voluntary childlessness [ J ]. Journal of population and Economics, 2013( 26 ) : 963-982.

[ 45 ] GREEN R, HENDERSHOTT P H. Age, housing demand, and real house prices [ J ]. Regional Science and Urban Economics, 1996, 26 ( 5 ) : 465-480.

[ 46 ] GREEN R K, LEE H. Age, Demographics, and the demand for housing, revisited [ J ]. Regional Science & Urban Economics, 2016, 61.

[ 47 ] GLAESER E L, GYOURKO J, SAKS R E. Urban growth and

housing supply[J]. Journal of Economic Geography,2005,6(1):
71-89.

[48] GUILMOTO C Z. The sex ratio transition in Asia[J]. Population
and Development Review,2009,35(3):519-549.

[49] GRÖNROOS C, GUMMERUS J. The service revolution and its
marketing implications:service logic vs service dominant logic[J],
Managing Service Quality,2014,24(3):206-229.

[50] HAN L,STRANGE W C. The microstructure of housing markets,
search,bargaining, and brokerage[J]. Handbook of Regional &
Urban Economics,2015(5):813-886.

[51] KRAFT H, MUNK C. Optimal housing, consumption, and
investment decisions over the life cycle[J]. Management Science,
2011,57(6):1025-1041.

[52] HATCHER J. Plague,population and the English economy 1348-
1530[M]. London:Macmillan,1984.

[53] HARRINGTON J E, CHANG M. Co-evolution of firms and
consumers and the implications for market dominance[J]. Journal
of Economic Dynamics and Control,2005,29(1):245-276.

[54] HORIOKA,CHARLES Y J. Tenure choice and housing demand in
Japan[J]. Journal of Urban Economics,1988,24(3):289-309.

[55] HENRETTA J C. Family transitions,housing market context,and
first home purchase by young married households [J]. Social
Forces,1987,66(2):520-536.

[56] IOANNIDES Y M, ROSENTHAL S M. Estimating the consumption
and investment demands for housing and their effect on housing
tenure status[J]. Review of Economics and Statistics,1994,76(1):
127-141.

[57] BURNETT J. A social history of housing 1815-1985[M]. London
and New York:Methuen Go. Ltd,1986.

[58] PITKIN J R,MYERS D. The specification of demographic effects on
housing demand:avoiding the age-cohort fallacy [J]. Journal of

Housing Economics,1994,3(3):240-250.

[59]HENDERSON J V,IOANNIDES Y M. A model of housing tenure choice[J]. American Economic Review,1983,73(1):98-113.

[60]JAWAHAR I M, MC LAUGHLIN G L. Toward a descriptive stakeholder theory: an organizational life cycle approach [J]. Academy of Management Review,2001,26(3):397-414.

[61]CHEN J, ZHU A Y. The housing-led growth hypothesis revisited: evidence from the chinese provincial panel data[J].Urban Studies, 2011,48(10):2049-2067.

[62]JANZEN D H. When is it coevolution? [J]. Evolution International Journal of Organic Evolution,1980,34 (3):611.

[63]JONES C I. Sources of US economic growth in a world of ideas[J]. American Economic Review,2002,92(1):220-239.

[64] KNOLL K,SCHULARICK M,STEGER T. No price like home: global house prices, 1870-2012[J]. American Economic Review, 2017,107(2):331-353.

[65]KOZA M P,LEWIN A Y. The coevolution of network alliances:a longitudinal analysis of an international professional service network[J].Organization Science,1999,10(5):638-653.

[66] KIRK D. Demographic transition theory[J]. Population studies, 1996,50(3):361-387.

[67] LAUF S, HAASE D,SEPPELT R, et al. Simulating demography and housing demand in an urban region under scenarios of growth and shrinkage [J]. Environment and Planning B: Planning and Design,2012,39(2):229-246.

[68] LINDENTHAL T, EICHHOLTZ P. Demographics, human capital, and the demand for housing[J].Journal of Housing Economics, 2014,26:19-32.

[69]LINDH T,MALMBERG B. Demographic perspectives in economic housing research [J]. International Encyclopedia of Housing & Home,2012:319-324.

[70] LIM J, LEE J H. Demographic changes and housing demands by scenarios with ASFRs[J].International Journal of Housing Markets and Analysis,2013,6(3):317-340.

[71] LEWIN A Y, VOLBERDA H W. Prolegomena on coevolution: a framework for research on strategy and new organizational forms [J].Organization Science,1999,10(5):519-534.

[72] LESTER D L, PARNELL J A, CARRAHER S. Organizational life cycle: a five-stage empirical scale[J].The International Journal of Organizational Analysis,2003,11(4):339-354.

[73] LI M, SHEN K, QIU J. Population aging and housing consumption: a nonlinear relationship in china[J]. China & World Economy, 2013,21(5):60-77.

[74] LI S M, LI M L. Life course and housing tenure change in urban China: a study of Guangzhou[J].Housing Studies,2006,21(5): 653-670.

[75] LOGAN J R, BIAN Y, et al. Housing inequality in urban China in the 1990s [J]. International Journal of Urban and Regional Research,1999,23(1):7-25.

[76] LAWLER K. Age-friendly communities: go big or go home[J]. Public Policy & Aging Report,2015,25(1):30-33.

[77] LANSING J B, MORGAN J N. Consumer finances over the life cycle[J]. Consumer behavior,1955,2(4):36-50.

[78] LEE R, MASON A. What is the demographic dividend? [J]. Finance and Development,2006,43(3):16.

[79] LI W, LIU H, YANG F, et al. Housing over time and over the life cycle: a structural estimation[J]. International Economic Review, 2016,57.

[80] MANKIW N G, WEIL D N. The baby boom, the baby bust, and the housing market[J].Regional Science and Urban Economics,1989, 19(2):235-258.

[81] MULDER C H.Home-ownership and family formation[J].Journal of

Housing & the Built Environment,2006,21(3).

[82]MUTH R F. The demand for nonfarm housing [ M ]. Chicago: University of Chicago Press,1960:29-62.

[83]FLAVIN M, YAMASHITA T. Owner-occupied housing and the composition of the household portfolio [ J ]. American Economic Review,2002,92(1):345-362.

[84]MAYER N. Rehabilitation decisions in rental housing[ J ]. Journal of Urban Economics,1981(10):76-94.

[85]MAYER N S. The impacts of lending,race,and ownership on rental housing rehabilitation[ J ]. Journal of Urban Economics,1985,17(3):349-374.

[86]MAYER C J,SOMERVILLE C T. Residential construction: using the urban growth model to estimate housing supply[ J ]. Journal of Urban Economics,2000,48(1):85-109.

[87]MALPASS P. Housing,philanthtopy and the state: a history of the guinness trust[ D ].Bristol: University of the West of England,1998.

[88]MODIGLANI F. The life cycle hypothesis of saving,the demand for wealth and the supply of capital [ J ]. Social research, 1966, 160-217.

[89]MAYER K U,TUMA N B. Event history analysis in life course research[ M ].Madison: University of Wisconsin Press,1990.

[90]MYERS D, MEGBOLUGBE I, LEE S W. Cohort estimation of homeownership attainment among native-born and immigrant populations [ J ]. Journal of Housing Research, 1998, 9 (2): 237-269.

[91]MALPEZZI S, MACLENNAN D. The long run price elasticity of supply of new residential construction in the united states and the united kingdom [ J ].Journal of Housing Economics, 2001 (10): 278-306.

[92]MYERS D. Cohort longitudinal estimation of housing careers[ J ]. Housing Studies,1999,14(4):473-490.

[93] MCLEOD P B, ELLIS J R. Housing consumption over the family life cycle:an empirical analysis[J]. Urban Studies, 1982, 19(2): 177-185.

[94] MURPHY P E, STAPLES W A. A modernized family life cycle[J]. Journal of Consumer Research, 1979, 6(1):12-22.

[95] MAYER K U, TUMA N B. Event history analysis in life course research[M]. Madison University of Wisconsin Press, 1990.

[96] NORTHAM. Urban geography [M]. New York: John Wiley& Sons, 1979.

[97] NORGAARD R B. Coevolutionary development potential[J]. Land Economics, 1984, 60(2):160-173.

[98] ORTALO-MAGNE E, FRANCOIS R, SVEN. Housing market dynamics: on the contribution of income shocks and credit constraints [J]. Review of Economic Studies, 2006, 73 (2): 459-485.

[99] OLSEN E O. A competitive theory of the housing market [J]. American Economic Review, 1969, 159(4):612-622.

[100] ÖZGÜL BURCU ÖZDEMIR SARI. Empirical investigation of owner-occupiers' reinvestments in housing: the case of Ankara, Turkey[J]. Journal of Housing & the Built Environment, 2014, 29 (1):79-104.

[101] PITKIN J R, MYERS D. The specification of demographic effects on housing demand:avoiding the age-cohort fallacy[J]. Journal of Housing Economics, 1994, 3(3), 240-250.

[102] PAINTER G Y, ZHOU Y. Why are Chinese Homeownership Rates so high? [J]. Working Paper, 2003.

[103] GEROSKI P A, MAZZUCATO M. Modelling the dynamics of industry populations [J]. International Journal of Industrial Orgazation, 2001, 19:1003-1022.

[104] ROSEN S. Hedonic prices and implicit markets: product differentiation in pure competition [J]. Journal of Political

Economy,1974,82(1):34-55.

[105]ROBACK J. Wages, rents and quality of life [J]. Journal of Political Economy,1982,90(6):1257-1278.

[106]RENAUD B. Resource allocation to housing investment:comments and further results [J]. Economic Development & Cultural Change,1980,28(2):389-399.

[107]ROSTOW W W. The stages of economic growth [J]. The Economic History Review (New Series),1959,12(1):1-16.

[108]RICHARD K, GREEN H L. Age,demographics,and the demand for housing,revisited[J]. Working Paper,2015,61.

[109]RYDER N B. The cohort as a concept in the study of social change [J]. American Sociological Review. 1965, 30 (6): 843-861.

[110]ROWNTREE B S,HUNTER R. Poverty:a study of town life[J]. Charity Organisation Review,1902,11(65):260-266.

[111]STEVENSON S, YOUNG J. A multiple error-correction model of housing supply[J]. Housing Studies,2014,29(3):362-379.

[112]SÁNCHEZ A C, JOHANSSON A. The price responsiveness of housing supply in OECD countries [J]. Journal of Housing Economics,2013,22(3):231-249.

[113]INWOOD S. A history of London[M]. New York:Carroll & Graf Publishers,1998.

[114]SOLDO B J, AGREE E M. America's elderly [J]. Population bulletin,1988,43(3):1-53.

[115]SCHÜTTE H,CIARLANTE D. Consumer behaviour in Asia[M]. New York:New York University Press,1998.

[116]SAMUELSON P A. An exact consumption-loan model of interest with or without the social contrivance of money [J]. Journal of political economy,1958,66(6):467-482.

[117]TAKATS. Aging and house prices [J]. Journal of Housing Economics,2012,21(2):131-141.

[118]TEECE D J. Explicating dynamic capabilities: the nature and microfoundations of (sustainable) enterprise per-formance [J]. Strategic Management Journal,2007,28(13):1319-1350.

[119]VAN DE KAA D J. The idea of a second demographic transition in industrialized countries[J]. Birth,2002(35):45.

[120]WEI S J,ZHANG X. The competitive saving motive: evidence from rising sex ratios and savings rates in China[J].Journal of Political Economy,2011,119(3).

[121]WORLD BANK. Housing: Enabling Markets to Work [R]. Washington,DC:World Bank,1993.

[122]WHITE M J. Property taxes and urban housing abandonment[J]. Journal of Urban Economics,1986,20(3):312-330.

[123]WHEATON W C. Vacancy,search,and prices in a housing market matching model[J]. Journal of Political Economy,1990,98(6): 1270-1292.

[124]ASHWORTH W. The genesis of modern British town planning: a study in economic and social history of the nineteenth and twentieth centuries[M]. London:Routledge & Paul,1954.

[125]WANG H,RICKMAN D S. Housing price and population growth across China:the role of housing supply[J]. Mpra Paper,2017.

[126]WELLS W D, GUBAR G. Life cycle concept in marketing research[J]. Journal of Marketing Research, 1966, 3 (4): 355-363.

[127]WILKES R E. Household life-cycle stages,transitions,and product expenditures[J]. Journal of Consumer Research, 1995, 22(1): 27-42.

[128]YOSUKE HIRAYAMA. The role of home ownership in Japan's aged society[J].Journal of Housing and the Built Environment, 2010,25(2):175-191.

[129]ZENG Y, WANG Z L. A policy analysis on challenges and opportunities of population/household aging in China[J]. Journal

of Population Aging,2014,7(4):255-28.

[130]SAITA Y, SHIMIZU C, WATANABE T. Aging and real estate prices:evidence from japanese and us regional data[EB/OL]. http://hdl. handle. net/10086/26026,2013.

[131]埃尔德. 2002. 大萧条的孩子们[M]. 田禾、马春华,译. 南京:译林出版社.

[132]毕宝德. 土地经济学(第六版)[M]. 北京. 中国人民大学出版社,2010.

[133]包宗华. 老年住宅研究[J]. 中国房地产业,2005(10):40-42.

[134]陈彦光,周一星. 城市化 Logistic 过程的阶段划分及其空间解释——对 Northam 曲线的修正与发展[J]. 经济地理,2005,25(6):817-822.

[135]陈彦斌,陈小亮. 人口老龄化对中国城镇住房需求的影响[J]. 经济理论与经济管理,2013(5):45-58.

[136]曹志刚. 居住人口老龄化对物业管理带来的影响及应对策略[J]. 中国电力教育,2006(s1):407-408.

[137]曹珊珊. 未来,物业管理将成为居家养老"主角"[J]. 城市开发,2015(1):46-47.

[138]程选,岳国强,任荣荣. 关于房地产调控效果的研究之五:房地产投资增速的国际比较[J]. 中国经贸导刊,2012(12):12-14.

[139]陈斌开,徐帆,谭力. 人口结构转变与中国住房需求:1999—2025——基于人口普查数据的微观实证研究[J]. 金融研究,2012(1):129-140.

[140]陈超霞. 中国生育政策对人口的影响研究[D]. 重庆:重庆大学,2016.

[141]陈国进,李威,周洁. 人口结构与房价关系研究——基于代际交叠模型和我国省际面板的分析[J]. 经济学家,2013(10):40-47.

[142]曹振良. 中国房地产业发展与管理研究[M]. 北京:北京大

学出版社，2002.

[143]曹振良，高晓慧，等．中国房地产企业发展与管理研究[M].
北京：北京大学出版社，2002.

[144]曹炎，朱金凤．中外婴儿潮对房地产市场发展的影响研
究[C].2016 中国城市规划年会，2016.

[145]崔裴．中美房地产业比较研究：内涵、属性与功能[M].北
京：光明日报出版社，2010.

[146]昌忠泽．人口老龄化的经济影响——对文献的研究和反
思[J].财贸研究，2018(2).

[147]邓郁松．住房市场发展阶段与波动[M].北京：科学出版
社，2016.

[148]丹尼斯·迪帕斯奎尔，威廉·C.惠顿．城市经济学与房地产
市场[M].龙奋杰，等译.北京：经济科学出版社，2002.

[149]邓伟志．社区发展的若干问题[J].上海交通大学学报(社会
科学版)，1999(03)：10-18.

[150]顾和军，周小跃，张晨怡."全面二孩"、人口年龄结构变动
对住房消费的影响[J].中国人口·资源与环境，2017(11)：
31-38.

[151]顾杨妹．二战后日本人口城市化及城市问题研究[J].西北人
口，2006(5)：56-60.

[152]高鉴国．加拿大城市化的历史进程与特点[J].文史哲，2000
(6)：95-101.

[153]龚莹．人口结构因素对美国房地产业发展的影响[J].人口学
刊，2010(2)：23-27.

[154]高波，赵奉军．中国住宅投资的周期波动与测度(1952—
2007)[J].产经评论，2009(8)：19-31.

[155]郭娜，吴敬．人口结构变迁、老龄化与我国房地产价格变动
研究——基于省际门限面板模型的实证分析[J].金融与经
济，2016(12).

[156]高小明，李学清.1995—2006 年我国人口抚养比时空分
析[J].西安财经学院学报，2008，21(3)：107-113.

[157]郭志刚．关于中国家庭户变化的探讨与分析[J]．中国人口科学，2008(3)：2-10.

[158]高原．政策网络视角下保障性住房政策探析[J]．前沿，2013(11)：116-118.

[159]睦纪刚．技术与制度的协同演化：理论与案例研究[J]．科学学研究，2013(7).

[160]葛沄沄．房地产市场的供给[J]．经济技术协作信息，2013(30)：75-75.

[161]侯宇峰，刘灵芝．日本老龄化进程及应对政策对我国的启示[J]．建筑学报，2015(12)：103-106.

[162]黄燕芬，陈金科．我国人口年龄结构变化对住房消费的影响研究——兼论我国实施"全面二孩"政策的效果评估[J]．价格理论与实践，2016(2)：12-19.

[163]怀特黑德．城市住房市场：理论和政策见：保罗·切希尔，埃德温·S·米尔斯，切希尔，等．区域和城市经济学手册·第3卷，应用城市经济学．北京：经济科学出版社，2003.

[164]黄禹，刘洪玉，徐跃进．我国城镇住房拆除率及其影响因素研究[J]．中国房地产，2016(21)：51-61.

[165]郝国彩．城市化对房地产投资的影响——以山东省为例[J]．山东大学学报(哲学社会科学版)，2011(1)：72-76.

[166]黄匡时，张许颖．"全面两孩"政策目标人群及其出生人口测算研究[J]．福建行政学院学报，2016(4)：97-103.

[167]胡湛，彭希哲．中国当代家庭户变动的趋势分析——基于人口普查数据的考察[J]．社会学研究，2014(3)：145-166.

[168]胡建绩．产业发展学[M]．上海：上海财经大学出版社，2008.

[169]黄鲁成，张红彩．种群演化模型与实证研究[J]．科学学研究，2006(4)：524-528.

[170]黄光耀．工业革命时期英国人口发展的特点及对社会经济的影响[J]．江苏社会科学，1993(1)：117-123.

[171]蒋耒文，任强．中国人口、家庭户与住房需求预测研究[J]．
人口与发展，2005，11(2)：20-29.

[172]简德三，王洪卫．房地产经济学[M]．上海：上海财经大学
出版社，2003：347-348.

[173]焦秀琦．世界城市化发展的 S 型曲线[J]．城市规划，1987
(2)：34-38.

[174]纪晓岚．英国城市化历史过程分析与启示[J]．华东理工大学
学报(社会科学版)，2004(2)：97-101.

[175]刘铠豪，刘渝琳．破解经济增长之谜来自于人口结构的解
释[J]．经济科学，2014(3)：7-23.

[176]李恩平．中国城镇住房需求密集年龄人口对住房市场的影
响[J]．中国人口科学，2016(1)：67-79.

[177]李超，倪鹏飞，万海远．中国住房需求持续高涨之谜：基于
人口结构视角[J]．经济研究，2015(5)：118-133.

[178]陆铭，欧海军，陈斌开．理性还是泡沫：对城市化、移民和
房价的经验研究[J]．世界经济，2014(1)：30-54.

[179]李雄军，姚树洁．计划生育、城市化与我国房地产市场的发
展[J]．当代经济科学，2011(5)：74-77.

[180]龙瀛，吴康．中国城市化的几个现实问题：空间扩张、人口
收缩、低密度人类活动与城市范围界定[J]．城市规划学刊，
2016(2).

[181]龙花楼，李裕瑞，刘彦随．中国空心化村庄演化特征及其动
力机制[J]．地理学报，2009，64(10)：1203-1213.

[182]刘洪玉，杨帆，徐跃进．基于 2010 年人口普查数据的中国城
镇住房状况分析[J]．清华大学学报(哲学社会科学版)，2013
(6)：138-147.

[183]刘洪玉，杨帆．中国主要城市住房供给价格弹性估计与比较
研究[J]．社会科学辑刊，2012(6)：112-119.

[184]龙奋杰，吴公樑．城市人口对房地产投资的影响研究[J]．土
木工程学报，2003，36(9)：65-70.

[185]李建新．论生育政策与中国人口老龄化[J]．人口研究，2000

（2）：70-78.

[186]李晓娥．人口老龄化与房地产行业的发展探微[J].中国人口
科学，2005(s1)．

[187]李健元，孙刚，李刚．中美人口数量代际变化对中美股票市
场和房地产市场的影响研究[J].管理世界，2011(8)：
171-172.

[188]李树苗，闫绍华，李卫东．性别偏好视角下的中国人口转变
模式分析[J].中国人口科学，2011(1)：16-25.

[189]刘学良，吴璟，邓永恒．人口冲击，婚姻和住房市场[J].南
开经济研究，2016(1)：58-76.

[190]刘洁，梁嘉骅.企业技术创新进化的动力研究——技术创新
与顾客满意度的协同进化[J].山西大学学报(哲学社会科学
版)，2009(5)．

[191]李文华，韩福荣．企业种群间协同演化的规律与实证研
究[J].中国管理科学，2004(5)：137-143.

[192]龙奋杰，吴公樑．城市人口对房地产投资的影响研究[J].土
木工程学报，2013(9)：65-70.

[193]刘芍佳，李骥.超产权论与企业绩效[J].经济研究，1998
(8)．

[194]廖跃文．英国维多利亚时期城市化的发展特点[J].世界历
史，1997(5)：73-79.

[195]陆伟芳.19世纪英国城市对工人住宅问题的干预[J].探索与
争鸣，2009，1(2)：65-68.

[196]卢少鹏，杨芳．共存与对抗——18世纪法国社会转型特
征[J].社会科学家，2011(7)：52-55.

[197]李芳田．国际移民及其政策研究[D].天津：南开大
学，2009.

[198]李仲生．发达国家的人口变动与经济发展[M].北京：清华
大学出版社，2011.

[199]李超君，张鸣．从大规模公共住房建设到有针对性的住房供
给——二战后德国公共住房政策的发展和演进[C]//中国城

市规划学会.2008 中国城市规划年会论文集,2008.

[200]廖了.法国公共住房政策演变及其启示[J].城市学刊,2018,39(3):36-41.

[201]孟星.关于房地产业支柱产业地位的争议[J].经济研究参考,2007(71):25.

[202]亨德森,弗朗索瓦蒂斯.区域和城市经济学手册·第4卷 城市和地理[M].北京:经济科学出版社,2012.

[203]孟钟捷.德国历史上的住房危机与住房政策(1918—1924)——兼论住房统制模式的有效性与有限性[J].华东师范大学学报(哲学社会科学版),2011,43(2):133-138.

[204]毛况生,周光复.人口年龄结构对家庭变化的影响[J].人口研究,1988(5):8-13.

[205]迈克尔·米特罗尔.欧洲家庭史[M].北京:华夏出版社,1987.

[206]苗天青.我国房地产产业结构、行为与绩效[M].北京:经济科学出版社,2004.

[207]迈克尔·波特.竞争优势[M].陈小悦,译.北京:华夏出版社,2005.

[208]尼尔·卡恩等.房地产市场分析方法与应用[M].北京:中信出版社,2005.

[209]任远.房地产市场变化的人口学后果[J].探索与争鸣,2016,1(12):98-101.

[210]任红波,李鑫.产业演化逻辑与衰退产业战略选择[J].科学管理研究,2001,19(5):46-50.

[211]芮明杰.产业经济学[M].上海:上海财经大学出版社,2005.

[212]孙蓉蓉.试谈跨世纪人口年龄结构变化与居住模式及其环境的关系[J].成都大学学报(自然科学版),2000(1):41-46.

[213]孙晓芳,我国人口转变与房地产市场转型研究[J].未来与发展,2012(12):40-43.

[214]孙敬之.80年代中国人口变动分析[M].北京:中国财政经

济出版社，1996.

[215]孙常敏.完善和创新我国家庭政策，统筹解决人口问题[J].
社会学，2010(1)：1-7.

[216]孙东波.维多利亚时期英国城市化进程中的政府[J].运城学
院学报，2005(s1)：66-68.

[217]宋全成.外国人及港澳台居民在中国大陆的人口社会学分
析[J].山东大学学报(哲学社会科学版)，2013(2).

[218]森祐司.高齢化と不動産市場：高齢化？人口減少による地
価への影響[J].九州共立大学研究紀要，2014，4(2)：
61-70.

[219]托尼·奥沙利文，肯尼思·吉布.住房经济学与公共政
策[M].北京：中国人民大学出版社，2015.

[220]唐亚林，张潇.国家健康养老养生产业发展政策体系的历史
演变及发展模式的转型研究[J].广西财经学院学报，2019，
32(3)：1-13.

[221]田成诗，耿佳佳，王丽华.建筑业在我国经济中的支撑作用
及趋势展望[J].建筑经济，2016，37(1)：10-15.

[222]田香兰.日本"团块世代"的退休影响分析[J].社会工作下半
月(理论)，2008(12)：47-49.

[223]王微，邓郁松，邵挺.房地产市场平稳健康发展的基础性制
度与长效机制研究(2018版)[M].北京：中国发展出版
社，2018.

[224]王旭.美国城市史[M].北京：中国社会科学文献出版社，
2000.

[225]吴铁稳.英国第一届工党政府住房政策述评[J].湖南科技大
学学报(社会科学版)，2008(5)：95.

[226]汪建强.二战后英国公共住房发展阶段简析[J].科学经济社
会，2011，29(1)：95-97.

[227]万江，余涵，吴茵，等.国外养老模式比较研究——以美
国、丹麦、日本为例[J].南方建筑，2013(2)：77-81.

[228]王跃生.中国城乡家庭结构变动分析——基于2010年人口普

查数据[J].中国社会科学，2014(4)：60-77.

[229]王丰，安德鲁·梅森.中国经济转型过程中的人口因素[J].中国人口科学，2006，3(2).

[230]王丰.人口红利真的是取之不尽，用之不竭的吗？[J].人口研究，2007，31(6)：76-83.

[231]王德文，蔡昉，张学辉.人口转变的储蓄效应和增长效应[J].人口研究，2004(5)：2-11.

[232]吴勇民，王倩.互联网金融演化的动力——基于技术与金融的协同演化视角[J].经济与管理研究，2016，37(3)：46-53.

[233]王章辉.英国工业革命中的人口问题[J].世界历史，1986(4)：11-18.

[234]吴艳文，刘玉博.美国人口发展变化及原因探析[J].市场论坛，2014(1)：10-13.

[235]王培安.维护计划生育和生殖健康权利促进人口与经济社会可持续发展——在《2018 世界人口状况报告》发布活动上的致辞[J].人口与计划生育，2018，256(12)：8-9.

[236]王建军，吴志强.城镇化发展阶段划分[J].地理学报，2009，64(2)：177-188.

[237]王海忠.中国消费者世代及其民族中心主义轮廓研究[J].管理科学学报，2005，8(6)：88-96.

[238]王培安.实施全面两孩政策人口变动测算研究[M].北京：中国人口出版社，2016：138.

[239]王桂新.区域人口预测方法及应用[M].上海：华东师范大学出版社，2000：1-10.

[240]吴帆，林川.欧洲第二次人口转变理论及其对中国的启示[J].南开学报(哲学社会科学版)，2013(6)：52-61.

[241]王海涛，任强，蒋耒文.中国四大城市住房市场化程度及其社会人口学因素分析——以北京、上海、广州和重庆为例[J].人口与发展，2004，10(2)：56-62.

[242]武力超，林俊民，韩华桂，等.人口结构对中日美房地产市

场影响的比较研究[J]. 审计与经济研究，2018(2).

[243]王先柱，骆永民. 人力资本水平提升与房价上涨关系刍议[J]. 现代经济探讨，2013(4)：24-27.

[244]吴玲，欧世玺. "二孩时代"给物业管理带来的挑战和机遇[J]. 住宅与房地产，2016(1)：40-42.

[245]吴璟，郭尉. 中国城市住房开发投资的理论与实证[J]. 清华大学学报(自然科学版)，2017(10)：1083-1088.

[246]王跃生. 中国当代家庭，家户和家的"分"与"合"[J]. 中国社会科学，2016(4)：91-110.

[247]吴铁稳. 论第一次世界大战与英国住房政策转变[J]. 理论界，2013(4)：126-128.

[248]王军平. 欧洲的家庭发展政策及其借鉴价值[J]. 理论探索，2012(3)：98-100.

[249]王伟伟. 山东省人口老龄化及养老模式研究[D]. 济南：山东师范大学，2002.

[250]王广州. "单独"育龄妇女总量，结构及变动趋势研究[J]. 中国人口科学，2012(3)：9-18.

[251]萧辉英. 德国人口流动与经济发展[J]. 世界经济，1998(8)：42-45.

[252]夏明，张红霞. 投入产出分析：理论、方法与数据[M]. 北京：中国人民大学出版社，2013.

[253]肖静华，谢康，吴瑶，等. 企业与消费者协同演化动态能力构建 B2C 电商梦芭莎案例研究[J]. 管理世界，2014(8)：134-151，179.

[254]熊彼特. 经济增长理论[M]. 北京：商务印书馆，1990.

[255]熊彼特. 经济发展理论[M]. 北京：商务印书馆，1990.

[256]解振明，邬沧萍，张敏才，等. 回眸与思考：《公开信》发表30 年[J]. 人口研究，2010，34(4)：28-52.

[257]亚当·斯密. 国民财富的性质和原因的研究[M]. 北京：商务印书馆，2011.

[258]易成栋，丁志宏，黄友琴. 中国城市老年人居住意愿及生活

满意度——2000 年、2006 年和 2010 年中国城乡老年人口追踪调查数据分析[J]. 北京规划建设，2017(5)：29-33.

[259]杨胜慧，陈卫. 中国家庭规模变动：特征及其影响因素[J]. 学海，2015(2)：154-160.

[260]于学军. 中国进入"后人口转变"时期[J]. 中国人口科学，2000(2)：8-15.

[261]杨小金，陈林. 人口结构老龄化与房地产价格波动——基于珠三角市级面板误差修正模型的实证研究[J]. 广西社会科学，2015(5)：143-148.

[262]杨华磊，何凌云. 人口迁移、城镇化与住房市场[J]. 中国软科学，2016(12)：91-104.

[263]杨菊华. "单独二孩"的政策影响——一个多层次的理论分析[J]. 中国卫生政策研究，2014(9)：33-38.

[264]杨小凯，张永生. 经济学：新兴古典与新古典框架[M]. 北京：社科文献出版社，2003.

[265]阳立高，龚世豪，韩峰. 新生代劳动力供给变化对制造业升级的影响研究——基于新生代劳动力供给和制造业细分行业数据的实证[J]. 中国软科学，2015(11)：136-144.

[266]阳立高，谢锐，贺正楚. 劳动力成本上升对制造业结构升级的影响研究——基于中国制造业细分行业数据的实证分析[J]. 中国软科学，2014(12)：122-128.

[267]尹豪. 日本人口老龄化与老龄化对策[J]. 人口学刊，1999.

[268]杨辉. 两次世界大战期间英国政府对住房政策的调控[J]. 吕梁学院学报，2015，5(4)：42-45.

[269]曾毅等. 中国家庭户住房需求分析与预测研究[C]//中华人民共和国国务院人口普查办公室. 发展中的中国人口：2010年全国人口普查研究课题论文集. 北京：中国统计出版社，2014.

[270]朱喆. 最复杂的商品[D]. 上海：复旦大学，2005.

[271]朱喆. 中国的人口年龄结构与房屋总需求趋势[J]. 世界经济情况，2005(22)：24-28.

［272］张车伟，林宝．"十三五"时期中国人口发展面临的挑战与对策［J］．湖南师范大学社会科学学报，2015，44（4）：5-12.

［273］周跃辉．西方城市化的三个阶段［J］．理论导报，2013（2）：16-16.

［274］庄解忧．英国工业革命时期城市的发展［J］．厦门大学学报（哲学社会科学版），1984（3）：114-123.

［275］赵卓，王敏．产业协同演化动力模型及其应用——我国电子及通讯设备业的实证：1995—2012［J］．科技管理研究，2015（10）：110-113.

［276］张建坤，罗为东．基于自组织理论的房地产业演化动力研究［J］．华东经济管理，2010，24（1）：90-93.

［277］张锋．宏观经济对房地产市场的影响［J］．城市开发，2008（14）：60-61.

［278］曾毅、张震、顾大男、郑真真．人口分析方法与应用（第二版）［M］．北京：北京大学出版社，1993.

［279］曾毅，王正联．中国家庭与老年人居住安排的变化［J］．中国人口科学，2004（5）：4-10，81.

［280］周长洪．人口新政下的计划生育工作转型［J］．人口与社会，2015（2）：56-63.

［281］周学馨．我国家庭发展政策述评：内涵、理论基础及研究重点［J］．探索，2016（1）：81-84.

［282］张秀兰，徐月宾．建构中国的发展型家庭政策［J］．中国社会科学，2003（6）：84-96.

［283］张车伟．"人口红利"与中国经济持续增长前景［J］．人口与计划生育，2010（8）：14-15.

［284］邹瑾，于焘华，王大波．人口老龄化与房价的区域差异研究——基于面板协整模型的实证分析［J］．金融研究，2015（11）：64-79.

［285］张昭，陈兀梧．人口因素对中国房地产行业波动的影响及预测分析［J］．金融经济月刊，2009（4）：33-35.

［286］张清勇．中国住宅投资波动的长期趋势与区域差异［J］．建筑

经济，2008（10）：84-88.

[287]中国大百科全书·社会学卷［M］.北京：中国大百科全书出
版社，1991.

[288]赵奉军，邹琳华.自有住房的影响与决定因素研究评述［J］.
经济学动态，2012（10）：137-143.

[289]张昭，陈兀桐.人口因素对中国房地产行业波动的影响及预
测分析［J］.金融经济，2009（4）：33-35.

[290]朱亚鹏.中国住房领域的问题与出路：政策网络的视角［J］.
武汉大学学报（哲学社会科学版），2008（3）：345-350.

[291]张更立.走向三方合作的伙伴关系：西方城市更新政策的演
变及其对中国的启示［J］.城市发展研究，2004，11（4）：
26-32.

[292]张悦.人口结构因素对商品住房价格影响的实证研究［D］.
杭州：浙江大学硕士论文，2016.

[293]金浩然.我国都市圈住房发展的新形势与新要求［J］.中国房
地产，2020（22）：5.

[294]中国宏观经济研究院国土开发与地区经济研究所课题组.我
国城镇化空间形态的演变特征与趋势研判［J］.改革，2020，
319（9）：128-138.

[295]杨欣桐，易成栋.子女数量与家庭购房：分化与选择［J］.财
贸经济，2022（5）：96-110.

[296]佚名.日本老龄化加速：房屋被弃置［C］//国际货币金融每
日综述选编，2015.